U0856246

2018
中国固定资产投资统计年鉴
Statistical Yearbook of the Chinese Investment in Fixed Assets

国家统计局固定资产投资统计司　编

图书在版编目（CIP）数据

中国固定资产投资统计年鉴 = Statistical Yearbook of the Chinese Investment in Fixed Assets. 2018 / 国家统计局固定资产投资统计司编. – 北京：中国统计出版社, 2018.12
ISBN 978-7-5037-8575-7

Ⅰ. ①中… Ⅱ. ①国… Ⅲ. ①固定资产投资－统计资料－中国－2018－年鉴 Ⅳ. ①F832.48-54

中国版本图书馆 CIP 数据核字(2018)第 296514 号

中国固定资产投资统计年鉴—2018

作　　者/国家统计局固定资产投资统计司
责任编辑/郭　栋
封面设计/李雪燕
出版发行/中国统计出版社
通信地址/北京市丰台区西三环南路甲 6 号　邮政编码/100073
电　　话/邮购（010）63376909　书店（010）68783171
网　　址/http://www.zgtjcbs.com
印　　刷/河北鑫兆源印刷有限公司
经　　销/新华书店
开　　本/880mm×1230mm　1/16
字　　数/470 千字
印　　张/19
版　　别/2018 年 12 月第 1 版
版　　次/2018 年 12 月第 1 次印刷
定　　价/380.00 元

本书附同版本 CD-ROM 一张，光盘内容以书面文字为准。
如有印装差错，由本社发行部调换。

《中国固定资产投资统计年鉴—2018》

编辑委员会

Editorial Board

说　明

《中国固定资产投资统计年鉴-2018》是一部全面反映中国固定资产投资情况的权威资料。本书收集了全国、各省、自治区、直辖市、国民经济各行业 2017 年度有关固定资产投资的统计数据。

《中国固定资产投资统计年鉴-2018》资料来源于 2017 年全国固定资产投资统计报表基层数据库和综合报表。本年鉴资料分为三个部分:

第一部分为全社会固定资产投资。根据固定资产投资（不含农户）数据和农户固定资产投资数据汇总而成。

第二部分为固定资产投资（不含农户）。包括计划总投资 500 万元以上项目（单位）投资和房地产开发投资。

第三部分为农户固定资产投资。农户投资数据来源于国家统计局住户办抽样调查资料。

各部分内容包括与固定资产投资相关的主要指标，按地区、国民经济各行业、隶属关系、经济类型、建设性质等分组的本年完成投资，总投资规模、新增固定资产、投资到位资金、项目个数及有关建筑面积等指标。

使用本年鉴资料时请注意以下几点:

1.本年鉴各部分按规模分的投资和项目个数中不含房地产开发投资。

2.不分地区固定资产投资数据包括跨省、市、区项目投资，如各部门、中国铁路总公司统一购置的设备、铁路机车、车辆、飞机等其它投资。

3. 本年鉴资料凡小数点后各项相加不等于总计者，均由于四舍五入的缘故。

4. 本年鉴各表中的“空格”表示该项统计指标数据不足本表最小单位数、数据不详或无该项数据。

5.本年鉴资料由国家统计局固定资产投资统计司编制并负责解释。咨询电话: 010-68782475，010-68782961

由于编辑时间比较仓促，本书难免有一些不妥之处，欢迎广大读者批评指正。

目　录

第一部分　全社会固定资产投资

第二部分　固定资产投资（不含农户）

(一)固定资产投资(不含农户)

(二)房地产开发

第三部分 农户固定资产投资

第一部分
全社会固定资产投资

1-1　全社会固定资产投资主要指标及增长速度

指标名称	2017年	增　长(%)
一、投资总额(亿元)	**641238.39**	**7.0**
其中：住宅	86985.34	4.1
1.按构成分		
建筑安装工程	449119.34	7.4
设备工器具购置	115647.40	3.7
其他费用	76471.65	9.5
2.按产业分		
第一产业	22962.01	10.5
第二产业	236049.29	3.3
第三产业	382227.08	9.2
二、全部建设规模(亿元)		
建设总规模	2035928.66	19.3
自开始建设至本年底累计完成投资	1341369.38	15.9
在建总规模	1464212.79	18.4
在建净规模	695216.37	21.2
三、新增固定资产(亿元)	**391273.67**	**8.7**
四、房屋建筑面积(万平方米)		
施工面积	1175248.82	-6.8
其中：住宅	652234.26	-1.2
竣工面积	286336.03	-8.1
其中：住宅	155112.82	-9.5
五、投资实际到位资金小计(亿元)	**639369.39**	**4.7**
国家预算资金	38741.71	7.8
国内贷款	72435.10	8.7
利用外资	2146.32	-3.1
自筹资金	417700.04	2.2
其他资金	108346.22	11.5

注：根据第三次农业普查结果对2016年固定资产投资基数进行调整，2017年增速按可比口径计算。

1-2　全社会固定资产投资主要指标

指标名称	合计	国有经济	集体经济	私营个体经济
一、投资总额(亿元)	**641238.39**	**180813.12**	**8708.92**	**215278.93**
其中：住宅	86985.34	6813.18	323.57	32396.65
1.按构成分				
建筑安装工程	449119.34	145036.79	7064.73	140033.89
设备工器具购置	115647.40	14002.58	883.61	55038.37
其他费用	76471.65	21773.75	760.58	20206.68
2.按产业分				
第一产业	22962.01	3720.45	602.43	11398.43
第二产业	236049.29	24296.59	1428.91	117825.75
第三产业	382227.08	152796.08	6677.58	86054.75
二、全部建设规模(亿元)				
建设总规模	2035928.66	576173.06	15374.87	531801.32
自开始建设至本年底累计完成投资	1341369.38	344810.54	12155.16	378756.98
在建总规模	1464212.79	444344.38	7017.64	327189.60
在建净规模	695216.37	223303.08	3064.57	156340.75
三、新增固定资产(亿元)	**391273.67**	**105488.98**	**7121.82**	**146936.30**
四、房屋建筑面积(万平方米)				
施工面积	1175248.82	138168.05	9422.62	469920.92
其中：住宅	652234.26	52777.77	2617.64	271080.11
竣工面积	286336.03	36517.05	4306.24	156894.07
其中：住宅	155112.82	14926.19	1177.85	94074.09

1-2　续表

指标名称	联营经济	股份制经济	外商投资经济	港澳台投资经济	其他经济
一、投资总额(亿元)	**305.97**	**187445.52**	**11312.20**	**13604.00**	**23769.73**
其中：住宅	12.85	42647.45	1224.69	3078.77	488.18
1.按构成分					
建筑安装工程	226.72	124694.13	5675.26	7871.92	18515.91
设备工器具购置	50.14	33643.16	4611.91	3883.27	3534.37
其他费用	29.11	29108.23	1025.03	1848.82	1719.45
2.按产业分					
第一产业	16.83	3111.69	40.66	74.14	3997.39
第二产业	62.84	71283.09	8240.58	6276.04	6635.50
第三产业	226.30	113050.74	3030.97	7253.82	13136.84
二、全部建设规模(亿元)					
建设总规模	830.30	757296.69	45246.74	65363.23	43842.45
自开始建设至本年底累计完成投资	529.87	494961.00	30704.34	47704.61	31746.88
在建总规模	543.20	579563.00	33874.44	49192.75	22487.78
在建净规模	305.63	266562.02	14750.62	18948.94	11940.77
三、新增固定资产(亿元)	**248.05**	**98693.97**	**6734.14**	**7629.19**	**18421.21**
四、房屋建筑面积(万平方米)					
施工面积	224.85	483128.63	17188.97	40654.81	16539.97
其中：住宅	78.33	292594.32	7999.84	21330.56	3755.70
竣工面积	125.80	73551.02	2986.77	5958.29	5996.79
其中：住宅	44.31	39524.51	1083.72	2802.94	1479.21

1-3 按结构分全社会固定资产投资情况

指 标 名 称	2017年	增长(%)
投资总额(亿元)	**641238.39**	**7.0**
一、固定资产投资(不含农户)		
完成投资	631683.96	7.2
建筑安装工程	441771.54	7.7
设备、工器具购置	114057.51	3.7
其他费用	75854.92	9.5
建设总规模	2026374.23	19.4
自开始建设至本年底	1331814.96	15.1
累计完成投资		
本年新增固定资产	382267.74	9.0
其中：房地产开发		
完成投资	109798.53	7.0
建筑安装工程	78577.69	3.0
设备、工器具购置	1550.70	6.1
其他费用	29670.13	19.6
建设总规模	656617.38	11.7
自开始建设至本年底	479080.01	12.0
累计完成投资		
本年新增固定资产	39258.77	-4.4
二、农 户		
完成投资	9554.42	-4.1
建筑安装工程	7347.80	-7.1
设备、工器具购置	1589.90	4.0
其他费用	616.73	17.5
建设总规模	9554.42	-4.1
自开始建设至本年底	9554.42	-4.1
累计完成投资		
本年新增固定资产	9005.93	-5.1

1-4 各地区全社会固定资产投资建设规模

单位：亿元

地　　区	建设总规模	累计完成投资	在建总规模	在建净规模
全国总计	**2035928.66**	**1341369.38**	**1464212.79**	**695216.37**
北　　京	52429.18	33379.31	46367.71	16843.80
天　　津	40120.94	27027.28	31631.77	13825.62
河　　北	92308.86	60489.11	58664.61	29742.01
山　　西	31874.26	17584.19	25536.73	12131.87
内 蒙 古	47860.56	26913.43	34165.85	18192.14
辽　　宁	41174.75	25127.78	33699.00	15372.99
吉　　林	31628.35	21964.72	19667.90	9364.29
黑 龙 江	27951.47	19125.79	17388.40	8148.42
上　　海	43137.65	29018.50	35785.88	14253.29
江　　苏	150406.64	105667.53	98002.84	46015.04
浙　　江	113465.38	72405.19	83287.06	40441.71
安　　徽	86789.82	58030.81	59354.86	29788.41
福　　建	74283.81	57181.91	46959.41	18872.05
江　　西	59286.80	37598.16	41175.58	22346.97
山　　东	141779.06	97462.82	93307.02	46460.96
河　　南	114848.29	76149.37	76503.44	39630.79
湖　　北	93321.58	62643.49	66515.69	31140.14
湖　　南	79449.91	55034.65	52374.60	25288.43
广　　东	156576.23	103133.42	121178.12	55668.89
广　　西	57837.12	37927.53	40557.89	19937.48
海　　南	25061.57	14492.91	21378.74	10862.46
重　　庆	58986.34	42198.40	40249.21	17308.27
四　　川	98143.83	63028.55	72881.49	35540.80
贵　　州	47805.41	33484.85	33587.01	14823.46
云　　南	65265.92	42107.79	48222.35	23532.69
西　　藏	5382.49	3255.93	4255.72	2071.94
陕　　西	73478.94	45726.67	55533.05	27702.15
甘　　肃	21293.79	12311.84	16670.38	8333.43
青　　海	12731.01	7965.57	9388.93	4572.95
宁　　夏	14727.05	9226.71	11610.25	4995.77
新　　疆	46908.72	21719.99	38698.36	23291.20
不分地区	29612.92	21985.20	29612.92	8715.96

注：建设总规模为所有施工项目(含本年没有工作量的投资项目)的计划总投资。

1-5　各地区全社会按经济类型分固定资产投资建设规模

单位：亿元

地　区	合　计	国有经济	集体经济	私营个体经济
全国总计	**2035928.66**	**576173.06**	**15374.87**	**531801.32**
北　京	52429.18	16148.53	450.94	2181.23
天　津	40120.94	6897.01	449.39	6957.45
河　北	92308.86	14081.01	323.69	40519.13
山　西	31874.26	7324.74	110.57	11878.26
内蒙古	47860.56	17758.96	380.05	11233.55
辽　宁	41174.75	6077.54	51.90	10549.64
吉　林	31628.35	8526.74	61.40	9171.13
黑龙江	27951.47	7998.76	169.36	7056.12
上　海	43137.65	9777.51	118.65	6877.96
江　苏	150406.64	25943.64	1217.41	59267.55
浙　江	113465.38	31260.86	1248.50	34535.05
安　徽	86789.82	21692.52	316.59	28025.22
福　建	74283.81	20980.65	1234.21	17753.52
江　西	59286.80	14609.71	172.82	19271.13
山　东	141779.06	25552.37	2166.01	48908.53
河　南	114848.29	16801.70	768.22	29099.51
湖　北	93321.58	26312.29	1211.97	25139.75
湖　南	79449.91	26139.81	562.67	24594.60
广　东	156576.23	36319.15	2088.92	28267.08
广　西	57837.12	19123.40	227.87	18152.67
海　南	25061.57	4079.35	98.54	2987.22
重　庆	58986.34	16858.27	247.42	16046.28
四　川	98143.83	37784.13	320.79	18475.49
贵　州	47805.41	21089.18	131.59	8630.24
云　南	65265.92	32245.27	495.80	10744.58
西　藏	5382.49	4198.45	16.95	328.66
陕　西	73478.94	29368.36	528.31	13070.76
甘　肃	21293.79	8436.18	74.85	4559.38
青　海	12731.01	5638.76	39.86	2179.09
宁　夏	14727.05	4933.43	10.42	5875.53
新　疆	46908.72	22919.51	79.20	9465.01
不分地区	29612.92	29295.27		

1-6 续表 单位：亿元

地 区	联营经济	股份制经济	外商投资经济	港澳台投资经济	其他经济
全国总计	**529.87**	**494961.00**	**30704.34**	**47704.61**	**31746.88**
北 京	1.11	20926.88	1003.00	1611.09	61.57
天 津	50.94	14202.16	1095.72	1085.42	465.73
河 北	3.45	19936.91	806.44	819.79	1612.22
山 西	2.78	5355.90	156.22	287.19	801.52
内蒙古	4.11	9230.79	166.38	67.07	414.26
辽 宁	0.47	10410.95	2076.43	2545.38	165.47
吉 林	2.71	8311.92	190.73	435.83	796.37
黑龙江	4.76	7258.33	175.79	217.44	1270.01
上 海	3.15	12533.24	2134.40	3374.96	6.01
江 苏	31.17	31372.82	5022.47	6419.67	904.97
浙 江	10.79	25863.06	1456.99	3349.31	1004.11
安 徽	22.98	21314.40	624.20	1221.81	1218.57
福 建	19.56	21900.87	1190.11	2782.29	1743.28
江 西	22.68	13893.38	435.12	883.46	852.24
山 东	12.73	34044.92	2616.42	2078.99	4950.57
河 南	24.28	39003.58	374.47	800.62	4109.65
湖 北	52.10	23015.72	1027.94	1453.89	1854.85
湖 南	37.56	15711.77	546.69	1040.40	1493.32
广 东	143.88	45432.02	5122.36	8974.87	2164.16
广 西	2.13	10890.26	568.30	1023.40	1030.47
海 南	3.14	8546.95	417.27	1166.07	113.24
重 庆	9.19	14043.75	1260.59	2905.87	1247.72
四 川	11.29	23928.55	1115.83	1434.78	1030.34
贵 州	1.10	11910.16	106.90	412.69	396.37
云 南	7.24	14270.48	262.94	350.65	212.97
西 藏	8.82	408.03	1.53	5.50	27.24
陕 西	17.63	15855.51	628.24	508.49	986.82
甘 肃	3.35	4141.12	13.04	53.08	315.17
青 海		2801.95	20.08	84.76	129.61
宁 夏	11.95	1855.24	39.88	219.11	61.19
新 疆	2.84	6398.39	47.86	90.72	306.89
不分地区		191.00			

1-7　各地区全社会按主要行业分的固定资产投资

单位：亿元

地　区	合　计	农、林、牧、渔业	采矿业	制造业	电力、热力、燃气及水的生产和供应业	建筑业	批发和零售业
全国总计	**641238.39**	**26707.99**	**9210.11**	**193709.97**	**29805.57**	**3838.93**	**16779.91**
北　京	8370.44	99.04	3.11	381.86	476.45	6.51	30.66
天　津	11288.92	292.97	173.93	2830.20	349.17	138.16	740.66
河　北	33406.80	1873.17	381.15	13875.93	1919.94	4.54	798.17
山　西	6040.54	607.34	470.04	884.99	757.51	9.45	103.98
内蒙古	14013.16	1152.91	924.25	3234.70	1380.32	20.58	374.14
辽　宁	6676.74	231.18	145.32	1529.22	543.63	26.39	113.37
吉　林	13283.89	955.26	319.69	5254.21	544.66	232.82	554.74
黑龙江	11291.98	1429.70	389.27	3133.35	437.29	159.20	838.23
上　海	7246.60	1.60	0.94	793.30	237.45	1.90	19.75
江　苏	53277.03	547.59	108.83	24433.65	1674.40	235.21	1652.39
浙　江	31696.03	368.90	32.46	7993.09	1280.94	37.59	276.11
安　徽	29275.06	896.10	231.76	11434.23	1278.37	92.69	605.58
福　建	26416.28	1112.55	172.70	7566.85	1063.60	64.90	713.46
江　西	22085.34	662.73	226.22	10791.26	765.39	43.74	877.43
山　东	55202.72	1609.60	517.70	22704.15	2886.91	857.67	1899.89
河　南	44496.93	2675.94	506.86	16742.06	1942.73	42.10	1267.76
湖　北	32282.36	1118.47	260.08	11257.74	1194.84	561.96	632.80
湖　南	31959.23	1579.35	436.96	9472.24	1131.12	362.82	1341.08
广　东	37761.75	527.80	145.34	10311.22	1616.86	35.63	709.20
广　西	20499.11	1328.69	269.08	5582.26	973.88	267.34	663.69
海　南	4244.40	60.61	6.88	134.72	107.24	34.38	47.32
重　庆	17537.05	510.76	158.79	5257.22	465.55	6.81	218.41
四　川	31902.09	1491.91	423.84	6916.50	1707.11	75.84	463.59
贵　州	15503.86	928.75	336.59	1713.20	488.50	36.78	317.55
云　南	18935.99	1268.03	376.90	1840.69	631.25	93.79	382.80
西　藏	1975.60	111.63	20.63	79.13	299.32	11.20	32.78
陕　西	23819.38	1831.35	685.00	3782.90	1220.46	30.78	655.70
甘　肃	5827.75	406.46	87.27	540.79	371.29	192.52	184.64
青　海	3883.55	127.98	98.15	731.14	369.16	97.44	41.00
宁　夏	3728.38	260.67	149.03	815.81	392.53	15.52	42.04
新　疆	12089.12	638.94	545.06	1691.36	958.64	42.69	181.00
不分地区	5220.32		606.31		339.05		

1-7 续表 1

单位：亿元

地　　区	交通运输、仓储和邮政业	住宿和餐饮业	信息传输、软件和信息技术服务业	金融业	房地产业	租赁和商务服务业	科学研究和技术服务业
全国总计	**61449.85**	**6144.96**	**6997.44**	**1121.48**	**146225.47**	**13357.09**	**5932.48**
北　　京	1129.11	10.76	282.03	28.37	4482.08	283.95	73.36
天　　津	537.02	74.01	209.40	14.10	2826.93	763.65	458.94
河　　北	2135.45	209.04	327.38	58.77	5810.72	556.98	426.79
山　　西	425.47	27.60	28.05	1.49	1618.26	55.82	31.51
内 蒙 古	1180.18	98.79	190.94	21.81	1578.17	117.94	104.94
辽　　宁	602.01	72.88	55.95	12.87	2421.75	95.10	30.22
吉　　林	1211.74	183.55	395.98	70.10	1184.70	293.38	138.26
黑 龙 江	1200.54	248.38	252.55	40.30	1061.01	290.31	241.72
上　　海	960.28	13.83	123.46	16.76	3863.47	145.68	58.64
江　　苏	2890.99	418.89	611.16	121.66	10976.96	1596.81	768.48
浙　　江	2967.46	331.80	336.91	57.66	10959.18	704.42	131.85
安　　徽	1667.80	193.48	274.03	62.11	6862.96	612.78	280.63
福　　建	2808.88	214.11	364.51	17.60	5815.65	335.01	115.58
江　　西	734.60	215.26	204.82	62.53	2933.31	579.26	135.85
山　　东	3955.00	425.51	321.68	136.89	10077.39	1381.12	953.00
河　　南	2498.51	435.06	310.02	42.98	9971.38	428.66	295.17
湖　　北	2939.88	257.41	149.35	49.05	6793.99	788.38	242.28
湖　　南	2104.35	355.90	392.25	60.91	5355.39	897.83	434.43
广　　东	3759.60	312.08	541.92	70.04	13928.23	610.94	266.82
广　　西	2005.63	248.76	245.80	54.25	3875.68	802.33	145.97
海　　南	486.03	84.09	108.18	0.73	2285.25	27.92	32.31
重　　庆	1954.80	153.64	106.22	8.33	4412.09	239.71	45.42
四　　川	4492.62	410.35	286.66	27.69	8366.92	535.48	92.51
贵　　州	2334.31	221.01	139.51	17.87	3644.84	420.49	44.07
云　　南	3741.71	358.58	136.02	8.75	4764.56	70.33	27.66
西　　藏	581.72	26.15	9.02	1.48	224.16	20.10	5.53
陕　　西	1891.16	286.70	224.95	19.58	5342.72	328.18	203.53
甘　　肃	956.64	102.75	53.13	6.20	1366.49	94.07	38.74
青　　海	730.46	40.55	88.85	1.01	709.41	71.86	11.64
宁　　夏	330.08	16.60	72.57	2.95	816.43	27.49	28.36
新　　疆	1978.50	97.44	154.17	26.64	1895.39	181.09	68.28
不分地区	4257.32						

1-7 续表 2

单位：亿元

地区	水利、环境和公共设施管理业	居民服务、修理和其他服务业	教育	卫生和社会工作	文化、体育和娱乐业	公共管理、社会保障和社会组织
全国总计	**82106.12**	**2752.61**	**11104.31**	**7327.89**	**8734.75**	**7931.45**
北京	758.90	0.23	129.28	66.17	108.46	20.10
天津	1385.19	188.79	117.99	45.42	92.33	50.07
河北	3554.24	100.18	317.76	334.89	511.20	210.52
山西	738.61	11.54	76.54	69.97	61.61	60.75
内蒙古	2818.08	53.32	163.10	154.13	231.24	213.62
辽宁	449.47	29.77	79.90	91.74	95.95	50.03
吉林	1268.58	108.94	168.13	144.29	156.10	98.74
黑龙江	845.44	134.22	159.48	175.60	142.00	113.40
上海	785.37	1.36	96.37	51.12	56.91	18.39
江苏	4692.76	311.19	677.40	534.39	546.77	477.49
浙江	4702.54	88.12	517.47	275.81	484.90	148.83
安徽	3299.13	108.84	443.38	255.51	254.29	421.38
福建	4486.65	99.10	387.32	265.32	432.42	380.08
江西	2544.70	84.28	234.86	202.36	198.54	588.18
山东	3753.87	248.45	1168.15	651.43	975.99	678.33
河南	4982.01	153.32	763.43	594.52	657.37	187.08
湖北	4371.64	149.37	363.56	344.20	390.39	416.99
湖南	5421.34	163.86	692.73	483.88	650.22	622.58
广东	3548.85	47.23	528.55	333.57	304.05	163.82
广西	2515.80	99.79	517.74	237.78	310.42	354.23
海南	472.57	8.77	81.90	84.81	150.39	30.29
重庆	3295.63	38.70	292.69	138.85	135.57	97.85
四川	4784.24	69.47	711.23	479.34	319.12	247.65
贵州	3653.35	71.41	507.62	253.41	319.78	54.82
云南	3035.39	71.09	584.85	288.10	310.14	945.33
西藏	276.04	18.85	48.15	27.98	33.10	148.63
陕西	5705.47	148.56	584.78	347.36	391.76	138.44
甘肃	777.30	81.49	151.73	105.27	130.94	180.04
青海	475.42	8.24	56.24	39.76	62.98	122.27
宁夏	467.18	7.60	68.10	86.41	55.73	73.26
新疆	2222.69	46.52	413.89	164.50	164.09	618.25
不分地区	17.65					

1-8 各地区全社会固定资产投资

单位：亿元

地　区	合　计	固定资产投资（不含农户）	房地产开发	农　户
全国总计	**641238.39**	**631683.96**	**109798.53**	**9554.42**
北　京	8370.44	8307.33	3692.54	63.10
天　津	11288.92	11274.69	2233.39	14.22
河　北	33406.80	33012.23	4823.91	394.57
山　西	6040.54	5722.16	1166.28	318.38
内蒙古	14013.16	13827.85	889.72	185.31
辽　宁	6676.74	6444.75	2289.67	231.99
吉　林	13283.89	13130.90	910.14	152.98
黑龙江	11291.98	11079.65	815.60	212.33
上　海	7246.60	7240.95	3856.53	5.66
江　苏	53277.03	53000.21	9629.11	276.82
浙　江	31696.03	31125.99	8226.78	570.04
安　徽	29275.06	28816.37	5612.47	458.69
福　建	26416.28	26110.34	4794.23	305.94
江　西	22085.34	21770.43	2013.98	314.91
山　东	55202.72	54236.03	6637.25	966.69
河　南	44496.93	43890.36	7090.25	606.58
湖　北	32282.36	31872.57	4574.89	409.79
湖　南	31959.23	31328.08	3426.13	631.15
广　东	37761.75	37403.91	12075.69	357.83
广　西	20499.11	19908.27	2683.48	590.84
海　南	4244.40	4125.40	2053.11	119.00
重　庆	17537.05	17440.57	3980.08	96.48
四　川	31902.09	31235.89	5149.89	666.19
贵　州	15503.86	15288.01	2201.00	215.85
云　南	18935.99	18474.89	2786.25	461.10
西　藏	1975.60	1975.60	40.36	
陕　西	23819.38	23468.21	3101.97	351.17
甘　肃	5827.75	5696.35	944.52	131.40
青　海	3883.55	3819.86	408.59	63.69
宁　夏	3728.38	3640.12	652.84	88.26
新　疆	12089.12	11795.64	1037.86	293.48
不分地区	5220.32	5220.32		

1-9　各地区全社会按经济类型分的固定资产投资

单位：亿元

地　区	合　计	国有经济	集体经济	私营个体经济
全国总计	**641238.39**	**180813.12**	**8708.92**	**215278.93**
北　京	8370.44	2531.87	114.37	404.63
天　津	11288.92	1478.32	402.55	3686.98
河　北	33406.80	5224.24	153.81	16398.64
山　西	6040.54	1471.00	59.93	2548.29
内蒙古	14013.16	6260.70	92.55	3055.56
辽　宁	6676.74	1268.88	17.89	2278.72
吉　林	13283.89	2695.25	55.36	5363.16
黑龙江	11291.98	2487.19	141.97	3727.97
上　海	7246.60	2218.11	23.47	1059.74
江　苏	53277.03	8839.99	736.69	27007.79
浙　江	31696.03	8565.97	553.25	11780.08
安　徽	29275.06	7498.27	169.28	11973.72
福　建	26416.28	7069.17	932.35	8480.09
江　西	22085.34	4778.80	104.73	8759.39
山　东	55202.72	9572.96	1493.02	23274.55
河　南	44496.93	6976.17	490.95	13411.38
湖　北	32282.36	9196.99	524.02	10558.41
湖　南	31959.23	10395.54	399.56	12651.58
广　东	37761.75	7275.72	1002.26	9259.42
广　西	20499.11	6260.58	147.67	7996.82
海　南	4244.40	914.62	9.84	585.79
重　庆	17537.05	5591.19	122.07	5655.14
四　川	31902.09	12352.13	147.72	8096.91
贵　州	15503.86	8367.48	68.27	3000.40
云　南	18935.99	10772.41	305.12	3822.68
西　藏	1975.60	1552.42	8.72	114.13
陕　西	23819.38	11114.68	338.94	4527.55
甘　肃	5827.75	2607.72	51.96	1368.96
青　海	3883.55	1949.38	14.63	741.17
宁　夏	3728.38	1351.75	6.39	1521.19
新　疆	12089.12	7064.28	19.58	2168.07
不分地区	5220.32	5109.32		

1-9 续表

单位：亿元

地　　区	联营经济	股份制经济	外商投资经济	港澳台投资经济	其他经济
全国总计	**305.97**	**187445.52**	**11312.20**	**13604.00**	**23769.73**
北　京	0.13	4392.47	258.65	648.98	19.33
天　津	49.72	4566.94	448.38	241.63	414.40
河　北	1.30	9470.60	431.84	438.60	1287.79
山　西	2.34	1475.65	43.45	80.59	359.30
内蒙古	3.75	4169.57	59.29	40.74	331.00
辽　宁	0.25	2269.04	476.43	273.06	92.46
吉　林	2.71	4294.64	79.37	83.28	710.11
黑龙江	0.74	3725.34	68.20	42.09	1098.49
上　海	0.71	2902.12	388.19	651.03	3.24
江　苏	22.64	11519.41	2234.10	2248.67	667.74
浙　江	5.67	8379.07	603.91	1131.38	676.70
安　徽	14.42	8077.20	287.28	368.91	885.98
福　建	11.48	7183.85	488.39	768.32	1482.62
江　西	19.06	7315.30	159.01	341.17	607.88
山　东	10.57	14934.03	1422.44	786.51	3708.65
河　南	17.65	19922.97	186.41	447.19	3044.23
湖　北	36.84	9633.82	476.15	496.88	1359.25
湖　南	35.98	6718.33	160.82	311.63	1285.79
广　东	27.60	14592.97	1646.39	2457.76	1499.64
广　西	1.67	4705.59	233.46	255.77	897.55
海　南	0.59	2415.45	104.85	174.11	39.14
重　庆	7.18	4520.75	324.71	452.75	863.25
四　川	9.23	10019.82	344.57	293.13	638.57
贵　州	0.74	3620.26	26.30	146.37	274.02
云　南	1.81	3696.16	61.00	111.45	165.36
西　藏	3.89	271.93	0.24	3.50	20.78
陕　西	8.06	6652.98	250.36	165.54	761.25
甘　肃	2.85	1566.10	4.77	3.51	221.88
青　海		1079.47	14.72	16.38	67.80
宁　夏	3.56	698.05	10.34	86.00	51.09
新　疆	2.84	2544.64	18.17	37.08	234.45
不分地区		111.00			

1-10　各地区全社会建筑安装工程投资

单位：亿元

地　区	合　计	国有经济	集体经济	私营个体经济
全国总计	**449119.34**	**145036.79**	**7064.73**	**140033.89**
北　京	3141.24	1441.62	30.38	206.15
天　津	6860.51	990.88	342.15	2316.93
河　北	24139.75	4298.38	125.94	11201.86
山　西	4370.08	1108.47	48.94	1889.23
内蒙古	10067.60	4836.36	77.92	2102.83
辽　宁	4695.65	968.31	12.76	1628.03
吉　林	8752.27	2302.75	39.20	3142.18
黑龙江	7603.47	2005.49	119.09	2215.22
上　海	3965.68	1246.84	20.86	616.32
江　苏	30439.31	6865.87	619.80	13465.14
浙　江	18585.49	6285.31	428.79	5851.96
安　徽	20839.60	6257.50	138.83	7925.53
福　建	18745.36	5396.89	826.80	5683.37
江　西	17252.93	4113.68	85.82	6629.10
山　东	37437.66	7412.12	1251.46	14326.09
河　南	30643.23	5548.06	339.00	8716.76
湖　北	24103.97	7792.26	433.92	7433.77
湖　南	24602.04	8723.66	313.66	9176.83
广　东	24261.84	5410.26	744.13	5929.51
广　西	14755.79	5223.44	113.84	5331.80
海　南	3150.36	660.53	7.69	492.23
重　庆	13483.20	4580.16	107.24	4146.48
四　川	24937.31	10495.33	131.44	6115.60
贵　州	13000.62	7262.95	62.64	2401.01
云　南	16089.93	9506.82	298.64	3196.67
西　藏	1706.34	1385.20	7.92	98.71
陕　西	18397.01	8993.69	260.66	3530.44
甘　肃	4816.17	2272.64	46.45	1086.56
青　海	3029.54	1706.24	10.42	528.13
宁　夏	2572.41	1044.46	5.72	1024.06
新　疆	9680.44	5997.26	12.63	1625.39
不分地区	2992.55	2903.36		

1-10 续表

单位：亿元

地　　区	联营经济	股份制经济	外商投资经济	港澳台投资经济	其他经济
全国总计	**226.72**	**124694.13**	**5675.26**	**7871.92**	**18515.91**
北　京	0.13	1245.81	65.38	133.96	17.81
天　津	31.73	2573.19	171.21	111.22	323.20
河　北	1.07	7058.72	272.35	275.56	905.89
山　西	1.66	955.94	26.19	24.85	314.82
内蒙古	2.69	2709.58	36.20	24.61	277.43
辽　宁	0.20	1619.12	182.26	219.00	65.97
吉　林	2.32	2618.45	47.01	51.48	548.88
黑龙江	0.63	2381.18	34.06	27.28	820.52
上　海	0.30	1595.30	147.07	336.13	2.87
江　苏	13.55	7035.90	909.88	1133.85	395.32
浙　江	4.48	4674.92	247.31	546.29	546.43
安　徽	12.24	5459.49	151.57	227.29	667.14
福　建	9.19	4775.17	250.57	506.32	1297.05
江　西	14.78	5602.29	95.14	237.52	474.60
山　东	7.75	10127.89	894.58	561.55	2856.21
河　南	12.11	13426.94	104.80	225.79	2269.76
湖　北	27.55	6702.96	237.99	355.24	1120.27
湖　南	34.06	5128.82	86.75	204.89	933.36
广　东	16.63	8746.95	832.49	1432.40	1149.48
广　西	1.15	3101.42	130.53	186.19	667.42
海　南	0.06	1744.46	63.56	147.62	34.20
重　庆	6.77	3350.71	214.42	316.92	760.49
四　川	4.58	7190.34	230.22	209.15	560.65
贵　州	0.69	2907.86	17.12	114.04	234.30
云　南	1.75	2797.22	49.57	92.76	146.50
西　藏	3.00	188.70	0.24	3.50	19.07
陕　西	6.74	4732.03	146.40	109.15	617.91
甘　肃	2.64	1214.04	2.69	1.54	189.61
青　海		708.65	11.38	13.90	50.82
宁　夏	3.54	438.29	3.94	12.50	39.90
新　疆	2.72	1792.60	12.39	29.42	208.03
不分地区		89.19			

1-11　各地区全社会设备、工器具购置投资

单位：亿元

地　区	合　计	国有经济	集体经济	私营个体经济
全国总计	**115647.40**	**14002.58**	**883.61**	**55038.37**
北　京	1303.27	345.71	0.90	72.39
天　津	2549.57	146.49	33.57	1047.23
河　北	6522.53	440.15	22.66	3851.06
山　西	972.24	160.74	4.75	437.15
内蒙古	2706.37	664.19	12.61	748.86
辽　宁	1197.97	134.76	3.41	403.24
吉　林	3683.04	252.75	14.28	1943.98
黑龙江	3071.77	283.53	21.55	1324.19
上　海	885.17	386.81	0.13	91.77
江　苏	16965.48	816.37	82.01	11343.31
浙　江	5198.07	375.43	30.73	2856.23
安　徽	5885.88	541.43	22.95	3192.13
福　建	3785.08	367.05	57.82	1802.58
江　西	3222.80	283.11	13.32	1484.99
山　东	13531.95	1017.33	164.81	7679.01
河　南	9687.24	777.91	81.37	3646.95
湖　北	4953.04	608.07	64.95	2254.06
湖　南	4298.40	659.46	43.52	2482.59
广　东	6449.03	567.68	101.40	1755.85
广　西	3648.39	377.00	27.81	2025.00
海　南	320.66	63.20	0.79	12.30
重　庆	1872.30	285.16	6.49	997.22
四　川	3628.00	634.07	11.91	1255.72
贵　州	820.34	190.33	2.47	340.91
云　南	794.70	192.86	2.64	327.68
西　藏	173.09	121.91	0.02	10.64
陕　西	2889.14	945.44	39.92	623.67
甘　肃	499.64	165.69	4.64	171.47
青　海	571.72	108.00	3.38	171.18
宁　夏	770.45	161.80	0.16	332.67
新　疆	1310.23	448.33	6.63	352.33
不分地区	1479.82	1479.82		

1-11 续表

单位：亿元

地区	联营经济	股份制经济	外商投资经济	港澳台投资经济	其他经济
全国总计	**50.14**	**33643.16**	**4611.91**	**3883.27**	**3534.37**
北京		319.47	147.30	416.50	1.00
天津	17.81	924.14	241.66	73.36	65.30
河北	0.09	1708.87	141.34	133.04	225.33
山西	0.67	283.61	14.95	50.86	19.51
内蒙古	1.06	1206.64	17.30	15.20	40.52
辽宁	0.04	324.16	280.65	30.96	20.73
吉林	0.33	1286.29	31.10	18.99	135.31
黑龙江	0.07	1175.15	27.43	11.04	228.81
上海		161.64	185.79	58.81	0.24
江苏	1.31	2508.24	1194.34	804.23	215.68
浙江	0.69	1194.32	259.45	437.16	44.05
安徽	1.16	1709.91	123.61	109.22	185.46
福建	1.97	1136.72	125.77	175.08	118.09
江西	1.79	1216.35	41.53	76.03	105.69
山东	2.78	3430.61	464.16	168.48	604.76
河南	4.04	4375.56	70.88	199.96	530.57
湖北	5.48	1581.58	200.08	99.91	138.91
湖南	1.01	775.99	58.70	80.19	196.95
广东	2.88	2582.31	601.49	626.72	210.71
广西	0.51	920.09	47.78	56.15	194.05
海南	0.53	197.17	40.12	3.20	3.35
重庆	0.17	411.60	93.96	21.47	56.24
四川	4.60	1536.24	83.15	56.35	45.97
贵州	0.01	241.51	7.14	24.52	13.44
云南	0.02	251.26	4.98	8.56	6.70
西藏		39.35			1.17
陕西	0.81	1070.29	90.77	48.87	69.38
甘肃	0.17	136.40	1.97	0.75	18.54
青海		267.98	3.08	2.31	15.78
宁夏		193.45	5.89	69.94	6.55
新疆	0.13	476.28	5.53	5.42	15.59
不分地区					

1-12 各地区全社会其他费用投资

单位：亿元

地 区	合 计	国有经济	集体经济	私营个体经济
全国总计	**76471.65**	**21773.75**	**760.58**	**20206.68**
北 京	3925.92	744.54	83.09	126.09
天 津	1878.84	340.95	26.84	322.81
河 北	2744.52	485.72	5.21	1345.72
山 西	698.21	201.79	6.24	221.92
内蒙古	1239.19	760.16	2.01	203.87
辽 宁	783.12	165.81	1.71	247.45
吉 林	848.58	139.76	1.88	276.99
黑龙江	616.74	198.17	1.33	188.56
上 海	2395.75	584.47	2.48	351.65
江 苏	5872.25	1157.76	34.88	2199.34
浙 江	7912.46	1905.22	93.73	3071.88
安 徽	2549.59	699.34	7.50	856.06
福 建	3885.84	1305.23	47.73	994.14
江 西	1609.61	382.02	5.59	645.30
山 东	4233.11	1143.51	76.74	1269.46
河 南	4166.47	650.20	70.59	1047.66
湖 北	3225.35	796.66	25.15	870.58
湖 南	3058.79	1012.42	42.38	992.16
广 东	7050.87	1297.78	156.74	1574.06
广 西	2094.93	660.14	6.02	640.02
海 南	773.38	190.89	1.36	81.26
重 庆	2181.55	725.88	8.34	511.44
四 川	3336.77	1222.73	4.37	725.60
贵 州	1682.90	914.20	3.16	258.48
云 南	2051.35	1072.72	3.84	298.33
西 藏	96.17	45.31	0.78	4.77
陕 西	2533.23	1175.56	38.37	373.45
甘 肃	511.93	169.39	0.86	110.93
青 海	282.30	135.14	0.83	41.85
宁 夏	385.51	145.49	0.52	164.47
新 疆	1098.45	618.69	0.33	190.36
不分地区	747.95	726.14		

1-12 续表 单位：亿元

地　区	联营经济	股份制经济	外商投资经济	港澳台投资经济	其他经济
全国总计	**29.11**	**29108.23**	**1025.03**	**1848.82**	**1719.45**
北　京		2827.20	45.97	98.51	0.53
天　津	0.18	1069.61	35.50	57.05	25.90
河　北	0.14	703.02	18.14	30.00	156.57
山　西	0.01	236.10	2.31	4.88	24.97
内蒙古		253.36	5.79	0.94	13.06
辽　宁	0.02	325.77	13.51	23.10	5.76
吉　林	0.06	389.90	1.26	12.81	25.92
黑龙江	0.04	169.01	6.70	3.77	49.16
上　海	0.41	1145.19	55.34	256.10	0.12
江　苏	7.78	1975.27	129.88	310.60	56.74
浙　江	0.50	2509.83	97.15	147.93	86.22
安　徽	1.02	907.80	12.11	32.40	33.37
福　建	0.32	1271.96	112.05	86.92	67.49
江　西	2.49	496.66	22.34	27.62	27.59
山　东	0.04	1375.52	63.69	56.48	247.68
河　南	1.50	2120.47	10.72	21.43	243.90
湖　北	3.80	1349.28	38.08	41.74	100.07
湖　南	0.91	813.51	15.38	26.55	155.48
广　东	8.09	3263.72	212.41	398.64	139.45
广　西	0.01	684.08	55.16	13.43	36.08
海　南		473.83	1.18	23.28	1.59
重　庆	0.24	758.44	16.33	114.36	46.52
四　川	0.05	1293.23	31.20	27.63	31.95
贵　州	0.04	470.89	2.04	7.80	26.28
云　南	0.04	647.68	6.45	10.13	12.17
西　藏	0.89	43.88			0.53
陕　西	0.51	850.66	13.20	7.52	73.97
甘　肃	0.04	215.65	0.11	1.22	13.73
青　海		102.84	0.26	0.18	1.20
宁　夏	0.01	66.32	0.51	3.56	4.63
新　疆		275.76	0.25	2.24	10.84
不分地区		21.81			

1-13　各地区全社会住宅建设投资

单位：亿元

地　区	合　计	国有经济	集体经济	私营个体经济
全国总计	**86985.34**	**6813.18**	**323.57**	**32396.65**
北　京	1820.32	171.20	0.36	117.94
天　津	1647.92	90.20	2.44	328.08
河　北	4131.87	127.42	2.02	2404.42
山　西	1143.17	72.41	8.41	689.41
内蒙古	837.11	105.21		332.26
辽　宁	1783.40	63.38	0.09	683.61
吉　林	710.00	27.39	0.04	225.68
黑龙江	628.64	49.01		232.31
上　海	2159.07	205.85	0.89	473.66
江　苏	7777.80	668.97	8.15	2950.59
浙　江	6510.22	387.99	27.94	3584.08
安　徽	4590.10	419.90	13.51	1703.24
福　建	3625.35	345.16	27.07	1289.41
江　西	1891.58	210.25	3.03	784.01
山　东	5870.57	435.28	89.42	2040.57
河　南	6097.96	266.07	12.76	1469.47
湖　北	3865.26	324.69	8.77	1347.10
湖　南	2850.97	199.73	1.84	1406.91
广　东	8536.67	144.85	46.46	2678.68
广　西	2504.39	147.73	5.46	1237.05
海　南	1612.92	113.81	1.29	339.48
重　庆	2829.76	257.09	1.24	931.49
四　川	4024.86	378.62	9.05	1530.98
贵　州	1616.79	180.83	0.16	627.16
云　南	2610.45	527.91	37.34	884.14
西　藏	71.10	40.05		12.51
陕　西	2719.22	440.51	13.96	842.84
甘　肃	744.62	99.30	1.87	302.70
青　海	335.24	80.60		159.10
宁　夏	469.58	41.64		333.36
新　疆	968.39	190.13	0.01	454.40
不分地区				

1-13 续表

单位：亿元

地　　区	联营经济	股份制经　济	外商投资经济	港 澳 台投资经济	其他经济
全国总计	**12.85**	**42647.45**	**1224.69**	**3078.77**	**488.18**
北　　京		1464.66	15.85	44.62	5.69
天　　津		1120.34	56.11	43.28	7.48
河　　北		1523.84	20.20	42.88	11.09
山　　西		320.73	5.74	1.79	44.69
内 蒙 古		397.18	0.97		1.48
辽　　宁		827.42	76.84	132.02	0.05
吉　　林		418.55		27.48	10.87
黑 龙 江		334.24	3.43	9.09	0.56
上　　海		1205.90	48.46	224.32	
江　　苏	8.43	3399.16	197.91	539.24	5.35
浙　　江		2240.86	43.13	184.45	41.78
安　　徽		2335.89	21.48	88.13	7.95
福　　建	0.31	1669.51	91.98	185.16	16.74
江　　西	2.86	839.31	5.57	42.38	4.16
山　　东		2903.59	70.44	152.24	179.04
河　　南	0.08	4215.20	10.82	67.36	56.21
湖　　北	0.12	2089.70	30.12	54.07	10.69
湖　　南		1165.90	16.94	54.65	5.01
广　　东	0.11	4813.03	292.46	536.87	24.21
广　　西		946.88	71.71	94.63	0.94
海　　南		1032.62	11.91	112.58	1.22
重　　庆		1379.08	34.85	221.28	4.74
四　　川	0.04	1958.74	55.46	80.22	11.75
贵　　州		755.39	0.30	49.77	3.19
云　　南		1105.16	12.25	38.75	4.90
西　　藏	0.90	16.85			0.79
陕　　西	0.01	1342.10	27.70	37.10	14.99
甘　　肃		330.05	0.44	0.27	10.00
青　　海		89.23		5.43	0.87
宁　　夏		88.87	1.10	4.61	
新　　疆		317.48	0.54	4.08	1.75
不分地区					

1-14 各地区全社会新增固定资产

单位：亿元

地 区	合 计	国有经济	集体经济	私营个体经济
全国总计	**391273.67**	**105488.98**	**7121.82**	**146936.30**
北 京	3240.76	981.74	14.78	230.01
天 津	6704.38	797.20	350.65	2614.84
河 北	22050.97	3475.52	150.47	11131.59
山 西	3981.17	800.47	57.80	1848.89
内蒙古	10877.63	5119.02	75.67	2266.00
辽 宁	3196.09	708.34	12.51	1062.80
吉 林	10249.82	1750.16	52.27	4566.06
黑龙江	9163.00	1680.56	136.02	3159.19
上 海	3957.94	1215.39	22.39	610.80
江 苏	38476.24	6339.90	640.95	20902.69
浙 江	18805.99	5297.64	442.31	6700.12
安 徽	18005.97	4675.88	138.85	8036.21
福 建	18267.73	4626.29	888.18	6275.33
江 西	12358.13	2558.93	70.51	5244.90
山 东	33040.64	4635.86	1121.98	15790.22
河 南	26907.22	4108.80	389.64	9358.23
湖 北	17628.22	4933.79	376.57	6658.43
湖 南	21115.75	6634.93	307.25	8998.42
广 东	19242.39	3104.80	851.37	5376.28
广 西	12536.84	3598.41	105.82	5630.67
海 南	1146.70	222.98	1.15	226.67
重 庆	11747.05	3778.33	88.33	3774.02
四 川	19000.37	7447.27	100.45	5432.77
贵 州	9099.97	5310.11	44.85	1908.82
云 南	11855.16	7130.50	355.49	2476.92
西 藏	977.16	751.74	6.46	76.82
陕 西	12859.95	6475.91	241.19	2802.25
甘 肃	3171.38	1570.50	46.62	801.49
青 海	2522.01	1127.80	8.90	452.59
宁 夏	2293.92	772.48	6.21	949.26
新 疆	6793.10	3857.75	16.16	1573.01
不分地区				

1-14 续表

单位：亿元

地 区	联营经济	股份制经济	外商投资经济	港澳台投资经济	其他经济
全国总计	**248.05**	**98693.97**	**6734.14**	**7629.19**	**18421.21**
北 京		1309.39	126.37	560.41	18.07
天 津	46.38	2268.70	163.34	154.09	309.17
河 北	1.08	5619.53	326.01	223.25	1123.51
山 西	1.45	839.55	11.37	59.27	362.38
内 蒙 古	2.61	3092.28	15.62	24.68	281.74
辽 宁	0.42	963.78	269.69	149.10	29.46
吉 林	2.71	3110.65	56.17	84.67	627.13
黑 龙 江	0.37	3051.18	28.08	61.04	1046.55
上 海	0.06	1432.88	342.19	334.03	0.21
江 苏	8.65	6802.05	1933.11	1332.63	516.27
浙 江	2.54	4812.82	302.45	743.21	504.90
安 徽	13.54	4156.10	171.90	201.76	611.73
福 建	15.17	4489.20	294.62	426.88	1252.06
江 西	20.73	3715.85	117.93	206.15	423.15
山 东	8.82	7882.29	657.85	419.25	2524.38
河 南	14.60	10365.20	135.21	280.66	2254.87
湖 北	32.47	4374.37	190.66	174.64	887.30
湖 南	32.75	3896.56	47.57	132.33	1065.95
广 东	5.80	6674.43	903.09	1168.09	1158.53
广 西	1.46	2221.96	72.84	155.09	750.59
海 南	0.53	569.33	13.80	82.17	30.07
重 庆	5.96	2829.94	178.47	307.43	784.57
四 川	9.42	5146.89	157.01	164.62	541.94
贵 州	0.45	1593.87	17.08	31.70	193.08
云 南	6.68	1702.92	15.88	10.92	155.85
西 藏	2.45	119.40	0.09	3.50	16.70
陕 西	7.13	2572.78	147.85	54.77	558.06
甘 肃	1.42	576.35	2.13	0.89	171.98
青 海		845.94	3.89	7.98	74.92
宁 夏	0.22	476.77	3.39	43.07	42.52
新 疆	2.18	1180.99	28.49	30.95	103.58
不分地区					

1-15　各地区全社会投资实际到位资金

单位：亿元

地　区	本年实际到位资金小计	国家预算资金	国内贷款	利用外资	自筹资金	其他资金
全国总计	**639369.39**	**38741.71**	**72435.10**	**2146.32**	**417700.04**	**108346.22**
北　京	10918.46	1092.14	2595.44	21.53	3600.89	3608.46
天　津	12826.11	187.52	2016.73	32.02	7803.18	2786.67
河　北	31947.23	1185.11	1951.77	74.71	25815.15	2920.48
山　西	5507.93	337.78	536.92	9.17	3516.06	1108.00
内蒙古	12887.47	1176.86	1399.02	3.50	9830.29	477.80
辽　宁	7154.08	305.59	845.67	191.93	3924.97	1885.91
吉　林	12989.78	432.50	651.19	21.22	11037.87	847.00
黑龙江	11399.42	533.57	434.10	28.37	9350.58	1052.81
上　海	8182.34	811.59	2013.01	18.76	2834.87	2504.12
江　苏	57282.81	1044.59	6397.80	376.11	37932.35	11531.96
浙　江	34737.53	2736.25	4173.66	73.81	19180.40	8573.41
安　徽	28847.13	1783.91	2122.71	92.77	19693.00	5154.74
福　建	25790.57	1819.02	2370.10	71.46	17013.74	4516.25
江　西	21510.99	1151.33	1641.94	62.22	15816.65	2838.87
山　东	54944.77	1316.89	5658.60	274.33	40696.34	6998.60
河　南	43208.89	1616.68	4095.39	83.58	34422.48	2990.76
湖　北	31375.99	2260.22	2998.45	63.73	21198.58	4855.00
湖　南	31836.70	1611.70	2863.17	118.64	22899.93	4343.26
广　东	42836.89	2481.98	6832.66	259.69	22038.12	11224.44
广　西	20315.19	1954.54	2675.58	17.54	12484.20	3183.33
海　南	4915.11	359.84	745.34	3.49	1828.91	1977.52
重　庆	18326.12	1011.81	2563.29	68.67	10609.99	4072.36
四　川	32106.81	2249.95	2739.21	22.71	20550.70	6544.22
贵　州	13455.08	1085.23	2324.65	29.46	7607.76	2407.98
云　南	13940.38	1782.18	2185.25	8.67	7025.76	2938.52
西　藏	1599.02	1037.32	80.61	3.46	370.97	106.66
陕　西	22293.99	1614.51	2201.51	61.85	16137.54	2278.60
甘　肃	5245.52	791.25	770.48	4.80	2777.82	901.18
青　海	3410.13	639.68	903.53	3.96	1597.41	265.55
宁　夏	2914.80	254.75	601.17	4.59	1514.49	539.80
新　疆	10606.59	1831.86	1769.70	21.68	5455.73	1527.62
不分地区	4055.53	243.58	1276.44	17.90	1133.28	1384.33

1-16 各地区全社会房屋施工面积

单位：万平方米

地 区	合 计	国有经济	集体经济	私营个体经济
全国总计	**1175248.82**	**138168.05**	**9422.62**	**469920.92**
北 京	21117.46	3613.57	299.93	1627.23
天 津	16809.18	2543.63	324.94	4538.70
河 北	45080.01	1792.55	50.05	27097.90
山 西	22792.37	1796.63	105.82	13651.95
内蒙古	20204.32	2735.95	59.25	9343.51
辽 宁	29688.81	1401.63	21.91	10908.08
吉 林	16466.20	1262.02	11.95	5704.68
黑龙江	16549.25	1569.36	154.21	5599.55
上 海	18587.73	2265.91	82.86	4079.39
江 苏	92265.54	9568.91	750.74	43213.83
浙 江	80553.13	13037.39	1534.84	35255.76
安 徽	61598.86	10944.94	182.77	23774.77
福 建	52021.57	6175.42	578.93	20334.79
江 西	32073.84	4320.12	51.03	13244.97
山 东	99369.73	8145.19	1611.06	42741.97
河 南	71544.34	5175.12	337.18	21138.02
湖 北	45511.64	4367.71	232.80	18261.19
湖 南	42442.69	3915.28	58.01	20192.24
广 东	96403.54	4507.94	1287.54	30925.78
广 西	36269.68	3961.74	126.65	19283.08
海 南	11371.36	995.56	6.20	2725.83
重 庆	31705.27	4195.64	39.20	11690.79
四 川	62152.52	9003.75	139.96	23539.83
贵 州	29036.45	4820.13	18.67	11332.75
云 南	39106.16	8412.10	1065.68	15180.52
西 藏	885.22	496.95		138.24
陕 西	33768.03	6390.22	167.25	10857.53
甘 肃	13741.45	2045.80	70.55	5953.77
青 海	5244.39	1281.62	0.72	2636.97
宁 夏	9111.59	1533.14	41.56	5426.04
新 疆	21586.58	5706.68	10.36	9521.24
不分地区	189.89	185.45		

1-16 续表

单位：万平方米

地 区	联营经济	股份制经 济	外商投资经济	港 澳 台投资经济	其他经济
全国总计	**224.85**	**483128.63**	**17188.97**	**40654.81**	**16539.97**
北 京	1.43	14182.05	425.01	860.78	107.47
天 津	19.22	8216.03	516.48	447.17	203.02
河 北		15031.74	175.56	547.74	384.47
山 西	0.06	5880.91	85.17	248.39	1023.45
内 蒙 古		7952.57	31.28	1.60	80.16
辽 宁	0.83	12960.00	1825.40	2480.39	90.58
吉 林	0.30	8709.48	19.43	653.21	105.14
黑 龙 江	0.38	8418.48	69.70	189.66	547.91
上 海		9342.74	872.28	1924.33	20.21
江 苏	38.65	29398.62	2960.61	5816.38	517.78
浙 江	1.34	23861.14	1393.30	3460.61	2008.74
安 徽	1.24	24921.48	227.41	1126.64	419.61
福 建	4.44	20099.50	959.86	2599.92	1268.72
江 西	59.48	13248.19	196.72	684.62	268.72
山 东	1.82	40484.87	1023.77	2267.98	3093.07
河 南	26.14	42465.71	203.08	653.88	1545.19
湖 北	3.49	20670.99	350.13	893.03	732.31
湖 南		16699.13	242.86	975.75	359.42
广 东	25.80	47845.74	2739.38	7792.31	1279.05
广 西	0.01	11174.18	438.39	1075.59	210.04
海 南		6859.75	118.44	637.72	27.86
重 庆	0.33	12608.57	642.90	2249.70	278.13
四 川	3.71	26242.62	937.31	1765.76	519.58
贵 州		12213.13	132.18	196.51	323.09
云 南	0.56	13752.05	129.40	396.73	169.11
西 藏	19.43	223.16			7.43
陕 西	2.45	14949.71	443.93	397.88	559.07
甘 肃	0.30	5380.18	20.99	48.07	221.80
青 海		1185.44		103.16	36.47
宁 夏	12.30	2011.78	5.86	38.47	42.45
新 疆	1.14	6134.24	2.15	120.82	89.93
不分地区		4.44			

1-17 各地区全社会住宅施工面积

单位：万平方米

地　区	合　计	国有经济	集体经济	私营个体经济
全国总计	**652234.26**	**52777.77**	**2617.64**	**271080.11**
北　京	7155.58	1554.92	7.90	710.21
天　津	6481.18	672.95	5.15	1196.38
河　北	26312.80	491.71	0.15	16400.55
山　西	15661.67	900.22	62.39	9765.46
内蒙古	11924.01	1024.27		5762.89
辽　宁	19728.18	744.89	5.92	6956.27
吉　林	8920.30	393.86		3069.02
黑龙江	8243.92	527.53		2929.56
上　海	8083.24	1001.22	38.03	1511.94
江　苏	47208.43	4169.11	90.24	19589.94
浙　江	32387.88	3462.93	295.42	15831.22
安　徽	32862.57	3198.17	93.93	13664.30
福　建	23695.61	2800.52	125.53	8230.31
江　西	18034.22	1542.23	6.18	7603.05
山　东	58285.88	3015.14	571.96	24630.67
河　南	44974.36	2219.98	96.33	13859.14
湖　北	26866.67	1779.79	67.53	10956.66
湖　南	28300.41	1785.99	10.40	13981.59
广　东	54455.79	1029.67	425.63	18522.58
广　西	23320.99	1197.66	50.52	13855.11
海　南	8089.24	610.60	1.99	2189.38
重　庆	18415.73	2003.06	10.50	7102.05
四　川	35022.03	3487.37	82.45	14202.69
贵　州	15389.47	1334.16	7.95	6911.24
云　南	23415.96	4404.10	446.21	9723.61
西　藏	379.73	174.28		63.77
陕　西	21424.27	3170.58	96.96	7740.85
甘　肃	8003.60	710.96	18.32	3767.07
青　海	2555.01	413.60		1393.68
宁　夏	4950.92	608.57		3221.55
新　疆	11684.59	2347.74	0.05	5737.40
不分地区				

1-17　续表　　　　　　　　　　　　　　　　　　　　单位：万平方米

地　　区	联营经济	股份制经济	外商投资经济	港澳台投资经济	其他经济
全国总计	**78.33**	**292594.32**	**7999.84**	**21330.56**	**3755.70**
北　京		4633.36	83.46	101.58	64.13
天　津		4189.94	169.86	225.65	21.26
河　北		9031.55	72.82	300.35	15.69
山　西		4220.44	17.99	81.15	614.02
内蒙古		5098.06	26.52		12.28
辽　宁		9077.93	1079.83	1863.35	
吉　林		5090.92		349.88	16.62
黑龙江		4605.92	27.45	149.96	3.49
上　海		4703.97	255.01	573.06	
江　苏	25.01	18592.49	1364.24	3210.99	166.42
浙　江		10814.24	232.29	1345.21	406.58
安　徽		15028.38	133.42	688.28	56.10
福　建		10738.01	476.36	1184.46	140.43
江　西	36.22	8349.64	100.04	379.23	17.63
山　东		27293.02	392.22	1298.26	1084.62
河　南	3.28	27895.46	152.36	357.77	390.05
湖　北	1.76	13389.68	175.68	451.26	44.32
湖　南		11649.42	199.94	611.36	61.71
广　东	1.26	29019.00	1418.42	3945.11	94.12
广　西		7181.89	267.46	761.90	6.45
海　南		4832.88	70.32	363.78	20.29
重　庆		7766.36	204.48	1288.27	41.01
四　川	1.89	15571.79	549.69	1043.84	82.30
贵　州		6921.29	89.73	107.59	17.53
云　南		8501.49	54.21	256.70	29.65
西　藏	8.87	132.09			0.72
陕　西	0.05	9621.87	364.33	211.83	217.79
甘　肃		3328.58	17.68	38.23	122.76
青　海		706.24		40.07	1.42
宁　夏		1085.57	1.92	33.32	
新　疆		3522.83	2.13	68.12	6.33
不分地区					

1-18 各地区全社会房屋竣工面积

单位：万平方米

地　区	合　计	国有经济	集体经济	私营个体经济
全国总计	**286336.03**	**36517.05**	**4306.24**	**156894.07**
北　京	2620.17	262.97	21.46	653.96
天　津	3972.91	284.98	210.07	1125.95
河　北	12105.66	641.91	33.50	8334.25
山　西	5184.43	238.69	29.72	4062.43
内蒙古	3959.37	768.31	8.81	2088.33
辽　宁	4527.88	336.17	2.81	2586.43
吉　林	3647.33	198.81	10.24	1697.21
黑龙江	4340.40	519.52	134.33	1688.28
上　海	3832.35	415.63	30.64	927.30
江　苏	24717.43	2676.36	430.96	13719.19
浙　江	24161.31	5145.99	762.17	11073.99
安　徽	13056.37	1554.71	45.53	8029.85
福　建	13692.40	1466.74	330.64	7097.90
江　西	8132.05	1004.63	16.21	4971.03
山　东	27724.27	1633.83	508.82	18080.58
河　南	15937.31	835.84	102.44	8114.04
湖　北	10270.55	1010.14	77.91	6338.67
湖　南	10132.12	1054.65	13.93	6682.50
广　东	17281.63	542.67	389.94	7803.10
广　西	9496.02	532.24	16.60	7531.60
海　南	2137.82	107.37	0.49	1086.58
重　庆	7544.44	999.74	10.53	2946.90
四　川	18080.13	4125.63	67.24	9236.47
贵　州	4941.72	928.95	3.62	2813.01
云　南	14749.37	5072.18	921.21	6799.25
西　藏	294.43	206.80		56.86
陕　西	7057.65	1420.73	83.86	3685.31
甘　肃	2885.63	351.22	35.86	1841.88
青　海	1318.63	227.65	0.42	886.88
宁　夏	2192.21	231.06		1387.24
新　疆	6342.04	1720.95	6.29	3547.07
不分地区				

1-18　续表　　单位：万平方米

地　区	联营经济	股份制经　济	外商投资经济	港澳台投资经济	其他经济
全国总计	**125.80**	**73551.02**	**2986.77**	**5958.29**	**5996.79**
北　京		1430.32	70.51	145.08	35.88
天　津	15.48	1961.09	104.71	189.46	81.18
河　北		2687.38	61.51	114.43	232.67
山　西		620.52	25.30	38.38	169.39
内蒙古		1048.49	2.27	1.60	41.57
辽　宁	0.83	1307.28	110.42	173.29	10.65
吉　林	0.30	1529.18	13.82	156.06	41.73
黑龙江		1740.45	2.45	21.88	233.50
上　海		1893.67	244.50	320.61	
江　苏	1.33	6001.03	669.70	1050.50	168.36
浙　江	1.34	5206.37	310.19	745.30	915.95
安　徽		3060.25	58.63	203.29	104.12
福　建	3.04	3733.11	179.27	344.02	537.67
江　西	53.77	1777.36	35.56	201.41	72.10
山　东	0.50	5985.32	338.32	297.48	879.41
河　南	12.75	6178.74	16.78	103.59	573.14
湖　北	3.49	2563.34	55.47	18.06	203.48
湖　南		2146.95	12.00	74.32	147.77
广　东	15.94	6745.41	398.66	964.88	421.03
广　西		1273.40	4.83	69.84	67.51
海　南		868.54	10.62	63.35	0.86
重　庆	0.33	2956.29	84.66	458.36	87.64
四　川	3.59	4035.01	111.60	123.75	376.84
贵　州		952.01	6.40	32.06	205.66
云　南	0.56	1808.64	3.14	4.42	139.97
西　藏	9.41	15.89			5.46
陕　西	2.04	1670.46	53.32	10.10	131.82
甘　肃		613.60			43.07
青　海		198.55			5.13
宁　夏		531.97		13.62	28.32
新　疆	1.10	1010.41	2.15	19.16	34.91
不分地区					

1-19 各地区全社会住宅竣工面积

单位：万平方米

地 区	合 计	国有经济	集体经济	私营个体经济
全国总计	**155112.82**	**14926.19**	**1177.85**	**94074.09**
北 京	1134.54	35.92		471.61
天 津	1532.88	125.03	2.30	269.70
河 北	5111.36	103.94	0.14	3910.00
山 西	4199.90	169.80	22.34	3395.09
内 蒙 古	2375.98	317.97		1382.89
辽 宁	3103.09	192.78		1724.87
吉 林	1476.27	59.18		749.57
黑 龙 江	1713.41	151.76		860.96
上 海	1895.74	200.73	17.07	387.64
江 苏	9707.50	1093.80	22.94	4426.88
浙 江	8852.45	1109.32	159.92	4871.06
安 徽	7627.15	693.13	16.51	4929.98
福 建	5036.05	547.37	68.54	2451.98
江 西	4256.11	510.26	0.40	2821.55
山 东	16400.30	644.61	194.42	11087.82
河 南	9852.35	257.20	24.28	6003.63
湖 北	6111.58	448.90	38.50	4068.07
湖 南	7284.87	536.99	2.54	5163.66
广 东	8261.07	101.36	114.38	4079.33
广 西	7449.18	161.07	11.41	6534.70
海 南	1753.38	64.95		1037.37
重 庆	4506.53	426.75	6.80	1906.86
四 川	9903.55	1501.38	27.59	6038.56
贵 州	2682.03	263.08	0.34	1940.87
云 南	9373.21	3102.46	392.61	4857.86
西 藏	122.30	71.41		32.51
陕 西	4737.90	646.54	46.64	2850.14
甘 肃	1923.03	177.77	8.13	1430.69
青 海	923.12	134.18		697.53
宁 夏	1361.02	96.89		941.29
新 疆	4444.94	979.64	0.05	2749.46
不分地区				

1-19　续表　　　　单位：万平方米

地　区	联营经济	股份制经　济	外商投资经济	港澳台投资经济	其他经济
全国总计	**44.31**	**39524.51**	**1083.72**	**2802.94**	**1479.21**
北　京		552.04	25.43	17.80	31.75
天　津		966.95	51.62	108.47	8.81
河　北		1024.95	13.82	47.97	10.55
山　西		470.44			142.23
内蒙古		668.34	2.17		4.62
辽　宁		966.31	80.40	138.74	
吉　林		546.24		117.47	3.81
黑龙江		691.86		8.34	0.50
上　海		1084.62	105.36	100.32	
江　苏		3397.87	238.98	520.37	6.66
浙　江		2211.11	44.38	266.35	190.30
安　徽		1782.72	42.64	151.83	10.35
福　建		1703.59	68.07	126.86	69.65
江　西	35.56	762.67	20.18	101.89	3.60
山　东		3744.37	51.37	154.87	522.83
河　南		3276.57	12.94	75.76	201.97
湖　北	1.76	1506.50	20.55	3.13	24.18
湖　南		1519.08	6.22	48.57	7.81
广　东	0.22	3363.89	174.32	395.65	31.91
广　西		682.11	4.68	52.62	2.59
海　南		587.23	10.62	52.34	0.86
重　庆		1933.59	25.29	176.50	30.73
四　川	1.89	2166.70	35.59	76.58	55.26
贵　州		452.19		24.02	1.54
云　南		989.29	0.88	0.85	29.26
西　藏	4.87	12.78			0.72
陕　西	0.01	1074.46	46.08	6.65	67.38
甘　肃		289.69			16.76
青　海		91.15			0.26
宁　夏		309.32		13.53	
新　疆		695.89	2.13	15.45	2.34
不分地区					

第二部分
固定资产投资（不含农户）

(一)固定资产投资(不含农户)

2-1-1　固定资产投资(不含农户)主要指标

指　　标	2017年	增速(%)
一、投资总额(亿元)	**631683.96**	**7.2**
其中：住宅	80560.99	5.2
1.按构成分		
建筑安装工程	441771.54	7.7
设备、工具、器具投资	114057.51	3.7
其他费用	75854.92	9.5
2.按建设性质分		
#新　建	452483.29	8.4
扩　建	67597.37	-0.4
改建和技术改造	91873.25	9.5
单纯购置	13801.01	-2.2
3.按产业分		
第一产业	20892.35	11.8
第二产业	235751.40	3.2
第三产业	375040.22	9.5
二、全部建设规模(亿元)		
建设总规模	2026374.23	19.4
自开始建设至本年底累计完成投资	1331814.96	15.1
在建总规模	1464212.79	17.4
在建净规模	695216.37	19.2
三、新增固定资产(亿元)	**382267.74**	**9.0**
四、房屋建筑面积(万平方米)		
施工面积	1090853.82	-6.7
其中：住宅	576134.26	-0.2
竣工面积	213609.03	-7.9
其中：住宅	88241.82	-10.3
五、投资实际到位资金小计(亿元)	**629814.97**	**4.8**
国家预算资金	38741.71	7.7
国内贷款	72148.90	9.0
债　券	2032.26	-8.3
利用外资	2146.32	-5.5
自筹资金	408822.95	2.3
其他资金	105922.83	9.5

注：固定资产投资(不含农户)除项目个数外，均含房地产开发投资。以下表同。

2-1-2 各地区固定资产投资(不含农户)建设规模

单位：万元

地　区	建设总规模	自开始建设累计完成投资	在建总规模	在建净规模
全国总计	**20263742347**	**13318149570**	**14642127850**	**6952163712**
北　京	523660790	333162118	463677141	168437979
天　津	401067193	270130509	316317725	138256158
河　北	919142894	600945434	586646075	297420133
山　西	315558810	172658107	255367316	121318697
内蒙古	476752521	267281230	341658499	181921405
辽　宁	409427556	248957911	336989962	153729886
吉　林	314753631	218117325	196678953	93642887
黑龙江	277391426	189134645	173884015	81484211
上　海	431319953	290128493	357858820	142532924
江　苏	1501298223	1053907130	980028434	460150418
浙　江	1128953450	718351502	832870572	404417101
安　徽	863311313	575721218	593548581	297884104
福　建	739778705	568759717	469594097	188720468
江　西	589718924	372832516	411755798	223469663
山　东	1408123729	964961291	933070161	464609600
河　南	1142417176	755427897	765034356	396307856
湖　北	929117866	622337005	665156883	311401390
湖　南	788187604	544035001	523746047	252884348
广　东	1562183971	1027755842	1211781246	556688867
广　西	572462786	373366902	405578908	199374813
海　南	249425634	143739044	213787438	108624575
重　庆	588898571	421019130	402492084	173082733
四　川	974776359	623623548	728814948	355408012
贵　州	475895655	332690042	335870060	148234621
云　南	648048276	416466964	482223495	235326887
西　藏	53824879	32559303	42557184	20719365
陕　西	731277726	453754988	555330544	277021491
甘　肃	211623909	121804365	166703835	83334333
青　海	126673144	79018789	93889289	45729542
宁　夏	146387954	91384521	116102542	49957700
新　疆	466152476	214265098	386983599	232911952
不分地区	296129243	219851985	296129243	87159593

2-1-3　国民经济行业大类固定资产投资(不含农户)建设规模

单位：万元

行　　业	建设总规模	自开始建设累计完成投资	在建总规模	在建净规模
全　国　总　计	**20263742347**	**13318149570**	**14642127850**	**6952163712**
(一)农、林、牧、渔业	**427023498**	**306488914**	**209467436**	**117444188**
农业	209094806	147594469	104910163	59334540
林业	43260860	28692151	24855554	14439158
畜牧业	93909783	69240934	44110385	24119414
渔业	18156108	14539594	7354302	3761913
农、林、牧、渔服务业	62601941	46421766	28237032	15789163
(二)采矿业	**234425798**	**162929442**	**157921705**	**67303600**
煤炭开采和洗选业	105801467	64739323	81120790	33057808
石油和天然气开采业	43773749	38845921	30462309	10695866
黑色金属矿采选业	23373302	13514836	16696982	8812019
有色金属矿采选业	27233490	18622858	15782720	8030881
非金属矿采选业	28738862	23218864	11241210	5382479
开采辅助活动	4341076	3132450	2055277	1007329
其他采矿业	1163852	855190	562417	317218
(三)制造业	**4196209921**	**2812889444**	**2492841732**	**1329057753**
农副食品加工业	213954928	158249546	104648024	53618765
食品制造业	107104494	78197920	56245418	26895881
酒、饮料和精制茶制造业	81208608	58328541	44353946	21179908
烟草制品业	9732667	5808584	8416543	3755886
纺织业	119666000	91503016	55349716	28085462
纺织服装、服饰业	82063052	63885178	33984133	17929228
皮革、毛皮、羽毛及其制品和制鞋业	40003527	31789279	17508612	8273437
木材加工和木、竹、藤、棕、草制品业	69659831	55436308	28485105	15005138
家具制造业	63884170	48009294	29912138	15880595
造纸和纸制品业	64183229	45006722	36811213	18978931
印刷和记录媒介复制业	29680463	22807518	12735173	6812032
文教、工美、体育和娱乐用品制造业	48078990	36736551	23430878	11391519
石油加工、炼焦和核燃料加工业	111449700	55391532	87811910	52184298
化学原料和化学制品制造业	364080221	229100213	241196817	124314003
医药制造业	150314479	95014318	99639346	52283611
化学纤维制造业	41790684	21168584	33479186	20466796
橡胶和塑料制品业	123961485	93676132	57457438	28423672
非金属矿物制品业	303904165	224089047	148357928	77634252
黑色金属冶炼和压延加工业	137982778	76281672	100301997	52650238
有色金属冶炼和压延加工业	175580051	102196466	132739294	70136652
金属制品业	178085387	135740710	84080136	42325937
通用设备制造业	227919672	173049531	108103400	54687912
专用设备制造业	246089668	168829284	136291699	75071873

2-1-3 续表 1 单位：万元

行　　业	建设总规模	自开始建设累计完成投资	在建总规模	在建净规模
汽车制造业	316218206	204720841	209676495	107704506
铁路、船舶、航空航天和其他运输设备制造业	83782820	48923641	58364214	32339899
电气机械和器材制造业	305861294	194461869	190807114	108848749
计算机、通信和其他电子设备制造业	360801113	202760148	265698693	155797986
仪器仪表制造业	39610407	27170471	23816547	12570049
其他制造业	60358104	37980906	39700783	21470187
废弃资源综合利用业	33313502	22444117	19760451	10634745
金属制品、机械和设备修理业	5886226	4131505	3677385	1705606
(四)电力、热力、燃气及水生产和供应业	**992343549**	**616451763**	**752961906**	**358281993**
电力、热力生产和供应业	792044831	493770894	617518805	287889339
燃气生产和供应业	72221304	38583875	50164592	28575692
水的生产和供应业	128077414	84096994	85278509	41816962
(五)建筑业	**63690143**	**46719159**	**33950535**	**16471824**
房屋建筑业	11448246	9195822	4444116	2098038
土木工程建筑业	42200587	28932140	25701629	12950303
建筑安装业	3491508	3050251	1236464	475869
建筑装饰和其他建筑业	6549802	5540946	2568326	947614
(六)批发和零售业	**336956954**	**238529341**	**185366930**	**91828165**
批发业	159432102	119900180	83007612	37647350
零售业	177524852	118629161	102359318	54180815
(七)交通运输、仓储和邮政业	**2549357801**	**1359632029**	**2177863609**	**1133720999**
铁路运输业	509024131	308004971	495208911	199431483
道路运输业	1637524779	814124112	1387308540	782767349
水上运输业	81494041	45744912	63826566	31086940
航空运输业	85645101	45912523	68530144	37384026
管道运输业	13039062	6055275	10125953	3913229
装卸搬运和运输代理业	30112549	18914243	21849920	10731240
仓储业	186617039	116889551	127344017	66607029
邮政业	5901099	3986442	3669558	1799703
(八)住宿和餐饮业	**150317473**	**98515539**	**97200365**	**48860486**
住宿业	121075072	75886804	84945083	42500438
餐饮业	29242401	22628735	12255282	6360048
(九)信息传输、软件和信息技术服务业	**162406262**	**98226339**	**111857492**	**62307304**
电信、广播电视和卫星传输服务	44392348	33106039	26357266	10927883
互联网和相关服务	25221397	14702502	17181253	10217445
软件和信息技术服务业	92792517	50417798	68318973	41161976
(十)金融业	**41207266**	**25565957**	**32815296**	**14133971**
货币金融服务	15144782	10258675	10870907	4575683

2-1-3　续表 2　　　　单位：万元

行　　业	建设总规模	自开始建设累计完成投资	在建总规模	在建净规模
资本市场服务	12441101	8051897	9825404	4197672
保险业	6458626	4173546	5916190	2300164
其他金融业	7162757	3081839	6202795	3060452
（十一）房地产业	**7447354316**	**5349691512**	**5791576698**	**2302983709**
房地产业	7447354316	5349691512	5791576698	2302983709
（十二）租赁和商务服务业	**374320002**	**212113394**	**269504556**	**159748381**
租赁业	17614018	14772831	6294904	3924044
商务服务业	356705984	197340563	263209652	155824337
（十三）科学研究和技术服务业	**145139636**	**89549147**	**98289329**	**54474513**
研究和试验发展	49890334	27751418	39046304	21823508
专业技术服务业	41070865	27271380	24924842	13341041
科技推广和应用服务业	54178437	34526349	34318183	19309964
（十四）水利、环境和公共设施管理业	**2231654062**	**1321717763**	**1623377589**	**875686379**
水利管理业	327617383	195662682	255145192	126628607
生态保护和环境治理业	94310427	55658304	67355649	37759657
公共设施管理业	1809726252	1070396777	1300876748	711298115
（十五）居民服务、修理和其他服务业	**49798050**	**34650132**	**25979357**	**15016382**
居民服务业	30573092	21135311	16885114	9384912
机动车、电子产品和日用产品修理业	10035560	6494012	5045563	3573637
其他服务业	9189398	7020809	4048680	2057833
（十六）教育	**245350647**	**167168619**	**160916936**	**76367852**
教育	245350647	167168619	160916936	76367852
（十七）卫生和社会工作	**195625762**	**116260435**	**140880562**	**76893191**
卫生	143327225	86112181	104690994	55357500
社会工作	52298537	30148254	36189568	21535691
（十八）文化、体育和娱乐业	**270246026**	**153909460**	**196191308**	**109429521**
新闻和出版业	3188718	1953845	2389046	1165415
广播、电视、电影和影视录音制作业	20225183	11260157	14211696	8260625
文化艺术业	111692524	65692170	81356274	43258831
体育	47182734	28026659	33150642	18124929
娱乐业	87956867	46976629	65083650	38619721
（十九）公共管理、社会保障和社会组织	**150315181**	**107141181**	**83164509**	**42153501**
中国共产党机关	605626	510991	164195	48186
国家机构	110028519	74093959	67028422	34972958
人民政协、民主党派	96812	82180	42528	15248
社会保障	7713302	5045269	4824134	2572990
群众团体、社会团体和其他成员组织	6997463	5511414	3373101	1381959
基层群众自治组织	24873459	21897368	7732129	3162160

2-1-4 各地区固定资产投资(不含农户)和新增固定资产

单位：万元

地　　　区	投 资 额	新增固定资产	固定资产交付使用率(%)
全国总计	**6316839637**	**3822677380**	**60.5**
北　京	83073349	31820151	38.3
天　津	112746948	66901566	59.3
河　北	330122314	216818798	65.7
山　西	57221585	36548185	63.9
内蒙古	138278549	106929475	77.3
辽　宁	64447490	29941351	46.5
吉　林	131309042	100973517	76.9
黑龙江	110796526	89530058	80.8
上　海	72409479	39532391	54.6
江　苏	530002139	381994172	72.1
浙　江	311259901	182782051	58.7
安　徽	288163736	175555508	60.9
福　建	261103418	180095885	69.0
江　西	217704331	120801818	55.5
山　东	542360344	320844198	59.2
河　南	438903572	263213310	60.0
湖　北	318725708	172546130	54.1
湖　南	313280788	205516517	65.6
广　东	374039119	189315369	50.6
广　西	199082715	119613953	60.1
海　南	41253963	10689103	25.9
重　庆	174405655	116579620	66.8
四　川	312358916	184144510	59.0
贵　州	152880106	88841283	58.1
云　南	184748903	113940651	61.7
西　藏	19756006	9771614	49.5
陕　西	234682076	125087821	53.3
甘　肃	56963491	30399762	53.4
青　海	38198617	24583199	64.4
宁　夏	36401215	22056653	60.6
新　疆	117956405	65308761	55.4
不分地区	52203231		

2-1-5 国民经济行业大类固定资产投资(不含农户)和新增固定资产

单位：万元

行业	投资额	新增固定资产	固定资产交付使用率(%)
全国总计	**6316839637**	**3822677380**	**60.5**
(一)农、林、牧、渔业	**246383334**	**190511876**	**77.3**
农业	118333124	89792547	75.9
林业	22222972	15913308	71.6
畜牧业	56315570	44420170	78.9
渔业	12051862	9440099	78.3
农、林、牧、渔服务业	37459806	30945752	82.6
(二)采矿业	**92089492**	**63520448**	**69.0**
煤炭开采和洗选业	26483765	18763197	70.8
石油和天然气开采业	26489285	13081821	49.4
黑色金属矿采选业	7511878	5604464	74.6
有色金属矿采选业	11091361	8645079	77.9
非金属矿采选业	17545770	15179008	86.5
开采辅助活动	2376626	1877461	79.0
其他采矿业	590807	369418	62.5
(三)制造业	**1936156711**	**1374363900**	**71.0**
农副食品加工业	119859886	89139231	74.4
食品制造业	58428239	41938995	71.8
酒、饮料和精制茶制造业	38339066	28719816	74.9
烟草制品业	1852420	1176531	63.5
纺织业	69361400	53855364	77.6
纺织服装、服饰业	49767873	40546025	81.5
皮革、毛皮、羽毛及其制品和制鞋业	23680714	18176348	76.8
木材加工和木、竹、藤、棕、草制品业	44564882	35413282	79.5
家具制造业	37294331	27737796	74.4
造纸和纸制品业	30909574	23293636	75.4
印刷和记录媒介复制业	17970971	14061864	78.2
文教、工美、体育和娱乐用品制造业	28303519	21458713	75.8
石油加工、炼焦和核燃料加工业	26767672	18210676	68.0
化学原料及化学制品制造业	139031777	95228894	68.5
医药制造业	59862624	38893098	65.0
化学纤维制造业	13303646	6708047	50.4
橡胶和塑料制品业	69793692	53610089	76.8
非金属矿物制品业	169527555	127054588	74.9
黑色金属冶炼和压延加工业	38041992	25048084	65.8
有色金属冶炼和压延加工业	50383812	33778576	67.0
金属制品业	103898804	78412777	75.5
通用设备制造业	132468252	100792487	76.1
专用设备制造业	123466314	89947902	72.9

2-1-5 续表 1

单位：万元

行　业	投资额	新增固定资产	固定资产交付使用率(%)
汽车制造业	130999421	83540536	63.8
铁路、船舶、航空航天和其他运输设备制造业	29856698	19066652	63.9
电气机械和器材制造业	133467061	90085313	67.5
计算机、通信和其他电子设备制造业	129139081	74389448	57.6
仪器仪表制造业	19751303	13779104	69.8
其他制造业	26338845	17726454	67.3
废弃资源综合利用业	16949077	10775424	63.6
金属制品、机械和设备修理业	2776210	1798150	64.8
(四)电力、热力、燃气及水的生产和供应业	**297941410**	**191784621**	**64.4**
电力、热力生产和供应业	220552084	139787272	63.4
燃气生产和供应业	22297820	15800802	70.9
水的生产和供应业	55091506	36196547	65.7
(五)建筑业	**36479178**	**26059988**	**71.4**
房屋建筑业	7704618	5925581	76.9
土木工程建筑业	21734716	14815516	68.2
建筑安装业	2633680	1980731	75.2
建筑装饰和其他建筑业	4406164	3338160	75.8
(六)批发和零售业	**165417994**	**123827537**	**74.9**
批发业	84522542	62974669	74.5
零售业	80895452	60852868	75.2
(七)交通运输、仓储和邮政业	**611858228**	**296453536**	**48.5**
铁路运输业	80061940	11694050	14.6
道路运输业	403035901	202278101	50.2
水上运输业	18864099	11171725	59.2
航空运输业	23949212	15993815	66.8
管道运输业	3478534	1978244	56.9
装卸搬运和运输代理业	11150598	6250284	56.1
仓储业	68557761	45205951	65.9
邮政业	2760183	1881366	68.2
(八)住宿和餐饮业	**61066189**	**43994551**	**72.0**
住宿业	42890651	29130617	67.9
餐饮业	18175538	14863934	81.8
(九)信息传输、软件和信息技术服务业	**69874290**	**47843657**	**68.5**
电信、广播电视和卫星传输服务	24892966	18498086	74.3
互联网和相关服务	10807155	7364997	68.1
软件和信息技术服务业	34174169	21980574	64.3
(十)金融业	**11214754**	**6493997**	**57.9**
货币金融服务	4676301	3414293	73.0

2-1-5 续表 2

单位：万元

行　业	投资额	新增固定资产	固定资产交付使用率(%)
资本市场服务	3576142	1685893	47.1
保险业	1233901	461663	37.4
其他金融业	1728410	932148	53.9
(十一)房地产业	**1397335192**	**577641450**	**41.3**
房地产业	1397335192	577641450	41.3
(十二)租赁和商务服务业	**133042207**	**86221973**	**64.8**
租赁业	13192393	12391841	93.9
商务服务业	119849814	73830132	61.6
(十三)科学研究和技术服务业	**59324785**	**39315940**	**66.3**
研究和试验发展	15251406	8296532	54.4
专业技术服务业	18809456	13655245	72.6
科技推广和应用服务业	25263923	17364163	68.7
(十四)水利、环境和公共设施管理业	**821052961**	**502180071**	**61.2**
水利管理业	100208314	60504596	60.4
生态保护和环境治理业	38223374	22644721	59.2
公共设施管理业	682621273	419030754	61.4
(十五)居民服务、修理和其他服务业	**26861516**	**20547923**	**76.5**
居民服务业	15838326	11313263	71.4
机动车、电子产品和日用产品修理业	5392949	4640949	86.1
其他服务业	5630241	4593711	81.6
(十六)教育	**110835380**	**73410603**	**66.2**
教育	110835380	73410603	66.2
(十七)卫生和社会工作	**73273999**	**44602435**	**60.9**
卫生	52432963	32222466	61.5
社会工作	20841036	12379969	59.4
(十八)文化、体育和娱乐业	**87318805**	**54150599**	**62.0**
新闻和出版业	895394	505584	56.5
广播、电视、电影和影视录音制作业	5342743	4027373	75.4
文化艺术业	37873756	23299881	61.5
体育	18097216	11077793	61.2
娱乐业	25109696	15239968	60.7
(十九)公共管理、社会保障和社会组织	**79313212**	**59752275**	**75.3**
中国共产党机关	451155	338706	75.1
国家机构	53033264	37407475	70.5
人民政协、民主党派	67119	51828	77.2
社会保障	3931391	2706545	68.8
群众团体、社会团体和其他成员组织	3815503	3237709	84.9
基层群众自治组织	18014780	16010012	88.9

2-1-6 国民经济行业大类按经济类型分固定资产投资(不含农户)

单位：万元

行 业	国有控股	民间投资	港澳台商投资	外商投资
全 国 总 计	**2335861595**	**3815095008**	**136039965**	**113122035**
(一)农、林、牧、渔业	**58609701**	**187276110**	**751061**	**445606**
农业	21523932	96592477	362953	113482
林业	10486606	11721706	56865	750
畜牧业	6211064	49769091	302314	276272
渔业	1041680	11027319	19249	16050
农、林、牧、渔服务业	19346419	18165517	9680	39052
(二)采矿业	**42081763**	**49353123**	**1124127**	**480923**
煤炭开采和洗选业	11563256	14705587	204093	96047
石油和天然气开采业	24302673	2024966	654927	171152
黑色金属矿采选业	1842034	5605965	59484	6095
有色金属矿采选业	2536645	8413833	138923	145786
非金属矿采选业	932032	16561918	53980	45117
开采辅助活动	826866	1533473	5230	16726
其他采矿业	78257	507381	7490	
(三)制造业	**157048225**	**1687837805**	**53322277**	**77041802**
农副食品加工业	5748076	111527174	1204058	2886631
食品制造业	2987009	52754720	1629747	2141260
酒、饮料和精制茶制造业	1894921	34449363	1026028	1395598
烟草制品业	1475733	344445	29295	2947
纺织业	2389473	64344627	2399838	1322020
纺织服装、服饰业	1594831	45879414	1904263	1008940
皮革、毛皮、羽毛及其制品和制鞋业	475205	22024109	884286	541058
木材加工和木、竹、藤、棕、草制品业	1087972	43063276	311342	300935
家具制造业	888377	35412265	586808	667853
造纸和纸制品业	701519	28353004	1225739	1124397
印刷和记录媒介复制业	545528	17107590	453450	225764
文教、工美、体育和娱乐用品制造业	888504	25875788	1101278	939162
石油加工、炼焦和核燃料加工业	8819400	17470019	527533	856270
化学原料及化学制品制造业	14881344	117476219	5016448	5651342
医药制造业	4946948	52334924	1580201	2390990
化学纤维制造业	838878	11599105	567998	539009
橡胶和塑料制品业	1324953	65462035	1716780	1845563
非金属矿物制品业	8910686	157804148	2926693	1803141
黑色金属冶炼和压延加工业	7045766	30149248	1228779	1113089
有色金属冶炼和压延加工业	8007323	41113307	1026523	1013315
金属制品业	3235051	97298658	2676091	1545802
通用设备制造业	5448045	123267820	1805355	3522999
专用设备制造业	8417320	110937411	2412201	3042963

2-1-6　续表 1　　　　单位：万元

行　　业	国有控股	民间投资	港澳台商投资	外商投资
汽车制造业	17820092	104408231	3445545	16293163
铁路、船舶、航空航天和其他运输设备制造业	6533876	22269766	566786	1573755
电气机械和器材制造业	9036530	118079306	3938016	5086913
计算机、通信和其他电子设备制造业	21651002	82899482	9955611	16457872
仪器仪表制造业	1081496	17294752	566400	1122580
其他制造业	6468179	19508678	244092	183134
废弃资源综合利用业	1389124	15134846	318618	350588
金属制品、机械和设备修理业	515064	2194075	46475	92749
(四)电力、热力、燃气及水的生产和供应业	**176707412**	**113709817**	**8304308**	**4879216**
电力、热力生产和供应业	128665553	86138795	6426312	2982484
燃气生产和供应业	7858889	13152034	1263516	1285094
水的生产和供应业	40182970	14418988	614480	611638
(五)建筑业	**20048466**	**16867901**	**61362**	**113314**
房屋建筑业	3213818	4585403		11923
土木工程建筑业	15465515	6649382	56618	59919
建筑安装业	619856	1998788	4744	18157
建筑装饰和其他建筑业	749277	3634328		23315
(六)批发和零售业	**18007170**	**145745809**	**1098803**	**932102**
批发业	6705743	77038417	580803	435673
零售业	11301427	68707392	518000	496429
(七)交通运输、仓储和邮政业	**484793355**	**124313785**	**6845453**	**2781226**
铁路运输业	78120339	2002959	18850	37614
道路运输业	356225355	48682645	631092	95430
水上运输业	12663516	6051856	417020	349930
航空运输业	19565019	4335912	2122812	52092
管道运输业	2725304	738249	288302	60384
装卸搬运和运输代理业	1711387	9313153	216824	32066
仓储业	13171250	51057199	3122757	2152545
邮政业	611185	2131812	27796	1165
(八)住宿和餐饮业	**8447417**	**51818600**	**577283**	**450347**
住宿业	6667721	35492700	564798	380451
餐饮业	1779696	16325900	12485	69896
(九)信息传输、软件和信息技术服务业	**27201077**	**36818894**	**4017609**	**2333654**
电信、广播电视和卫星传输服务	19267752	2487147	1979850	1197995
互联网和相关服务	2949388	6494106	1268298	298795
软件和信息技术服务业	4983937	27837641	769461	836864
(十)金融业	**4837867**	**6266617**	**131112**	**210101**
货币金融服务	2394779	2188321	109172	48748

2-1-6 续表 2　　单位：万元

行　　业	国有控股	民间投资	港澳台商投资	外商投资
资本市场服务	1386627	2175201	14314	948
保险业	324228	914544		160405
其他金融业	732233	988551	7626	
(十一)房地产业	**385105506**	**956839091**	**52994816**	**19869364**
房地产业	385105506	956839091	52994816	19869364
(十二)租赁和商务服务业	**52300453**	**77594462**	**3328013**	**1559885**
租赁业	4385760	6714408	2245124	893307
商务服务业	47914693	70880054	1082889	666578
(十三)科学研究和技术服务业	**16953339**	**41701116**	**460461**	**680110**
研究和试验发展	4866962	9915599	300238	397662
专业技术服务业	7136088	11570256	39428	112832
科技推广和应用服务业	4950289	20215261	120795	169616
(十四)水利、环境和公共设施管理业	**638159467**	**185669029**	**1782242**	**611348**
水利管理业	88270046	12437612	65678	76295
生态保护和环境治理业	26749530	11382807	387024	221252
公共设施管理业	523139891	161848610	1329540	313801
(十五)居民服务、修理和其他服务业	**9952777**	**16799355**	**220805**	**54158**
居民服务业	7871694	7865367	179772	38503
机动车、电子产品和日用产品修理业	421281	4964335	8258	9242
其他服务业	1659802	3969653	32775	6413
(十六)教育	**84085581**	**27588876**	**74377**	**51796**
教育	84085581	27588876	74377	51796
(十七)卫生和社会工作	**43208359**	**30370633**	**214356**	**226970**
卫生	34753640	17993327	214356	180620
社会工作	8454719	12377306		46350
(十八)文化、体育和娱乐业	**41433315**	**45409904**	**728648**	**399963**
新闻和出版业	645092	250302		
广播、电视、电影和影视录音制作业	1777703	3482512	94448	11050
文化艺术业	22814282	14960435	241073	18991
体育	10717250	7257681	137121	47613
娱乐业	5478988	19458974	256006	322309
(十九)公共管理、社会保障和社会组织	**66880345**	**13114081**	**2852**	**150**
中国共产党机关	430606	22541		
国家机构	49570431	3782450	1641	
人民政协、民主党派	37991	30328		
社会保障	3370259	648490		
群众团体、社会团体和其他成员组织	1457288	2494984	1211	
基层群众自治组织	12013770	6135288		150

2-1-7 各地区按登记注册类型分的固定资产投资(不含农户)

单位：万元

地区	合计	内资	国有	集体	股份合作	国有联营	集体联营
全国总计	**6316839637**	**6067677637**	**1390733309**	**76784829**	**9104008**	**2381344**	**1200338**
北京	83073349	73997120	14941817	304005	839704		
天津	112746948	105846909	11401306	3934960	81850	13145	8720
河北	330122314	321417992	41175116	1116567	421497	57868	
山西	57221585	55981238	11691685	572076	27245	6771	
内蒙古	138278549	137278253	57139322	669234	191912	60710	64372
辽宁	64447490	56952621	9554854	98102	80046		769
吉林	131309042	129682487	22495941	451585	73041	35909	28984
黑龙江	110796526	109693600	22844160	913548	493149	9070	12960
上海	72409479	62017302	14094867	214794	19874		
江苏	530002139	485174404	69432691	6948151	297432	708160	121354
浙江	311259901	293906909	53300780	5087336	409684	225131	35465
安徽	288163736	281601858	60585875	1311726	357640	20234	23459
福建	261103418	248536279	47804823	9120905	122614	283895	79977
江西	217704331	212702529	37086624	538246	493295	106168	15732
山东	542360344	520270838	77814436	14492016	397531	10989	40610
河南	438903572	432567632	58075296	4424538	416209	221094	68772
湖北	318725708	308995342	69871624	3397403	1788640	47383	54113
湖南	313280788	308556289	69582476	3444814	468631	74027	82110
广东	374039119	332997665	56425086	9161976	527292	25400	333340
广西	199082715	194190393	42186528	1249990	187230	59537	39467
海南	41253963	38464341	6162386	25412	72289	69738	697
重庆	174405655	166630993	31792383	901000	288008	3291	31728
四川	312358916	305981910	88938337	1176041	254630	52964	46515
贵州	152880106	151153422	49351992	539877	131468	80030	11378
云南	184748903	183024398	91813827	3006260	38334	4809	6585
西藏	19756006	19718653	14864955	79012	7526	20000	638
陕西	234682076	230523047	96021494	2962868	369523	13472	57034
甘肃	56963491	56880705	21698560	462153	47737	45395	9662
青海	38198617	37887575	18551132	72031	74291		
宁夏	36401215	35437776	10423627	52104	9626	119180	2214
新疆	117956405	117403926	62516078	56099	116060	6974	23683
不分地区	52203231	52203231	51093231				

2-1-7 续表 1

单位：万元

地区	内资						
	国有与集体联营	其他联营	国有独资公司	其他有限责任公司	股份有限公司	私营	个体户
全国总计	**795770**	**2263968**	**415016537**	**1701411098**	**173044055**	**2034749282**	**16730450**
北京	1336		10376917	41560546	2364198	3415274	
天津		497206	3368719	42365845	3303565	36392773	256839
河北	6006	6980	11009451	85278318	9427669	159108479	886550
山西	23350		3011569	13852388	904128	21687195	251569
内蒙古	35800	1700	5406949	38570121	3125612	28300730	189356
辽宁	160	2380	3133990	19410510	3279918	20414235	49749
吉林	4680	22447	4420698	38353268	4593104	49408472	1271780
黑龙江	3700	3700	2018633	35596544	1656839	33279388	1566184
上海	7052		8086237	26670703	2350543	10540806	
江苏	125136	101225	18259059	103215351	11978729	266739906	541603
浙江	44111	12568	32133776	75836738	7953916	111404399	562906
安徽	7045	137153	14376577	73549809	7222232	114933341	184219
福建	75306	39472	22603002	65673542	6164959	79571957	1877515
江西	15742	174829	10595231	67562979	5590015	84080744	282453
山东	38225	67475	17904158	132406186	16934077	222351410	669732
河南	32975	143487	11465315	184839829	14389847	127406938	464171
湖北	185065	183337	22050856	87032888	9305287	101081068	331365
湖南	20106	339734	34298893	59940651	7242625	118792968	522358
广东	91941	184021	16306693	134131735	11797986	85588934	2812552
广西	4494	12250	20359743	43684075	3371783	72058280	1728882
海南		5939	2914040	20910946	3243576	4654331	9912
重庆	7126	64629	24116262	39955836	5251624	55403808	148370
四川	1198	91098	34530041	90470705	9727457	73600997	493520
贵州		7424	34242804	34258021	1944591	27708539	82577
云南	9998	8090	15905426	33409896	3551691	32607027	975035
西藏		38930	639293	2567593	151674	1049820	87866
陕西	7628	72965	15111881	60333979	6195857	41577127	163345
甘肃	2101	26429	4333253	14157510	1503512	12288936	57992
青海			942637	8523058	2271683	6677626	77510
宁夏	35132	420	2974695	6309607	670921	14291605	35536
新疆	10357	18080	8119739	19871921	5574437	18332169	149004
不分地区				1110000			

2-1-7 续表 2

单位：万元

地区	内资		港澳台投资				
	个体合伙	其他内资企业		合资经营	合作经营	独资	股份有限
全国总计	**5765356**	**237697293**	**136039965**	**47382939**	**3741812**	**75337058**	**7766625**
北京		193323	6489753	1180453	366448	2760889	1956502
天津	77934	4144047	2416282	1168202	8093	1199889	40098
河北	45636	12877855	4385951	1758795	406855	1650896	557805
山西	360299	3592963	805872	242279	528	516905	43108
内蒙古	212472	3309963	407435	86538	9374	253596	57740
辽宁	3317	924591	2730615	1008487	3596	1464483	251049
吉林	1421493	7101085	832821	320533		387670	4165
黑龙江	310864	10984861	420934	63984	9517	309897	4400
上海		32426	6510277	3348190	6260	3012229	143168
江苏	28181	6677426	22486722	8231551	368454	13208984	516199
浙江	133073	6767026	11313843	3875164	204750	6888055	344802
安徽	32787	8859761	3689056	1357696	12760	1892070	411340
福建	292073	14826239	7683203	3118813	26788	4170585	330208
江西	81647	6078824	3411710	1059438	31036	2130885	76661
山东	57519	37086474	7865130	3845930	151590	3547161	229369
河南	176876	30442285	4471871	1243411	133466	2421655	97310
湖北	73809	13592504	4968844	1948648	58134	2678262	269359
湖南	889037	12857859	3116257	1216366	60667	1196457	601459
广东	614353	14996356	24577561	6509348	1612938	15637051	654346
广西	272660	8975474	2557720	922571	7253	1520414	43839
海南	3655	391420	1741074	410505		1045274	280608
重庆	34412	8632516	4527535	1614571	163966	2467168	230593
四川	212698	6385709	2931295	545504	29108	2261993	88794
贵州	54481	2740240	1463683	477729		985954	
云南	33783	1653637	1114497	102380	5060	700919	302625
西藏	3583	207763	35000			35000	
陕西	23359	7612515	1655383	611520	53545	813761	138424
甘肃	28703	2218762	35062	28132		6930	
青海	19646	677961	163820	97084		42463	24272
宁夏	2226	510883	859991	806077	8126	44737	
新疆	264780	2344545	370768	183040	3500	84826	68382
不分地区							

2-1-7 续表 3 单位：万元

地区	其他港澳台	外商投资	合资经营	合作经营	独资	股份有限	其他外商
全国总计	**1811531**	**113122035**	**53628152**	**3360376**	**49775528**	**3573059**	**2784920**
北京	225461	2586476	1754124	151919	660772	18583	1078
天津		4483757	1883630	69198	2186378	168613	175938
河北	11600	4318371	1923752	8016	1998197	361914	26492
山西	3052	434475	198504	38300	168855	28816	
内蒙古	187	592861	495089		31422	16224	50126
辽宁	3000	4764254	1562967	454174	2629812	96666	20635
吉林	120453	793734	230164	101964	298414	117771	45421
黑龙江	33136	681992	416063	10120	189186	66623	
上海	430	3881900	1959541	245026	1641194	35602	537
江苏	161534	22341013	8947595	441287	12500366	375421	76344
浙江	1072	6039149	2840132	137959	2668941	142904	249213
安徽	15190	2872822	971285	63607	1487725	125343	224862
福建	36809	4883936	1433456	17067	3032254	187699	213460
江西	113690	1590092	741945	55792	574228	151731	66396
山东	91080	14224376	8106575	614332	5079108	310645	113716
河南	576029	1864069	1155127	28825	441044	177505	61568
湖北	14441	4761522	2886170	30101	1489359	162514	193378
湖南	41308	1608242	1011115	16781	456983	86344	37019
广东	163878	16463893	8127613	508537	6700860	451572	675311
广西	63643	2334602	1273664	9801	658245	148598	244294
海南	4687	1048548	516368	77027	449403	750	5000
重庆	51237	3247127	1406659	95083	1439056	92681	213648
四川	5896	3445711	1987088	88452	1292359	47125	30687
贵州		263001	32123	46727	169568	5583	9000
云南	3513	610008	309679	50281	106162	142486	1400
西藏		2353					2353
陕西	38133	2503646	1107095		1332005	37646	26900
甘肃		47724	29349		7175	11200	
青海	1	147222	127080		20142		
宁夏	1051	103448	70490		27742		5216
新疆	31020	181711	123710		38573	4500	14928
不分地区							

2-1-8　国民经济行业大类按登记注册类型分的固定资产投资(不含农户)

单位：万元

行　业	合　计	内　资	国　有	集　体	股份合作
全　国　总　计	**6316839637**	**6067677637**	**1390733309**	**76784829**	**9104008**
(一)农、林、牧、渔业	**246383334**	**245186667**	**52440747**	**6596405**	**920539**
农业	118333124	117856689	18770114	3215018	371693
林业	22222972	22165357	9547050	554336	39477
畜牧业	56315570	55736984	5374131	688066	318348
渔业	12051862	12016563	873128	622202	43223
农、林、牧、渔服务业	37459806	37411074	17876324	1516783	147798
(二)采矿业	**92089492**	**90484442**	**13977892**	**894262**	**159362**
煤炭开采和洗选业	26483765	26183625	3193847	278325	79725
石油和天然气开采业	26489285	25663206	8618425	3400	3
黑色金属矿采选业	7511878	7446299	599858	53763	795
有色金属矿采选业	11091361	10806652	796252	328923	54828
非金属矿采选业	17545770	17446673	323268	219348	17281
开采辅助活动	2376626	2354670	392539	10203	5830
其他采矿业	590807	583317	53703	300	900
(三)制造业	**1936156711**	**1805792632**	**49183211**	**5522669**	**2779403**
农副食品加工业	119859886	115769197	3149986	406805	230514
食品制造业	58428239	54657232	1133583	110829	59130
酒、饮料和精制茶制造业	38339066	35917440	690241	91892	53514
烟草制品业	1852420	1820178	723698	19064	14885
纺织业	69361400	65639542	1163637	146625	60620
纺织服装、服饰业	49767873	46854670	1031740	136135	19345
皮革、毛皮、羽毛及其制品和制鞋业	23680714	22255370	174736	117946	8450
木材加工和木、竹、藤、棕、草制品业	44564882	43952605	682163	111001	83391
家具制造业	37294331	36039670	385222	49708	12208
造纸和纸制品业	30909574	28559438	300294	123791	28624
印刷和记录媒介复制业	17970971	17291757	163136	79691	64737
文教、工美、体育和娱乐用品制造业	28303519	26263079	337580	68778	11623
石油加工、炼焦和核燃料加工业	26767672	25383869	2546433	51985	43773
化学原料及化学制品制造业	139031777	128363987	4172680	279808	144573
医药制造业	59862624	55891433	1567801	80361	98739
化学纤维制造业	13303646	12196639	54175	32288	26043
橡胶和塑料制品业	69793692	66231349	417086	168913	116235
非金属矿物制品业	169527555	164797721	3474901	537472	277200
黑色金属冶炼和压延加工业	38041992	35700124	1947175	70197	19480
有色金属冶炼和压延加工业	50383812	48343974	2327792	107090	95676
金属制品业	103898804	99676911	1118523	301890	88002
通用设备制造业	132468252	127139898	1693331	340635	165029
专用设备制造业	123466314	118011150	2576506	247946	139619

2-1-8 续表 1

单位：万元

行业	合计	内资	国有	集体	股份合作
汽车制造业	130999421	111260713	3292733	910328	104145
铁路、船舶、航空航天和其他运输设备制造业	29856698	27716157	2208117	210057	115212
电气机械和器材制造业	133467061	124442132	2794455	333142	325474
计算机、通信和其他电子设备制造业	129139081	102725598	4959471	196652	347176
仪器仪表制造业	19751303	18062323	453083	16491	3697
其他制造业	26338845	25911619	2830982	133064	5000
废弃资源综合利用业	16949077	16279871	579916	24588	6130
金属制品、机械和设备修理业	2776210	2636986	232035	17497	11159
(四)电力、热力、燃气及水的生产和供应业	**297941410**	**284757886**	**98169087**	**2838688**	**290132**
电力、热力生产和供应业	220552084	211143288	68447671	1397215	230624
燃气生产和供应业	22297820	19749210	4555821	129139	37104
水的生产和供应业	55091506	53865388	25165595	1312334	22404
(五)建筑业	**36479178**	**36304502**	**14662638**	**1443002**	**12550**
房屋建筑业	7704618	7692695	2644755	437001	1384
土木工程建筑业	21734716	21618179	10897459	787373	8266
建筑安装业	2633680	2610779	555088	79787	
建筑装饰和其他建筑业	4406164	4382849	565336	138841	2900
(六)批发和零售业	**165417994**	**163387089**	**10046103**	**3139895**	**313821**
批发业	84522542	83506066	3207234	995704	162539
零售业	80895452	79881023	6838869	2144191	151282
(七)交通运输、仓储和邮政业	**611858228**	**602231549**	**312276844**	**5537412**	**344276**
铁路运输业	80061940	80005476	60128381	42839	37416
道路运输业	403035901	402309379	230868867	4857416	145540
水上运输业	18864099	18097149	5510885	104301	3300
航空运输业	23949212	21774308	6451733	23353	
管道运输业	3478534	3129848	1305099	19383	
装卸搬运和运输代理业	11150598	10901708	647467	13973	
仓储业	68557761	63282459	6952773	464269	149088
邮政业	2760183	2731222	411639	11878	8932
(八)住宿和餐饮业	**61066189**	**60038559**	**4877476**	**771588**	**153129**
住宿业	42890651	41945402	3636168	527636	110993
餐饮业	18175538	18093157	1241308	243952	42136
(九)信息传输、软件和信息技术服务业	**69874290**	**63523027**	**8975870**	**174664**	**373635**
电信、广播电视和卫星传输服务	24892966	21715121	5552351	61909	240678
互联网和相关服务	10807155	9240062	1552614	49306	42438
软件和信息技术服务业	34174169	32567844	1870905	63449	90519
(十)金融业	**11214754**	**10873541**	**2481427**	**173627**	**337257**
货币金融服务	4676301	4518381	1135423	165517	332689

2-1-8 续表 2

单位：万元

行 业	合 计	内 资			
			国 有	集 体	股份合作
资本市场服务	3576142	3560880	821551	507	
保险业	1233901	1073496	45993		3985
其他金融业	1728410	1720784	478460	7603	583
（十一）房地产业	**1397335192**	**1324471012**	**140198088**	**12569446**	**1449724**
房地产业	1397335192	1324471012	140198088	12569446	1449724
（十二）租赁和商务服务业	**133042207**	**128154309**	**22869620**	**2441551**	**307130**
租赁业	13192393	10053962	808527	22058	3955
商务服务业	119849814	118100347	22061093	2419493	303175
（十三）科学研究和技术服务业	**59324785**	**58184214**	**10196276**	**842334**	**117538**
研究和试验发展	15251406	14553506	2622045	236558	78086
专业技术服务业	18809456	18657196	4914775	393027	21100
科技推广和应用服务业	25263923	24973512	2659456	212749	18352
（十四）水利、环境和公共设施管理业	**821052961**	**818659371**	**446327556**	**21918707**	**861998**
水利管理业	100208314	100066341	72343007	3034823	12679
生态保护和环境治理业	38223374	37615098	18624931	749294	198997
公共设施管理业	682621273	680977932	355359618	18134590	650322
（十五）居民服务、修理和其他服务业	**26861516**	**26586553**	**7409824**	**1006755**	**30568**
居民服务业	15838326	15620051	5764205	806556	16006
机动车、电子产品和日用产品修理业	5392949	5375449	365102	64248	12882
其他服务业	5630241	5591053	1280517	135951	1680
（十六）教育	**110835380**	**110709207**	**69209969**	**2610267**	**147479**
教育	110835380	110709207	69209969	2610267	147479
（十七）卫生和社会工作	**73273999**	**72832673**	**38018534**	**1640485**	**434382**
卫生	52432963	52037987	31229472	994872	416254
社会工作	20841036	20794686	6789062	645613	18128
（十八）文化、体育和娱乐业	**87318805**	**86190194**	**26500163**	**2277402**	**32264**
新闻和出版业	895394	895394	251198	16152	
广播、电视、电影和影视录音制作业	5342743	5237245	954956	16741	685
文化艺术业	37873756	37613692	15437063	1439159	2083
体育	18097216	17912482	7436849	452524	3773
娱乐业	25109696	24531381	2420097	352826	25723
（十九）公共管理、社会保障和社会组织	**79313212**	**79310210**	**62911984**	**4385670**	**38821**
中国共产党机关	451155	451155	428614	3060	
国家机构	53033264	53031623	47067894	1098782	1950
人民政协、民主党派	67119	67119	36791	4702	
社会保障	3931391	3931391	2712363	99072	3985
群众团体、社会团体和其他成员组织	3815503	3814292	1226248	373317	
基层群众自治组织	18014780	18014630	11440074	2806737	32886

2-1-8 续表 3 单位：万元

行业	内资				
	国有联营	集体联营	国有与集体联营	其他联营	国有独资公司
全国总计	**2381344**	**1200338**	**795770**	**2263968**	**415016537**
(一)农、林、牧、渔业	**76419**	**206805**	**21814**	**196965**	**3478546**
农业	8572	100349	6314	105967	1442588
林业		19763	3112	5562	597931
畜牧业	60170	23301		41476	427102
渔业		28478		5892	103721
农、林、牧、渔服务业	7677	34914	12388	38068	907204
(二)采矿业	**30113**	**44893**	**22600**	**10889**	**4054312**
煤炭开采和洗选业	4571	1726	1300	4109	2516621
石油和天然气开采业			19500		387779
黑色金属矿采选业	4632				282426
有色金属矿采选业	5969	2580	1800	6780	441975
非金属矿采选业	4716	40587			205131
开采辅助活动	8600				215602
其他采矿业	1625				4778
(三)制造业	**306414**	**295538**	**72700**	**358524**	**30429368**
农副食品加工业	872	9671	7850	24765	999451
食品制造业	12860	37706		14013	944372
酒、饮料和精制茶制造业		11283	310	6450	193892
烟草制品业					528305
纺织业	3514			20784	474538
纺织服装、服饰业		4335		8662	173502
皮革、毛皮、羽毛及其制品和制鞋业		10148			227435
木材加工和木、竹、藤、棕、草制品业	3120	4676		410	132559
家具制造业		9209		12110	271095
造纸和纸制品业		6968			98843
印刷和记录媒介复制业		2786		5833	71307
文教、工美、体育和娱乐用品制造业		4891			309551
石油加工、炼焦和核燃料加工业			1698	1700	1956187
化学原料及化学制品制造业	9493	15203	3700	57526	2634809
医药制造业	3100	11603			1805612
化学纤维制造业					167788
橡胶和塑料制品业	1446	26630		2930	156264
非金属矿物制品业	17239	28784	9223	14519	1388954
黑色金属冶炼和压延加工业	3274	2780	21494		563583
有色金属冶炼和压延加工业				73630	882298
金属制品业		26418	4450	10398	823462
通用设备制造业	6280	8141	15000	20532	1251736
专用设备制造业	725	6850	3701	7672	2281500

2-1-8　续表 4　　　　单位：万元

行　　业	内		资		
	国有联营	集体联营	国有与集体联营	其他联营	国有独资公司
汽车制造业	118109		5274		3602416
铁路、船舶、航空航天和其他运输设备制造业		4906			1355506
电气机械和器材制造业	85785				1975474
计算机、通信和其他电子设备制造业	40597			63220	3043128
仪器仪表制造业					140051
其他制造业		62550		11370	1741164
废弃资源综合利用业				2000	211324
金属制品、机械和设备修理业					23262
（四）电力、热力、燃气及水的生产和供应业	**188697**	**41968**	**64410**	**72273**	**30395651**
电力、热力生产和供应业	161242	14616	31529	41203	20684625
燃气生产和供应业	1840	1300	930	2880	922501
水的生产和供应业	25615	26052	31951	28190	8788525
（五）建筑业	**11010**	**11329**	**500**	**26552**	**2429521**
房屋建筑业		7935		12750	360630
土木工程建筑业	9517	3394	500	8693	1980140
建筑安装业	1493				31531
建筑装饰和其他建筑业				5109	57220
（六）批发和零售业	**118292**	**46696**	**21384**	**119757**	**2930848**
批发业	25210	16653		57710	1158095
零售业	93082	30043	21384	62047	1772753
（七）交通运输、仓储和邮政业	**403387**	**99453**	**139201**	**104472**	**91632986**
铁路运输业	118437				2271880
道路运输业	200885	51302	127439	59137	78482663
水上运输业		8950		12812	2609092
航空运输业					4889894
管道运输业					217683
装卸搬运和运输代理业	4655			4863	470602
仓储业	78610	38586	11762	27660	2678587
邮政业	800	615			12585
（八）住宿和餐饮业	**30433**	**13602**	**1806**	**67058**	**1688950**
住宿业	15433	9780		44394	1526895
餐饮业	15000	3822	1806	22664	162055
（九）信息传输、软件和信息技术服务业	**99397**		**10000**	**69682**	**2278582**
电信、广播电视和卫星传输服务	46930				748545
互联网和相关服务	4370		10000	18858	288227
软件和信息技术服务业	48097			50824	1241810
（十）金融业	**11682**	**11923**	**650**	**69690**	**474517**
货币金融服务	11142	8063	650		82268

2-1-8 续表 5

单位：万元

行业	内		资		
	国有联营	集体联营	国有与集体联营	其他联营	国有独资公司
资本市场服务				2090	246283
保险业					14763
其他金融业	**540**	3860		**67600**	131203
(十一)房地产业	**76151**	**61609**	**222169**	**155916**	**88274906**
房地产业	76151	61609	222169	155916	88274906
(十二)租赁和商务服务业	**34727**	**12472**	**33469**	**170011**	**13476939**
租赁业					193013
商务服务业	34727	12472	33469	170011	13283926
(十三)科学研究和技术服务业	**35119**	**27444**		**68155**	**2712456**
研究和试验发展		8960			787282
专业技术服务业	8216	18484		14099	927773
科技推广和应用服务业	26903			54056	997401
(十四)水利、环境和公共设施管理业	**477423**	**218800**	**89923**	**541462**	**117957865**
水利管理业	77953	59531	7211	17094	9306409
生态保护和环境治理业	8853	3040		56276	3680018
公共设施管理业	390617	156229	82712	468092	104971438
(十五)居民服务、修理和其他服务业	**4500**	**9163**		**41640**	**1636967**
居民服务业		5450		37960	1469170
机动车、电子产品和日用产品修理业					21911
其他服务业	4500	3713		3680	145886
(十六)教育	**122632**	**10122**	**14176**	**73187**	**8256446**
教育	122632	10122	14176	73187	8256446
(十七)卫生和社会工作	**51170**	**41781**	**73390**	**58515**	**2656993**
卫生	49570	41781	70707	53990	1768844
社会工作	1600		2683	4525	888149
(十八)文化、体育和娱乐业	**302193**	**33606**	**2057**	**45391**	**8012020**
新闻和出版业					315563
广播、电视、电影和影视录音制作业					178282
文化艺术业	165284	23253	2057	19182	4325494
体育	37000	10353		5364	2204799
娱乐业	99909			20845	987882
(十九)公共管理、社会保障和社会组织	**1585**	**13134**	**5521**	**13829**	**2238664**
中国共产党机关					
国家机构	1585	2061	280	5400	1649445
人民政协、民主党派					
社会保障			2101	6120	407289
群众团体、社会团体和其他成员组织		2000	3140	1050	32378
基层群众自治组织		9073		1259	149552

2-1-8　续表 6　　　　单位：万元

行　业	内		资			
	其他有限责任公司	股份有限公司	私　营	个体户	个人合伙	其他内资企业
全　国　总　计	**1701411098**	**173044055**	**2034749282**	**16730450**	**5765356**	**237697293**
(一)农、林、牧、渔业	**31330740**	**3354399**	**97796655**	**2689738**	**2136602**	**43940293**
农业	16090877	1796915	49494318	896642	1028762	24528560
林业	2304014	145992	6397785	126529	68473	2355333
畜牧业	8369742	1040778	27149155	1158774	709752	10376189
渔业	1260828	107802	5874614	281355	101504	2713816
农、林、牧、渔服务业	3305279	262912	8880783	226438	228111	3966395
(二)采矿业	**24701142**	**14859806**	**28864542**	**346436**	**68482**	**2449711**
煤炭开采和洗选业	10636497	1394704	7724315	41095	24789	282001
石油和天然气开采业	4027867	11627336	270431			708465
黑色金属矿采选业	2020361	324771	4068879	3379		87435
有色金属矿采选业	3685810	876215	4287607	4760	250	312903
非金属矿采选业	3560069	421545	11380805	296846	43443	933634
开采辅助活动	654180	187603	790872	356		88885
其他采矿业	116358	27632	341633			36388
(三)制造业	**512499827**	**66828313**	**1076418340**	**6450310**	**947224**	**53700791**
农副食品加工业	28672486	3233160	71690898	440443	242504	6659792
食品制造业	14852010	1300256	34207926	128492	28927	1827128
酒、饮料和精制茶制造业	10586780	1484390	21054287	210132	57726	1476543
烟草制品业	367641	4543	96014			66028
纺织业	15531404	1507765	45133203	125163	4564	1467725
纺织服装、服饰业	13280103	430726	30127265	197282	28756	1416819
皮革、毛皮、羽毛及其制品和制鞋业	4926028	235275	15603540	244937	6456	700419
木材加工和木、竹、藤、棕、草制品业	8038906	545907	31099655	1014722	63991	2172104
家具制造业	7654422	442864	24984155	442719	11942	1764016
造纸和纸制品业	8018362	797961	18242805	65740	2823	873227
印刷和记录媒介复制业	4734184	401674	11183583	40251		544575
文教、工美、体育和娱乐用品制造业	5814899	536768	17618607	243941	12707	1303734
石油加工、炼焦和核燃料加工业	7785055	2996059	9300839	17878		682262
化学原料及化学制品制造业	40148403	8128758	69742780	182581	43883	2799790
医药制造业	18756513	4192792	28073201	5930	14441	1281340
化学纤维制造业	3668770	1086985	7013316	10037	3830	133407
橡胶和塑料制品业	15587845	1956347	45500697	284482	29423	1983051
非金属矿物制品业	41900183	4105476	105914103	1450622	257770	5421275
黑色金属冶炼和压延加工业	10052759	2573972	19826240	58082	1650	559438
有色金属冶炼和压延加工业	19543281	2608617	21547929	53791		1103870
金属制品业	24091684	2481201	67822263	463910	22405	2422305
通用设备制造业	29133965	4222900	86865599	174979	25100	3216671
专用设备制造业	32458014	3857655	72551729	211966	9551	3657716

2-1-8 续表 7

单位：万元

行　业	内		资			
	其他有限责任公司	股份有限公司	私　营	个体户	个人合伙	其他内资企业
汽车制造业	36720853	5501997	59145699	21382		1837777
铁路、船舶、航空航天和其他运输设备制造业	7487481	895097	14376255	53260	45400	964866
电气机械和器材制造业	38417295	5023770	72617378	118816	23060	2727483
计算机、通信和其他电子设备制造业	45904959	4384217	41949483	23834	1115	1811746
仪器仪表制造业	5473687	782437	10705595	24335	3492	459455
其他制造业	7298635	598116	11424050	78058	5455	1723175
废弃资源综合利用业	4856781	434479	9680830	20447	253	463123
金属制品、机械和设备修理业	736439	76149	1318416	42098		179931
(四)电力、热力、燃气及水的生产和供应业	**82153928**	**6607309**	**56874352**	**91476**	**205988**	**6763927**
电力、热力生产和供应业	66157494	5085075	44469784	62891	201568	4157751
燃气生产和供应业	6407292	676267	6526899	3437	800	483000
水的生产和供应业	9589142	845967	5877669	25148	3620	2123176
(五)建筑业	**6237022**	**597878**	**7135452**	**27705**		**3709343**
房屋建筑业	1157558	82678	2073436	20700		893868
土木工程建筑业	3371612	253019	2369382			1928824
建筑安装业	528172	213801	907141			293766
建筑装饰和其他建筑业	1179680	48380	1785493	7005		592885
(六)批发和零售业	**48562838**	**3413044**	**82649661**	**1325339**	**184089**	**10515322**
批发业	26087430	1689526	44517617	470871	101724	5015753
零售业	22475408	1723518	38132044	854468	82365	5499569
(七)交通运输、仓储和邮政业	**105198013**	**12726921**	**59598790**	**313194**	**1121436**	**12735164**
铁路运输业	15538270	1007823	659968			200462
道路运输业	55064006	3894693	19554373	34538	15541	8952979
水上运输业	5769061	732697	3060748	56773	3055	225475
航空运输业	4586944	4534384	1149401			138599
管道运输业	1002596	290796	253562			40729
装卸搬运和运输代理业	3737771	275203	5384009	3832		359333
仓储业	18769375	1861317	28216680	218051	1102840	2712861
邮政业	729990	130008	1320049			104726
(八)住宿和餐饮业	**14959174**	**1032163**	**30029925**	**2236949**	**118062**	**4058244**
住宿业	11397169	751243	20015254	1244058	76275	2590104
餐饮业	3562005	280920	10014671	992891	41787	1468140
(九)信息传输、软件和信息技术服务业	**22245426**	**8168327**	**19932343**	**6852**		**1188249**
电信、广播电视和卫星传输服务	8156831	5797522	949753			160602
互联网和相关服务	3257510	816610	3034666	6190		159273
软件和信息技术服务业	10831085	1554195	15947924	662		868374
(十)金融业	**2228726**	**2648365**	**1997850**	**5990**	**4980**	**426857**
货币金融服务	401453	1879384	334327	2020		165445

2-1-8 续表 8

单位：万元

行 业	内		资			
	其他有限责任公司	股份有限公司	私 营	个体户	个人合伙	其他内资企业
资本市场服务	1062139	283721	1003373	3970	4980	132266
保险业	371354	378210	224289			34902
其他金融业	393780	107050	435861			94244
(十一)房地产业	**629218989**	**36186925**	**386327654**	**1475112**	**597530**	**27656793**
房地产业	629218989	36186925	386327654	1475112	597530	27656793
(十二)租赁和商务服务业	**40192612**	**3512141**	**39894603**	**106449**	**60632**	**5041953**
租赁业	5056200	314487	3375131	19980	3610	257001
商务服务业	35136412	3197654	36519472	86469	57022	4784952
(十三)科学研究和技术服务业	**16503809**	**1416614**	**23034596**	**58324**	**7930**	**3163619**
研究和试验发展	4320355	532158	5556508			411554
专业技术服务业	4583631	576175	6280845	51183	3430	864458
科技推广和应用服务业	7599823	308281	11197243	7141	4500	1887607
(十四)水利、环境和公共设施管理业	**117214647**	**8470011**	**69521487**	**231775**	**130894**	**34696823**
水利管理业	8489787	331299	2353511	3347	20528	4009162
生态保护和环境治理业	7068941	643186	5048476	8360	4948	1519778
公共设施管理业	101655919	7495526	62119500	220068	105418	29167883
(十五)居民服务、修理和其他服务业	**5442964**	**278178**	**8118866**	**489194**	**17738**	**2100196**
居民服务业	2477325	134053	3301745	226189	12738	1368654
机动车、电子产品和日用产品修理业	1245297	28524	2983436	224869	5000	424180
其他服务业	1720342	115601	1833685	38136		307362
(十六)教育	**10496307**	**639522**	**9945789**	**233287**	**51384**	**8898640**
教育	10496307	639522	9945789	233287	51384	8898640
(十七)卫生和社会工作	**9563855**	**653555**	**14232853**	**233311**	**12168**	**5161681**
卫生	5498158	488474	7889954	162836	8918	3364157
社会工作	4065697	165081	6342899	70475	3250	1797524
(十八)文化、体育和娱乐业	**20980946**	**1566679**	**21171031**	**375800**	**38348**	**4852294**
新闻和出版业	89150	17749	179413	3360		22809
广播、电视、电影和影视录音制作业	2534829	67723	1366642	4304		113083
文化艺术业	6750768	727560	6372984	31277	7360	2310168
体育	3244006	115175	3437332	86120	9739	869448
娱乐业	8362193	638472	9814660	250739	21249	1536786
(十九)公共管理、社会保障和社会组织	**1680133**	**83905**	**1204493**	**33209**	**61869**	**6637393**
中国共产党机关	2719					16762
国家机构	899624	59407	476755	3310	2200	1762930
人民政协、民主党派	1036		18622			5968
社会保障	224266	5050	168912			302233
群众团体、社会团体和其他成员组织	177647	16000	345342	15731	58169	1563270
基层群众自治组织	374841	3448	194862	14168	1500	2986230

2-1-8 续表 9

单位：万元

行业	港澳台投资	合资经营	合作经营	独资	股份有限	其他港澳台
全国总计	**136039965**	**47382939**	**3741812**	**75337058**	**7766625**	**1811531**
(一)农、林、牧、渔业	**751061**	**191990**	**5605**	**522202**	**24845**	**6419**
农业	362953	106431	2146	224275	23682	6419
林业	56865	52354		4511		
畜牧业	302314	21625	528	280161		
渔业	19249	7080	2931	9238		
农、林、牧、渔服务业	9680	4500		4017	1163	
(二)采矿业	**1124127**	**125914**	**700**	**883439**	**7440**	**106634**
煤炭开采和洗选业	204093	61116		142977		
石油和天然气开采业	654927			654927		
黑色金属矿采选业	59484	5514		53970		
有色金属矿采选业	138923	26193		2146	3950	106634
非金属矿采选业	53980	33091		20889		
开采辅助活动	5230		700	4530		
其他采矿业	7490			4000	3490	
(三)制造业	**53322277**	**18964486**	**981701**	**29100782**	**3312679**	**962629**
农副食品加工业	1204058	507284	5985	647775	29375	13639
食品制造业	1629747	810105	20810	683971	104271	10590
酒、饮料和精制茶制造业	1026028	386785	5871	589873	15120	28379
烟草制品业	29295			29295		
纺织业	2399838	886402	93994	1361711	34531	23200
纺织服装、服饰业	1904263	391945	22398	1366467	42998	80455
皮革、毛皮、羽毛及其制品和制鞋业	884286	121846	4875	695642	38210	23713
木材加工和木、竹、藤、棕、草制品业	311342	77351	2610	231381		
家具制造业	586808	136520	8545	429974	2960	8809
造纸和纸制品业	1225739	625575	42606	401167	156391	
印刷和记录媒介复制业	453450	210276	27646	181920	33608	
文教、工美、体育和娱乐用品制造业	1101278	375174	15010	691728	19366	
石油加工、炼焦和核燃料加工业	527533	209031	16491	189019	112992	
化学原料及化学制品制造业	5016448	2197369	31599	2209732	411794	165954
医药制造业	1580201	852547	45786	586978	90389	4501
化学纤维制造业	567998	210882	7866	346638	2612	
橡胶和塑料制品业	1716780	581932	10582	1049596	70488	4182
非金属矿物制品业	2926693	1077777	42403	1014325	750438	41750
黑色金属冶炼和压延加工业	1228779	842038	169313	189633	27795	
有色金属冶炼和压延加工业	1026523	474340	12055	511025	2105	26998
金属制品业	2676091	1080948	63888	1427451	85085	18719
通用设备制造业	1805355	500454	23032	1085018	194100	2751
专用设备制造业	2412201	854716	28411	1459332	68864	878

2-1-8 续表 10　　　　单位：万元

行　业	港澳台投　资	合资经营	合作经营	独　资	股份有限	其　他港澳台
汽车制造业	3445545	1517030	116229	1130419	602571	79296
铁路、船舶、航空航天和其他运输设备制造业	566786	269150	920	290285	6431	
电气机械和器材制造业	3938016	1648973	54445	2153252	80506	840
计算机、通信和其他电子设备制造业	9955611	1827765	21455	7429556	276750	400085
仪器仪表制造业	566400	120872		397216	48312	
其他制造业	244092	45336		187249	4617	6890
废弃资源综合利用业	318618	96609	86876	114133		21000
金属制品、机械和设备修理业	46475	27454		19021		
(四)电力、热力、燃气及水的生产和供应业	**8304308**	**3465879**	**262982**	**4459249**	**101463**	**14735**
电力、热力生产和供应业	6426312	2457849	135122	3768116	60230	4995
燃气生产和供应业	1263516	643936	91600	527240		740
水的生产和供应业	614480	364094	36260	163893	41233	9000
(五)建筑业	**61362**	**2564**		**58798**		
房屋建筑业						
土木工程建筑业	56618	708		55910		
建筑安装业	4744	1856		2888		
建筑装饰和其他建筑业						
(六)批发和零售业	**1098803**	**345329**	**61480**	**659151**	**30943**	**1900**
批发业	580803	161724	61106	357973		
零售业	518000	183605	374	301178	30943	1900
(七)交通运输、仓储和邮政业	**6845453**	**2007927**	**22494**	**2825807**	**1984811**	**4414**
铁路运输业	18850	18850				
道路运输业	631092	501588	6773	111164	8400	3167
水上运输业	417020	286679		130341		
航空运输业	2122812	157176		19302	1946334	
管道运输业	288302	279015		4970	4317	
装卸搬运和运输代理业	216824	95102		121122	600	
仓储业	3122757	669517	15721	2411112	25160	1247
邮政业	27796			27796		
(八)住宿和餐饮业	**577283**	**201008**	**15886**	**339840**	**11901**	**8648**
住宿业	564798	198900	15886	333387	7977	8648
餐饮业	12485	2108		6453	3924	
(九)信息传输、软件和信息技术服务业	**4017609**	**146771**	**7374**	**3214633**	**385967**	**262864**
电信、广播电视和卫星传输服务	1979850	52289		1343597	324068	259896
互联网和相关服务	1268298	9310	455	1248457	9108	968
软件和信息技术服务业	769461	85172	6919	622579	52791	2000
(十)金融业	**131112**	**84290**		**46822**		
货币金融服务	109172	79298		29874		

2-1-8 续表 11 单位：万元

行　业	港澳台投资	合资经营	合作经营	独　资	股份有限	其他港澳台
资本市场服务	14314	4992		9322		
保险业						
其他金融业	7626			7626		
(十一)房地产业	**52994816**	**18698879**	**2146917**	**30176933**	**1590505**	**381582**
房地产业	52994816	18698879	2146917	30176933	1590505	381582
(十二)租赁和商务服务业	**3328013**	**1360615**	**2129**	**1878401**	**86868**	
租赁业	2245124	734853		1505871	4400	
商务服务业	1082889	625762	2129	372530	82468	
(十三)科学研究和技术服务业	**460461**	**111357**	**121226**	**226114**	**765**	**999**
研究和试验发展	300238	39877	121226	138951	184	
专业技术服务业	39428	22980		16448		
科技推广和应用服务业	120795	48500		70715	581	999
(十四)水利、环境和公共设施管理业	**1782242**	**1057543**	**85567**	**398617**	**181019**	**59496**
水利管理业	65678	9200		21132		35346
生态保护和环境治理业	387024	321816		60208	5000	
公共设施管理业	1329540	726527	85567	317277	176019	24150
(十五)居民服务、修理和其他服务业	**220805**	**81070**		**139735**		
居民服务业	179772	48330		131442		
机动车、电子产品和日用产品修理业	8258			8258		
其他服务业	32775	32740		35		
(十六)教育	**74377**	**13372**	**3500**	**48817**	**8688**	
教育	74377	13372	3500	48817	8688	
(十七)卫生和社会工作	**214356**	**184442**		**29914**		
卫生	214356	184442		29914		
社会工作						
(十八)文化、体育和娱乐业	**728648**	**337862**	**24251**	**327804**	**38731**	
新闻和出版业						
广播、电视、电影和影视录音制作业	94448	53836		40612		
文化艺术业	241073	3614	6423	193052	37984	
体育	137121	49307	17828	69239	747	
娱乐业	256006	231105		24901		
(十九)公共管理、社会保障和社会组织	**2852**	**1641**				**1211**
中国共产党机关						
国家机构	1641	1641				
人民政协、民主党派						
社会保障						
群众团体、社会团体和其他成员组织	1211					1211
基层群众自治组织						

2-1-8 续表 12

单位：万元

行 业	外商投资	合资经营	合作经营	独 资	股份有限	其他外商
全 国 总 计	**113122035**	**53628152**	**3360376**	**49775528**	**3573059**	**2784920**
(一)农、林、牧、渔业	**445606**	**119343**	**3877**	**172054**	**75225**	**75107**
农业	113482	27773	3877	53169	1103	27560
林业	750				750	
畜牧业	276272	77094		89361	65167	44650
渔业	16050	8148			5005	2897
农、林、牧、渔服务业	39052	6328		29524	3200	
(二)采矿业	**480923**	**208952**	**110765**	**122216**	**13224**	**25766**
煤炭开采和洗选业	96047	71416	2407		13224	9000
石油和天然气开采业	171152	26099	72153	72900		
黑色金属矿采选业	6095	1700		4395		
有色金属矿采选业	145786	94234	30536	4250		16766
非金属矿采选业	45117	12742		32375		
开采辅助活动	16726	2761	5669	8296		
其他采矿业						
(三)制造业	**77041802**	**38419550**	**1180429**	**34635963**	**1957959**	**847901**
农副食品加工业	2886631	1445453	134482	1221138	51849	33709
食品制造业	2141260	851680	52317	1073390	108514	55359
酒、饮料和精制茶制造业	1395598	617930	14281	710794	29199	23394
烟草制品业	2947	1547				1400
纺织业	1322020	482474	26391	767721	41819	3615
纺织服装、服饰业	1008940	402736	15220	541837	24053	25094
皮革、毛皮、羽毛及其制品和制鞋业	541058	208637	5263	300134	24025	2999
木材加工和木、竹、藤、棕、草制品业	300935	148836	9433	87330	39254	16082
家具制造业	667853	180022	14630	463001	10200	
造纸和纸制品业	1124397	887509	8301	225787		2800
印刷和记录媒介复制业	225764	95209	40358	86081	925	3191
文教、工美、体育和娱乐用品制造业	939162	323108	19375	499975	92180	4524
石油加工、炼焦和核燃料加工业	856270	805401	4331	46538		
化学原料及化学制品制造业	5651342	3083294	156165	2241199	134171	36513
医药制造业	2390990	1236674	73388	951666	106630	22632
化学纤维制造业	539009	341894	18951	166799	11365	
橡胶和塑料制品业	1845563	504291	6028	1280242	44171	10831
非金属矿物制品业	1803141	911860	8456	584408	163004	135413
黑色金属冶炼和压延加工业	1113089	739665	5143	197563	170718	
有色金属冶炼和压延加工业	1013315	561100	9051	344871	87132	11161
金属制品业	1545802	779093	20496	673914	54131	18168
通用设备制造业	3522999	1519108	17039	1897502	65465	23885
专用设备制造业	3042963	1317450	45051	1611407	51959	17096

2-1-8 续表 13 单位：万元

行业	外商投资					
		合资经营	合作经营	独资	股份有限	其他外商
汽车制造业	16293163	11470269	99579	4489883	155621	77811
铁路、船舶、航空航天和其他运输设备制造业	1573755	1160851	59865	339021	14018	
电气机械和器材制造业	5086913	2287888	31867	2575745	81247	110166
计算机、通信和其他电子设备制造业	16457872	5442070	239285	10201428	365892	209197
仪器仪表制造业	1122580	335702	22650	737702	24812	1714
其他制造业	183134	61105	4830	116052		1147
废弃资源综合利用业	350588	158558	13239	178791		
金属制品、机械和设备修理业	92749	58136	4964	24044	5605	
（四）电力、热力、燃气及水的生产和供应业	**4879216**	**3179231**	**102195**	**1148897**	**309219**	**139674**
电力、热力生产和供应业	2982484	1898678	77651	658359	258722	89074
燃气生产和供应业	1285094	881731	9825	320156	46482	26900
水的生产和供应业	611638	398822	14719	170382	4015	23700
（五）建筑业	**113314**	**47411**		**52046**	**8803**	**5054**
房屋建筑业	11923	11923				
土木工程建筑业	59919	31188		28731		
建筑安装业	18157	4300			8803	5054
建筑装饰和其他建筑业	23315			23315		
（六）批发和零售业	**932102**	**320298**	**8687**	**544176**	**10429**	**48512**
批发业	435673	121072	6485	300711	2405	5000
零售业	496429	199226	2202	243465	8024	43512
（七）交通运输、仓储和邮政业	**2781226**	**1228778**	**23931**	**1351076**	**133702**	**43739**
铁路运输业	37614	37614				
道路运输业	95430	35005	3931	39129	17365	
水上运输业	349930	322524		23423	3983	
航空运输业	52092	11848			40244	
管道运输业	60384	53673		6211	500	
装卸搬运和运输代理业	32066	15847		13219		3000
仓储业	2152545	751102	20000	1269094	71610	40739
邮政业	1165	1165				
（八）住宿和餐饮业	**450347**	**118469**	**48116**	**241088**	**18377**	**24297**
住宿业	380451	108657	25466	212850	14000	19478
餐饮业	69896	9812	22650	28238	4377	4819
（九）信息传输、软件和信息技术服务业	**2333654**	**447198**	**3721**	**1655958**	**125211**	**101566**
电信、广播电视和卫星传输服务	1197995	6732		1074500	69788	46975
互联网和相关服务	298795	167400		64521	12283	54591
软件和信息技术服务业	836864	273066	3721	516937	43140	
（十）金融业	**210101**	**165271**		**42298**	**1584**	**948**
货币金融服务	48748	6450		42298		

2-1-8 续表 14

单位：万元

行 业	外商投资	合资经营	合作经营	独 资	股份有限	其他外商
资本市场服务	948					948
保险业	160405	158821			1584	
其他金融业						
(十一)房地产业	**19869364**	**6905303**	**1701162**	**8962129**	**866463**	**1434307**
房地产业	19869364	6905303	1701162	8962129	866463	1434307
(十二)租赁和商务服务业	**1559885**	**1232561**	**36046**	**244574**	**31881**	**14823**
租赁业	893307	793340		90398	9569	
商务服务业	666578	439221	36046	154176	22312	14823
(十三)科学研究和技术服务业	**680110**	**355436**	**7600**	**316282**	**792**	
研究和试验发展	397662	203964	7600	186098		
专业技术服务业	112832	25877		86163	792	
科技推广和应用服务业	169616	125595		44021		
(十四)水利、环境和公共设施管理业	**611348**	**465725**		**118775**	**13990**	**12858**
水利管理业	76295	37091		39204		
生态保护和环境治理业	221252	177928		31774	11550	
公共设施管理业	313801	250706		47797	2440	12858
(十五)居民服务、修理和其他服务业	**54158**	**21152**		**31716**		**1290**
居民服务业	38503	14100		23113		1290
机动车、电子产品和日用产品修理业	9242	7052		2190		
其他服务业	6413			6413		
(十六)教育	**51796**	**23158**	**22000**	**532**		**6106**
教育	51796	23158	22000	532		6106
(十七)卫生和社会工作	**226970**	**159865**		**66933**		**172**
卫生	180620	159865		20583		172
社会工作	46350			46350		
(十八)文化、体育和娱乐业	**399963**	**210451**	**111847**	**68665**	**6200**	**2800**
新闻和出版业						
广播、电视、电影和影视录音制作业	11050			4850	6200	
文化艺术业	18991	9025		9966		
体育	47613	34881		9932		2800
娱乐业	322309	166545	111847	43917		
(十九)公共管理、社会保障和社会组织	**150**			**150**		
中国共产党机关						
国家机构						
人民政协、民主党派						
社会保障						
群众团体、社会团体和其他成员组织						
基层群众自治组织	150			150		

2-1-9 各地区国有控股、内资、外商及港澳台固定资产投资(不含农户)

单位：万元

地 区	投资中: 国有控股投资	投资中: 内资投资	外商投资	港澳台商投资
全国总计	**2335861595**	**6067677637**	**113122035**	**136039965**
北 京	50603765	73997120	2586476	6489753
天 津	36723553	105846909	4483757	2416282
河 北	69853914	321417992	4318371	4385951
山 西	22362549	55981238	434475	805872
内 蒙 古	71416170	137278253	592861	407435
辽 宁	19425217	56952621	4764254	2730615
吉 林	34480044	129682487	793734	832821
黑 龙 江	30926428	109693600	681992	420934
上 海	39810706	62017302	3881900	6510277
江 苏	120189713	485174404	22341013	22486722
浙 江	116005058	293906909	6039149	11313843
安 徽	91384721	281601858	2872822	3689056
福 建	94017811	248536279	4883936	7683203
江 西	57670112	212702529	1590092	3411710
山 东	129234291	520270838	14224376	7865130
河 南	93087988	432567632	1864069	4471871
湖 北	117781824	308995342	4761522	4968844
湖 南	123527423	308556289	1608242	3116257
广 东	108454514	332997665	16463893	24577561
广 西	77149214	194190393	2334602	2557720
海 南	14538864	38464341	1048548	1741074
重 庆	73560934	166630993	3247127	4527535
四 川	157220921	305981910	3445711	2931295
贵 州	100416065	151153422	263001	1463683
云 南	123716210	183024398	610008	1114497
西 藏	17352483	19718653	2353	35000
陕 西	135338879	230523047	2503646	1655383
甘 肃	32292367	56880705	47724	35062
青 海	25994367	37887575	147222	163820
宁 夏	15819283	35437776	103448	859991
新 疆	83302976	117403926	181711	370768
不分地区	52203231	52203231		

2-1-10　国民经济行业小类国有控股、内资、外商及港澳台固定资产投资(不含农户)

单位：万元

行　业	投资中：国有控股投　资	投资中：内资投资	外商投资	港澳台商投资
全　国　总　计	**2335861595**	**6067677637**	**113122035**	**136039965**
(一)农、林、牧、渔业	**58609701**	**245186667**	**445606**	**751061**
农业	21523932	117856689	113482	362953
谷物种植	4153311	14442555	3000	6573
稻谷种植	2701183	7227728		6573
小麦种植	492902	1586167		
玉米种植	626395	3592821		
其他谷物种植	332831	2035839	3000	
豆类、油料和薯类种植	552648	4115866		
豆类种植	128685	781874		
油料种植	200693	2155702		
薯类种植	223270	1178290		
棉、麻、糖、烟草种植	742005	1899041		
棉花种植	80789	428049		
麻类种植	12981	168072		
糖料种植	339585	574143		
烟草种植	308650	728777		
蔬菜、食用菌及园艺作物种植	5878384	42477727	84757	224005
蔬菜种植	3670061	22730383	18129	38541
食用菌种植	568027	6218958	4950	19905
花卉种植	1082435	9804654	40713	118770
其他园艺作物种植	557861	3723732	20965	46789
水果种植	4674068	26441826	19642	90518
仁果类和核果类水果种植	1578697	9099308		30687
葡萄种植	603585	3030774		11642
柑橘类种植	411253	2485300	8490	34407
香蕉等亚热带水果种植	345867	1285093	380	
其他水果种植	1734666	10541351	10772	13782
坚果、含油果、香料和饮料作物种植	1548095	8239756	1103	17373
坚果种植	735068	2951698		
含油果种植	133842	1041282		
香料作物种植	186894	747780		2434
茶及其他饮料作物种植	492291	3498996	1103	14939
中药材种植	1085330	9645184		22995
其他农业	2890091	10594734	4980	1489
林业	10486606	22165357	750	56865
林木育种和育苗	1656812	10269385		56865
林木育种	543889	2627308		
林木育苗	1112923	7642077		56865
造林和更新	7933023	10151878	750	
森林经营和管护	796780	1243475		
木材和竹材采运	60437	192361		
木材采运	49871	140515		
竹材采运	10566	51846		
林产品采集	39554	308258		
木竹材林产品采集	24044	107667		
非木竹材林产品采集	15510	200591		
畜牧业	6211064	55736984	276272	302314
牲畜饲养	4785670	43658745	231861	262321

2-1-10 续表 1 单位：万元

行　业	投资中：国有控股投资	投资中：内资投资	外商投资	港澳台商投资
牛的饲养	1776209	12040103	52600	39648
马的饲养	8236	189136		
猪的饲养	1625760	23279826	179261	218823
羊的饲养	1072983	5731193		3850
骆驼饲养		3283		
其他牲畜饲养	302482	2415204		
家禽饲养	945120	9064581	44411	39993
鸡的饲养	815895	6961407	44411	39993
鸭的饲养	29199	675190		
鹅的饲养	23008	391528		
其他家禽饲养	77018	1036456		
狩猎和捕捉动物	7660	115232		
其他畜牧业	472614	2898426		
渔业	1041680	12016563	16050	19249
水产养殖	1002296	11032099	11045	19249
海水养殖	252555	3340415	2897	6298
内陆养殖	749741	7691684	8148	12951
水产捕捞	39384	984464	5005	
海水捕捞	22196	792208	5005	
内陆捕捞	17188	192256		
农、林、牧、渔服务业	19346419	37411074	39052	9680
农业服务业	17913126	33744518	37052	3664
农业机械服务	730055	3066334	9554	
灌溉服务	6638551	8012260	3200	
农产品初加工服务	816214	5778451		2501
其他农业服务	9728306	16887473	24298	1163
林业服务业	766711	1452467	2000	1516
林业有害生物防治服务	118846	203874		
森林防火服务	234755	287344		
林产品初级加工服务	22340	153320		
其他林业服务	390770	807929	2000	1516
畜牧服务业	437827	1498685		
渔业服务业	228755	715404		4500
(二)采矿业	**42081763**	**90484442**	**480923**	**1124127**
煤炭开采和洗选业	11563256	26183625	96047	204093
烟煤和无烟煤开采洗选	10373595	23887268	91787	181992
褐煤开采洗选	852248	1344451		22101
其他煤炭采选	337413	951906	4260	
石油和天然气开采业	24302673	25663206	171152	654927
石油开采	20893805	21462915	112660	620226
天然气开采	3408868	4200291	58492	34701
黑色金属矿采选业	1842034	7446299	6095	59484
铁矿采选	1791847	6844748	1700	59484
锰矿、铬矿采选	23165	414798	4395	
其他黑色金属矿采选	27022	186753		
有色金属矿采选业	2536645	10806652	145786	138923
常用有色金属矿采选	1473597	6345111	120127	122379
铜矿采选	408396	1608513	13215	108236
铅锌矿采选	393718	2410236	21016	9893

2-1-10　续表 2　　　　单位：万元

行　　业	投资中:	投资中:		
	国有控股投　　资	内资投资	外商投资	港澳台商投资
镍钴矿采选	249502	276442		3950
锡矿采选	125366	510782		
锑矿采选	4350	101736		
铝矿采选	116918	657556	85896	
镁矿采选		50081		300
其他常用有色金属矿采选	175347	729765		
贵金属矿采选	691850	3478445	25578	16544
金矿采选	646839	3276988	25578	16544
银矿采选	45011	151927		
其他贵金属矿采选		49530		
稀有稀土金属矿采选	371198	983096	81	
钨钼矿采选	270894	668882	81	
稀土金属矿采选	9062	83873		
放射性金属矿采选	28687	28687		
其他稀有金属矿采选	62555	201654		
非金属矿采选业	932032	17446673	45117	53980
土砂石开采	486018	13660624	32938	41635
石灰石、石膏开采	216757	3818206		12558
建筑装饰用石开采	67957	4128120		13000
耐火土石开采	10425	724579	1112	9600
粘土及其他土砂石开采	190879	4989719	31826	6477
化学矿开采	176217	1444230	549	
采盐	85159	334538		393
石棉及其他非金属矿采选	184638	2007281	11630	11952
石棉、云母矿采选	8790	50425		
石墨、滑石采选	19683	341619	6740	
宝石、玉石采选	59881	199767		
其他未列明非金属矿采选	96284	1415470	4890	11952
开采辅助活动	826866	2354670	16726	5230
煤炭开采和洗选辅助活动	375277	1038214		
石油和天然气开采辅助活动	245528	710058	14440	700
其他开采辅助活动	206061	606398	2286	4530
其他采矿业	78257	583317		7490
其他采矿业	78257	583317		7490
(三)制造业	**157048225**	**1805792632**	**77041802**	**53322277**
农副食品加工业	5748076	115769197	2886631	1204058
谷物磨制	997611	21777830	139562	66742
饲料加工	280963	13704038	373229	65701
植物油加工	678063	10447019	286550	59051
食用植物油加工	670023	9672042	271781	54685
非食用植物油加工	8040	774977	14769	4366
制糖业	162639	1434276	89254	51060
屠宰及肉类加工	814538	17377023	187610	402172
牲畜屠宰	230759	4781531	30659	100958
禽类屠宰	88823	2559633	11322	79816
肉制品及副产品加工	494956	10035859	145629	221398
水产品加工	308579	8090656	853582	165728
水产品冷冻加工	160789	4435010	669147	144558
鱼糜制品及水产品干腌制加工	38511	1263735	110562	4284

2-1-10 续表 3

单位：万元

行业	投资中：国有控股投资	投资中：内资投资	外商投资	港澳台商投资
水产饲料制造	2473	688914	27813	5558
鱼油提取及制品制造	11064	77501	18600	4600
其他水产品加工	95742	1625496	27460	6728
蔬菜、水果和坚果加工	1006039	19807971	425757	310930
蔬菜加工	503501	12361045	248983	171594
水果和坚果加工	502538	7446926	176774	139336
其他农副食品加工	1499644	23130384	531087	82674
淀粉及淀粉制品制造	232874	4915077	396124	18305
豆制品制造	108835	4040055	11963	4462
蛋品加工	6495	1155052	5400	
其他未列明农副食品加工	1151440	13020200	117600	59907
食品制造业	2987009	54657232	2141260	1629747
焙烤食品制造	135505	9125530	275977	229407
糕点、面包制造	95356	4928875	88251	84307
饼干及其他焙烤食品制造	40149	4196655	187726	145100
糖果、巧克力及蜜饯制造	8401	2934895	36296	115024
糖果、巧克力制造	3000	1472398	31265	62168
蜜饯制作	5401	1462497	5031	52856
方便食品制造	617539	10228527	439053	345375
米、面制品制造	232091	4870544	53437	60391
速冻食品制造	362167	3388308	141360	19125
方便面及其他方便食品制造	23281	1969675	244256	265859
乳制品制造	254308	2672774	278966	187060
罐头食品制造	177029	3881876	56747	123540
肉、禽类罐头制造	58539	836659	32569	59133
水产品罐头制造		200768		24413
蔬菜、水果罐头制造	76676	1976165	24178	39808
其他罐头食品制造	41814	868284		186
调味品、发酵制品制造	190466	6089870	291659	192548
味精制造	4900	500823	5622	25390
酱油、食醋及类似制品制造	75768	1682874	52239	88050
其他调味品、发酵制品制造	109798	3906173	233798	79108
其他食品制造	1603761	19723760	762562	436793
营养食品制造	76387	2165687	54266	40347
保健食品制造	401879	5073919	275059	190969
冷冻饮品及食用冰制造	7630	728572	9808	65322
盐加工	291877	677494	36972	
食品及饲料添加剂制造	220649	4526038	152770	113898
其他未列明食品制造	605339	6552050	233687	26257
酒、饮料和精制茶制造业	1894921	35917440	1395598	1026028
酒的制造	1072167	12932811	630836	342348
酒精制造	81075	777521	5210	31395
白酒制造	700613	7134184		34808
啤酒制造	187222	793726	517778	214138
黄酒制造	12157	582792		2566
葡萄酒制造	37279	1747097	56084	53591
其他酒制造	53821	1897491	51764	5850
饮料制造	487143	14043545	735258	588591
碳酸饮料制造	30792	546356	131143	223296

2-1-10　续表 4　　　　单位：万元

行　　业	投资中：	投资中：		
	国有控股投　　资	内资投资	外商投资	港澳台商投资
瓶(罐)装饮用水制造	185894	4415314	121723	106506
果菜汁及果菜汁饮料制造	160197	4052638	337667	35780
含乳饮料和植物蛋白饮料制造	12908	2013478	89309	20295
固体饮料制造	18428	595885	630	23613
茶饮料及其他饮料制造	78924	2419874	54786	179101
精制茶加工	335611	8941084	29504	95089
烟草制品业	1475733	1820178	2947	29295
烟叶复烤	269183	424496		
卷烟制造	1086586	1145971	1547	
其他烟草制品制造	119964	249711	1400	29295
纺织业	2389473	65639542	1322020	2399838
棉纺织及印染精加工	1629999	33450035	423300	1360114
棉纺纱加工	1466312	22716838	176404	737001
棉织造加工	150513	7715928	129415	207130
棉印染精加工	13174	3017269	117481	415983
毛纺织及染整精加工	97949	3507880	161083	100400
毛条和毛纱线加工	33932	1578775	104611	48053
毛织造加工	5440	1542330	54622	34698
毛染整精加工	58577	386775	1850	17649
麻纺织及染整精加工	20450	1108978	20593	44203
麻纤维纺前加工和纺纱	6210	460741	10666	16580
麻织造加工	14190	636021	9927	27623
麻染整精加工	50	12216		
丝绢纺织及印染精加工	47920	1560462	38018	20106
缫丝加工	3950	687289		10825
绢纺和丝织加工	43970	768758	15631	2010
丝印染精加工		104415	22387	7271
化纤织造及印染精加工	216045	4593133	72853	149490
化纤织造加工	216045	4069273	70548	118598
化纤织物染整精加工		523860	2305	30892
针织或钩针编织物及其制品制造	73343	6124308	137352	250502
针织或钩针编织物织造	63403	4570294	56274	197221
针织或钩针编织物印染精加工	4860	665294	8871	33665
针织或钩针编织品制造	5080	888720	72207	19616
家用纺织制成品制造	74063	7451889	210948	83236
床上用品制造	4015	3171712	116354	44659
毛巾类制品制造	10238	1161698	53177	4124
窗帘、布艺类产品制造		736742	9409	4258
其他家用纺织制成品制造	59810	2381737	32008	30195
非家用纺织制成品制造	229704	7842857	257873	391787
非织造布制造	128514	3386121	200431	161071
绳、索、缆制造		883580	6912	8107
纺织带和帘子布制造	5500	462132		8440
篷、帆布制造	59190	934542	7214	48143
其他非家用纺织制成品制造	36500	2176482	43316	166026
纺织服装、服饰业	1594831	46854670	1008940	1904263
机织服装制造	1090693	27649237	628251	1138778
针织或钩针编织服装制造	140971	6409663	209267	323660
服饰制造	363167	12795770	171422	441825

2-1-10 续表 5 单位：万元

行　　业	投资中：国有控股投资	投资中：内资投资	外商投资	港澳台商投资
皮革、毛皮、羽毛及其制品和制鞋业	475205	22255370	541058	884286
皮革鞣制加工	6100	1586084	77284	76607
皮革制品制造	82962	5987882	206950	141848
皮革服装制造	260	1016724	27786	10420
皮箱、包(袋)制造	47642	2888254	139496	87200
皮手套及皮装饰制品制造	4280	784681	28991	25288
其他皮革制品制造	30780	1298223	10677	18940
毛皮鞣制及制品加工		2610034	108091	318798
毛皮鞣制加工		436844	77358	89316
毛皮服装加工		1768976	17605	25469
其他毛皮制品加工		404214	13128	204013
羽毛(绒)加工及制品制造	68960	1538267	1128	16539
羽毛(绒)加工	36880	585116		4990
羽毛(绒)制品加工	32080	953151	1128	11549
制鞋业	317183	10533103	147605	330494
纺织面料鞋制造	19138	2003446	44499	68869
皮鞋制造	226493	4773927	56513	172224
塑料鞋制造	8415	1509791	11799	30660
橡胶鞋制造	7455	1135091	26457	40979
其他制鞋业	55682	1110848	8337	17762
木材加工和木、竹、藤、棕、草制品业	1087972	43952605	300935	311342
木材加工	434036	12102520	23807	51228
锯材加工	218606	2737074	2600	
木片加工	43893	2938073	4080	2950
单板加工	136699	2718803	7182	4289
其他木材加工	34838	3708570	9945	43989
人造板制造	192342	14442796	96250	67353
胶合板制造	128665	8679430	60544	30480
纤维板制造	32106	1789235	17179	16641
刨花板制造	5216	1177870	2697	7773
其他人造板制造	26355	2796261	15830	12459
木制品制造	217158	11863332	126856	162719
建筑用木料及木材组件加工	43406	2886773	18414	9038
木门窗、楼梯制造	100807	4042352	37633	94941
地板制造	14790	1180020	27118	27668
木制容器制造	4789	827476		15882
软木制品及其他木制品制造	53366	2926711	43691	15190
竹、藤、棕、草等制品制造	244436	5543957	54022	30042
竹制品制造	209172	4636978	39504	29692
藤制品制造	4862	90098		
棕制品制造		182720	9980	
草及其他制品制造	30402	634161	4538	350
家具制造业	888377	36039670	667853	586808
木质家具制造	582516	26350226	470649	381144
竹、藤家具制造	41703	568212		8978
金属家具制造		3720196	38579	93397
塑料家具制造	3750	654830	4450	1772
其他家具制造	260408	4746206	154175	101517
造纸和纸制品业	701519	28559438	1124397	1225739

2-1-10 续表 6

单位：万元

行业	投资中：国有控股投资	投资中：内资投资	外商投资	港澳台商投资
纸浆制造	155748	717664	17898	24946
木竹浆制造	155748	519886	17898	24946
非木竹浆制造		197778		
造纸	284330	9947348	704415	692384
机制纸及纸板制造	181251	7637495	669885	573178
手工纸制造	64706	395258		105
加工纸制造	38373	1914595	34530	119101
纸制品制造	261441	17894426	402084	508409
纸和纸板容器制造	62792	8353255	82975	251860
其他纸制品制造	198649	9541171	319109	256549
印刷和记录媒介复制业	545528	17291757	225764	453450
印刷	498209	15902892	221042	443927
书、报刊印刷	235988	1761164	12463	120910
本册印制	65632	655049	8144	32811
包装装潢及其他印刷	196589	13486679	200435	290206
装订及印刷相关服务	29827	1299211	1017	9523
记录媒介复制	17492	89654	3705	
文教、工美、体育和娱乐用品制造业	888504	26263079	939162	1101278
文教办公用品制造	9266	2915446	27598	53599
文具制造		1019200	9615	19513
笔的制造	2760	570388	6722	4619
教学用模型及教具制造	2990	621078		
墨水、墨汁制造		136937		4980
其他文教办公用品制造	3516	567843	11261	24487
乐器制造	62566	1065444	89906	78444
中乐器制造	4680	129279		
西乐器制造	21623	453152	59335	26316
电子乐器制造		174704	27241	5117
其他乐器及零件制造	36263	308309	3330	47011
工艺美术品制造	524597	13078418	409792	429954
雕塑工艺品制造	127905	2436376	15961	33643
金属工艺品制造	103997	1663149	61019	17125
漆器工艺品制造	4915	130759	8241	3803
花画工艺品制造	9855	427672	4963	2380
天然植物纤维编织工艺品制造	63182	904734	46229	15080
抽纱刺绣工艺品制造	12576	626916	11623	28583
地毯、挂毯制造	150	1043893	16040	23118
珠宝首饰及有关物品制造	72982	1941442	84017	243499
其他工艺美术品制造	129035	3903477	161699	62723
体育用品制造	177243	4315131	122170	144546
球类制造		322496	2260	20779
体育器材及配件制造	97406	1574243	39350	78296
训练健身器材制造	13534	909432	20518	4032
运动防护用具制造	7300	325280	7367	11659
其他体育用品制造	59003	1183680	52675	29780
玩具制造	82068	3781789	158295	382694
游艺器材及娱乐用品制造	32764	1106851	131401	12041
露天游乐场所游乐设备制造	7980	571168		4700
游艺用品及室内游艺器材制造	1300	203548	4164	4411
其他娱乐用品制造	23484	332135	127237	2930

2-1-10 续表 7

单位：万元

行　　业	投资中：国有控股投　　资	投资中：内资投资	外商投资	港澳台商投资
石油加工、炼焦和核燃料加工业	8819400	25383869	856270	527533
精炼石油产品制造	7731059	21235335	754742	291891
原油加工及石油制品制造	7686231	20000889	754742	291891
人造原油制造	44828	1234446		
炼焦	1088341	4148534	101528	235642
化学原料和化学制品制造业	14881344	128363987	5651342	5016448
基础化学原料制造	6779046	37874609	1693163	1680312
无机酸制造	305852	2198124	135881	99197
无机碱制造	551184	2008768	35715	63896
无机盐制造	309329	3425897	132844	14976
有机化学原料制造	4461179	20723033	885990	1198083
其他基础化学原料制造	1151502	9518787	502733	304160
肥料制造	2003851	17780327	129663	172204
氮肥制造	750712	2501332	39303	
磷肥制造	198073	1015113		
钾肥制造	415106	858489	6432	53981
复混肥料制造	312483	4980340	66937	82208
有机肥料及微生物肥料制造	206978	7111660	16991	30876
其他肥料制造	120499	1313393		5139
农药制造	438214	4293282	90605	50906
化学农药制造	371549	3097078	90605	41629
生物化学农药及微生物农药制造	66665	1196204		9277
涂料、油墨、颜料及类似产品制造	376405	11661449	392778	446978
涂料制造	128830	7286269	263262	227621
油墨及类似产品制造	3021	963276	25469	26492
颜料制造	206539	1802012	60686	98634
染料制造	38015	934626	28680	77400
密封用填料及类似品制造		675266	14681	16831
合成材料制造	2618776	17054698	1778492	1144475
初级形态塑料及合成树脂制造	1461285	7024642	980963	923599
合成橡胶制造	337494	2154566	49120	
合成纤维单(聚合)体制造	543803	2553442	48980	146201
其他合成材料制造	276194	5322048	699429	74675
专用化学产品制造	1918278	27142926	1220578	1325178
化学试剂和助剂制造	678564	9943223	331309	293514
专项化学用品制造	720450	7227376	472325	371683
林产化学产品制造	16425	1243819	13912	8186
信息化学品制造	169490	3307310	188847	603180
环境污染处理专用药剂材料制造	56146	1545905	16574	30854
动物胶制造	12428	290476	31462	
其他专用化学产品制造	264775	3584817	166149	17761
炸药、火工及焰火产品制造	371355	5316797	8881	15206
焰火、鞭炮产品制造	371355	5316797	8881	15206
日用化学产品制造	375419	7239899	337182	181189
肥皂及合成洗涤剂制造	96736	1711734	75053	61161
化妆品制造	32279	1880865	126794	67742
口腔清洁用品制造	2330	209511	8743	4345
香料、香精制造	78395	1338286	97958	25248
其他日用化学产品制造	165679	2099503	28634	22693

2-1-10 续表 8

单位：万元

行　业	投资中：国有控股投　资	投资中：内资投资	外商投资	港澳台商投资
医药制造业	4946948	55891433	2390990	1580201
化学药品原料药制造	973458	10614329	408011	354408
化学药品制剂制造	561624	6771986	906499	226729
中药饮片加工	399773	9528706	90451	133056
中成药生产	954588	9115055	114055	249214
兽用药品制造	30748	1917129	81330	73434
生物药品制造	1295056	11366713	607964	440198
卫生材料及医药用品制造	731701	6577515	182680	103162
化学纤维制造业	838878	12196639	539009	567998
纤维素纤维原料及纤维制造	506925	2486516	55677	135945
化纤浆粕制造		304372	879	4790
人造纤维(纤维素纤维)制造	506925	2182144	54798	131155
合成纤维制造	331953	9710123	483332	432053
锦纶纤维制造	37506	1816183	24094	94661
涤纶纤维制造	46586	3841227	212052	171257
腈纶纤维制造	20240	154587	59400	13065
维纶纤维制造		108510		
丙纶纤维制造	23593	149941		5880
氨纶纤维制造	69913	423173	67390	56769
其他合成纤维制造	134115	3216502	120396	90421
橡胶和塑料制品业	1324953	66231349	1845563	1716780
橡胶制品业	648209	15015689	751901	285060
轮胎制造	337113	3670796	481730	117971
橡胶板、管、带制造	52861	3872070	24451	28977
橡胶零件制造	32730	2450184	162632	68526
再生橡胶制造	3510	919353	4252	3625
日用及医用橡胶制品制造	175300	883119	32211	39778
其他橡胶制品制造	46695	3220167	46625	26183
塑料制品业	676744	51215660	1093662	1431720
塑料薄膜制造	196880	6233088	211303	361378
塑料板、管、型材制造	81906	11053777	119363	129677
塑料丝、绳及编织品制造	65862	5082239	60596	40963
泡沫塑料制造	78812	2148469	15074	20148
塑料人造革、合成革制造	6852	1050657	36062	31797
塑料包装箱及容器制造	55946	6642851	168642	192020
日用塑料制品制造	38410	4913352	99299	160758
塑料零件制造	26342	3002093	101148	189502
其他塑料制品制造	125734	11089134	282175	305477
非金属矿物制品业	8910686	164797721	1803141	2926693
水泥、石灰和石膏制造	1408348	11235366	71476	202720
水泥制造	1362970	7194111	52065	182860
石灰和石膏制造	45378	4041255	19411	19860
石膏、水泥制品及类似制品制造	2173884	34908934	103855	372954
水泥制品制造	921609	18994335	43619	234490
砼结构构件制造	589206	6016563	5390	63635
石棉水泥制品制造	22566	393458		
轻质建筑材料制造	417227	5923710	34767	35304
其他水泥类似制品制造	223276	3580868	20079	39525

2-1-10 续表 9

单位：万元

行　业	投资中：国有控股投资	投资中：内资投资	外商投资	港澳台商投资
砖瓦、石材等建筑材料制造	2362574	64777622	384144	610016
粘土砖瓦及建筑砌块制造	274780	15787114	6989	25410
建筑陶瓷制品制造	599969	8536377	52821	258544
建筑用石加工	389587	15251832	216296	146412
防水建筑材料制造	177512	4702542	13808	4950
隔热和隔音材料制造	92103	4997687	59231	26163
其他建筑材料制造	828623	15502070	34999	148537
玻璃制造	404070	5799670	38447	807392
平板玻璃制造	180074	1792303	33755	621572
其他玻璃制造	223996	4007367	4692	185820
玻璃制品制造	595829	10928696	345823	486055
技术玻璃制品制造	232959	2847719	103458	282832
光学玻璃制造	106861	1033555	152141	66110
玻璃仪器制造	6276	354115	9100	
日用玻璃制品制造	58834	2673424	43150	7674
玻璃包装容器制造	20031	1113468	3500	22959
玻璃保温容器制造		205037	1404	6002
制镜及类似品加工		163449	3750	
其他玻璃制品制造	170868	2537929	29320	100478
玻璃纤维和玻璃纤维增强塑料制品制造	722564	4915495	190304	149926
玻璃纤维及制品制造	653754	3015354	183575	80993
玻璃纤维增强塑料制品制造	68810	1900141	6729	68933
陶瓷制品制造	387859	10638413	212104	86304
卫生陶瓷制品制造		1379835	63027	35747
特种陶瓷制品制造	219046	4093867	70710	22931
日用陶瓷制品制造	113419	3447069	62235	24191
园林、陈设艺术及其他陶瓷制品制造	55394	1717642	16132	3435
耐火材料制品制造	80153	6495775	83218	10933
石棉制品制造	4779	785823	5009	3400
云母制品制造		194868		2870
耐火陶瓷制品及其他耐火材料制造	75374	5515084	78209	4663
石墨及其他非金属矿物制品制造	775405	15097750	373770	200393
石墨及碳素制品制造	384402	6182715	246946	35470
其他非金属矿物制品制造	391003	8915035	126824	164923
黑色金属冶炼和压延加工业	7045766	35700124	1113089	1228779
炼铁	502185	1443210	65207	
炼钢	2174268	5717736	80345	419757
黑色金属铸造	271744	6108734	40983	91273
钢压延加工	3789509	20081067	882194	694749
铁合金冶炼	308060	2349377	44360	23000
有色金属冶炼和压延加工业	8007323	48343974	1013315	1026523
常用有色金属冶炼	4283517	12227922	340027	215427
铜冶炼	787134	2308236	22682	85090
铅锌冶炼	326300	1802165	4900	19108
镍钴冶炼	42489	675865	25214	350
锡冶炼	6201	304935		
锑冶炼	34732	259209		
铝冶炼	2564360	4342452	278711	100732
镁冶炼	332041	878283	3840	8136
其他常用有色金属冶炼	190260	1656777	4680	2011

2-1-10 续表 10

单位：万元

行业	投资中：国有控股投资	投资中：内资投资	外商投资	港澳台商投资
贵金属冶炼	255893	1278515		7225
金冶炼	196839	454013		1380
银冶炼	21766	537152		4900
其他贵金属冶炼	37288	287350		945
稀有稀土金属冶炼	417676	1535332	47022	20050
钨钼冶炼	141365	470187	7935	
稀土金属冶炼	123165	505351	11857	
其他稀有金属冶炼	153146	559794	27230	20050
有色金属合金制造	615902	6872659	126649	246275
有色金属铸造	15050	1721006	45704	12865
有色金属压延加工	2419285	24708540	453913	524681
铜压延加工	425544	4871404	165814	98005
铝压延加工	1697329	15882649	249089	327553
贵金属压延加工	25747	371185		
稀有稀土金属压延加工	81516	750730	2283	3890
其他有色金属压延加工	189149	2832572	36727	95233
金属制品业	3235051	99676911	1545802	2676091
结构性金属制品制造	1582566	41397040	266397	797894
金属结构制造	1518152	28751045	210997	630611
金属门窗制造	64414	12645995	55400	167283
金属工具制造	265394	8351449	204498	188395
切削工具制造	46730	2940102	119345	69960
手工具制造	17980	1181999	7710	22891
农用及园林用金属工具制造		711481	5624	11769
刀剪及类似日用金属工具制造	13772	502019		25994
其他金属工具制造	186912	3015848	71819	57781
集装箱及金属包装容器制造	200738	4740918	246749	451053
集装箱制造	11768	618310	107302	221176
金属压力容器制造	143799	1923815	7560	21944
金属包装容器制造	45171	2198793	131887	207933
金属丝绳及其制品制造	65633	4497162	206911	82213
建筑、安全用金属制品制造	321895	12773115	171588	342978
建筑、家具用金属配件制造	147682	4231822	63684	193983
建筑装饰及水暖管道零件制造	124721	4668211	80937	108879
安全、消防用金属制品制造	17330	2345338	10745	34697
其他建筑、安全用金属制品制造	32162	1527744	16222	5419
金属表面处理及热处理加工	153150	5106041	60706	189115
搪瓷制品制造	6515	791422	533	75825
生产专用搪瓷制品制造	2985	197711		2394
建筑装饰搪瓷制品制造		256551	533	
搪瓷卫生洁具制造		242982		16082
搪瓷日用品及其他搪瓷制品制造	3530	94178		57349
金属制日用品制造	57186	6107973	131741	161979
金属制厨房用器具制造	4448	1418509	2735	6185
金属制餐具和器皿制造	12925	1322803	85981	104804
金属制卫生器具制造		474790	752	9363
其他金属制日用品制造	39813	2891871	42273	41627
其他金属制品制造	581974	15911791	256679	386639

2-1-10 续表 11 单位：万元

行 业	投资中: 国有控股投资	投资中: 内资投资	外商投资	港澳台商投资
锻件及粉末冶金制品制造	106054	4752875	82968	95099
交通及公共管理用金属标牌制造	28081	841518		
其他未列明金属制品制造	447839	10317398	173711	291540
通用设备制造业	5448045	127139898	3522999	1805355
锅炉及原动设备制造	833107	9556797	501305	113292
锅炉及辅助设备制造	195906	4642441	57758	57816
内燃机及配件制造	266304	2278358	276912	12956
汽轮机及辅机制造	115643	444379	28957	9678
水轮机及辅机制造	4020	160456	4800	8435
风能原动设备制造	225480	1230038	117323	15007
其他原动设备制造	25754	801125	15555	9400
金属加工机械制造	894833	25920244	293529	294647
金属切削机床制造	91686	3998462	80928	85533
金属成形机床制造	204570	4105001	9268	86347
铸造机械制造	336727	5203515	61591	37956
金属切割及焊接设备制造	63814	2012997	44964	33629
机床附件制造	16653	2305590	24443	13563
其他金属加工机械制造	181383	8294679	72335	37619
物料搬运设备制造	460901	11352614	465941	276113
轻小型起重设备制造		1086367	16938	7075
起重机制造	63005	2899202	35635	12920
生产专用车辆制造	108173	1365277	24090	9510
连续搬运设备制造	8470	1369522	55693	27452
电梯、自动扶梯及升降机制造	114377	3220149	269270	178556
其他物料搬运设备制造	166876	1412097	64315	40600
泵、阀门、压缩机及类似机械制造	401286	15501202	536674	273096
泵及真空设备制造	54701	4885233	144148	78079
气体压缩机械制造	205346	1876012	162840	
阀门和旋塞制造	31850	4537260	82407	56873
液压和气压动力机械及元件制造	109389	4202697	147279	138144
轴承、齿轮和传动部件制造	401372	11100391	474219	187790
轴承制造	164172	6157669	200601	76660
齿轮及齿轮减、变速箱制造	201014	3334072	175530	93718
其他传动部件制造	36186	1608650	98088	17412
烘炉、风机、衡器、包装等设备制造	1083664	14381746	584972	179523
烘炉、熔炉及电炉制造	34941	1284293	1063	
风机、风扇制造	370977	2196675	62234	23505
气体、液体分离及纯净设备制造	176684	2254432	138058	50563
制冷、空调设备制造	459965	5277209	262851	80126
风动和电动工具制造	4777	1036132	72486	11051
喷枪及类似器具制造	8828	170700	1139	
衡器制造	7000	539933	6408	
包装专用设备制造	20492	1622372	40733	14278
文化、办公用机械制造	24968	1206349	127599	185715
电影机械制造		21372		
幻灯及投影设备制造	2771	212185	12444	
照相机及器材制造		111036	77551	92492
复印和胶印设备制造	2835	416328	36069	79826
计算器及货币专用设备制造	9284	150809		9774
其他文化、办公用机械制造	10078	294619	1535	3623

2-1-10　续表 12　　　　单位：万元

行　　业	投资中:	投资中:		
	国有控股投　　资	内资投资	外商投资	港澳台商投资
通用零部件制造	646028	27740783	331848	223324
金属密封件制造	25063	1332238	12582	19118
紧固件制造	71029	3175782	61499	123519
弹簧制造	12749	801905	26152	22066
机械零部件加工	494014	17330386	137183	43282
其他通用零部件制造	43173	5100472	94432	15339
其他通用设备制造业	701886	10379772	206912	71855
专用设备制造业	8417320	118011150	3042963	2412201
采矿、冶金、建筑专用设备制造	1823648	25095339	528467	247233
矿山机械制造	524978	8867976	46132	47608
石油钻采专用设备制造	189063	3599199	188409	73681
建筑工程用机械制造	366630	5575661	64434	26420
海洋工程专用设备制造	177872	1425971	137242	93469
建筑材料生产专用机械制造	315105	3277893	34037	6055
冶金专用设备制造	250000	2348639	58213	
化工、木材、非金属加工专用设备制造	986816	17191991	415206	781332
炼油、化工生产专用设备制造	457537	2573762	12267	52425
橡胶加工专用设备制造	14573	518196		
塑料加工专用设备制造	109601	1981069	74399	240225
木材加工机械制造	3705	960825	8428	41061
模具制造	316401	9700209	320112	407806
其他非金属加工专用设备制造	84999	1457930		39815
食品、饮料、烟草及饲料生产专用设备制造	56940	4215902	35964	52241
食品、酒、饮料及茶生产专用设备制造	22807	1748482	17385	47341
农副食品加工专用设备制造	17670	1810358	18579	4900
烟草生产专用设备制造	15797	259999		
饲料生产专用设备制造	666	397063		
印刷、制药、日化及日用品生产专用设备制造	341714	6298384	285531	146881
制浆和造纸专用设备制造	17171	1000450	186852	42856
印刷专用设备制造	63181	1457885	27134	4482
日用化工专用设备制造	5821	598286		9666
制药专用设备制造	229859	1136717	53873	14337
照明器具生产专用设备制造	8183	1010129	682	29098
玻璃、陶瓷和搪瓷制品生产专用设备制造	9709	605428	8910	12208
其他日用品生产专用设备制造	7790	489489	8080	34234
纺织、服装和皮革加工专用设备制造	163135	3410654	114839	113970
纺织专用设备制造	140589	2469236	67881	103184
皮革、毛皮及其制品加工专用设备制造	19326	208006	4400	
缝制机械制造		500742	28346	6248
洗涤机械制造	3220	232670	14212	4538
电子和电工机械专用设备制造	2472382	12060355	612972	371435
电工机械专用设备制造	111187	3472108	84085	32679
电子工业专用设备制造	2361195	8588247	528887	338756
农、林、牧、渔专用机械制造	358008	10046132	217479	78810
拖拉机制造	48041	900503	79593	28119
机械化农业及园艺机具制造	153332	3838799	76680	13473
营林及木竹采伐机械制造	1832	141020	18885	14060
畜牧机械制造	24339	843558	12005	17858

2-1-10 续表 13 单位：万元

行 业	投资中:国有控股投资	投资中:内资投资	外商投资	港澳台商投资
渔业机械制造		141374		
农林牧渔机械配件制造	37698	1829890	12401	
棉花加工机械制造		57118		
其他农、林、牧、渔业机械制造	92766	2293870	17915	5300
医疗仪器设备及器械制造	518210	11758908	384657	222929
医疗诊断、监护及治疗设备制造	207056	3483132	182001	85316
口腔科用设备及器具制造	10305	196027	4171	830
医疗实验室及医用消毒设备和器具制造	48350	1099152	11109	2700
医疗、外科及兽医用器械制造	128785	2043308	60623	58980
机械治疗及病房护理设备制造	19729	1081047	12083	10399
假肢、人工器官及植(介)入器械制造	8603	291695	46391	38096
其他医疗设备及器械制造	95382	3564547	68279	26608
环保、社会公共服务及其他专用设备制造	1696467	27933485	447848	397370
环境保护专用设备制造	536553	13376385	198267	141062
地质勘查专用设备制造	23315	282989		
邮政专用机械及器材制造		40236		4990
商业、饮食、服务专用设备制造	2550	322057	10000	
社会公共安全设备及器材制造	175652	2128857	990	32994
交通安全、管制及类似专用设备制造	37184	523598	1025	25039
水资源专用机械制造	47651	1032508	6600	
其他专用设备制造	873562	10226855	230966	193285
汽车制造业	17820092	111260713	16293163	3445545
汽车整车制造	8319957	16264652	6910678	132459
改装汽车制造	225641	2595908	10280	26251
低速载货汽车制造	7613	329354	746	
电车制造	96521	3419589		43217
汽车车身、挂车制造	76520	2009147	66265	77357
汽车零部件及配件制造	9093840	86642063	9305194	3166261
铁路、船舶、航空航天和其他运输设备制造业	6533876	27716157	1573755	566786
铁路运输设备制造	1586287	5646015	84810	12704
铁路机车车辆及动车组制造	401062	574642	14669	
窄轨机车车辆制造	48606	137944		
铁路机车车辆配件制造	651008	2305283	61117	2854
铁路专用设备及器材、配件制造	378639	2200011	4104	9850
其他铁路运输设备制造	106972	428135	4920	
城市轨道交通设备制造	782140	2288934	71422	174252
船舶及相关装置制造	1009378	4891488	675831	87927
金属船舶制造	374690	1791754	536554	12770
非金属船舶制造	25614	346342	12876	13226
娱乐船和运动船制造	21857	314039		34878
船用配套设备制造	551875	2183368	126401	4670
船舶改装与拆除	4727	120176		22383
航标器材及其他相关装置制造	30615	135809		
摩托车制造	377481	3797304	284535	9134
摩托车整车制造	272116	1229187	121153	710
摩托车零部件及配件制造	105365	2568117	163382	8424
自行车制造	146699	3252632	98788	94744
脚踏自行车及残疾人座车制造	110736	818026	98788	74864
助动自行车制造	35963	2434606		19880

2-1-10　续表 14　　　　单位：万元

行　　业	投资中：国有控股投　　资	投资中：内资投资	外商投资	港澳台商投资
非公路休闲车及零配件制造		450684	11303	13299
潜水救捞及其他未列明运输设备制造	2631891	7389100	347066	174726
其他未列明运输设备制造	2631891	7389100	347066	174726
电气机械和器材制造业	9036530	124442132	5086913	3938016
电机制造	913600	11128606	491085	272980
发电机及发电机组制造	741953	5278181	99076	32573
电动机制造	153994	3479058	140361	41589
微电机及其他电机制造	17653	2371367	251648	198818
输配电及控制设备制造	3887035	41180903	1889145	1579739
变压器、整流器和电感器制造	377994	7263638	167585	52251
电容器及其配套设备制造	47754	1536738	77627	28713
配电开关控制设备制造	250801	6433805	167403	63970
电力电子元器件制造	945908	10102378	545344	316219
光伏设备及元器件制造	1937191	10998780	852264	1103105
其他输配电及控制设备制造	327387	4845564	78922	15481
电线、电缆、光缆及电工器材制造	990324	20110016	598360	314177
电线、电缆制造	520790	14229735	342424	195513
光纤、光缆制造	193278	2299561	187058	51836
绝缘制品制造	44038	1460388	37629	12503
其他电工器材制造	232218	2120332	31249	54325
电池制造	1411792	22468483	1212023	852613
锂离子电池制造	833175	16779048	847270	697651
镍氢电池制造	1226	624154	58135	3000
其他电池制造	577391	5065281	306618	151962
家用电力器具制造	916527	10402436	435204	549079
家用制冷电器具制造	256535	2070415	162571	98704
家用空气调节器制造	270945	1110819	56930	88899
家用通风电器具制造	44872	351999	10632	17519
家用厨房电器具制造	198862	2689211	59192	180697
家用清洁卫生电器具制造	18514	790573	94739	16257
家用美容、保健电器具制造		338496	16449	
家用电力器具专用配件制造	12467	1282559	22252	55471
其他家用电力器具制造	114332	1768364	12439	91532
非电力家用器具制造	166484	3692471	62195	30617
燃气、太阳能及类似能源家用器具制造	144494	3308784	37000	26153
其他非电力家用器具制造	21990	383687	25195	4464
照明器具制造	217833	9829877	292476	260996
电光源制造	101212	1595580	83443	49619
照明灯具制造	74321	7095433	180378	150718
灯用电器附件及其他照明器具制造	42300	1138864	28655	60659
其他电气机械及器材制造	532935	5629340	106425	77815
电气信号设备装置制造	29914	726196	50683	5009
其他未列明电气机械及器材制造	503021	4903144	55742	72806
计算机、通信和其他电子设备制造业	21651002	102725598	16457872	9955611
计算机制造	937215	8746065	1177133	1204308
计算机整机制造	116922	959708	314255	267273
计算机零部件制造	278296	4111768	333927	566818
计算机外围设备制造	148431	1105745	106568	105996
其他计算机制造	393566	2568844	422383	264221

2-1-10 续表 15

单位：万元

行业	投资中:国有控股投资	投资中:内资投资	外商投资	港澳台商投资
通信设备制造	4432311	18411715	1962609	2007907
通信系统设备制造	1126634	7182406	138506	604582
通信终端设备制造	3305677	11229309	1824103	1403325
广播电视设备制造	86942	1319697	47613	140010
广播电视节目制作及发射设备制造	2437	187890	7265	2935
广播电视接收设备及器材制造	19390	669162	39208	91903
应用电视设备及其他广播电视设备制造	65115	462645	1140	45172
视听设备制造	401347	2220622	418691	405187
电视机制造	326278	939362	52310	195621
音响设备制造	18902	763111	196188	135629
影视录放设备制造	56167	518149	170193	73937
电子器件制造	11716942	34441888	9931614	3083268
电子真空器件制造	125151	1249970	450432	28021
半导体分立器件制造	121579	1386228	2147970	106443
集成电路制造	3419223	7140744	2381790	1611335
光电子器件及其他电子器件制造	8050989	24664946	4951422	1337469
电子元件制造	1660826	21926385	2050854	2780877
电子元件及组件制造	1430540	18210580	1651625	1787921
印制电路板制造	230286	3715805	399229	992956
其他电子设备制造	2415419	15659226	869358	334054
仪器仪表制造业	1081496	18062323	1122580	566400
通用仪器仪表制造	626766	9691252	609642	160280
工业自动控制系统装置制造	374221	5122432	457836	72273
电工仪器仪表制造	77518	1787110	7480	25924
绘图、计算及测量仪器制造	7561	619054	46199	6100
实验分析仪器制造	125742	789646	16474	
试验机制造	15606	280254	6980	1129
供应用仪表及其他通用仪器制造	26118	1092756	74673	54854
专用仪器仪表制造	191609	3971433	110057	63449
环境监测专用仪器仪表制造	19615	589121	19140	4800
运输设备及生产用计数仪表制造	9307	495671	65055	6000
农林牧渔专用仪器仪表制造		64600		
地质勘探和地震专用仪器制造	47343	139672	1399	3950
教学专用仪器制造	36023	281332		3546
电子测量仪器制造	48308	950145	8260	43653
其他专用仪器制造	31013	1450892	16203	1500
钟表与计时仪器制造	20127	696316	52989	128549
光学仪器及眼镜制造	157219	2103891	299494	157058
光学仪器制造	106133	1240820	232151	126091
眼镜制造	51086	863071	67343	30967
其他仪器仪表制造业	85775	1599431	50398	57064
其他制造业	6468179	25911619	183134	244092
日用杂品制造	61018	2606239	81595	96106
鬃毛加工、制刷及清扫工具制造		787008	31192	11568
其他日用杂品制造	61018	1819231	50403	84538
煤制品制造	104192	1386807		
其他未列明制造业	6302969	21918573	101539	147986
废弃资源综合利用业	1389124	16279871	350588	318618
金属废料和碎屑加工处理	639579	7988109	101171	193965
非金属废料和碎屑加工处理	749545	8291762	249417	124653

2-1-10　续表 16　　　　单位：万元

行　业	投资中：国有控股投　资	投资中：内资投资	外商投资	港澳台商投资
金属制品、机械和设备修理业	515064	2636986	92749	46475
金属制品修理	4710	179723		3250
通用设备修理	30737	260515		
专用设备修理	41922	451231	4964	7151
铁路、船舶、航空航天等运输设备修理	287194	870949	82180	36074
铁路运输设备修理	155019	165746		
船舶修理	24609	422927	156	13156
航空航天器修理	78601	172239	82024	21976
其他运输设备修理	28965	110037		942
电气设备修理	18849	92042		
仪器仪表修理		10424		
其他机械和设备修理业	131652	772102	5605	
(四)电力、热力、燃气及水生产和供应业	**176707412**	**284757886**	**4879216**	**8304308**
电力、热力生产和供应业	128665553	211143288	2982484	6426312
电力生产	68534805	134973495	2575394	5959641
火力发电	19245166	25426154	1323483	1745776
水力发电	11438530	16306099	181679	49031
核力发电	11180668	11296335		770
风力发电	13257247	22940133	430695	1517346
太阳能发电	9767278	47463154	289837	1379263
其他电力生产	3645916	11541620	349700	1267455
电力供应	49277706	52974188	34573	72991
热力生产和供应	10853042	23195605	372517	393680
燃气生产和供应业	7858889	19749210	1285094	1263516
燃气生产和供应业	7858889	19749210	1285094	1263516
水的生产和供应业	40182970	53865388	611638	614480
自来水生产和供应	17614861	22640470	77609	312739
污水处理及其再生利用	19781906	27300732	508860	271218
其他水的处理、利用与分配	2786203	3924186	25169	30523
(五)建筑业	**20048466**	**36304502**	**113314**	**61362**
房屋建筑业	3213818	7692695	11923	
房屋建筑业	3213818	7692695	11923	
土木工程建筑业	15465515	21618179	59919	56618
铁路、道路、隧道和桥梁工程建筑	10849723	14142119	46316	708
铁路工程建筑	304448	372873		
公路工程建筑	3747797	4973995	27708	
市政道路工程建筑	4056616	5458364	18608	708
其他道路、隧道和桥梁工程建筑	2740862	3336887		
水利和内河港口工程建筑	2757844	3487092	1160	55910
水源及供水设施工程建筑	1056378	1321424		
河湖治理及防洪设施工程建筑	1509478	1806954	1160	
港口及航运设施工程建筑	191988	358714		55910
海洋工程建筑	22124	48097		
工矿工程建筑	108135	232069	1768	
架线和管道工程建筑	946976	1536936	6023	
架线及设备工程建筑	365703	618238		
管道工程建筑	581273	918698	6023	
其他土木工程建筑	780713	2171866	4652	

2-1-10 续表 17 单位：万元

行业	投资中：国有控股投资	投资中：内资投资	外商投资	港澳台商投资
建筑安装业	619856	2610779	18157	4744
电气安装	90144	449631	13857	
管道和设备安装	167008	766356		1856
其他建筑安装业	362704	1394792	4300	2888
建筑装饰和其他建筑业	749277	4382849	23315	
建筑装饰业	228789	2241378	23315	
工程准备活动	80812	362762		
建筑物拆除活动	30032	97079		
其他工程准备活动	50780	265683		
提供施工设备服务	7301	173845		
其他未列明建筑业	432375	1604864		
(六)批发和零售业	**18007170**	**163387089**	**932102**	**1098803**
批发业	6705743	83506066	435673	580803
农、林、牧产品批发	1470655	9426542	4735	50157
谷物、豆及薯类批发	503661	2485270		
种子批发	5700	543716		
饲料批发	22606	455752		2424
棉、麻批发	10107	278087		
林业产品批发	35032	928598		
牲畜批发	46824	638878	3000	25726
其他农牧产品批发	846725	4096241	1735	22007
食品、饮料及烟草制品批发	1906286	13031059	10805	121532
米、面制品及食用油批发	241913	1198472		6578
糕点、糖果及糖批发	63043	285030		
果品、蔬菜批发	942038	5786654	985	99808
肉、禽、蛋、奶及水产品批发	157547	1782373		
盐及调味品批发	95289	192410		7768
营养和保健品批发	39170	231153	4890	
酒、饮料及茶叶批发	63665	1429483	4930	7378
烟草制品批发	129594	186101		
其他食品批发	174027	1939383		
纺织、服装及家庭用品批发	443503	7924931	143549	66101
纺织品、针织品及原料批发	228141	2067616	21377	
服装批发	112740	2802468	5937	5448
鞋帽批发	22051	277148		19458
化妆品及卫生用品批发	7190	311033		18331
厨房、卫生间用具及日用杂货批发	14495	530220	5867	
灯具、装饰物品批发	11038	447802	20188	12000
家用电器批发	8200	591601		
其他家庭用品批发	39648	897043	90180	10864
文化、体育用品及器材批发	73380	1575823	2441	17780
文具用品批发	12225	408556	1201	
体育用品及器材批发	4150	323543		
图书批发	16045	184256		
报刊批发				
音像制品及电子出版物批发		34684		
首饰、工艺品及收藏品批发	100	334821		16000
其他文化用品批发	40860	289963	1240	1780
医药及医疗器材批发	99874	3368388	92252	55272

2-1-10　续表 18　　　　　　　　　　　　　　　　　　　　　　　　单位：万元

行　　业	投资中：国有控股投资	投资中：内资投资	外商投资	港澳台商投资
西药批发	9846	831621		
中药批发	55961	905695		52523
医疗用品及器材批发	34067	1631072	92252	2749
矿产品、建材及化工产品批发	1543022	22704172	83815	171979
煤炭及制品批发	138169	1866663	4485	26862
石油及制品批发	896749	3346790	47522	9162
非金属矿及制品批发	32390	485800		
金属及金属矿批发	114115	3500060	4975	8037
建材批发	343289	10796689	25023	127918
化肥批发	11243	662680		
农药批发		121282		
农用薄膜批发	369	39678		
其他化工产品批发	6698	1884530	1810	
机械设备、五金产品及电子产品批发	534618	13877955	78118	26406
农业机械批发	66494	1308137		
汽车批发	152339	1675192		
汽车零配件批发	49876	1410381	44999	
摩托车及零配件批发		138553		
五金产品批发	53174	3068573	1154	
电气设备批发	4760	1294570		
计算机、软件及辅助设备批发	37939	837916	1677	1205
通讯及广播电视设备批发	7357	315476	20170	
其他机械设备及电子产品批发	162679	3829157	10118	25201
贸易经纪与代理	220169	4717520	18403	5600
贸易代理	174676	3414020	16042	4800
拍卖		22191		
其他贸易经纪与代理	45493	1281309	2361	800
其他批发业	414236	6879676	1555	65976
再生物资回收与批发	41008	1952564		61776
其他未列明批发业	373228	4927112	1555	4200
零售业	11301427	79881023	496429	518000
综合零售	5708374	25758741	201908	415853
百货零售	2840578	14317642	155253	260786
超级市场零售	972770	5148344	19038	103524
其他综合零售	1895026	6292755	27617	51543
食品、饮料及烟草制品专门零售	880711	5762011	9900	
粮油零售	109600	618225		
糕点、面包零售		174889		
果品、蔬菜零售	226242	1375412		
肉、禽、蛋、奶及水产品零售	214669	1134564		
营养和保健品零售	4800	195675		
酒、饮料及茶叶零售	37510	815146		
烟草制品零售	10438	50193		
其他食品零售	277452	1397907	9900	
纺织、服装及日用品专门零售	475703	3614925	48329	12615
纺织品及针织品零售	53898	441061		
服装零售	291284	1798247	11758	1566
鞋帽零售		103417		

2-1-10 续表 19

单位：万元

行　　业	投资中:国有控股投资	投资中:内资投资	外商投资	港澳台商投资
化妆品及卫生用品零售	729	141450	11411	
钟表、眼镜零售		109308	2980	
箱、包零售	4987	76007		11049
厨房用具及日用杂品零售	2162	159664		
自行车零售		54365		
其他日用品零售	122643	731406	22180	
文化、体育用品及器材专门零售	287259	2087673	7203	30085
文具用品零售	5825	292248		
体育用品及器材零售		166129	2003	
图书、报刊零售	127671	284513		
音像制品及电子出版物零售	8850	31513		
珠宝首饰零售	53633	549388	5200	20830
工艺美术品及收藏品零售	61984	564942		9255
乐器零售		24520		
照相器材零售		25454		
其他文化用品零售	29296	148966		
医药及医疗器材专门零售	65733	2648026		
药品零售	55423	1811865		
医疗用品及器材零售	10310	836161		
汽车、摩托车、燃料及零配件专门零售	1940242	20515914	110072	12165
汽车零售	1139263	14353249	96370	11265
汽车零配件零售	63140	1240191		
摩托车及零配件零售	32834	315230		
机动车燃料零售	705005	4607244	13702	900
家用电器及电子产品专门零售	284847	3334996	17879	
家用视听设备零售		219498		
日用家电设备零售	85771	1094292		
计算机、软件及辅助设备零售	72097	806526	17551	
通信设备零售	101819	587456		
其他电子产品零售	25160	627224	328	
五金、家具及室内装饰材料专门零售	227789	7290936	86838	23012
五金零售	42841	1663634		
灯具零售	4295	185873		
家具零售	86016	2758653	86838	6512
涂料零售		113274		
卫生洁具零售		44123		
木质装饰材料零售	19880	507643		
陶瓷、石材装饰材料零售	29670	712151		
其他室内装饰材料零售	45087	1305585		16500
货摊、无店铺及其他零售业	1430769	8867801	14300	24270
货摊食品零售	31714	190340		
货摊纺织、服装及鞋零售		11480		
货摊日用品零售	3100	67102		
互联网零售	460797	3401448	14011	18630
邮购及电视、电话零售	5400	53810		
旧货零售	8670	101060		
生活用燃料零售	57553	958654	289	5640
其他未列明零售业	863535	4083907		

2-1-10　续表 20　　单位：万元

行　业	投资中：国有控股投资	投资中：内资投资	外商投资	港澳台商投资
(七)交通运输、仓储和邮政业	**484793355**	**602231549**	**2781226**	**6845453**
铁路运输业	78120339	80005476	37614	18850
铁路旅客运输	61984736	62269393		
铁路货物运输	10720892	11979991	37614	18850
铁路运输辅助活动	5414711	5756092		
客运火车站	1448706	1490580		
货运火车站	443272	518899		
其他铁路运输辅助活动	3522733	3746613		
道路运输业	356225355	402309379	95430	631092
城市公共交通运输	66537279	70631002	20022	196592
公共电汽车客运	4341170	5192877	5381	46028
城市轨道交通	52440332	53943905	2216	150564
出租车客运	335421	949237	12425	
其他城市公共交通运输	9420356	10544983		
公路旅客运输	127417264	134430074	95	221061
道路货物运输	76977294	101154702	70813	152994
道路运输辅助活动	85293518	96093601	4500	60445
客运汽车站	2340441	3243777		
公路管理与养护	62492857	68167533	3500	7125
其他道路运输辅助活动	20460220	24682291	1000	53320
水上运输业	12663516	18097149	349930	417020
水上旅客运输	876161	1226397	6371	
海洋旅客运输	305807	404103	6371	
内河旅客运输	418605	597967		
客运轮渡运输	151749	224327		
水上货物运输	2046149	3659234	67695	77252
远洋货物运输	394044	484964	27495	
沿海货物运输	658237	1288362	40200	74372
内河货物运输	993868	1885908		2880
水上运输辅助活动	9741206	13211518	275864	339768
客运港口	462767	539380	80296	9450
货运港口	6519768	9592733	167530	231672
其他水上运输辅助活动	2758671	3079405	28038	98646
航空运输业	19565019	21774308	52092	2122812
航空客货运输	11655417	11893913	35744	1979847
航空旅客运输	11534735	11737697		1943018
航空货物运输	120682	156216	35744	36829
通用航空服务	429911	1541426		104553
航空运输辅助活动	7479691	8338969	16348	38412
机场	6770764	7280913	4500	38043
空中交通管理	91757	99290		
其他航空运输辅助活动	617170	958766	11848	369
管道运输业	2725304	3129848	60384	288302
管道运输业	2725304	3129848	60384	288302
装卸搬运和运输代理业	1711387	10901708	32066	216824
装卸搬运	489847	1812052	24028	38793
运输代理业	1221540	9089656	8038	178031
货物运输代理	932768	6342391	5400	171431

2-1-10 续表 21 单位：万元

行业	投资中：国有控股投资	投资中：内资投资	外商投资	港澳台商投资
旅客票务代理		30010		
其他运输代理业	288772	2717255	2638	6600
仓储业	13171250	63282459	2152545	3122757
谷物、棉花等农产品仓储	3961303	16305759	109069	12860
谷物仓储	3324316	10878187	17397	
棉花仓储	46240	281420		
其他农产品仓储	590747	5146152	91672	12860
其他仓储业	9209947	46976700	2043476	3109897
邮政业	611185	2731222	1165	27796
邮政基本服务	274454	347426		
快递服务	336731	2383796	1165	27796
(八)住宿和餐饮业	**8447417**	**60038559**	**450347**	**577283**
住宿业	6667721	41945402	380451	564798
旅游饭店	4855603	28910677	302984	512283
一般旅馆	609697	7366867	60107	48974
其他住宿业	1202421	5667858	17360	3541
餐饮业	1779696	18093157	69896	12485
正餐服务	1020198	13530049	45067	12485
快餐服务	38452	690671	1700	
饮料及冷饮服务	37906	551989	18307	
茶馆服务	8125	125716		
咖啡馆服务		112505	18307	
酒吧服务	29781	190978		
其他饮料及冷饮服务		122790		
其他餐饮业	683140	3320448	4822	
小吃服务	245108	898491		
餐饮配送服务	27657	263186		
其他未列明餐饮业	410375	2158771	4822	
(九)信息传输、软件和信息技术服务业	**27201077**	**63523027**	**2333654**	**4017609**
电信、广播电视和卫星传输服务	19267752	21715121	1197995	1979850
电信	17464414	19179910	1192445	1979850
固定电信服务	3042431	3210950	7315	19859
移动电信服务	12727768	13553912	1182930	1942543
其他电信服务	1694215	2415048	2200	17448
广播电视传输服务	1732512	2015501	5550	
有线广播电视传输服务	1233082	1471395	5550	
无线广播电视传输服务	499430	544106		
卫星传输服务	70826	519710		
互联网和相关服务	2949388	9240062	298795	1268298
互联网接入及相关服务	1464080	2985988	185707	35940
互联网信息服务	954600	4048075	113088	1218024
其他互联网服务	530708	2205999		14334
软件和信息技术服务业	4983937	32567844	836864	769461
软件开发	991464	13875214	179476	403170
信息系统集成服务	1203272	3757425	62635	47425
信息技术咨询服务	286807	3547486	340194	120812
数据处理和存储服务	1244649	5513386	68958	121064
集成电路设计	85802	464461	112210	4550

2-1-10　续表 22　　单位：万元

行　　业	投资中：国有控股投　资	投资中：内资投资	外商投资	港澳台商投资
其他信息技术服务业	1171943	5409872	73391	72440
数字内容服务	225146	576020	29486	
呼叫中心	85066	320675	32361	
其他未列明信息技术服务业	861731	4513177	11544	72440
(十)金融业	**4837867**	**10873541**	**210101**	**131112**
货币金融服务	2394779	4518381	48748	109172
中央银行服务	94385	229490	11440	
货币银行服务	2120674	3854635		
非货币银行服务	177399	427385	37308	107172
金融租赁服务	66766	154331	37308	107172
财务公司	4470	21473		
典当		22622		
其他非货币银行服务	106163	228959		
银行监管服务	2321	6871		2000
资本市场服务	1386627	3560880	948	14314
证券市场服务	305002	484827		
证券市场管理服务	115978	158667		
证券经纪交易服务	149468	229084		
基金管理服务	39556	97076		
期货市场服务	19736	62682		
期货市场管理服务	13091	18670		
其他期货市场服务	6645	44012		
证券期货监管服务	900	27790		
资本投资服务	937489	2455799		7412
其他资本市场服务	123500	529782	948	6902
保险业	324228	1073496	160405	
人身保险	200204	613937	158821	
人寿保险	186738	600099	158821	
健康和意外保险	13466	13838		
财产保险	111190	309478	1584	
再保险		4488		
养老金	4756	14486		
保险经纪与代理服务	5478	57630		
保险监管服务				
其他保险活动	2600	73477		
风险和损失评估		5696		
其他未列明保险活动	2600	67781		
其他金融业	732233	1720784		7626
金融信托与管理服务	242329	594169		
控股公司服务	6951	46152		
非金融机构支付服务	5135	77301		7626
金融信息服务	328456	526896		
其他未列明金融业	149362	476266		
(十一)房地产业	**385105506**	**1324471012**	**19869364**	**52994816**
房地产业	385105506	1324471012	19869364	52994816
房地产开发经营	194792112	1057196377	19140321	52018423
物业管理	543149	4259378	84092	210741
房地产中介服务	79335	561469		
自有房地产经营活动	12303407	21277737	362230	306268
其他房地产业	177387503	241176051	282721	459384

2-1-10 续表 23

单位：万元

行 业	投资中：国有控股投资	投资中：内资投资	外商投资	港澳台商投资
(十二)租赁和商务服务业	**52300453**	**128154309**	**1559885**	**3328013**
租赁业	4385760	10053962	893307	2245124
机械设备租赁	4123764	9648420	892269	750392
汽车租赁	735632	2320896	6491	45170
农业机械租赁	3710	429974		7672
建筑工程机械与设备租赁	112742	2011769		7300
计算机及通讯设备租赁	50157	130773		
其他机械与设备租赁	3221523	4755008	885778	690250
文化及日用品出租	261996	405542	1038	1494732
娱乐及体育设备出租	244388	313134		1494732
图书出租	9397	16497		
音像制品出租		6521	1038	
其他文化及日用品出租	8211	69390		
商务服务业	47914693	118100347	666578	1082889
企业管理服务	27116164	50285872	413314	646552
企业总部管理	2710836	5002040	306009	204626
投资与资产管理	22021644	37717594	56300	397497
单位后勤管理服务	287608	668582	4985	4745
其他企业管理服务	2096076	6897656	46020	39684
法律服务	97523	260819	11000	
律师及相关法律服务	48114	122087		
公证服务	6629	73687	11000	
其他法律服务	42780	65045		
咨询与调查	240033	4097375	1940	30396
会计、审计及税务服务	1264	210351		
市场调查	4840	22535		
社会经济咨询	52106	1624547	1940	30396
其他专业咨询	181823	2239942		
广告业	158327	3670157		
知识产权服务	47152	142538		
人力资源服务	461213	1696119		
公共就业服务	284179	475351		
职业中介服务	11039	120300		
劳务派遣服务	2702	588513		
其他人力资源服务	163293	511955		
旅行社及相关服务	6844515	22878814	43200	15805
旅行社服务	49851	727909		6041
旅游管理服务	6660920	20998095	43200	9764
其他旅行社相关服务	133744	1152810		
安全保护服务	939231	1442096	530	
安全服务	235244	403879		
安全系统监控服务	617094	853387	530	
其他安全保护服务	86893	184830		
其他商务服务业	12010535	33626557	196594	390136
市场管理	2973695	10728792	15000	163781
会议及展览服务	5093267	8538638	77864	95475

2-1-10　续表 24　　　　单位：万元

行　　业	投资中：国有控股投资	投资中：内资投资	外商投资	港澳台商投资
包装服务	55475	398182	1868	
办公服务	934569	1975789	26282	39173
信用服务	12295	49959		
担保服务	5813	80542		
其他未列明商务服务业	2935421	11854655	75580	91707
（十三）科学研究和技术服务业	**16953339**	**58184214**	**680110**	**460461**
研究和试验发展	4866962	14553506	397662	300238
自然科学研究和试验发展	942777	1962385		17422
工程和技术研究和试验发展	2656031	8127890	320252	159789
农业科学研究和试验发展	785675	2370523	9638	1730
医学研究和试验发展	405863	1968502	67772	117978
社会人文科学研究	76616	124206		3319
专业技术服务业	7136088	18657196	112832	39428
气象服务	362081	410631		
地震服务	91342	109742		
海洋服务	172748	385893		
测绘服务	28448	156380		
质检技术服务	1197670	3598759	61568	20510
环境与生态监测	367255	1111747		11000
环境保护监测	274991	902097		11000
生态监测	92264	209650		
地质勘查	664256	1681783		
能源矿产地质勘查	242812	308459		
固体矿产地质勘查	98129	560439		
水、二氧化碳等矿产地质勘查	1093	36859		
基础地质勘查	107626	412110		
地质勘查技术服务	214596	363916		
工程技术	3215275	5925594	6762	
工程管理服务	1786562	2728869	6762	
工程勘察设计	323916	1630398		
规划管理	1104797	1566327		
其他专业技术服务业	1037013	5276667	44502	7918
专业化设计服务	300433	1576089	30831	4318
摄影扩印服务	23500	290162		
兽医服务	25943	127560		
其他未列明专业技术服务业	687137	3282856	13671	3600
科技推广和应用服务业	4950289	24973512	169616	120795
技术推广服务	2391284	16395453	163980	58280
农业技术推广服务	1445927	7445314	13433	
生物技术推广服务	177274	2485609	131191	7717
新材料技术推广服务	199254	1578969	11682	1900
节能技术推广服务	251763	1809560	7674	42867
其他技术推广服务	317066	3076001		5796
科技中介服务	1298541	3515344		48500
其他科技推广和应用服务业	1260464	5062715	5636	14015
（十四）水利、环境和公共设施管理业	**638159467**	**818659371**	**611348**	**1782242**
水利管理业	88270046	100066341	76295	65678
防洪除涝设施管理	40906354	47112660		64008

2-1-10 续表 25

单位：万元

行　业	投资中:国有控股投　资	投资中:内资投资	外商投资	港澳台商投资
水资源管理	16392569	18282657	28005	1670
天然水收集与分配	13870650	15177273	12950	
水文服务	95945	155270		
其他水利管理业	17004528	19338481	35340	
生态保护和环境治理业	26749530	37615098	221252	387024
生态保护	4659079	5865043	6109	5000
自然保护区管理	1637146	2003661	6109	
野生动物保护	107544	593296		
野生植物保护	186336	212365		
其他自然保护	2728053	3055721		5000
环境治理业	22090451	31750055	215143	382024
水污染治理	15191081	18326497	163971	12582
大气污染治理	1018514	2747429	11117	14380
固体废物治理	2447575	4521972	28505	323245
危险废物治理	136403	508478		26845
放射性废物治理	100	3878		1252
其他污染治理	3296778	5641801	11550	3720
公共设施管理业	523139891	680977932	313801	1329540
市政设施管理	393020962	451542110	193468	603907
环境卫生管理	10351741	14634941	14336	84692
城乡市容管理	27887165	37857199	1475	
绿化管理	23806298	28632272	8135	13000
公园和游览景区管理	68073725	148311410	96387	627941
公园管理	22942906	31579012	7072	76139
游览景区管理	45130819	116732398	89315	551802
(十五)居民服务、修理和其他服务业	**9952777**	**26586553**	**54158**	**220805**
居民服务业	7871694	15620051	38503	179772
家庭服务	304627	692220		
托儿所服务	44619	199427		
洗染服务	7929	247558		
理发及美容服务		392791	4513	
洗浴服务	346262	1660907	18600	28910
保健服务	77525	631952	1290	79614
婚姻服务	107400	251772		
殡葬服务	1576685	2518885		61412
其他居民服务业	5406647	9024539	14100	9836
机动车、电子产品和日用产品修理业	421281	5375449	9242	8258
汽车、摩托车修理与维护	290567	4877016	7052	8258
汽车修理与维护	289167	4851591	7052	8258
摩托车修理与维护	1400	25425		
计算机和办公设备维修	123949	286889		
计算机和辅助设备修理	30096	81373		
通讯设备修理	40017	92773		
其他办公设备维修	53836	112743		
家用电器修理	230	72796	2190	
家用电子产品修理		29786	2190	
日用电器修理	230	43010		
其他日用产品修理业	6535	138748		

2-1-10 续表 26

单位：万元

行业	投资中：国有控股投资	投资中：内资投资	外商投资	港澳台商投资
自行车修理				
鞋和皮革修理		4900		
家具和相关物品修理		7430		
其他未列明日用产品修理业	6535	126418		
其他服务业	1659802	5591053	6413	32775
清洁服务	78042	1021534		32000
建筑物清洁服务	10697	176508		
其他清洁服务	67345	845026		32000
其他未列明服务业	1581760	4569519	6413	775
（十六）教育	**84085581**	**110709207**	**51796**	**74377**
教育	84085581	110709207	51796	74377
学前教育	6899321	10379911		9433
初等教育	24183565	29063407	15888	12282
普通小学教育	24006531	28863944	15888	12282
成人小学教育	177034	199463		
中等教育	33549837	41169963	12399	30458
普通初中教育	17197461	21095923	12399	30458
职业初中教育	586147	713434		
成人初中教育	182179	225169		
普通高中教育	9483900	11230647		
成人高中教育	132667	180419		
中等职业学校教育	5967483	7724371		
高等教育	13047665	16674500	22977	7914
普通高等教育	12488630	15974947	22977	652
成人高等教育	559035	699553		7262
特殊教育	368211	540472		
技能培训、教育辅助及其他教育	6036982	12880954	532	14290
职业技能培训	2259475	6283364	532	
体校及体育培训	272952	503395		
文化艺术培训	253718	1002562		
教育辅助服务	702711	1433863		
其他未列明教育	2548126	3657770		14290
（十七）卫生和社会工作	**43208359**	**72832673**	**226970**	**214356**
卫生	34753640	52037987	180620	214356
医院	26512835	40723040	177648	214356
综合医院	19320555	27361638	166548	175729
中医医院	3377920	3963616	1855	
中西医结合医院	650808	1142787		
民族医院	287627	302813		
专科医院	2126894	5535712	4861	17737
疗养院	749031	2416474	4384	20890
社区医疗与卫生院	4393479	5504658		
社区卫生服务中心(站)	1217817	1562711		
街道卫生院	203810	267081		
乡镇卫生院	2971852	3674866		
门诊部(所)	270329	689771		
计划生育技术服务活动	173197	196800		
妇幼保健院(所、站)	2130054	2346592	2972	

2-1-10 续表 27 单位：万元

行业	投资中：国有控股投资	投资中：内资投资	外商投资	港澳台商投资
专科疾病防治院(所、站)	220859	427526		
疾病预防控制中心	519736	609420		
其他卫生活动	533151	1540180		
社会工作	8454719	20794686	46350	
提供住宿社会工作	7563841	19488693	46350	
干部休养所	305662	554722		
护理机构服务	765037	2246229		
精神康复服务	163489	233138		
老年人、残疾人养护服务	5597576	15535374	46350	
孤残儿童收养和庇护服务	394884	466419		
其他提供住宿社会救助	337193	452811		
不提供住宿社会工作	890878	1305993		
社会看护与帮助服务	679563	982492		
其他不提供住宿社会工作	211315	323501		
(十八)文化、体育和娱乐业	**41433315**	**86190194**	**399963**	**728648**
新闻和出版业	645092	895394		
新闻业	349734	422446		
出版业	295358	472948		
图书出版	123584	172330		
报纸出版	138401	161541		
期刊出版	4206	8717		
音像制品出版		1125		
电子出版物出版	8700	17271		
其他出版业	20467	111964		
广播、电视、电影和影视录音制作业	1777703	5237245	11050	94448
广播	192659	545128		
电视	415318	481810		
电影和影视节目制作	726862	2517292	4850	48723
电影和影视节目发行	61443	137492		
电影放映	288885	1415190	6200	45725
录音制作	92536	140333		
文化艺术业	22814282	37613692	18991	241073
文艺创作与表演	759438	1978826		6585
艺术表演场馆	1864617	2778743		9292
图书馆与档案馆	1897283	2133254		
图书馆	1326634	1450183		
档案馆	570649	683071		
文物及非物质文化遗产保护	4765616	6682374		
博物馆	3531366	5269396	7000	138625
烈士陵园、纪念馆	798476	1219421		1876
群众文化活动	6112465	9708947		3614
其他文化艺术业	3085021	7842731	11991	81081
体育	10717250	17912482	47613	137121
体育组织	173569	427634		747
体育场馆	6500329	8547199	7232	92739
休闲健身活动	3638113	7794611	31719	43635
其他体育	405239	1143038	8662	
娱乐业	5478988	24531381	322309	256006

2-1-10　续表 28

单位：万元

行　　业	投资中：国有控股投　　资	投资中：内资投资	外商投资	港澳台商投资
室内娱乐活动	499263	3058584	5204	13770
歌舞厅娱乐活动	79124	889460	4515	
电子游艺厅娱乐活动	102059	211406		
网吧活动	8508	335093		
其他室内娱乐活动	309572	1622625	689	13770
游乐园	2978874	12985957	165743	136257
彩票活动	66514	185686		
文化、娱乐、体育经纪代理	152528	364895		
文化娱乐经纪人	4975	50698		
体育经纪人		8700		
其他文化艺术经纪代理	147553	305497		
其他娱乐业	1781809	7936259	151362	105979
(十九)公共管理、社会保障和社会组织	**66880345**	**79310210**	**150**	**2852**
中国共产党机关	430606	451155		
中国共产党机关	430606	451155		
国家机构	49570431	53031623		1641
国家权力机构	574284	712622		
国家行政机构	47207927	50432388		1641
综合事务管理机构	18820888	20587617		
对外事务管理机构	112374	157687		
公共安全管理机构	10453376	10830246		1641
社会事务管理机构	8564087	9071849		
经济事务管理机构	8107721	8560339		
行政监督检查机构	1149481	1224650		
人民法院和人民检察院	840951	882805		
人民法院	577425	606170		
人民检察院	263526	276635		
其他国家机构	947269	1003808		
人民政协、民主党派	37991	67119		
人民政协	29430	39448		
民主党派	8561	27671		
社会保障	3370259	3931391		
社会保障	3370259	3931391		
群众团体、社会团体和其他成员组织	1457288	3814292		1211
群众团体	154839	264813		
工会	102096	103276		
妇联	2070	2070		
共青团	610	5431		
其他群众团体	50063	154036		
社会团体	795826	1259699		
专业性团体	649799	878487		
行业性团体	72607	218696		
其他社会团体	73420	162516		
基金会	12395	12900		
宗教组织	494228	2276880		1211
基层群众自治组织	12013770	18014630	150	
社区自治组织	1735488	3233851		
村民自治组织	10278282	14780779	150	

2-1-11 各地区按三次产业分的固定资产投资(不含农户)

单位：万元

地　区	合　计	第一产业	第二产业	第三产业
全国总计	**6316839637**	**208923528**	**2357513955**	**3750402154**
北　京	83073349	939897	8555262	73578190
天　津	112746948	2622209	34758022	75366717
河　北	330122314	16480017	161577775	152064522
山　西	57221585	5090576	21045939	31085070
内蒙古	138278549	8910667	55239597	74128285
辽　宁	64447490	1130001	22419540	40897949
吉　林	131309042	6918234	63152037	61238771
黑龙江	110796526	10447741	41002240	59346545
上　海	72409479	4109	10288902	62116468
江　苏	530002139	3434213	264124109	262443817
浙　江	311259901	2649013	93079213	215531675
安　徽	288163736	6510072	130011231	151642433
福　建	261103418	9802450	88464923	162836045
江　西	217704331	5191288	118100585	94412458
山　东	542360344	10296107	268762812	263301425
河　南	438903572	23825842	191975107	223102623
湖　北	318725708	9122408	132364727	177238573
湖　南	313280788	12515967	113700795	187064026
广　东	374039119	3951858	120919241	249168020
广　西	199082715	10571516	70676294	117834905
海　南	41253963	319473	2822640	38111850
重　庆	174405655	4189162	58556560	111659933
四　川	312358916	11307802	91007628	210043486
贵　州	152880106	8273642	25274910	119331554
云　南	184748903	8959966	28468975	147319962
西　藏	19756006	712422	4097840	14945744
陕　西	234682076	15529895	56979300	162172881
甘　肃	56963491	3077498	11713160	42172833
青　海	38198617	801542	12913791	24483284
宁　夏	36401215	2145943	13724936	20530336
新　疆	117956405	3191998	32282257	82482150
不分地区	52203231		9453607	42749624

2-1-12 各地区主要领域固定资产投资(不含农户)

单位：万元

地区	工业	基础设施	民间投资	工业技术改造	高技术制造业
全国总计	**2326187613**	**1400053549**	**3815095008**	**1059120319**	**261865492**
北京	8587853	20591717	26543624	2075894	2011121
天津	33523361	18886104	70921632	8273817	3685979
河北	161666808	51622677	255774351	99647655	10289942
山西	21122033	10951729	34088595	6172364	860483
内蒙古	55392695	39264968	66443731	8258791	1820869
辽宁	22181636	9998088	39403830	4411471	2761237
吉林	61184872	21556806	96666939	33257059	4341988
黑龙江	39599048	17507850	79505340	6414438	1504212
上海	10316868	17904179	27116734	6292212	2329793
江苏	262013436	71275870	374855412	151807023	40688419
浙江	93019397	76921009	181521156	70061774	9041073
安徽	129423547	48872250	192169642	73536946	18441558
福建	88006895	72801381	157885904	30920169	10361123
江西	117828732	32340995	156318300	25431872	18900264
山东	260626399	71130197	404827908	181583972	18311546
河南	191876447	68622398	342760253	29928336	18264011
湖北	127123917	70374937	196451546	49586563	16180946
湖南	110379490	73863110	187596298	61301879	12118459
广东	120734250	74778754	231584560	49293059	21032120
广西	68228982	45153845	117974697	45827031	5051023
海南	2488309	9930780	24702049	1204415	304697
重庆	58806968	51937661	95228811	16166689	12019404
四川	90386797	92407090	151092656	59236884	15822102
贵州	25374894	58914072	51660057	8095850	3122906
云南	28464010	67336190	59748745	8657681	1648739
西藏	3990759	8463317	2394558	256027	62478
陕西	56883570	74060457	96831642	8402018	7513194
甘肃	9993538	16972629	24636022	1722410	678431
青海	11984383	12728132	12168427	2424555	1009360
宁夏	13573496	8129906	20380823	2879198	907897
新疆	31950616	42004827	35840766	5432170	780118
不分地区	9453607	42749624		560097	

2-1-13 各地区按项目规模分的固定资产投资(不含农户)

单位：万元

地　区	500～3000万元	3000～5000万元	5000～8000万元
全国总计	**461195220**	**1406162381**	**134667432**
北　京	995004	905957	1011713
天　津	4578460	53176945	893301
河　北	5281189	34239756	8304187
山　西	4605136	9870627	1594036
内蒙古	8662646	55178634	1594842
辽　宁	3167483	2725063	1519042
吉　林	33937431	44112117	1956806
黑龙江	10226922	64276794	1200198
上　海	1515496	1171103	1055471
江　苏	27048368	184765926	9292046
浙　江	29162161	37215818	10071306
安　徽	15975538	82234218	6798901
福　建	20087811	90154041	3908030
江　西	9392093	37905331	5465525
山　东	21304323	128965774	16070256
河　南	13057731	67340837	7869473
湖　北	28887479	24267220	8336867
湖　南	29493924	112575819	6096897
广　东	36716853	59028779	6469191
广　西	34593047	70695924	3357603
海　南	1019868	789173	451168
重　庆	8954479	38838002	2556810
四　川	27240477	50955370	8347032
贵　州	7239063	22872377	2336857
云　南	23413358	48659017	3359841
西　藏	3427159	2427355	863184
陕　西	19053860	47930627	6031486
甘　肃	8530397	10477627	1938928
青　海	3644588	4274615	886017
宁　夏	2906564	3262078	960351
新　疆	17073812	14869457	4063885
不分地区	2500		6182

注：本表不含房地产开发投资。

2-1-13　续表　　　　单位：万元

地　　区	8000万元～1亿元	1～5亿元	5～10亿元	10亿元及以上
全国总计	**141519515**	**1226268701**	**668674514**	**1180370906**
北　　京	617583	7475972	4986120	30155584
天　　津	963849	8168158	4979650	17652649
河　　北	13569483	86537828	51468760	82482019
山　　西	1500753	13407838	4513720	10066442
内 蒙 古	1955975	14994289	9916540	37078390
辽　　宁	1006313	11153729	5761499	16217670
吉　　林	1854624	16340085	7008174	16998427
黑 龙 江	591231	9431875	3173335	13740214
上　　海	696826	7228903	7164550	15011852
江　　苏	11080554	87983891	37414169	76126062
浙　　江	7406407	60321469	28881085	55933835
安　　徽	5016676	58750644	29591626	33670271
福　　建	4176099	33186709	18202442	43445942
江　　西	6431086	70615914	36844803	30909756
山　　东	22712713	132968697	55402298	98562428
河　　南	9192860	115227950	105924110	49388113
湖　　北	7545265	89970494	45272031	68697444
湖　　南	5845569	55038765	30048507	39920018
广　　东	5076241	46855368	19646191	79489065
广　　西	3121723	22594993	12509117	25375478
海　　南	359007	3763129	2551468	11788206
重　　庆	3114592	25533953	25222985	30383997
四　　川	11664359	68592040	38679732	55380967
贵　　州	1573040	43367348	18293438	35188005
云　　南	2676313	25043642	12776644	40957575
西　　藏	377099	4568106	2221840	5467616
陕　　西	5768579	54756683	26398142	43722975
甘　　肃	1424856	10399979	4697131	10049407
青　　海	655713	6657790	3491176	14502853
宁　　夏	586809	6461887	3865760	11829337
新　　疆	2957318	28870573	11767471	27975078
不分地区				52203231

2-1-14 各地区按构成分的固定资产投资(不含农户)

单位：万元

地　区	投资额	建筑安装工程	设备工器具购置	其他费用
全国总计	**6316839637**	**4417715372**	**1140575077**	**758549188**
北　京	83073349	30819677	13030180	39223492
天　津	112746948	68532867	25434508	18779573
河　北	330122314	238046586	64837318	27238410
山　西	57221585	41679788	8706898	6834899
内蒙古	138278549	99498288	26726274	12053987
辽　宁	64447490	45461071	11434680	7551739
吉　林	131309042	86958992	36110906	8239144
黑龙江	110796526	75520388	29263222	6012916
上　海	72409479	39600256	8851698	23957525
江　苏	530002139	302610463	169152808	58238868
浙　江	311259901	180850481	51724651	78684769
安　徽	288163736	204827263	57898565	25437908
福　建	261103418	184879160	37692926	38531332
江　西	217704331	169877362	31789832	16037137
山　东	542360344	367390245	132664943	42305156
河　南	438903572	301190807	96432322	41280443
湖　北	318725708	237729815	48910150	32085743
湖　南	313280788	240578503	42295679	30406606
广　东	374039119	239397850	64250581	70390688
广　西	199082715	143040889	35666859	20374967
海　南	41253963	30358571	3174434	7720958
重　庆	174405655	133998516	18629568	21777571
四　川	312358916	243785598	35699130	32874188
贵　州	152880106	128585983	7864526	16429597
云　南	184748903	157826618	6602772	20319513
西　藏	19756006	17063409	1730931	961666
陕　西	234682076	180980268	28509307	25192501
甘　肃	56963491	47280561	4630347	5052583
青　海	38198617	29802956	5588450	2807211
宁　夏	36401215	25043073	7570760	3787382
新　疆	117956405	94573556	12901653	10481196
不分地区	52203231	29925512	14798199	7479520

2-1-15　各地区按隶属关系分的固定资产投资(不含农户)

单位：万元

地　区	合　计	中央项目	地方项目	省　属	地市属	县　属	其　他
全国总计	**6316839637**	**258928372**	**6057911265**	**278133100**	**620385070**	**1246068267**	**3913324828**
北　京	83073349	8663703	74409646	20340716	12874372	4529132	36665426
天　津	112746948	6145856	106601092	10036751	27191062	5111971	64261308
河　北	330122314	8212838	321909476	8324387	16364945	48920659	248299485
山　西	57221585	2438878	54782707	6371865	6267882	7791303	34351657
内蒙古	138278549	3809559	134468990	6303596	13573394	61623573	52968427
辽　宁	64447490	5393881	59053609	2039121	9102809	7521315	40390364
吉　林	131309042	3798360	127510682	3131134	9127592	24132889	91119067
黑龙江	110796526	8111753	102684773	3074534	9062009	20866604	69681626
上　海	72409479	7468949	64940530	15263716	10791375	3697168	35188271
江　苏	530002139	8946969	521055170	4799324	29827260	40512628	445915958
浙　江	311259901	6521166	304738735	6268446	21944347	62651197	213874745
安　徽	288163736	5150566	283013170	10476567	29951521	50413835	192171247
福　建	261103418	6297450	254805968	10150226	33764955	41340500	169550287
江　西	217704331	2137426	215566905	4663100	15220849	45700889	149982067
山　东	542360344	15087950	527272394	12559328	31530779	62021848	421160439
河　南	438903572	3840725	435062847	7109092	35559230	83771346	308623179
湖　北	318725708	9640463	309085245	7284671	38248520	65484545	198067509
湖　南	313280788	4204328	309076460	6939335	24479534	76707178	200950413
广　东	374039119	19570841	354468278	16850523	55120387	40995510	241501858
广　西	199082715	4340036	194742679	9480335	23217606	40086590	121958148
海　南	41253963	2362109	38891854	6635694	9162707	5314820	17778633
重　庆	174405655	6196452	168209203	17755151	26608387	25284802	98560863
四　川	312358916	12951902	299407014	11981247	32855971	91230126	163339670
贵　州	152880106	3359797	149520309	9705181	14025253	68369548	57420327
云　南	184748903	7693461	177055442	16043474	20975902	78304672	61731394
西　藏	19756006	511367	19244639	3950908	4858025	7818213	2617493
陕　西	234682076	10969803	223712273	18090070	32853744	80626512	92141947
甘　肃	56963491	1825279	55138212	6430234	7505388	21188608	20013982
青　海	38198617	2298891	35899726	5083108	4479427	14344386	11992805
宁　夏	36401215	2148250	34252965	5312087	2619586	5905382	20415910
新　疆	117956405	16626133	101330272	5679179	11220252	53800518	30630323
不分地区	52203231	52203231					

2-1-16 各地区按建设性质分的固定资产投资(不含农户)

单位：万元

地区	新建	扩建	改建和技术改造	单纯建造生活设施	迁建	恢复	单纯购置
全国总计	**4524832875**	**675973679**	**918732518**	**14439067**	**37603442**	**7247943**	**138010113**
北京	66380960	2911052	4285999	484955	380568	59945	8569870
天津	84154582	5152885	11048186	268829	1041921	263484	10817061
河北	204553870	46366183	71820448	429971	3925415	408632	2617795
山西	44734101	4751045	6127191	711929	247760	164767	484792
内蒙古	105718148	11934287	17232863	111192	271122	229221	2781716
辽宁	55582761	4098831	3871261	52118	362245	19520	460754
吉林	70414915	22575378	28851246	178834	616743	104545	8567381
黑龙江	63709521	17891535	16260403	349269	176321	18110	12391367
上海	59744480	3822833	4861991		149920		3830255
江苏	312815637	74644453	119193624	1563848	3041497	314220	18428860
浙江	207036289	35777004	56830286	461498	4714115	172372	6268337
安徽	195020677	28317420	60175593	371018	1934658	357810	1986560
福建	170879840	51644626	31450714	706755	1586336	410667	4424480
江西	163832357	18498866	30634793	287935	492042	251285	3707053
山东	294507299	94882827	140636426	2941487	3753875	390830	5247600
河南	384209936	31614628	15476579	849767	1944912	362031	4445719
湖北	237752137	31823729	42138105	702565	1521657	586087	4201428
湖南	221832722	29593134	58127554	781445	989265	530974	1425694
广东	290096812	33062424	37471249	425375	1289712	423961	11269586
广西	141217442	17503604	35719146	207383	604524	252045	3578571
海南	38217911	1756289	894188	16995	197629	110979	59972
重庆	147700469	9463842	15409423	79343	927623	58613	766342
四川	228993706	14381822	59501933	628569	3027464	234705	5590717
贵州	137159881	6684157	6983327	121414	647035	189412	1094880
云南	129791753	36018323	15471110	744950	1561821	192165	968781
西藏	16762363	992838	1594381	26619	6697	117979	255129
陕西	204263245	14326564	12075905	354233	1255654	270486	2135989
甘肃	50852905	2370315	2805515	82305	265554	140433	446464
青海	32120067	2404857	2779011	67769	158543	278269	390101
宁夏	30454986	2891084	2737317	41725	42128	62495	171480
新疆	99616304	10895872	6171771	388972	468686	271901	142899
不分地区	34704799	6920972	94980				10482480

2-1-17　各地区固定资产投资(不含农户)旧设备及建设用地购置情况

单位：万元

地　区	购置旧设备	建设用地费
全国总计	**6533087**	**450491675**
北　京	7237	27883517
天　津	296406	9219129
河　北	534216	11206800
山　西	61928	3328044
内蒙古	65042	4786365
辽　宁	13597	4492478
吉　林	372276	4303595
黑龙江	113494	2069867
上　海	2590	20092603
江　苏	495089	39036229
浙　江	153887	59954697
安　徽	177680	17246568
福　建	177917	26671508
江　西	276499	6929806
山　东	626215	24313198
河　南	361528	19237129
湖　北	297990	18518852
湖　南	407665	12969816
广　东	310325	48301668
广　西	186363	11257547
海　南	16010	4660134
重　庆	183375	13785589
四　川	266822	19261328
贵　州	77010	7941163
云　南	86486	9788081
西　藏	800	494347
陕　西	793552	12366452
甘　肃	23675	2575051
青　海	14864	923436
宁　夏	89062	1482161
新　疆	43487	5394517
不分地区		

2-1-18 各地区按行业大类分的固定资产投资(不含农户)

单位：万元

地 区	合 计	(一) 农、林、 牧、渔业	农 业	林 业	畜牧业
全国总计	**6316839637**	**246383334**	**118333124**	**22222972**	**56315570**
北 京	83073349	965848	32756	899884	6055
天 津	112746948	2906403	970232	911837	485606
河 北	330122314	17961943	10193645	1570079	4504224
山 西	57221585	5362804	2139662	634793	2285430
内 蒙 古	138278549	10739569	3084154	2263996	3487093
辽 宁	64447490	1253015	515160	38648	394304
吉 林	131309042	8529055	3348961	416504	3023355
黑 龙 江	110796526	12628924	6235114	209246	3837874
上 海	72409479	10979	4009	100	
江 苏	530002139	4717978	2185397	120414	866574
浙 江	311259901	3538962	1941267	99657	253096
安 徽	288163736	7769735	3547290	856561	1451206
福 建	261103418	10796224	5007495	782777	1786627
江 西	217704331	6071547	3215475	685612	1041205
山 东	542360344	12942354	5485740	1319292	2178315
河 南	438903572	25741353	16239926	2071171	5047918
湖 北	318725708	10709890	4876640	817613	2136268
湖 南	313280788	14960666	7625763	1434737	2733054
广 东	374039119	4772120	2143998	308970	883293
广 西	199082715	12030150	4506009	1625719	3320701
海 南	41253963	532516	182850	53093	74950
重 庆	174405655	4927776	2729635	478561	710335
四 川	312358916	13507818	7136824	583933	3015808
贵 州	152880106	8970267	5139691	572009	2356731
云 南	184748903	12090288	5422387	524353	2855532
西 藏	19756006	1116295	387733	159820	146665
陕 西	234682076	17771925	9785182	1294082	4148567
甘 肃	56963491	3819787	1802282	339510	898672
青 海	38198617	1239575	346962	240663	206985
宁 夏	36401215	2474240	1036249	239616	813637
新 疆	117956405	5523328	1064636	669722	1365490
不分地区	52203231				

2-1-18　续表 1　　　　单位：万元

地　区	渔　业	农、林、牧、渔服务业	(二)采矿业	煤炭开采和洗选业	石油和天然气开采业	黑色金属矿采选业
全国总计	**12051862**	**37459806**	**92089492**	**26483765**	**26489285**	**7511878**
北　京	1202	25951	31105			31105
天　津	254534	284194	1739312	7001	1696145	3000
河　北	212069	1481926	3810823	449801	190108	2476483
山　西	30691	272228	4700364	3748990	321463	215193
内蒙古	75424	1828902	9242487	5900349	1114977	551899
辽　宁	181889	123014	1453160	55232	943281	273750
吉　林	129414	1610821	3196929	247683	1590371	177924
黑龙江	165507	2181183	3892689	984368	2320550	25450
上　海		6870	9357			
江　苏	261828	1283765	1088250	76368	270519	391820
浙　江	354993	889949	324619	964		
安　徽	655015	1259663	2317635	500740	7799	298294
福　建	2225551	993774	1725127	182881		330859
江　西	248996	880259	2262238	239928		161136
山　东	1312760	2646247	5177019	899112	1579362	390950
河　南	466827	1915511	5068615	1244390	190200	219148
湖　北	1291887	1587482	2600788	170649	68043	176428
湖　南	722413	2444699	4369563	1190248	4000	228827
广　东	615597	820262	1453386		639382	29623
广　西	1119087	1458634	2690774	38678	27273	173392
海　南	8580	213043	68775		57672	10957
重　庆	270631	738614	1581328	141994	583667	83829
四　川	571237	2200016	4238399	926859	1453715	647037
贵　州	205211	696625	3365886	1956856	345020	50557
云　南	157694	3130322	3766435	1587551		248581
西　藏	18204	403873	206291	850		
陕　西	302064	2242030	6849994	3354470	2384724	150285
甘　肃	37034	742289	872699	288387	121390	60116
青　海	6932	438033	981522	112621	473335	19586
宁　夏	56441	328297	1490258	1311606	15000	795
新　疆	92150	2331330	5450597	865189	4028221	84854
不分地区			6063068		6063068	

2-1-18 续表 2

单位：万元

地　区	有色金属矿采选业	非金属矿采选业	开采辅助活动	其他采矿业	(三)制造业	农副食品加工业
全国总计	**11091361**	**17545770**	**2376626**	**590807**	**1936156711**	**119859886**
北　京					3806219	9939
天　津		7900	16066	9200	28296664	630735
河　北	78934	571363	44134		138712988	6121866
山　西	126446	145520	142702	50	8846577	871193
内 蒙 古	869273	562584	227205	16200	32346991	2776991
辽　宁	41133	117783	20726	1255	15292150	625054
吉　林	275447	641403	243837	20264	52541300	6137386
黑 龙 江	123776	383292	50453	4800	31333496	8549205
上　海			9357		7933043	58667
江　苏	28883	238664	11076	70920	244181145	6968388
浙　江	5105	310083		8467	79887966	1293517
安　徽	548750	889083	36370	36599	114331676	5711843
福　建	214373	956547	19967	20500	75656887	6227388
江　西	643335	1187482	26907	3450	107912615	5501420
山　东	1287862	835786	157462	26485	226586702	14345219
河　南	2197957	920347	256674	39899	167388094	11259346
湖　北	205553	1877256	77336	25523	112574756	9495233
湖　南	958428	1852570	81714	53776	94698690	8500880
广　东	139070	634956	6635	3720	103112230	2841706
广　西	512271	1771782	69818	97560	55799396	4326131
海　南	146				1347180	142163
重　庆		495101	265633	11104	52572116	2406633
四　川	180289	995246	26375	8878	69077730	4968106
贵　州	41472	705716	252260	14005	17124001	1809337
云　南	1320985	609318			18385045	2286334
西　藏	172233	25489	3719	4000	791270	61201
陕　西	582775	289562	68872	19306	37829025	2571079
甘　肃	136563	99223	155575	11445	5407906	861123
青　海	264804	90112	18743	2321	7311303	627661
宁　夏	4900	157957			8157925	363224
新　疆	130598	173645	87010	81080	16913625	1510918
不分地区						

2-1-18　续表 3

单位：万元

地　区	食　品 制造业	酒、饮料和 精制茶制造业	烟　草 制品业	纺织业	纺织服装、 服 饰 业	皮革、毛皮、羽毛 及其制品和制鞋业
全国总计	**58428239**	**38339066**	**1852420**	**69361400**	**49767873**	**23680714**
北　京	35720	22838		3716	27145	
天　津	679680	155209		301906	681202	89102
河　北	4068093	2185957		5142621	1451919	2208000
山　西	253946	251945	41817	59335	22188	630
内蒙古	1117449	400172	8217	222181	112437	120463
辽　宁	206690	52224	1470	106029	15277	23783
吉　林	2438221	1779527	18014	230167	1042130	60143
黑龙江	1630719	1057981	36250	305801	156126	139151
上　海	173593	34055	122605	24853	133664	1960
江　苏	3728444	1125643	95401	12596954	6842342	1909858
浙　江	787396	539308	67055	6452655	2310787	1363362
安　徽	3223397	1709791	107837	2567295	3514339	1131576
福　建	2633223	3208912	58658	4229095	3389148	2667077
江　西	2690045	1453860	92055	3371097	5225510	2351812
山　东	6782869	2595169	36885	9252871	5992064	1920874
河　南	7720773	4022575	164025	6564276	5857556	3398090
湖　北	3018243	3212842	303879	5017848	2727704	951890
湖　南	3943780	2551173	148665	1526006	1597426	1432395
广　东	2399343	1064975	41301	4491651	4478560	2203841
广　西	2532764	1313148	37357	755033	826715	526451
海　南	46391	51554				
重　庆	1283523	818058	2647	544210	643096	400388
四　川	2343375	4109825	28170	825112	676284	540946
贵　州	580913	1349350	246746	251970	225321	133803
云　南	855111	974425	119304	125577	115767	36617
西　藏	45173	125020		6091	5360	2163
陕　西	1722801	1204625	55906	705601	271781	29742
甘　肃	177589	186389	13445	39541	17422	5367
青　海	704119	174419		103538	42223	1800
宁　夏	249947	189728		371274	180181	9130
新　疆	354909	418369	4711	3167096	1186199	20300
不分地区						

2-1-18 续表 4

单位：万元

地区	木材加工和木、竹、藤、棕、草制品业	家具制造业	造纸和纸制品业	印刷和记录媒介复制业	文教、工美、体育和娱乐用品制造业	石油加工、炼焦和核燃料加工业
全国总计	**44564882**	**37294331**	**30909574**	**17970971**	**28303519**	**26767672**
北京		27596	11677	15202		35623
天津	292924	697664	480823	326048	410379	172811
河北	1887863	3579234	1791556	1241961	2409632	3754411
山西	76138	23994	114486	23730	50561	447822
内蒙古	202888	162865	147074	57845	26401	1042590
辽宁	131588	117792	138472	21300	15718	1740554
吉林	2006174	695862	898694	531929	247037	322469
黑龙江	1762724	522699	630729	467246	214324	334555
上海	6577	43157	60192	70961	62240	132624
江苏	5217875	4135176	2722616	1957970	3871071	1215907
浙江	842607	1464942	1497650	878746	1970706	827117
安徽	2236500	1665199	1526533	1228389	1455854	299575
福建	4706194	1814354	1614769	647871	1680382	1181840
江西	1779493	2264251	1465883	1049863	1367950	297748
山东	5922789	3747219	4167508	2042512	3943507	5421744
河南	3646519	5599845	2309444	1225800	2424093	958055
湖北	1805566	1817677	2101120	847238	1339049	510670
湖南	2519214	1544458	1604428	1196503	1352233	175154
广东	1337688	2762117	2209521	1679105	3421250	2428631
广西	5188276	1033479	1186453	654111	802584	577008
海南	40082	2800	200	4702	2025	120792
重庆	773966	1125814	1524852	413572	260597	84693
四川	1021816	1404252	1360537	824081	179994	787573
贵州	195004	216721	231482	154342	282435	53062
云南	371619	160873	195871	66786	70151	97963
西藏	109	1620	3197	640	11993	5600
陕西	353196	437758	595585	181140	154382	2215880
甘肃	48452	15565	54484	27997	55533	144358
青海	52900	103935	600	49817	99918	24756
宁夏	36023	7137	28642	37845	5393	476529
新疆	102118	98276	234496	45719	116127	879558
不分地区						

2-1-18　续表 5　　　　单位：万元

地　区	化学原料和化学制品制造业	医　药制造业	化学纤维制 造 业	橡胶和塑料制品业	非金属矿物制品业	黑色金属冶炼和压延加工业
全国总计	**139031777**	**59862624**	**13303646**	**69793692**	**169527555**	**38041992**
北　京	127602	333298		3859	29122	1531
天　津	1071162	426023	15765	1078733	1154621	518239
河　北	8374981	3707667	1169816	6804464	13350916	8529257
山　西	1174368	461653	72206	179854	1367689	564150
内蒙古	4525977	656816	161978	633232	3979799	1665170
辽　宁	834774	348724	1546637	255899	762379	599380
吉　林	2851989	2899071	196237	1398510	4858537	377942
黑龙江	1588890	694061	34595	886520	2377422	153254
上　海	449302	293848	2120	148557	93087	451788
江　苏	18352691	6154090	2584211	8585983	12896759	3927927
浙　江	5260367	1969730	1585342	4182437	3792638	995331
安　徽	6799462	3099079	340958	5927863	9715439	1774979
福　建	3501961	923947	2022270	2367737	6230507	1385239
江　西	9360117	3902231	763426	3206415	11622135	1517535
山　东	23796692	7639216	748609	10102035	20089059	6124930
河　南	10156275	5942958	673854	5894892	17419509	958213
湖　北	7580828	4354337	275667	3324406	10445054	1226214
湖　南	6817813	2896441	125161	2146708	10455084	1083657
广　东	4559838	1615633	116647	5090382	9038759	1045541
广　西	2844305	1384882	104004	1557572	8727367	1213704
海　南	231979	117660		12970	47704	
重　庆	2524568	2216665	4705	1482310	3011272	841849
四　川	4410831	3324541	139830	1876726	6565662	1011587
贵　州	1081223	586081	4900	349418	2155732	655770
云　南	813587	839032	24310	350523	2565030	336928
西　藏	11100	56377		1000	354958	7010
陕　西	2512599	1605520	31368	1026371	2904740	364101
甘　肃	442070	443456	11066	157606	779428	73062
青　海	1525941	390850		108575	432768	176432
宁　夏	2583948	350465	216285	173353	423641	139671
新　疆	2864537	228272	331679	478782	1880738	321601
不分地区						

2-1-18 续表 6

单位：万元

地区	有色金属冶炼和压延加工业	金属制品业	通用设备制造业	专用设备制造业	汽车制造业	铁路、船舶、航空航天和其他运输设备制造业
全国总计	**50383812**	**103898804**	**132468252**	**123466314**	**130999421**	**29856698**
北京	6330	20704	83699	156882	1074425	29722
天津	429940	2910803	2622986	2875509	2848540	841403
河北	1389377	12165345	12101413	9812412	6301416	1957207
山西	668441	336403	329527	218617	296611	123497
内蒙古	4786391	1300018	849432	1172154	1041933	227058
辽宁	1180828	520608	685749	398745	1669736	594183
吉林	373903	1854258	3687816	3716233	7493822	346038
黑龙江	194039	1476521	2925649	1817081	1055813	283482
上海	10998	215946	449758	373433	1544958	141971
江苏	3888274	15005592	26830380	21533249	14489164	4590932
浙江	972964	3914601	7206826	4360521	8901491	1296070
安徽	1771397	6240490	8533051	9245749	8425303	1346534
福建	1206002	3432495	2523815	2852662	1237695	848939
江西	4796972	5198579	4057236	4818672	4950716	1021618
山东	5369457	13883163	20512859	16208806	13330483	2030553
河南	6040014	8572957	10692733	12115895	9249518	2600033
湖北	1139077	4580801	5592116	6311622	14506796	1912486
湖南	3008021	4537819	6613393	6583158	4669388	1935581
广东	1147769	7885459	4056619	5552679	4491442	1430692
广西	2516451	1891125	1910491	2193402	4539716	652106
海南	6067	34427	1067	247854	1975	18617
重庆	834591	1976475	3218301	2646899	9224782	1856041
四川	1194143	2707930	3608622	4035766	5668746	2103007
贵州	719119	545902	571355	729499	969551	116861
云南	1454195	512431	177074	260944	494866	137638
西藏		11394	570	4193		
陕西	2751083	1017590	1930042	2339141	1914099	1272403
甘肃	321957	294465	59070	331361	304382	20459
青海	1205623	105268	186753	120619	54853	66606
宁夏	176157	219232	357375	102214	201385	5100
新疆	824232	530003	92475	330343	45816	49861
不分地区						

2-1-18 续表 7

单位：万元

地区	电器机械和器材制造业	计算机、通信和其他电子设备制造业	仪器仪表制造业	其他制造业	废弃资源综合利用业
全国总计	**133467061**	**129139081**	**19751303**	**26338845**	**16949077**
北京	115001	1483075	47677	9983	2923
天津	2009867	1917495	425748	1174209	927620
河北	8361683	3589528	907882	1637611	2618649
山西	313964	288832	15369	50679	126830
内蒙古	2682780	431161	53111	1077508	573187
辽宁	417050	2114252	52726	54763	54510
吉林	1481218	356111	427500	3383352	313829
黑龙江	995750	408867	153336	261440	139407
上海	382412	1611961	72603	694036	33554
江苏	24621139	20099957	4739422	1574165	1725352
浙江	8456587	3825288	1180470	1131074	433232
安徽	11500008	9256198	1541592	1309855	1020562
福建	3520542	7184046	464983	1228266	504235
江西	9170211	10135203	1316823	1898225	1144906
山东	10854377	4938867	1833188	1441810	1246479
河南	10814231	7392977	1478469	964474	1210873
湖北	8270071	7000595	888161	752034	965239
湖南	7213980	5372592	854413	1567631	572097
广东	7595505	15607556	1205923	534070	630866
广西	2182559	2897289	180220	296572	800181
海南	96058	107402		1500	1757
重庆	2848161	7919751	799037	436118	397534
四川	3195144	8989650	519507	286987	329955
贵州	791465	1787916	43035	216768	55580
云南	620709	533699	10556	3346429	418470
西藏	70690	4601			
陕西	2667569	3619042	361573	530885	366899
甘肃	205419	59703	14253	129129	99303
青海	725147	72762	19827	95155	14861
宁夏	916995	28502	136379	82520	85866
新疆	370769	104203	7520	171597	134321
不分地区					

2-1-18 续表 8 单位：万元

地 区	金属制品、机械和设备修理业	(四)电力、热力、燃气及水的生产和供应业	电力、热力生产和供应业	燃气生产和供应业	水的生产和供应业	(五)建筑业
全国总计	**2776210**	**297941410**	**220552084**	**22297820**	**55091506**	**36479178**
北 京	90930	4750529	3442017	699007	609505	58339
天 津	129518	3487385	2761843	290254	435288	1380245
河 北	90251	19142997	14083444	3225080	1834473	45352
山 西	20102	7575092	6631088	670797	273207	86710
内 蒙 古	131713	13803217	10752811	1295592	1754814	205820
辽 宁	5256	5436326	4782156	164512	489658	263886
吉 林	117181	5446643	3953239	719145	774259	2328183
黑 龙 江	79859	4372863	3349532	357347	665984	1533504
上 海	37563	2374468	1397693	49228	927547	18954
江 苏	194213	16744041	13211642	922177	2610222	2315962
浙 江	127149	12806812	8931206	541847	3333759	186965
安 徽	105029	12774236	9563489	438602	2772145	729083
福 建	162635	10624881	7722167	401956	2500758	640630
江 西	120608	7653879	5334801	356024	1963054	419368
山 东	264889	28862678	24345160	1579740	2937778	8558764
河 南	59822	19419738	15040850	1786983	2591905	415156
湖 北	300293	11948373	7663149	870892	3414332	5618439
湖 南	153438	11311237	6071352	834785	4405100	3556457
广 东	147161	16168634	11605005	730723	3832906	338787
广 西	147940	9738812	6972108	485994	2280710	2665070
海 南	9434	1072354	860803	23024	188527	343765
重 庆	51008	4653524	2271771	844438	1537315	66233
四 川	39025	17070668	10707626	1758994	4604048	686231
贵 州	13340	4885007	2815217	199086	1870704	165616
云 南	12226	6312530	4670213	530151	1112166	17191
西 藏	1210	2993198	2835595	8697	148906	112010
陕 西	114524	12204551	8766170	1273421	2164960	279126
甘 肃	14452	3712933	2760311	257007	695615	1889649
青 海	23577	3691558	3399181	88520	203857	971728
宁 夏	3784	3925313	3559577	123356	242380	155224
新 疆	8080	9586394	6900329	770441	1915624	426731
不分地区		3390539	3390539			

2-1-18　续表 9

单位：万元

地　区	房　屋建筑业	土木工程建筑业	建　筑安装业	建筑装饰和其他建筑业	(六)批发和零售业	批发业
全国总计	**7704618**	**21734716**	**2633680**	**4406164**	**165417994**	**84522542**
北　京	37117	12930	7428	864	306608	178605
天　津	297665	244006	383355	455219	7403958	5190116
河　北	24967	11970	7565	850	7952843	4528588
山　西	13944	53252	13697	5817	974869	424834
内蒙古	31697	50548	30200	93375	3719564	2367164
辽　宁	106054	103709	17937	36186	952363	331947
吉　林	744892	1173255	163732	246304	5546133	2636947
黑龙江	340768	798177	106872	287687	8376801	4831299
上　海	2247	16707			197540	116881
江　苏	535315	1180919	150700	449028	16494761	8744988
浙　江	31177	128984	6462	20342	2760804	1355250
安　徽	88714	417598	68848	153923	6028401	3311184
福　建	189532	305795	47251	98052	7063246	4570892
江　西	41535	84005	48074	245754	8760337	5317655
山　东	1621633	4991276	847411	1098444	18046350	10464420
河　南	25510	357745	5115	26786	12524019	4256684
湖　北	684994	4613338	167135	152972	6301544	3043375
湖　南	647903	2375450	230114	302990	13203385	6366880
广　东	26770	195859	19012	97146	7087742	2840249
广　西	630502	1717005	62110	255453	6607758	3365063
海　南	16014	307116		20635	456850	211584
重　庆	20608	19764	13569	12292	2181389	1122567
四　川	384637	275430	521	25643	4578049	2199647
贵　州	74947	65277	3959	21433	2995801	1349884
云　南	5674			11517	3805334	1044347
西　藏	20961	83000		8049	327778	99765
陕　西	69463	150943	5791	52929	6522241	2459022
甘　肃	492188	1182794	80102	134565	1770970	815220
青　海	358031	508995	44646	60056	307954	121565
宁　夏	15630	29847	99334	10413	410997	202186
新　疆	123529	279022	2740	21440	1751605	653734
不分地区						

2-1-18 续表 10 单位：万元

地区	零售业	（七）交通运输、仓储和邮政业	铁路运输业	道路运输业	水上运输业	航空运输业	管道运输业
全国总计	**80895452**	**611858228**	**80061940**	**403035901**	**18864099**	**23949212**	**3478534**
北京	128003	11284041	799151	6839859		3145457	274037
天津	2213842	5319856	398778	2929449	371646	65609	189915
河北	3424255	21162885	1427008	11130166	469546	615987	15111
山西	550035	3937508	437031	2793510		841	53631
内蒙古	1352400	11801838	664310	9376530		140655	77390
辽宁	620416	5959249	701388	2737145	808051	147252	345991
吉林	2909186	12049967	2376804	5161492	22670	92601	25509
黑龙江	3545502	11983403	3215558	3810334	18066	185692	335557
上海	80659	9602829	72000	4795949	445025	3672317	45452
江苏	7749773	28832052	1869943	16856421	1959542	444176	226418
浙江	1405554	29659974	1905338	22334834	2051317	658805	92797
安徽	2717217	16646480	478122	13103658	665980	53447	15115
福建	2492354	28055162	143028	21235833	1887207	1599554	35293
江西	3442682	7237855	1024821	5053564	100230	42040	9580
山东	7581930	39549958	4424502	20910524	3033794	1842491	859682
河南	8267335	24875389	606532	14702948	82078	448397	63008
湖北	3258169	28926543	2612147	20611938	913751	696947	119190
湖南	6836505	21043491	1118383	14665367	492390	193542	124038
广东	4247493	37595990	4647481	24694937	2044775	3579156	27901
广西	3242695	19815870	433742	16495037	1213631	294827	13288
海南	245266	4860338		2584584	316007	1805016	9481
重庆	1058822	19546056	414570	16624824	429313	437404	50845
四川	2378402	44669567	2130219	38079935	576989	983294	142392
贵州	1645917	23343095	870739	20064857	38974	585286	4580
云南	2760987	37182379	1959017	32919683	121688	740103	54343
西藏	228013	5817174	604417	4615106	22142	351603	
陕西	4063219	18693512	1365041	13204924	15181	397850	107699
甘肃	955750	9566373	239420	8362043		51518	34823
青海	186389	7304614	11391	6957036	1691	122268	8167
宁夏	208811	3176574	452282	2215583	4677	24903	97000
新疆	1097871	19785038	840741	17167831	2606	530174	20301
不分地区		42573168	41818036		755132		

2-1-18　续表 11　　　　单位：万元

地　区	装卸搬运和运输代理业	仓储业	邮政业	(八)住宿和餐饮业	住宿业	餐饮业
全国总计	**11150598**	**68557761**	**2760183**	**61066189**	**42890651**	**18175538**
北　京		176093	49444	106001	88571	17430
天　津	140656	1067313	156490	740053	184682	555371
河　北	994947	6437608	72512	2088727	1556036	532691
山　西	51312	584169	17014	252381	206214	46167
内蒙古	385432	1130362	27159	977272	575021	402251
辽　宁	292087	884960	42375	725174	657221	67953
吉　林	237544	4059433	73914	1821271	1191452	629819
黑龙江	451161	3874455	92580	2483808	1396545	1087263
上　海	5481	466087	100518	138334	136274	2060
江　苏	949721	6270985	254846	4187912	2273404	1914508
浙　江	266020	2112471	238392	3313528	2930516	383012
安　徽	478222	1671698	180238	1934819	1168872	765947
福　建	306589	2774080	73578	2131064	1617148	513916
江　西	228804	729815	49001	2151536	1216957	934579
山　东	1412181	6872456	194328	4195045	2694878	1500167
河　南	1402658	7312599	257169	4340990	3272533	1068457
湖　北	573183	3351637	47750	2564057	1689432	874625
湖　南	1054609	3138039	257123	3533026	2264161	1268865
广　东	489817	1959078	152845	3116484	2335930	780554
广　西	285742	978856	100747	2484770	1797258	687512
海　南		127463	17787	840916	787218	53698
重　庆	146549	1408434	34117	1478502	1274376	204126
四　川	264315	2469831	22592	4018876	3064009	954867
贵　州	108054	1664001	6604	2179760	1991896	187864
云　南	164004	1165653	57888	3583212	2613856	969356
西　藏	29889	192517	1500	261532	240276	21256
陕　西	166442	3306726	129649	2857203	1903907	953296
甘　肃	46888	814506	17175	1027275	817352	209923
青　海	39760	161391	2910	405290	230806	174484
宁　夏	85135	275687	21307	165979	62113	103866
新　疆	93396	1119358	10631	961392	651737	309655
不分地区						

2-1-18 续表 12 单位：万元

地区	（九）信息传输、软件和信息技术服务业	电信、广播电视和卫星传输服务	互联网和相关服务	软件和信息技术服务业	（十）金融业	货币金融服务
全国总计	**69874290**	**24892966**	**10807155**	**34174169**	**11214754**	**4676301**
北京	2820296	1417328	477432	925536	283667	113575
天津	2094003	543874	237822	1312307	141037	36485
河北	3273819	1018561	336408	1918850	587667	180240
山西	280459	117331	94954	68174	14949	6005
内蒙古	1898428	223445	189253	1485730	218123	182106
辽宁	559496	395674	33446	130376	128747	84832
吉林	3959776	672584	207866	3079326	701018	149600
黑龙江	2525528	734957	209593	1580978	403012	79253
上海	1234559	824246	89466	320847	167636	46310
江苏	6111643	956623	830536	4324484	1216565	645724
浙江	3369058	1313190	1034940	1020928	576596	413546
安徽	2740345	500700	405441	1834204	621135	212025
福建	3645054	2347165	306617	991272	175973	122172
江西	2048206	36963	348947	1662296	625256	326908
山东	3176705	323133	590854	2262718	1368866	485162
河南	3100223	431759	816065	1852399	429815	124655
湖北	1493466	834897	248739	409830	490458	275872
湖南	3886644	676741	1067512	2142391	609058	234628
广东	5419179	3059178	594122	1765879	700379	96374
广西	2457962	768187	390660	1299115	542528	187844
海南	1081647	340673	131559	609415	7325	7325
重庆	1062174	487882	355855	218437	83298	49964
四川	2866610	1850839	514085	501686	276881	70585
贵州	1386478	412152	289354	684972	178689	114545
云南	1360226	894592	70939	394695	87519	83407
西藏	90167	35531	42684	11952	14796	11497
陕西	2249504	1301463	317473	630568	195832	127137
甘肃	527842	321173	126578	80091	61967	53967
青海	888502	780417	50252	57833	10057	6157
宁夏	725707	285210	271990	168507	29544	4564
新疆	1540584	986498	125713	428373	266361	143837
不分地区						

2-1-18　续表 13　　　　单位：万元

地　区	资本市场服务	保险业	其他金融业	(十一)房地产业	(十二)租赁和商务服务业	租赁业
全国总计	**3576142**	**1233901**	**1728410**	**1397335192**	**133042207**	**13192393**
北　京	25	164081	5986	44258999	2838260	2203058
天　津	56011		48541	28214346	7636527	4159862
河　北	359310	617	47500	55263951	5568366	72948
山　西	799		8145	14210978	532902	31469
内蒙古	4122	8559	23336	14774924	1179371	46441
辽　宁	43115	800		23202611	950982	33992
吉　林	461830	30665	58923	11426069	2932239	192121
黑龙江	163869	86585	73305	10251666	2903073	680764
上　海	120272		1054	38583249	1456829	37158
江　苏	293044	35030	242767	108108466	15959128	648739
浙　江	87073	34138	41839	104686025	6682760	257302
安　徽	187245	144697	77168	65516295	6127822	392090
福　建	52025	671	1105	55779392	3336053	226953
江　西	127156	57175	114017	26883484	5792577	249664
山　东	467630	191715	224359	95920050	13801675	367037
河　南	28394	21747	255019	95072133	4225215	174218
湖　北	170277	6930	37379	64839200	7881847	181854
湖　南	176092	48606	149732	48496993	8977499	473138
广　东	205931	322405	75669	136235905	6109368	1669725
广　西	269345	37762	47577	34548115	8018946	233791
海　南				21753381	279203	12750
重　庆	8854	15559	8921	43414612	2392885	44283
四　川	140336	1580	64380	79108119	5329082	82860
贵　州	52276	4488	7380	35044777	4200029	52104
云　南		4112		44832798	702555	39865
西　藏	1825		1474	2241585	201022	64811
陕　西	50742	15413	2540	50764119	3281179	455875
甘　肃	6340	560	1100	12770525	940739	8320
青　海	3900			6602959	718638	
宁　夏	2160		22820	7549234	274935	67999
新　疆	36144	6	86374	16980232	1810501	31202
不分地区						

2-1-18 续表 14

单位：万元

地　区	商　务服务业	（十三）科学研究和技术服务业	研究与试验发展	专业技术服　务　业	科技推广和应用服务业	（十四）水利、环境和公共设施管理业
全国总计	**119849814**	**59324785**	**15251406**	**18809456**	**25263923**	**821052961**
北　京	635202	733641	420954	128406	184281	7589009
天　津	3476665	4589352	803838	869851	2915663	13851865
河　北	5495418	4267855	648875	879932	2739048	35542431
山　西	501433	315101	118630	122764	73707	7386105
内蒙古	1132930	1049427	105749	200601	743077	28180794
辽　宁	916990	302151	49318	182461	70372	4494679
吉　林	2740118	1382586	406690	459947	515949	12685822
黑龙江	2222309	2417157	209195	824486	1383476	8454352
上　海	1419671	586441	369695	121785	94961	7853725
江　苏	15310389	7684833	2644016	2234655	2806162	46927644
浙　江	6425458	1318461	502593	356183	459685	47025376
安　徽	5735732	2806342	727885	1335325	743132	32991327
福　建	3109100	1155808	226812	623244	305752	44866517
江　西	5542913	1358502	110450	728586	519466	25447045
山　东	13434638	9530000	2584160	2696266	4249574	37538708
河　南	4050997	2951655	633316	876018	1442321	49811784
湖　北	7699993	2422845	297070	1272537	853238	43716395
湖　南	8504361	4344270	1437832	1337142	1569296	54213405
广　东	4439643	2668163	1276267	460950	930946	35488542
广　西	7785155	1459702	223867	647767	588068	25157984
海　南	266453	323120	235001	67783	20336	4725673
重　庆	2348602	454204	113688	226307	114209	32956302
四　川	5246222	925131	181432	434788	308911	47842430
贵　州	4147925	440691	81451	191266	167974	36533472
云　南	662690	276564	56856	166425	53283	30353933
西　藏	136211	55330	1500	46055	7775	2760445
陕　西	2825304	2035314	573042	737768	724504	57054735
甘　肃	932419	387358	54206	137567	195585	7773011
青　海	718638	116411	6251	52998	57162	4754240
宁　夏	206936	283607	108958	122444	52205	4671819
新　疆	1779299	682763	41809	267149	373805	22226936
不分地区						176456

2-1-18　续表 15　　　　单位：万元

地　区	水　利管理业	生态保护和环境治理业	公共设施管理业	(十五)居民服务、修理和其他服务业	居　民服务业	机动车、电子产品和日用产品修理业
全国总计	**100208314**	**38223374**	**682621273**	**26861516**	**15838326**	**5392949**
北　京	1325269	481511	5782229	688	688	
天　津	914542	989267	11948056	1887819	446837	110860
河　北	2598855	1241629	31701947	996040	653180	167247
山　西	914092	824354	5647659	82099	33402	32665
内蒙古	2707797	1748886	23724111	519921	237044	240774
辽　宁	612826	233886	3647967	297187	275437	18390
吉　林	1908716	1250944	9526162	1089438	335122	497234
黑龙江	1776926	288044	6389382	1333152	706377	369658
上　海	3117191	52799	4683735	13591	10591	3000
江　苏	4707954	1760609	40459081	3071307	2118764	477801
浙　江	6331705	3902841	36790830	855044	525142	32666
安　徽	5525079	884125	26582123	1082794	607084	322453
福　建	5306243	1407178	38153096	977018	611080	212214
江　西	1541663	709161	23196221	840413	384356	343419
山　东	5667376	2844089	29027243	2389878	1461148	445001
河　南	4036960	3046235	42728589	1515522	1060891	281023
湖　北	5731609	2759988	35224798	1487335	782349	271698
湖　南	4913650	3113453	46186302	1583150	727773	386034
广　东	4032082	971872	30484588	472335	222763	196982
广　西	3131012	524417	21502555	863199	473170	282435
海　南	379522	307798	4038353	86963	85544	999
重　庆	2764798	631924	29559580	386226	305233	68742
四　川	6243120	1061738	40537572	593259	446021	104938
贵　州	4101049	755457	31676966	710187	555806	91151
云　南	7264816	2010239	21078878	708628	467777	177293
西　藏	681444	142431	1936570	188467	84954	8394
陕　西	5151133	2189204	49714398	1470471	1067131	116707
甘　肃	1502589	314797	5955625	759729	677063	29370
青　海	817925	677419	3258896	81832	61478	10992
宁　夏	891371	318230	3462218	74767	51123	22290
新　疆	3432544	778849	18015543	443057	362998	70519
不分地区	176456					

2-1-18 续表 16

单位：万元

地区	其他服务业	（十六）教育	（十七）卫生和社会工作	卫生	社会工作	（十八）文化、体育和娱乐业
全国总计	**5630241**	**110835380**	**73273999**	**52432963**	**20841036**	**87318805**
北京		1292790	661688	566810	94878	1084642
天津	1330122	1179946	454158	351998	102160	923271
河北	175613	3177567	3348873	1950035	1398838	5111971
山西	16032	746974	695167	439510	255657	614368
内蒙古	42103	1630976	1541258	1060816	480442	2312387
辽宁	3360	799010	917441	747724	169717	959516
吉林	257082	1681345	1442908	947341	495567	1560995
黑龙江	257117	1593140	1756029	1137816	618213	1419956
上海		963713	511220	278853	232367	569074
江苏	474742	6773968	5343895	4351913	991982	5467687
浙江	297236	5174656	2758132	2046543	711589	4845899
安徽	153257	4433790	2555108	1999635	555473	2542886
福建	153724	3696439	2653197	1826245	826952	4323953
江西	112638	2348614	2023614	1466746	556868	1985405
山东	483729	11671677	6514300	4002949	2511351	9746337
河南	173608	7634255	5945172	3810370	2134802	6573689
湖北	433288	3635591	3441961	2453616	988345	3902287
湖南	469343	6926447	4838828	3284646	1554182	6502171
广东	52590	5285472	3335682	2984731	350951	3040492
广西	107594	5177384	2377765	2040930	336835	3104205
海南	420	818980	848110	793872	54238	1503921
重庆	12251	2926629	1388182	1192322	195860	1355683
四川	42300	7112327	4793406	3359686	1433720	3187841
贵州	63230	5076233	2534097	1892503	641594	3197831
云南	63558	5848519	2880976	2125781	755195	3101436
西藏	95119	481542	279823	220575	59248	330972
陕西	286633	5847783	3473606	2355155	1118451	3917593
甘肃	53296	1517317	1052724	818273	234451	1304308
青海	9362	562386	397596	316968	80628	629769
宁夏	1354	681043	864081	383344	480737	557337
新疆	9540	4138867	1645002	1225257	419745	1640923
不分地区						

2-1-18　续表 17

单位：万元

地　区	新闻和出版业	广播、电视、电影和影视录音制作业	文化艺术业	体　育	娱乐业	(十九)公共管理、社会保障和社会组织
全国总计	**895394**	**5342743**	**37873756**	**18097216**	**25109696**	**79313212**
北　京	1225	113034	198954	54708	716721	200979
天　津	47033	81730	439264	207154	148090	500748
河　北	143450	231390	1692396	1164527	1880208	2105216
山　西		3898	325596	138177	146697	606178
内蒙古	44810	100754	1008965	621674	536184	2136182
辽　宁		8123	108581	168449	674363	500347
吉　林	24397	74022	382349	609296	470931	987365
黑龙江	28948	76533	335555	220911	758009	1133973
上　海		36022	259697	52104	221251	183938
江　苏	40428	383022	2214494	1074004	1755739	4774902
浙　江	27021	221701	2554903	929375	1112899	1488264
安　徽	18848	106718	1187991	710513	518816	4213827
福　建	3043	86839	2542695	867423	823953	3800793
江　西	22158	72618	875267	324401	690961	5881840
山　东	118446	1392141	3427481	1337726	3470543	6783278
河　南	47866	190111	3589523	1374320	1371869	1870755
湖　北	580	87453	1669788	838902	1305564	4169933
湖　南	114751	377580	3319944	1042265	1647631	6225808
广　东	37643	208615	1371291	975638	447305	1638229
广　西	48635	198232	1191606	681025	984707	3542325
海　南	335	553764	265515	254829	429478	302946
重　庆	67557	36157	473254	440899	337816	978536
四　川	1391	137481	1310592	505141	1233236	2476492
贵　州	554	110851	1440278	807673	838475	548189
云　南		94690	1637561	823112	546073	9453335
西　藏	380	39657	237083	39257	14595	1486309
陕　西	32684	149698	2024275	901211	809725	1384363
甘　肃		49684	506848	254977	492799	1800379
青　海	817	7479	279027	76577	265869	1222683
宁　夏		29036	228668	168676	130957	732631
新　疆	22394	83710	774315	432272	328232	6182469
不分地区						

2-1-18 续表 18

单位：万元

地　区	中国共产党机关	国家机构	人民政协、民主党派	社会保障	群众团体、社会团体和其他成员组织	基层群众自治组织
全国总计	**451155**	**53033264**	**67119**	**3931391**	**3815503**	**18014780**
北　京		196849		1894	731	1505
天　津		426444	8037	5273	20403	40591
河　北		1458962		68095	239245	338914
山　西		379304		1068	133349	92457
内蒙古	7944	1798092		52469	63929	213748
辽　宁	492	480980		580	17230	1065
吉　林	1500	785053		6261	151824	42727
黑龙江	1100	856516		21007	162413	92937
上　海		183938				
江　苏	31201	4049427		54013	231767	408494
浙　江		1065398	2850	448	204067	215501
安　徽	28712	3585437	20261	122602	136940	319875
福　建	1538	1618564		15007	458738	1706946
江　西	8035	5608311	2220	39335	85964	137975
山　东	74188	4617890	8518	18918	207940	1855824
河　南	7390	1346924	1598	144804	117380	252659
湖　北	5347	2248849	2752	664080	205755	1043150
湖　南	47498	4386798	3950	868252	147111	772199
广　东	14442	1071479	4702	6566	357269	183771
广　西	8190	3091288	11651	61822	106928	262446
海　南	512	298984			1200	2250
重　庆	2464	656540		214671	28380	76481
四　川	38466	1987871		81119	222107	146929
贵　州	10770	466375		18413	15493	37138
云　南		617115		28774	77984	8729462
西　藏	4041	1053141		34404	83817	310906
陕　西	2007	964357		113789	68968	235242
甘　肃	7520	656638		1081874	21837	32510
青　海	1200	747504		97027	146823	230129
宁　夏		696189		23561	10781	2100
新　疆	146598	5632047	580	85265	89130	228849
不分地区						

2-1-19 各地区按行业门类分的固定资产(不含农户)住宅投资

单位：万元

地　区	合　计	农、林、牧、渔业	采 矿 业	制 造 业	电力、热力、燃 气及水的生产和供应业
全国总计	**805609913**	**706612**	**248278**	**3680024**	**372262**
北　京	17641426			50	
天　津	16424305	1864		24399	
河　北	38475461	75719	109500	358252	19247
山　西	9460132	3942	591	24526	4746
内 蒙 古	7464302	13619	16025	105539	3962
辽　宁	16819179	1543	500	15007	2200
吉　林	6679072	14775	2000	43163	4960
黑 龙 江	5927982	14449		1134	500
上　海	21539217				
江　苏	76116888	5722	150	217544	6934
浙　江	60199767	7334		59324	625
安　徽	42788612	21931	713	452342	22118
福　建	33876411	51990	471	139737	5620
江　西	16466207	66448	8324	691910	37886
山　东	54164947	14808	3850	196070	3681
河　南	56342040	26704	15292	184793	19505
湖　北	35551843	71875	12885	247369	27820
湖　南	23452804	26487	11336	174120	7514
广　东	82325320	11294	722	152061	8231
广　西	20835198	32373	4338	85747	2793
海　南	15030050	819		2803	
重　庆	27591350	11207	175	107990	4970
四　川	35687487	116174	5354	139925	50744
贵　州	14784884	15057	18085	33634	754
云　南	23293153	40526	7727	43319	105612
西　藏	711022	2117	363	371	
陕　西	24529156	35932	25850	113173	12450
甘　肃	6762184	8091		5268	2930
青　海	2875236	2138	1517	125	50
宁　夏	4080707	5725	300	40106	6126
新　疆	7713571	5949	2210	20223	10284
不分地区					

2-1-19 续表 1

单位：万元

地 区	建筑业	批发和零售业	交通运输、仓储和邮政业	住宿和餐饮业	信息传输、软件和信息技术服务业
全国总计	**284583**	**967325**	**618657**	**807037**	**59256**
北 京					
天 津	60	21396	150		
河 北		14401	12870	19020	
山 西		17373	13641	518	
内蒙古	9840	17048		500	
辽 宁	100	1095		9645	
吉 林	4000	950	3701	18109	
黑龙江	12319	6264	22		
上 海					
江 苏	30988	29726	37998	8642	168
浙 江	5271	17536	791	177653	12
安 徽	1700	20762	50684	26166	26
福 建	5769	36995	5648	13746	7408
江 西		109359	26691	46479	6000
山 东	92649	50645	86024	7962	12616
河 南	28	60141	92366	26325	1530
湖 北	13583	91766	67904	65657	11500
湖 南	4948	76975	26177	12335	3026
广 东	53	65652	17857	54437	1117
广 西	48082	4440	6491	20619	
海 南			600	16361	
重 庆		151990	12351	10238	4618
四 川	21175	55367	58250	156516	1376
贵 州		9328	7507	4984	1061
云 南		20039	42528	56881	3000
西 藏		15279	2359		
陕 西	1676	56296	24255	28997	4855
甘 肃	29362	4261	3458	5760	
青 海	922	1000	7270	3987	
宁 夏	1260	620			
新 疆	798	10621	11064	15500	943
不分地区					

2-1-19 续表 2

单位：万元

地区	金融业	房地产业	租赁和商务服务业	科学研究和技术服务业	水利、环境和公共设施管理业
全国总计	**38791**	**789219727**	**1030816**	**189266**	**2826763**
北京		17577274			
天津		16288117	690	73345	11664
河北	9500	37450417	63694	6839	172275
山西		9352263	680	1063	5217
内蒙古		7157362	100		84219
辽宁		16764424	14392		680
吉林	3840	6562921		3244	2306
黑龙江		5837839	680		26355
上海		21524106	9544	4993	574
江苏	4850	75367041	180224	24	151649
浙江	5	59651447	32105	4715	101876
安徽	2251	41739759	27887	3716	159492
福建	215	33350401	6463	10303	179124
江西	6800	14942771	39225	560	221362
山东	990	53079958	134089	1248	87780
河南	1200	55602108	17762	12042	121380
湖北		33945027	250315	18072	316150
湖南		22681140	78260	11744	144053
广东	1763	81858954	11671	1055	80540
广西	2800	20395499	46085	605	87751
海南		14924295	5632	4900	44747
重庆	3	27006409	27872	3510	132009
四川	2955	34408505	21407	2330	288524
贵州		14525798	10618	827	93889
云南	490	22011908	429	5660	43543
西藏		514692	11585		11645
陕西	650	23926819	4037	18361	222890
甘肃		6434155	34764		3659
青海	419	2808896		110	2450
宁夏		3995330			1017
新疆	60	7534092	606		27943
不分地区					

2-1-19 续表 3 单位：万元

地区	居民服务、修理和其他服务业	教育	卫生、和社会工作	文化、体育和娱乐业	公共管理社会保障和社会组织
全国总计	**290370**	**1084789**	**875895**	**389706**	**1919756**
北京		60320		3782	
天津		1840		780	
河北	10120	59846	38590	16373	38798
山西		20	11458		24094
内蒙古		7270	6770	1800	40248
辽宁			2000	461	7132
吉林	170	7333	3000		4600
黑龙江			9600	4520	14300
上海					
江苏		8500	32889	5255	28584
浙江	11729	64446	38064	16673	10161
安徽	2678	46646	41771	6570	161400
福建	536	20954	7387	18813	14831
江西	240	30193	53180	57824	120955
山东	62930	59753	65920	76674	127300
河南	67588	24638	39986	17772	10880
湖北	6457	50484	200232	10913	143834
湖南	11038	61934	35863	54303	31551
广东	3920	32127	8923	4839	10104
广西	500	57600	8764	19673	11038
海南	400	8107	11064	6000	4322
重庆	9858	66154	9725	12402	19869
四川	8064	140166	93018	15434	102203
贵州	649	35562	10531	8270	8330
云南	2138	169952	66816	10105	662480
西藏		3447	25807	4280	119077
陕西	327	25487	12637	11050	3414
甘肃	70386	23185	5370	1682	129853
青海		1500	788	2398	41666
宁夏		13	29080		1130
新疆	20642	17312	6662	1060	27602
不分地区					

2-1-20 国民经济行业小类按构成分的固定资产投资(不含农户)

单位：万元

行 业	投资额	建筑安装工程	设备工器具购置	其他费用
全 国 总 计	**6316839637**	**4417715372**	**1140575077**	**758549188**
(一)农、林、牧、渔业	**246383334**	**189730383**	**30747520**	**25905431**
农业	118333124	90850629	14217275	13265220
谷物种植	14452128	10988120	2332355	1131653
稻谷种植	7234301	5565351	1059534	609416
小麦种植	1586167	1212442	248481	125244
玉米种植	3592821	2613824	743611	235386
其他谷物种植	2038839	1596503	280729	161607
豆类、油料和薯类种植	4115866	2919431	590169	606266
豆类种植	781874	578756	138069	65049
油料种植	2155702	1579811	270129	305762
薯类种植	1178290	760864	181971	235455
棉、麻、糖、烟草种植	1899041	1418194	213838	267009
棉花种植	428049	297206	59605	71238
麻类种植	168072	79426	7903	80743
糖料种植	574143	488288	52438	33417
烟草种植	728777	553274	93892	81611
蔬菜、食用菌及园艺作物种植	42786489	32889186	5594072	4303231
蔬菜种植	22787053	17871731	2970853	1944469
食用菌种植	6243813	4597057	1151562	495194
花卉种植	9964137	7637756	1092462	1233919
其他园艺作物种植	3791486	2782642	379195	629649
水果种植	26551986	20517235	2773615	3261136
仁果类和核果类水果种植	9129995	6872825	1007663	1249507
葡萄种植	3042416	2378498	366122	297796
柑橘类种植	2528197	2018738	221851	287608
香蕉等亚热带水果种植	1285473	1041229	140451	103793
其他水果种植	10565905	8205945	1037528	1322432
坚果、含油果、香料和饮料作物种植	8258232	6228008	712592	1317632
坚果种植	2951698	2140225	287530	523943
含油果种植	1041282	847276	62018	131988
香料作物种植	750214	594942	53485	101787
茶及其他饮料作物种植	3515038	2645565	309559	559914
中药材种植	9668179	7427649	1079739	1160791
其他农业	10601203	8462806	920895	1217502
林业	22222972	15106726	1908437	5207809
林木育种和育苗	10326250	7466370	1206372	1653508
林木育种	2627308	1952708	269349	405251
林木育苗	7698942	5513662	937023	1248257
造林和更新	10152628	6365829	544612	3242187
森林经营和管护	1243475	917850	75864	249761
木材和竹材采运	192361	138545	40756	13060
木材采运	140515	102016	33489	5010
竹材采运	51846	36529	7267	8050
林产品采集	308258	218132	40833	49293
木竹材林产品采集	107667	80560	14189	12918
非木竹材林产品采集	200591	137572	26644	36375
畜牧业	56315570	44540848	7607532	4167190
牲畜饲养	44152927	35179137	5747494	3226296
牛的饲养	12132351	9593526	1557388	981437
马的饲养	189136	147722	24646	16768

2-1-20 续表 1

单位：万元

行　业	投资额	建筑安装工程	设备工器具购置	其他费用
猪的饲养	23677910	18852099	3225993	1599818
羊的饲养	5735043	4658649	637499	438895
骆驼饲养	3283	3083	200	
其他牲畜饲养	2415204	1924058	301768	189378
家禽饲养	9148985	7021340	1431205	696440
鸡的饲养	7045811	5401430	1106996	537385
鸭的饲养	675190	513575	111243	50372
鹅的饲养	391528	313091	56455	21982
其他家禽饲养	1036456	793244	156511	86701
狩猎和捕捉动物	115232	78140	30521	6571
其他畜牧业	2898426	2262231	398312	237883
渔业	12051862	8986965	2190894	874003
水产养殖	11062393	8749619	1483097	829677
海水养殖	3349610	2726183	458935	164492
内陆养殖	7712783	6023436	1024162	665185
水产捕捞	989469	237346	707797	44326
海水捕捞	797213	193047	562306	41860
内陆捕捞	192256	44299	145491	2466
农、林、牧、渔服务业	37459806	30245215	4823382	2391209
农业服务业	33785234	27302806	4368021	2114407
农业机械服务	3075888	1840385	1064889	170614
灌溉服务	8015460	7222076	467931	325453
农产品初加工服务	5780952	4274156	1145974	360822
其他农业服务	16912934	13966189	1689227	1257518
林业服务业	1455983	1154783	152504	148696
林业有害生物防治服务	203874	160513	23440	19921
森林防火服务	287344	240368	21822	25154
林产品初级加工服务	153320	115161	24285	13874
其他林业服务	811445	638741	82957	89747
畜牧服务业	1498685	1226723	202873	69089
渔业服务业	719904	560903	99984	59017
(二)采矿业	**92089492**	**63669226**	**20123587**	**8296679**
煤炭开采和洗选业	26483765	15651145	7935224	2897396
烟煤和无烟煤开采洗选	24161047	14365928	7277347	2517772
褐煤开采洗选	1366552	657473	410769	298310
其他煤炭采选	956166	627744	247108	81314
石油和天然气开采业	26489285	21998478	2509420	1981387
石油开采	22195801	18691224	1668134	1836443
天然气开采	4293484	3307254	841286	144944
黑色金属矿采选业	7511878	4606219	2092999	812660
铁矿采选	6905932	4179333	1947447	779152
锰矿、铬矿采选	419193	310293	85119	23781
其他黑色金属矿采选	186753	116593	60433	9727
有色金属矿采选业	11091361	7879423	1982079	1229859
常用有色金属矿采选	6587617	4626932	1260588	700097
铜矿采选	1729964	1349547	314357	66060
铅锌矿采选	2441145	1746638	446174	248333
镍钴矿采选	280392	108033	19314	153045
锡矿采选	510782	480574	15074	15134
锑矿采选	101736	52970	25699	23067
铝矿采选	743452	425996	213505	103951

2-1-20　续表 2　　　　单位：万元

行　　业	投资额	建筑安装工程	设备工器具购置	其他费用
镁矿采选	50381	32410	11295	6676
其他常用有色金属矿采选	729765	430764	215170	83831
贵金属矿采选	3520567	2567490	535032	418045
金矿采选	3319110	2452721	481891	384498
银矿采选	151927	85610	34834	31483
其他贵金属矿采选	49530	29159	18307	2064
稀有稀土金属矿采选	983177	685001	186459	111717
钨钼矿采选	668963	437533	131550	99880
稀土金属矿采选	83873	56940	24889	2044
放射性金属矿采选	28687	28187		500
其他稀有金属矿采选	201654	162341	30020	9293
非金属矿采选业	17545770	11524458	4833716	1187596
土砂石开采	13735197	8964645	3840395	930157
石灰石、石膏开采	3830764	2505814	1059063	265887
建筑装饰用石开采	4141120	2777918	1090776	272426
耐火土石开采	735291	434909	243044	57338
粘土及其他土砂石开采	5028022	3246004	1447512	334506
化学矿开采	1444779	1061425	307213	76141
采盐	334931	228882	93521	12528
石棉及其他非金属矿采选	2030863	1269506	592587	168770
石棉、云母矿采选	50425	26045	16180	8200
石墨、滑石采选	348359	172955	110937	64467
宝石、玉石采选	199767	138203	58963	2601
其他未列明非金属矿采选	1432312	932303	406507	93502
开采辅助活动	2376626	1633941	612685	130000
煤炭开采和洗选辅助活动	1038214	584758	382557	70899
石油和天然气开采辅助活动	725198	542208	144555	38435
其他开采辅助活动	613214	506975	85573	20666
其他采矿业	590807	375562	157464	57781
其他采矿业	590807	375562	157464	57781
（三）制造业	**1936156711**	**1097414814**	**732202567**	**106539330**
农副食品加工业	119859886	79710611	33675233	6474042
谷物磨制	21984134	14570689	6353300	1060145
饲料加工	14142968	8758355	4770664	613949
植物油加工	10792620	7167462	2922699	702459
食用植物油加工	9998508	6676773	2666616	655119
非食用植物油加工	794112	490689	256083	47340
制糖业	1574590	849890	615858	108842
屠宰及肉类加工	17966805	11803642	5219998	943165
牲畜屠宰	4913148	3311496	1310376	291276
禽类屠宰	2650771	1669697	864075	116999
肉制品及副产品加工	10402886	6822449	3045547	534890
水产品加工	9109966	6180540	2465706	463720
水产品冷冻加工	5248715	3708844	1290931	248940
鱼糜制品及水产品干腌制加工	1378581	873138	415294	90149
水产饲料制造	722285	442177	239111	40997
鱼油提取及制品制造	100701	68160	27988	4553
其他水产品加工	1659684	1088221	492382	79081
蔬菜、水果和坚果加工	20544658	14119380	5209913	1215365
蔬菜加工	12781622	8620081	3458471	703070
水果和坚果加工	7763036	5499299	1751442	512295

2-1-20 续表 3

单位：万元

行　　业	投资额	建筑安装工程	设备工器具购置	其他费用
其他农副食品加工	23744145	16260653	6117095	1366397
淀粉及淀粉制品制造	5329506	3504926	1555330	269250
豆制品制造	4056480	2832687	1051180	172613
蛋品加工	1160452	773240	336936	50276
其他未列明农副食品加工	13197707	9149800	3173649	874258
食品制造业	58428239	36976957	18487115	2964167
焙烤食品制造	9630914	5921734	3235251	473929
糕点、面包制造	5101433	3168233	1696379	236821
饼干及其他焙烤食品制造	4529481	2753501	1538872	237108
糖果、巧克力及蜜饯制造	3086215	1950639	976171	159405
糖果、巧克力制造	1565831	1032282	457655	75894
蜜饯制作	1520384	918357	518516	83511
方便食品制造	11012955	6846606	3590102	576247
米、面制品制造	4984372	3192131	1498817	293424
速冻食品制造	3548793	2145713	1242988	160092
方便面及其他方便食品制造	2479790	1508762	848297	122731
乳制品制造	3138800	1908615	1101282	128903
罐头食品制造	4062163	2644780	1214179	203204
肉、禽类罐头制造	928361	636613	248121	43627
水产品罐头制造	225181	142727	60711	21743
蔬菜、水果罐头制造	2040151	1306003	622070	112078
其他罐头食品制造	868470	559437	283277	25756
调味品、发酵制品制造	6574077	4153314	2098875	321888
味精制造	531835	291756	225856	14223
酱油、食醋及类似制品制造	1823163	1155716	555509	111938
其他调味品、发酵制品制造	4219079	2705842	1317510	195727
其他食品制造	20923115	13551269	6271255	1100591
营养食品制造	2260300	1541782	622385	96133
保健食品制造	5539947	3654744	1586114	299089
冷冻饮品及食用冰制造	803702	501533	244134	58035
盐加工	714466	445838	244761	23867
食品及饲料添加剂制造	4792706	2760052	1824779	207875
其他未列明食品制造	6811994	4647320	1749082	415592
酒、饮料和精制茶制造业	38339066	25943554	10155892	2239620
酒的制造	13905995	9370282	3813359	722354
酒精制造	814126	358668	399176	56282
白酒制造	7168992	5226607	1604029	338356
啤酒制造	1525642	824877	617030	83735
黄酒制造	585358	316268	219446	49644
葡萄酒制造	1856772	1380397	395195	81180
其他酒制造	1955105	1263465	578483	113157
饮料制造	15367394	9886560	4539223	941611
碳酸饮料制造	900795	529837	341910	29048
瓶(罐)装饮用水制造	4643543	3112889	1313494	217160
果菜汁及果菜汁饮料制造	4426085	2807385	1251772	366928
含乳饮料和植物蛋白饮料制造	2123082	1376798	670891	75393
固体饮料制造	620128	418450	150242	51436
茶饮料及其他饮料制造	2653761	1641201	810914	201646
精制茶加工	9065677	6686712	1803310	575655
烟草制品业	1852420	1284035	478429	89956
烟叶复烤	424496	308614	90844	25038

2-1-20　续表 4　　　　单位：万元

行　　业	投资额	建筑安装工程	设备工器具购置	其他费用
卷烟制造	1147518	779484	318203	49831
其他烟草制品制造	280406	195937	69382	15087
纺织业	69361400	34338092	31476870	3546438
棉纺织及印染精加工	35233449	17291427	16083680	1858342
棉纺纱加工	23630243	12241418	10238621	1150204
棉织造加工	8052473	3649053	4021113	382307
棉印染精加工	3550733	1400956	1823946	325831
毛纺织及染整精加工	3769363	1945384	1600216	223763
毛条和毛纱线加工	1731439	827154	761273	143012
毛织造加工	1631650	877815	698343	55492
毛染整精加工	406274	240415	140600	25259
麻纺织及染整精加工	1173774	591326	542876	39572
麻纤维纺前加工和纺纱	487987	278488	194376	15123
麻织造加工	673571	309704	339548	24319
麻染整精加工	12216	3134	8952	130
丝绢纺织及印染精加工	1618586	851100	718073	49413
缫丝加工	698114	385545	292952	19617
绢纺和丝织加工	786399	399585	360871	25943
丝印染精加工	134073	65970	64250	3853
化纤织造及印染精加工	4815476	1965482	2611441	238553
化纤织造加工	4258419	1757511	2304707	196201
化纤织物染整精加工	557057	207971	306734	42352
针织或钩针编织物及其制品制造	6512162	3032728	3108564	370870
针织或钩针编织物织造	4823789	2038642	2577251	207896
针织或钩针编织物印染精加工	707830	492840	179674	35316
针织或钩针编织品制造	980543	501246	351639	127658
家用纺织制成品制造	7746073	4046841	3336723	362509
床上用品制造	3332725	1873461	1297600	161664
毛巾类制品制造	1218999	447565	720906	50528
窗帘、布艺类产品制造	750409	338621	367374	44414
其他家用纺织制成品制造	2443940	1387194	950843	105903
非家用纺织制成品制造	8492517	4613804	3475297	403416
非织造布制造	3747623	1989463	1579922	178238
绳、索、缆制造	898599	429211	438865	30523
纺织带和帘子布制造	470572	253918	196412	20242
篷、帆布制造	989899	543321	356156	90422
其他非家用纺织制成品制造	2385824	1397891	903942	83991
纺织服装、服饰业	49767873	29289144	18116055	2362674
机织服装制造	29416266	17385093	10658052	1373121
针织或钩针编织服装制造	6942590	4247425	2321217	373948
服饰制造	13409017	7656626	5136786	615605
皮革、毛皮、羽毛及其制品和制鞋业	23680714	14367339	7871493	1441882
皮革鞣制加工	1739975	843985	803168	92822
皮革制品制造	6336680	3689853	2342284	304543
皮革服装制造	1054930	716282	293245	45403
皮箱、包(袋)制造	3114950	1891252	1049199	174499
皮手套及皮装饰制品制造	838960	505049	293307	40604
其他皮革制品制造	1327840	577270	706533	44037
毛皮鞣制及制品加工	3036923	1844946	1009687	182290
毛皮鞣制加工	603518	345303	210422	47793
毛皮服装加工	1812050	1179673	522475	109902
其他毛皮制品加工	621355	319970	276790	24595

2-1-20 续表 5

单位：万元

行　业	投资额	建筑安装工程	设备工器具购置	其他费用
羽毛(绒)加工及制品制造	1555934	1055141	438707	62086
羽毛(绒)加工	590106	363486	194288	32332
羽毛(绒)制品加工	965828	691655	244419	29754
制鞋业	11011202	6933414	3277647	800141
纺织面料鞋制造	2116814	1304123	684066	128625
皮鞋制造	5002664	3240081	1429664	332919
塑料鞋制造	1552250	931052	436981	184217
橡胶鞋制造	1202527	744668	379135	78724
其他制鞋业	1136947	713490	347801	75656
木材加工和木、竹、藤、棕、草制品业	44564882	26282013	15582009	2700860
木材加工	12177555	7722592	3848449	606514
锯材加工	2739674	1804139	803229	132306
木片加工	2945103	1919661	860582	164860
单板加工	2730274	1612325	972742	145207
其他木材加工	3762504	2386467	1211896	164141
人造板制造	14606399	8026765	5609862	969772
胶合板制造	8770454	4784196	3383635	602623
纤维板制造	1823055	988735	735208	99112
刨花板制造	1188340	627173	438739	122428
其他人造板制造	2824550	1626661	1052280	145609
木制品制造	12152907	6920368	4492138	740401
建筑用木料及木材组件加工	2914225	1738691	1005293	170241
木门窗、楼梯制造	4174926	2390448	1480147	304331
地板制造	1234806	602362	566880	65564
木制容器制造	843358	445822	359285	38251
软木制品及其他木制品制造	2985592	1743045	1080533	162014
竹、藤、棕、草等制品制造	5628021	3612288	1631560	384173
竹制品制造	4706174	2988143	1368899	349132
藤制品制造	90098	60882	25943	3273
棕制品制造	192700	127130	59616	5954
草及其他制品制造	639049	436133	177102	25814
家具制造业	37294331	23266953	11519745	2507633
木质家具制造	27202019	16879147	8384117	1938755
竹、藤家具制造	577190	358746	190492	27952
金属家具制造	3852172	2238740	1365741	247691
塑料家具制造	661052	409530	222504	29018
其他家具制造	5001898	3380790	1356891	264217
造纸和纸制品业	30909574	17260093	12103453	1546028
纸浆制造	760508	409344	325451	25713
木竹浆制造	562730	272743	273500	16487
非木竹浆制造	197778	136601	51951	9226
造纸	11344147	6034285	4642968	666894
机制纸及纸板制造	8880558	4456452	3865752	558354
手工纸制造	395363	280598	84932	29833
加工纸制造	2068226	1297235	692284	78707
纸制品制造	18804919	10816464	7135034	853421
纸和纸板容器制造	8688090	4865835	3420076	402179
其他纸制品制造	10116829	5950629	3714958	451242
印刷和记录媒介复制业	17970971	9718462	7443286	809223
印刷	16567861	8840835	6975518	751508

2-1-20 续表 6

单位：万元

行业	投资额	建筑安装工程	设备工器具购置	其他费用
书、报刊印刷	1894537	1167157	658912	68468
本册印制	696004	327836	336723	31445
包装装潢及其他印刷	13977320	7345842	5979883	651595
装订及印刷相关服务	1309751	844016	410001	55734
记录媒介复制	93359	33611	57767	1981
文教、工美、体育和娱乐用品制造业	28303519	16880547	9391721	2031251
文教办公用品制造	2996643	1754758	1087235	154650
文具制造	1048328	455298	533700	59330
笔的制造	581729	325648	232587	23494
教学用模型及教具制造	621078	482452	104321	34305
墨水、墨汁制造	141917	94718	35519	11680
其他文教办公用品制造	603591	396642	181108	25841
乐器制造	1233794	726548	444220	63026
中乐器制造	129279	77924	44245	7110
西乐器制造	538803	298097	216324	24382
电子乐器制造	207062	114077	82857	10128
其他乐器及零件制造	358650	236450	100794	21406
工艺美术品制造	13918164	8667143	4203949	1047072
雕塑工艺品制造	2485980	1722558	600863	162559
金属工艺品制造	1741293	981289	609235	150769
漆器工艺品制造	142803	73785	55705	13313
花画工艺品制造	435015	247479	155757	31779
天然植物纤维编织工艺品制造	966043	561932	347815	56296
抽纱刺绣工艺品制造	667122	334626	296436	36060
地毯、挂毯制造	1083051	581353	467927	33771
珠宝首饰及有关物品制造	2268958	1526913	534048	207997
其他工艺美术品制造	4127899	2637208	1136163	354528
体育用品制造	4581847	2671083	1655953	254811
球类制造	345535	161152	172531	11852
体育器材及配件制造	1691889	1051119	535329	105441
训练健身器材制造	933982	528099	341842	64041
运动防护用具制造	344306	179378	157571	7357
其他体育用品制造	1266135	751335	448680	66120
玩具制造	4322778	2272821	1603638	446319
游艺器材及娱乐用品制造	1250293	788194	396726	65373
露天游乐场所游乐设备制造	575868	394398	153900	27570
游艺用品及室内游艺器材制造	212123	130492	75308	6323
其他娱乐用品制造	462302	263304	167518	31480
石油加工、炼焦和核燃料加工业	26767672	14028932	10269537	2469203
精炼石油产品制造	22281968	11573135	8458267	2250566
原油加工及石油制品制造	21047522	10831811	8036328	2179383
人造原油制造	1234446	741324	421939	71183
炼焦	4485704	2455797	1811270	218637
化学原料和化学制品制造业	139031777	77071337	53360006	8600434
基础化学原料制造	41248084	21729110	16390314	3128660
无机酸制造	2433202	1370467	990552	72183
无机碱制造	2108379	1188061	848991	71327
无机盐制造	3573717	1974280	1315615	283822
有机化学原料制造	22807106	11154490	9483048	2169568
其他基础化学原料制造	10325680	6041812	3752108	531760
肥料制造	18082194	11186997	5965762	929435

2-1-20 续表 7

单位：万元

行业	投资额	建筑安装工程	设备工器具购置	其他费用
氮肥制造	2540635	1308383	1086036	146216
磷肥制造	1015113	655321	308070	51722
钾肥制造	918902	715683	178605	24614
复混肥料制造	5129485	3134151	1760790	234544
有机肥料及微生物肥料制造	7159527	4609381	2155343	394803
其他肥料制造	1318532	764078	476918	77536
农药制造	4434793	2333754	1906041	194998
化学农药制造	3229312	1554266	1526051	148995
生物化学农药及微生物农药制造	1205481	779488	379990	46003
涂料、油墨、颜料及类似产品制造	12501205	7092318	4654038	754849
涂料制造	7777152	4461960	2822180	493012
油墨及类似产品制造	1015237	590578	330620	94039
颜料制造	1961332	1101622	766811	92899
染料制造	1040706	507372	476097	57237
密封用填料及类似品制造	706778	430786	258330	17662
合成材料制造	19977665	10588643	8350450	1038572
初级形态塑料及合成树脂制造	8929204	4483141	3941659	504404
合成橡胶制造	2203686	1160097	953675	89914
合成纤维单(聚合)体制造	2748623	1387781	1113918	246924
其他合成材料制造	6096152	3557624	2341198	197330
专用化学产品制造	29688682	16129746	12023313	1535623
化学试剂和助剂制造	10568046	5930811	3989564	647671
专项化学用品制造	8071384	4262665	3489559	319160
林产化学产品制造	1265917	845223	356934	63760
信息化学品制造	4099337	1795587	2084789	218961
环境污染处理专用药剂材料制造	1593333	930943	554134	108256
动物胶制造	321938	157590	143944	20404
其他专用化学产品制造	3768727	2206927	1404389	157411
炸药、火工及焰火产品制造	5340884	3532798	1236797	571289
焰火、鞭炮产品制造	5340884	3532798	1236797	571289
日用化学产品制造	7758270	4477971	2833291	447008
肥皂及合成洗涤剂制造	1847948	1095875	664104	87969
化妆品制造	2075401	1067977	883127	124297
口腔清洁用品制造	222599	107831	109859	4909
香料、香精制造	1461492	899321	473531	88640
其他日用化学产品制造	2150830	1306967	702670	141193
医药制造业	59862624	37572138	18850325	3440161
化学药品原料药制造	11376748	6487684	4226264	662800
化学药品制剂制造	7905214	4491434	2969288	444492
中药饮片加工	9752213	6785148	2354550	612515
中成药生产	9478324	6428152	2542641	507531
兽用药品制造	2071893	1222374	771953	77566
生物药品制造	12414875	7957916	3689039	767920
卫生材料及医药用品制造	6863357	4199430	2296590	367337
化学纤维制造业	13303646	7337714	5311369	654563
纤维素纤维原料及纤维制造	2678138	1274606	1286376	117156
化纤浆粕制造	310041	206416	97171	6454
人造纤维(纤维素纤维)制造	2368097	1068190	1189205	110702
合成纤维制造	10625508	6063108	4024993	537407
锦纶纤维制造	1934938	1253428	582135	99375
涤纶纤维制造	4224536	2002000	1978349	244187

2-1-20 续表 8

单位：万元

行　业	投资额	建筑安装工程	设备工器具购置	其他费用
腈纶纤维制造	227052	134881	83778	8393
维纶纤维制造	108510	62451	40678	5381
丙纶纤维制造	155821	121309	30259	4253
氨纶纤维制造	547332	236001	279848	31483
其他合成纤维制造	3427319	2253038	1029946	144335
橡胶和塑料制品业	69793692	37059717	29472665	3261310
橡胶制品业	16052650	8379462	6968763	704425
轮胎制造	4270497	1999775	2104513	166209
橡胶板、管、带制造	3925498	1916768	1816163	192567
橡胶零件制造	2681342	1602510	952338	126494
再生橡胶制造	927230	504161	385760	37309
日用及医用橡胶制品制造	955108	557697	353463	43948
其他橡胶制品制造	3292975	1798551	1356526	137898
塑料制品业	53741042	28680255	22503902	2556885
塑料薄膜制造	6805769	3533204	2993799	278766
塑料板、管、型材制造	11302817	6042928	4708300	551589
塑料丝、绳及编织品制造	5183798	2855074	2111690	217034
泡沫塑料制造	2183691	1271532	817391	94768
塑料人造革、合成革制造	1118516	569068	487885	61563
塑料包装箱及容器制造	7003513	3782497	2920624	300392
日用塑料制品制造	5173409	2834065	2014273	325071
塑料零件制造	3292743	1697961	1455321	139461
其他塑料制品制造	11676786	6093926	4994619	588241
非金属矿物制品业	169527555	102010455	57993785	9523315
水泥、石灰和石膏制造	11509562	6691901	4038066	779595
水泥制造	7429036	4230560	2663625	534851
石灰和石膏制造	4080526	2461341	1374441	244744
石膏、水泥制品及类似制品制造	35385743	22026879	11325447	2033417
水泥制品制造	19272444	12035836	6165815	1070793
砼结构构件制造	6085588	3830935	1850523	404130
石棉水泥制品制造	393458	221080	154076	18302
轻质建筑材料制造	5993781	3606489	2031396	355896
其他水泥类似制品制造	3640472	2332539	1123637	184296
砖瓦、石材等建筑材料制造	65771782	41026014	21178266	3567502
粘土砖瓦及建筑砌块制造	15819513	9861195	5194737	763581
建筑陶瓷制品制造	8847742	5192675	3267117	387950
建筑用石加工	15614540	10651387	4002307	960846
防水建筑材料制造	4721300	2530767	1832774	357759
隔热和隔音材料制造	5083081	2937920	1891063	254098
其他建筑材料制造	15685606	9852070	4990268	843268
玻璃制造	6645509	3749745	2608007	287757
平板玻璃制造	2447630	1244437	1093915	109278
其他玻璃制造	4197879	2505308	1514092	178479
玻璃制品制造	11760574	6389428	4700291	670855
技术玻璃制品制造	3234009	1773260	1256565	204184
光学玻璃制造	1251806	625207	515225	111374
玻璃仪器制造	363215	214506	125876	22833
日用玻璃制品制造	2724248	1354924	1298245	71079
玻璃包装容器制造	1139927	575897	506678	57352
玻璃保温容器制造	212443	117193	83601	11649
制镜及类似品加工	167199	86537	73346	7316
其他玻璃制品制造	2667727	1641904	840755	185068

2-1-20 续表 9 单位：万元

行　业	投资额	建筑安装工程	设备工器具购置	其他费用
玻璃纤维和玻璃纤维增强塑料制品制造	5255725	2773044	2192738	289943
玻璃纤维及制品制造	3279922	1642180	1466523	171219
玻璃纤维增强塑料制品制造	1975803	1130864	726215	118724
陶瓷制品制造	10936821	7260125	3053669	623027
卫生陶瓷制品制造	1478609	988988	416861	72760
特种陶瓷制品制造	4187508	2929644	1001202	256662
日用陶瓷制品制造	3533495	2154855	1172552	206088
园林、陈设艺术及其他陶瓷制品制造	1737209	1186638	463054	87517
耐火材料制品制造	6589926	3620218	2611455	358253
石棉制品制造	794232	456303	305032	32897
云母制品制造	197738	114109	59261	24368
耐火陶瓷制品及其他耐火材料制造	5597956	3049806	2247162	300988
石墨及其他非金属矿物制品制造	15671913	8473101	6285846	912966
石墨及碳素制品制造	6465131	3227624	2771201	466306
其他非金属矿物制品制造	9206782	5245477	3514645	446660
黑色金属冶炼和压延加工业	38041992	20395440	15429262	2217290
炼铁	1508417	1067847	399363	41207
炼钢	6217838	3286738	2545012	386088
黑色金属铸造	6240990	2968656	3011428	260906
钢压延加工	21658010	11497342	8718773	1441895
铁合金冶炼	2416737	1574857	754686	87194
有色金属冶炼和压延加工业	50383812	26604621	20606782	3172409
常用有色金属冶炼	12783376	7103339	4423704	1256333
铜冶炼	2416008	1245489	766656	403863
铅锌冶炼	1826173	1253210	517019	55944
镍钴冶炼	701429	333096	299424	68909
锡冶炼	304935	217654	80075	7206
锑冶炼	259209	168775	74040	16394
铝冶炼	4721895	2407324	1833170	481401
镁冶炼	890259	456502	270959	162798
其他常用有色金属冶炼	1663468	1021289	582361	59818
贵金属冶炼	1285740	724679	357110	203951
金冶炼	455393	253376	137662	64355
银冶炼	542052	309091	106763	126198
其他贵金属冶炼	288295	162212	112685	13398
稀有稀土金属冶炼	1602404	974291	529996	98117
钨钼冶炼	478122	263418	173061	41643
稀土金属冶炼	517208	294318	196319	26571
其他稀有金属冶炼	607074	416555	160616	29903
有色金属合金制造	7245583	3924778	2884552	436253
有色金属铸造	1779575	926095	792968	60512
有色金属压延加工	25687134	12951439	11618452	1117243
铜压延加工	5135223	2720657	2212607	201959
铝压延加工	16459291	7819909	7873717	765665
贵金属压延加工	371185	226750	116525	27910
稀有稀土金属压延加工	756903	524153	197582	35168
其他有色金属压延加工	2964532	1659970	1218021	86541
金属制品业	103898804	59698181	39320720	4879903
结构性金属制品制造	42461331	24769738	15587381	2104212
金属结构制造	29592653	16918566	11245813	1428274
金属门窗制造	12868678	7851172	4341568	675938

2-1-20　续表 10

单位：万元

行　　业	投资额	建筑安装工程	设备工器具购置	其他费用
金属工具制造	8744342	4666243	3555129	522970
切削工具制造	3129407	1499197	1410817	219393
手工具制造	1212600	626849	505965	79786
农用及园林用金属工具制造	728874	479245	209384	40245
刀剪及类似日用金属工具制造	528013	338365	166029	23619
其他金属工具制造	3145448	1722587	1262934	159927
集装箱及金属包装容器制造	5438720	2858530	2304818	275372
集装箱制造	946788	557360	294196	95232
金属压力容器制造	1953319	1040910	838017	74392
金属包装容器制造	2538613	1260260	1172605	105748
金属丝绳及其制品制造	4786286	2604517	2046269	135500
建筑、安全用金属制品制造	13287681	8152511	4492719	642451
建筑、家具用金属配件制造	4489489	2554041	1637668	297780
建筑装饰及水暖管道零件制造	4858027	3094640	1571907	191480
安全、消防用金属制品制造	2390780	1526489	786846	77445
其他建筑、安全用金属制品制造	1549385	977341	496298	75746
金属表面处理及热处理加工	5355862	2785847	2357066	212949
搪瓷制品制造	867780	483226	341544	43010
生产专用搪瓷制品制造	200105	79089	114386	6630
建筑装饰搪瓷制品制造	257084	178920	55438	22726
搪瓷卫生洁具制造	259064	162712	83680	12672
搪瓷日用品及其他搪瓷制品制造	151527	62505	88040	982
金属制日用品制造	6401693	3636689	2410217	354787
金属制厨房用器具制造	1427429	799017	535266	93146
金属制餐具和器皿制造	1513588	903566	550302	59720
金属制卫生器具制造	484905	276594	156532	51779
其他金属制日用品制造	2975771	1657512	1168117	150142
其他金属制品制造	16555109	9740880	6225577	588652
锻件及粉末冶金制品制造	4930942	2642368	2110597	177977
交通及公共管理用金属标牌制造	841518	429710	382345	29463
其他未列明金属制品制造	10782649	6668802	3732635	381212
通用设备制造业	132468252	68849995	57457511	6160746
锅炉及原动设备制造	10171394	5076040	4601278	494076
锅炉及辅助设备制造	4758015	2633999	1915766	208250
内燃机及配件制造	2568226	1027310	1463526	77390
汽轮机及辅机制造	483014	239506	235859	7649
水轮机及辅机制造	173691	87931	71731	14029
风能原动设备制造	1362368	678977	546763	136628
其他原动设备制造	826080	408317	367633	50130
金属加工机械制造	26508420	14255156	11163605	1089659
金属切削机床制造	4164923	2213006	1766880	185037
金属成形机床制造	4200616	2240947	1869673	89996
铸造机械制造	5303062	2853363	2183417	266282
金属切割及焊接设备制造	2091590	1247692	714603	129295
机床附件制造	2343596	1198821	1055502	89273
其他金属加工机械制造	8404633	4501327	3573530	329776
物料搬运设备制造	12094668	6870173	4621229	603266
轻小型起重设备制造	1110380	626548	413481	70351
起重机制造	2947757	1483601	1334637	129519

2-1-20 续表 11 单位：万元

行　业	投资额	建筑安装工程	设备工器具购置	其他费用
生产专用车辆制造	1398877	863342	472986	62549
连续搬运设备制造	1452667	793960	603301	55406
电梯、自动扶梯及升降机制造	3667975	2192857	1260090	215028
其他物料搬运设备制造	1517012	909865	536734	70413
泵、阀门、压缩机及类似机械制造	16310972	7992880	7565933	752159
泵及真空设备制造	5107460	2459419	2411500	236541
气体压缩机械制造	2038852	912485	1051765	74602
阀门和旋塞制造	4676540	2446365	1969040	261135
液压和气压动力机械及元件制造	4488120	2174611	2133628	179881
轴承、齿轮和传动部件制造	11762400	5354386	5857381	550633
轴承制造	6434930	2892773	3215136	327021
齿轮及齿轮减、变速箱制造	3603320	1686495	1788829	127996
其他传动部件制造	1724150	775118	853416	95616
烘炉、风机、衡器、包装等设备制造	15146241	8324046	6007626	814569
烘炉、熔炉及电炉制造	1285356	698139	525543	61674
风机、风扇制造	2282414	1253436	869104	159874
气体、液体分离及纯净设备制造	2443053	1382451	952937	107665
制冷、空调设备制造	5620186	3338407	1982620	299159
风动和电动工具制造	1119669	428697	628273	62699
喷枪及类似器具制造	171839	87114	75957	8768
衡器制造	546341	320379	205981	19981
包装专用设备制造	1677383	815423	767211	94749
文化、办公用机械制造	1519663	835819	620211	63633
电影机械制造	21372	9553	10905	914
幻灯及投影设备制造	224629	124053	92566	8010
照相机及器材制造	281079	111755	152672	16652
复印和胶印设备制造	532223	310959	201230	20034
计算器及货币专用设备制造	160583	107260	44044	9279
其他文化、办公用机械制造	299777	172239	118794	8744
通用零部件制造	28295955	14387076	12680879	1228000
金属密封件制造	1363938	681240	621596	61102
紧固件制造	3360800	1769466	1380666	210668
弹簧制造	850123	384204	433805	32114
机械零部件加工	17510851	8977565	7913045	620241
其他通用零部件制造	5210243	2574601	2331767	303875
其他通用设备制造业	10658539	5754419	4339369	564751
专用设备制造业	123466314	69209763	47928916	6327635
采矿、冶金、建筑专用设备制造	25871039	14086127	10335367	1449545
矿山机械制造	8961716	4876082	3470378	615256
石油钻采专用设备制造	3861289	2103512	1599106	158671
建筑工程用机械制造	5666515	3056569	2357199	252747
海洋工程专用设备制造	1656682	1073865	470085	112732
建筑材料生产专用机械制造	3317985	1786939	1322164	208882
冶金专用设备制造	2406852	1189160	1116435	101257
化工、木材、非金属加工专用设备制造	18388529	9439205	8116663	832661
炼油、化工生产专用设备制造	2638454	1520900	995081	122473
橡胶加工专用设备制造	518196	290588	205794	21814
塑料加工专用设备制造	2295693	1132523	1058485	104685
木材加工机械制造	1010314	604979	345394	59941
模具制造	10428127	5213531	4740099	474497
其他非金属加工专用设备制造	1497745	676684	771810	49251

2-1-20　续表 12　　　　单位：万元

行　　业	投资额	建筑安装工程	设备工器具购置	其他费用
食品、饮料、烟草及饲料生产专用设备制造	4304107	2509734	1559236	235137
食品、酒、饮料及茶生产专用设备制造	1813208	1051879	688281	73048
农副食品加工专用设备制造	1833837	1065228	688233	80376
烟草生产专用设备制造	259999	201050	46416	12533
饲料生产专用设备制造	397063	191577	136306	69180
印刷、制药、日化及日用品生产专用设备制造	6730796	3747983	2566189	416624
制浆和造纸专用设备制造	1230158	631297	544852	54009
印刷专用设备制造	1489501	917531	489206	82764
日用化工专用设备制造	607952	290456	302823	14673
制药专用设备制造	1204927	611263	474220	119444
照明器具生产专用设备制造	1039909	626275	335747	77887
玻璃、陶瓷和搪瓷制品生产专用设备制造	626546	362655	219447	44444
其他日用品生产专用设备制造	531803	308506	199894	23403
纺织、服装和皮革加工专用设备制造	3639463	1793737	1619988	225738
纺织专用设备制造	2640301	1319618	1139039	181644
皮革、毛皮及其制品加工专用设备制造	212406	117375	83946	11085
缝制机械制造	535336	266482	250077	18777
洗涤机械制造	251420	90262	146926	14232
电子和电工机械专用设备制造	13044762	7559789	4829302	655671
电工机械专用设备制造	3588872	2070323	1381719	136830
电子工业专用设备制造	9455890	5489466	3447583	518841
农、林、牧、渔专用机械制造	10342421	5815282	4028485	498654
拖拉机制造	1008215	524180	435421	48614
机械化农业及园艺机具制造	3928952	2339307	1387032	202613
营林及木竹采伐机械制造	173965	97869	68918	7178
畜牧机械制造	873421	530237	305542	37642
渔业机械制造	141374	80756	55447	5171
农林牧渔机械配件制造	1842291	887790	864688	89813
棉花加工机械制造	57118	30386	25036	1696
其他农、林、牧、渔业机械制造	2317085	1324757	886401	105927
医疗仪器设备及器械制造	12366494	7050121	4642544	673829
医疗诊断、监护及治疗设备制造	3750449	2167394	1388346	194709
口腔科用设备及器具制造	201028	84335	111332	5361
医疗实验室及医用消毒设备和器具制造	1112961	632807	427267	52887
医疗、外科及兽医用器械制造	2162911	1030739	979811	152361
机械治疗及病房护理设备制造	1103529	760373	286728	56428
假肢、人工器官及植(介)入器械制造	376182	174006	136822	65354
其他医疗设备及器械制造	3659434	2200467	1312238	146729
环保、社会公共服务及其他专用设备制造	28778703	17207785	10231142	1339776
环境保护专用设备制造	13715714	7833083	5235469	647162
地质勘查专用设备制造	282989	210702	68199	4088
邮政专用机械及器材制造	45226	27649	15121	2456
商业、饮食、服务专用设备制造	332057	131205	168425	32427
社会公共安全设备及器材制造	2162841	1362404	673963	126474
交通安全、管制及类似专用设备制造	549662	336025	191099	22538
水资源专用机械制造	1039108	655095	348388	35625
其他专用设备制造	10651106	6651622	3530478	469006
汽车制造业	130999421	66878154	56074115	8047152
汽车整车制造	23307789	10397366	10301619	2608804

2-1-20 续表 13

单位：万元

行　　业	投资额	建筑安装工程	设备工器具购置	其他费用
改装汽车制造	2632439	1652565	837793	142081
低速载货汽车制造	330100	174804	134139	21157
电车制造	3462806	1946711	1308793	207302
汽车车身、挂车制造	2152769	1165192	859528	128049
汽车零部件及配件制造	99113518	51541516	42632243	4939759
铁路、船舶、航空航天和其他运输设备制造业	29856698	17592491	10000663	2263544
铁路运输设备制造	5743529	3214197	2238662	290670
铁路机车车辆及动车组制造	589311	383941	176623	28747
窄轨机车车辆制造	137944	55177	63116	19651
铁路机车车辆配件制造	2369254	1217122	1000703	151429
铁路专用设备及器材、配件制造	2213965	1246130	882656	85179
其他铁路运输设备制造	433055	311827	115564	5664
城市轨道交通设备制造	2534608	1722990	578238	233380
船舶及相关装置制造	5655246	3174444	2199140	281662
金属船舶制造	2341078	1294676	927415	118987
非金属船舶制造	372444	224473	133824	14147
娱乐船和运动船制造	348917	254805	72327	21785
船用配套设备制造	2314439	1269222	933804	111413
船舶改装与拆除	142559	74630	57252	10677
航标器材及其他相关装置制造	135809	56638	74518	4653
摩托车制造	4090973	2476988	1197479	416506
摩托车整车制造	1351050	800838	312667	237545
摩托车零部件及配件制造	2739923	1676150	884812	178961
自行车制造	3446164	1772958	1440526	232680
脚踏自行车及残疾人座车制造	991678	432516	464749	94413
助动自行车制造	2454486	1340442	975777	138267
非公路休闲车及零配件制造	475286	236097	204753	34436
潜水救捞及其他未列明运输设备制造	7910892	4994817	2141865	774210
其他未列明运输设备制造	7910892	4994817	2141865	774210
电气机械和器材制造业	133467061	71580613	55352373	6534075
电机制造	11892671	5910107	5477309	505255
发电机及发电机组制造	5409830	2984869	2228441	196520
电动机制造	3661008	1775072	1713329	172607
微电机及其他电机制造	2821833	1150166	1535539	136128
输配电及控制设备制造	44649787	23815986	18738370	2095431
变压器、整流器和电感器制造	7483474	4104838	3043881	334755
电容器及其配套设备制造	1643078	871006	697039	75033
配电开关控制设备制造	6665178	3672741	2672635	319802
电力电子元器件制造	10963941	6203511	4190387	570043
光伏设备及元器件制造	12954149	6220573	6249735	483841
其他输配电及控制设备制造	4939967	2743317	1884693	311957
电线、电缆、光缆及电工器材制造	21022553	11752736	8256740	1013077
电线、电缆制造	14767672	8656373	5412413	698886
光纤、光缆制造	2538455	1173189	1277349	87917
绝缘制品制造	1510520	639187	797869	73464
其他电工器材制造	2205906	1283987	769109	152810
电池制造	24533119	12329426	11025739	1177954
锂离子电池制造	18323969	8922503	8532067	869399
镍氢电池制造	685289	402288	279742	3259
其他电池制造	5523861	3004635	2213930	305296

2-1-20　续表 14　　　　单位：万元

行　业	投资额	建筑安装工程	设备工器具购置	其他费用
家用电力器具制造	11386719	6213230	4504307	669182
家用制冷电器具制造	2331690	1096988	1028950	205752
家用空气调节器制造	1256648	585641	604081	66926
家用通风电器具制造	380150	192391	156862	30897
家用厨房电器具制造	2929100	1820793	955877	152430
家用清洁卫生电器具制造	901569	482821	387261	31487
家用美容、保健电器具制造	354945	160700	169655	24590
家用电力器具专用配件制造	1360282	742846	551735	65701
其他家用电力器具制造	1872335	1131050	649886	91399
非电力家用器具制造	3785283	2283661	1349003	152619
燃气、太阳能及类似能源家用器具制造	3371937	2029885	1208841	133211
其他非电力家用器具制造	413346	253776	140162	19408
照明器具制造	10383349	5981377	3844053	557919
电光源制造	1728642	927027	690965	110650
照明灯具制造	7426529	4324208	2695211	407110
灯用电器附件及其他照明器具制造	1228178	730142	457877	40159
其他电气机械及器材制造	5813580	3294090	2156852	362638
电气信号设备装置制造	781888	450814	281578	49496
其他未列明电气机械及器材制造	5031692	2843276	1875274	313142
计算机、通信和其他电子设备制造业	129139081	64077967	58692427	6368687
计算机制造	11127506	5642651	4844572	640283
计算机整机制造	1541236	705854	758117	77265
计算机零部件制造	5012513	2387658	2410479	214376
计算机外围设备制造	1318309	652476	611745	54088
其他计算机制造	3255448	1896663	1064231	294554
通信设备制造	22382231	12379940	8661846	1340445
通信系统设备制造	7925494	4494566	3071051	359877
通信终端设备制造	14456737	7885374	5590795	980568
广播电视设备制造	1507320	822795	630445	54080
广播电视节目制作及发射设备制造	198090	114654	74376	9060
广播电视接收设备及器材制造	800273	377807	396732	25734
应用电视设备及其他广播电视设备制造	508957	330334	159337	19286
视听设备制造	3044500	1539414	1348429	156657
电视机制造	1187293	653146	476335	57812
音响设备制造	1094928	579339	447519	68070
影视录放设备制造	762279	306929	424575	30775
电子器件制造	47456770	19934943	25369722	2152105
电子真空器件制造	1728423	993422	685251	49750
半导体分立器件制造	3640641	754423	2725365	160853
集成电路制造	11133869	3936321	6647635	549913
光电子器件及其他电子器件制造	30953837	14250777	15311471	1391589
电子元件制造	26758116	13850005	11697681	1210430
电子元件及组件制造	21650126	11301049	9295983	1053094
印制电路板制造	5107990	2548956	2401698	157336
其他电子设备制造	16862638	9908219	6139732	814687
仪器仪表制造业	19751303	11094845	7488840	1167618
通用仪器仪表制造	10461174	5672131	4264809	524234
工业自动控制系统装置制造	5652541	3008520	2355357	288664
电工仪器仪表制造	1820514	1044580	704359	71575
绘图、计算及测量仪器制造	671353	364497	262347	44509

2-1-20 续表 15 单位：万元

行 业	投资额	建筑安装工程	设备工器具购置	其他费用
实验分析仪器制造	806120	466492	309408	30220
试验机制造	288363	136321	134609	17433
供应用仪表及其他通用仪器制造	1222283	651721	498729	71833
专用仪器仪表制造	4144939	2132280	1682326	330333
环境监测专用仪器仪表制造	613061	295098	291235	26728
运输设备及生产用计数仪表制造	566726	256501	293905	16320
农林牧渔专用仪器仪表制造	64600	32972	27732	3896
地质勘探和地震专用仪器制造	145021	41008	101513	2500
教学专用仪器制造	284878	163872	105615	15391
电子测量仪器制造	1002058	627606	336091	38361
其他专用仪器制造	1468595	715223	526235	227137
钟表与计时仪器制造	877854	628423	201482	47949
光学仪器及眼镜制造	2560443	1644254	803434	112755
光学仪器制造	1599062	976189	573063	49810
眼镜制造	961381	668065	230371	62945
其他仪器仪表制造业	1706893	1017757	536789	152347
其他制造业	26338845	18519903	6172233	1646709
日用杂品制造	2783940	1747676	853900	182364
鬃毛加工、制刷及清扫工具制造	829768	577501	232995	19272
其他日用杂品制造	1954172	1170175	620905	163092
煤制品制造	1386807	840585	453295	92927
其他未列明制造业	22168098	15931642	4865038	1371418
废弃资源综合利用业	16949077	10664533	5341874	942670
金属废料和碎屑加工处理	8283245	5353653	2541868	387724
非金属废料和碎屑加工处理	8665832	5310880	2800006	554946
金属制品、机械和设备修理业	2776210	1850215	777863	148132
金属制品修理	182973	99315	76612	7046
通用设备修理	260515	169756	82911	7848
专用设备修理	463346	270087	175315	17944
铁路、船舶、航空航天等运输设备修理	989203	694856	217235	77112
铁路运输设备修理	165746	138622	15926	11198
船舶修理	436239	295363	104533	36343
航空航天器修理	276239	170624	79117	26498
其他运输设备修理	110979	90247	17659	3073
电气设备修理	92042	47843	41747	2452
仪器仪表修理	10424	5816	3695	913
其他机械和设备修理业	777707	562542	180348	34817
(四)电力、热力、燃气及水生产和供应业	**297941410**	**182784669**	**91674824**	**23481917**
电力、热力生产和供应业	220552084	122650879	79471835	18429370
电力生产	143508530	74656159	55809281	13043090
火力发电	28495413	13707481	12392318	2395614
水力发电	16536809	10648570	2571375	3316864
核力发电	11297105	4761635	3781624	2753846
风力发电	24888174	12090352	11434533	1363289
太阳能发电	49132254	25780159	20955730	2396365
其他电力生产	13158775	7667962	4673701	817112
电力供应	53081752	32284721	16447725	4349306
热力生产和供应	23961802	15709999	7214829	1036974
燃气生产和供应业	22297820	16274045	4766292	1257483
燃气生产和供应业	22297820	16274045	4766292	1257483

2-1-20　续表 16　　　单位：万元

行　　业	投资额	建筑安装工程	设备工器具购置	其他费用
水的生产和供应业	55091506	43859745	7436697	3795064
自来水生产和供应	23030818	18519602	2835260	1675956
污水处理及其再生利用	28080810	22008190	4209370	1863250
其他水的处理、利用与分配	3979878	3331953	392067	255858
(五)建筑业	**36479178**	**29110271**	**5102016**	**2266891**
房屋建筑业	7704618	6088243	1215217	401158
房屋建筑业	7704618	6088243	1215217	401158
土木工程建筑业	21734716	18013551	2245411	1475754
铁路、道路、隧道和桥梁工程建筑	14189143	12008479	1129177	1051487
铁路工程建筑	372873	174572	181119	17182
公路工程建筑	5001703	4238956	329690	433057
市政道路工程建筑	5477680	4799795	308455	369430
其他道路、隧道和桥梁工程建筑	3336887	2795156	309913	231818
水利和内河港口工程建筑	3544162	2992361	362075	189726
水源及供水设施工程建筑	1321424	1091243	179770	50411
河湖治理及防洪设施工程建筑	1808114	1625610	71188	111316
港口及航运设施工程建筑	414624	275508	111117	27999
海洋工程建筑	48097	23001	25046	50
工矿工程建筑	233837	139997	69411	24429
架线和管道工程建筑	1542959	1141332	311556	90071
架线及设备工程建筑	618238	374317	190355	53566
管道工程建筑	924721	767015	121201	36505
其他土木工程建筑	2176518	1708381	348146	119991
建筑安装业	2633680	1883739	621172	128769
电气安装	463488	274751	180255	8482
管道和设备安装	768212	537362	173655	57195
其他建筑安装业	1401980	1071626	267262	63092
建筑装饰和其他建筑业	4406164	3124738	1020216	261210
建筑装饰业	2264693	1654892	543587	66214
工程准备活动	362762	231441	88884	42437
建筑物拆除活动	97079	55256	23066	18757
其他工程准备活动	265683	176185	65818	23680
提供施工设备服务	173845	78673	88342	6830
其他未列明建筑业	1604864	1159732	299403	145729
(六)批发和零售业	**165417994**	**125595463**	**29053831**	**10768700**
批发业	84522542	62903044	16774436	4845062
农、林、牧产品批发	9481434	7429571	1250554	801309
谷物、豆及薯类批发	2485270	1977921	332146	175203
种子批发	543716	393909	130430	19377
饲料批发	458176	371437	75842	10897
棉、麻批发	278087	210524	63654	3909
林业产品批发	928598	655809	134287	138502
牲畜批发	667604	497142	92577	77885
其他农牧产品批发	4119983	3322829	421618	375536
食品、饮料及烟草制品批发	13163396	10313639	1934847	914910
米、面制品及食用油批发	1205050	860054	246412	98584
糕点、糖果及糖批发	285030	220592	43989	20449
果品、蔬菜批发	5887447	4800857	648245	438345
肉、禽、蛋、奶及水产品批发	1782373	1307456	314416	160501
盐及调味品批发	200178	130758	44605	24815

2-1-20 续表 17

单位：万元

行　业	投资额	建筑安装工程	设备工器具购置	其他费用
营养和保健品批发	236043	188936	27166	19941
酒、饮料及茶叶批发	1441791	1124142	251230	66419
烟草制品批发	186101	130281	43694	12126
其他食品批发	1939383	1550563	315090	73730
纺织、服装及家庭用品批发	8134581	6421337	1323041	390203
纺织品、针织品及原料批发	2088993	1596156	371032	121805
服装批发	2813853	2280789	423509	109555
鞋帽批发	296606	229939	41677	24990
化妆品及卫生用品批发	329364	249506	60508	19350
厨房、卫生间用具及日用杂货批发	536087	415309	104871	15907
灯具、装饰物品批发	479990	394003	64405	21582
家用电器批发	591601	440884	123658	27059
其他家庭用品批发	998087	814751	133381	49955
文化、体育用品及器材批发	1596044	1144972	394531	56541
文具用品批发	409757	286415	116649	6693
体育用品及器材批发	323543	225485	93516	4542
图书批发	184256	146182	29335	8739
报刊批发				
音像制品及电子出版物批发	34684	27596	5222	1866
首饰、工艺品及收藏品批发	350821	252881	91006	6934
其他文化用品批发	292983	206413	58803	27767
医药及医疗器材批发	3515912	2474072	849885	191955
西药批发	831621	672339	98061	61221
中药批发	958218	711897	170657	75664
医疗用品及器材批发	1726073	1089836	581167	55070
矿产品、建材及化工产品批发	22959966	16412567	5201820	1345579
煤炭及制品批发	1898010	1255530	493157	149323
石油及制品批发	3403474	2435101	722818	245555
非金属矿及制品批发	485800	346690	110860	28250
金属及金属矿批发	3513072	2485551	878283	149238
建材批发	10949630	8105508	2178954	665168
化肥批发	662680	463656	147340	51684
农药批发	121282	86954	29809	4519
农用薄膜批发	39678	29637	9131	910
其他化工产品批发	1886340	1203940	631468	50932
机械设备、五金产品及电子产品批发	13982479	9945679	3385471	651329
农业机械批发	1308137	968556	251308	88273
汽车批发	1675192	1210831	320275	144086
汽车零配件批发	1455380	1154051	246232	55097
摩托车及零配件批发	138553	90944	41932	5677
五金产品批发	3069727	2256097	641267	172363
电气设备批发	1294570	911700	341243	41627
计算机、软件及辅助设备批发	840798	531064	273915	35819
通讯及广播电视设备批发	335646	215862	104317	15467
其他机械设备及电子产品批发	3864476	2606574	1164982	92920
贸易经纪与代理	4741523	3544025	1000384	197114
贸易代理	3434862	2592536	695342	146984
拍卖	22191	18460	3731	
其他贸易经纪与代理	1284470	933029	301311	50130
其他批发业	6947207	5217182	1433903	296122

2-1-20 续表 18

单位：万元

行 业	投资额	建筑安装工程	设备工器具购置	其他费用
再生物资回收与批发	2014340	1247553	605217	161570
其他未列明批发业	4932867	3969629	828686	134552
零售业	80895452	62692419	12279395	5923638
综合零售	26376502	21192545	2795727	2388230
百货零售	14733681	11613852	1499540	1620289
超级市场零售	5270906	4194081	687669	389156
其他综合零售	6371915	5384612	608518	378785
食品、饮料及烟草制品专门零售	5771911	4309487	1045768	416656
粮油零售	618225	460224	128640	29361
糕点、面包零售	174889	125095	40122	9672
果品、蔬菜零售	1375412	1054383	178306	142723
肉、禽、蛋、奶及水产品零售	1134564	832721	179782	122061
营养和保健品零售	195675	154028	37151	4496
酒、饮料及茶叶零售	815146	547021	239239	28886
烟草制品零售	50193	41325	7086	1782
其他食品零售	1407807	1094690	235442	77675
纺织、服装及日用品专门零售	3675869	2679239	687450	309180
纺织品及针织品零售	441061	304785	90361	45915
服装零售	1811571	1367387	240452	203732
鞋帽零售	103417	78942	19188	5287
化妆品及卫生用品零售	152861	104878	37590	10393
钟表、眼镜零售	112288	81545	28278	2465
箱、包零售	87056	66902	17517	2637
厨房用具及日用杂品零售	159664	121203	35525	2936
自行车零售	54365	39059	11532	3774
其他日用品零售	753586	514538	207007	32041
文化、体育用品及器材专门零售	2124961	1569024	350407	205530
文具用品零售	292248	220631	44410	27207
体育用品及器材零售	168132	124720	39067	4345
图书、报刊零售	284513	212261	45087	27165
音像制品及电子出版物零售	31513	27418	2604	1491
珠宝首饰零售	575418	413825	70825	90768
工艺美术品及收藏品零售	574197	438012	91304	44881
乐器零售	24520	18925	4540	1055
照相器材零售	25454	9882	14270	1302
其他文化用品零售	148966	103350	38300	7316
医药及医疗器材专门零售	2648026	1974523	570386	103117
药品零售	1811865	1353200	374809	83856
医疗用品及器材零售	836161	621323	195577	19261
汽车、摩托车、燃料及零配件专门零售	20638151	15775039	3363548	1499564
汽车零售	14460884	11443552	1971969	1045363
汽车零配件零售	1240191	868893	317743	53555
摩托车及零配件零售	315230	254565	46003	14662
机动车燃料零售	4621846	3208029	1027833	385984
家用电器及电子产品专门零售	3352875	2404454	780843	167578
家用视听设备零售	219498	172825	35227	11446
日用家电设备零售	1094292	859801	163713	70778
计算机、软件及辅助设备零售	824077	615969	158820	49288
通信设备零售	587456	353464	217757	16235
其他电子产品零售	627552	402395	205326	19831

2-1-20 续表 19 单位：万元

行　　业	投资额	建筑安装工程	设备工器具购置	其他费用
五金、家具及室内装饰材料专门零售	7400786	5807813	1139895	453078
五金零售	1663634	1185426	402193	76015
灯具零售	185873	135284	36654	13935
家具零售	2852003	2363665	269111	219227
涂料零售	113274	85768	18799	8707
卫生洁具零售	44123	30761	11331	2031
木质装饰材料零售	507643	442747	51196	13700
陶瓷、石材装饰材料零售	712151	542787	122832	46532
其他室内装饰材料零售	1322085	1021375	227779	72931
货摊、无店铺及其他零售业	8906371	6980295	1545371	380705
货摊食品零售	190340	160827	22665	6848
货摊纺织、服装及鞋零售	11480	6440	4910	130
货摊日用品零售	67102	49080	17299	723
互联网零售	3434089	2581664	681088	171337
邮购及电视、电话零售	53810	49480	3422	908
旧货零售	101060	87457	5319	8284
生活用燃料零售	964583	691068	222462	51053
其他未列明零售业	4083907	3354279	588206	141422
(七)交通运输、仓储和邮政业	**611858228**	**466739973**	**61917400**	**83200855**
铁路运输业	80061940	53477245	13139178	13445517
铁路旅客运输	62269393	41048300	11385392	9835701
铁路货物运输	12036455	7896649	1575280	2564526
铁路运输辅助活动	5756092	4532296	178506	1045290
客运火车站	1490580	1218223	16421	255936
货运火车站	518899	464397	23919	30583
其他铁路运输辅助活动	3746613	2849676	138166	758771
道路运输业	403035901	325129590	19640004	58266307
城市公共交通运输	70847616	46044364	8186075	16617177
公共电汽车客运	5244286	2768894	2198024	277368
城市轨道交通	54096685	33865747	4823460	15407478
出租车客运	961662	272602	680288	8772
其他城市公共交通运输	10544983	9137121	484303	923559
公路旅客运输	134651230	114514978	1769814	18366438
道路货物运输	101378509	83093880	7308030	10976599
道路运输辅助活动	96158546	81476368	2376085	12306093
客运汽车站	3243777	2614800	267309	361668
公路管理与养护	68178158	57187406	1235237	9755515
其他道路运输辅助活动	24736611	21674162	873539	2188910
水上运输业	18864099	13452069	3647729	1764301
水上旅客运输	1232768	795923	269411	167434
海洋旅客运输	410474	253239	141604	15631
内河旅客运输	597967	401097	64168	132702
客运轮渡运输	224327	141587	63639	19101
水上货物运输	3804181	1984081	1425825	394275
远洋货物运输	512459	120236	381892	10331
沿海货物运输	1402934	837471	493490	71973
内河货物运输	1888788	1026374	550443	311971
水上运输辅助活动	13827150	10672065	1952493	1202592
客运港口	629126	513888	52423	62815
货运港口	9991935	8020918	991676	979341
其他水上运输辅助活动	3206089	2137259	908394	160436

2-1-20 续表 20

单位：万元

行 业	投资额	建筑安装工程	设备工器具购置	其他费用
航空运输业	23949212	8593798	12465413	2890001
航空客货运输	13909504	1654049	11568832	686623
航空旅客运输	13680715	1574333	11469729	636653
航空货物运输	228789	79716	99103	49970
通用航空服务	1645979	832824	544523	268632
航空运输辅助活动	8393729	6106925	352058	1934746
机场	7323456	5265680	265062	1792714
空中交通管理	99290	39678	22257	37355
其他航空运输辅助活动	970983	801567	64739	104677
管道运输业	3478534	2286107	675163	517264
管道运输业	3478534	2286107	675163	517264
装卸搬运和运输代理业	11150598	8217826	2178885	753887
装卸搬运	1874873	1251569	489637	133667
运输代理业	9275725	6966257	1689248	620220
货物运输代理	6519222	4797599	1264020	457603
旅客票务代理	30010	22990	6770	250
其他运输代理业	2726493	2145668	418458	162367
仓储业	68557761	53628945	9561801	5367015
谷物、棉花等农产品仓储	16427688	13177177	2297890	952621
谷物仓储	10895584	8861635	1472395	561554
棉花仓储	281420	217644	60469	3307
其他农产品仓储	5250684	4097898	765026	387760
其他仓储业	52130073	40451768	7263911	4414394
邮政业	2760183	1954393	609227	196563
邮政基本服务	347426	245293	68050	34083
快递服务	2412757	1709100	541177	162480
（八）住宿和餐饮业	**61066189**	**50611599**	**6158615**	**4295975**
住宿业	42890651	35935101	3641206	3314344
旅游饭店	29725944	24967079	2308012	2450853
一般旅馆	7475948	6206797	814707	454444
其他住宿业	5688759	4761225	518487	409047
餐饮业	18175538	14676498	2517409	981631
正餐服务	13587601	10975022	1913231	699348
快餐服务	692371	544862	123964	23545
饮料及冷饮服务	570296	468340	89736	12220
茶馆服务	125716	107257	15349	3110
咖啡馆服务	130812	106048	21459	3305
酒吧服务	190978	159852	25331	5795
其他饮料及冷饮服务	122790	95183	27597	10
其他餐饮业	3325270	2688274	390478	246518
小吃服务	898491	770127	60500	67864
餐饮配送服务	263186	178867	76098	8221
其他未列明餐饮业	2163593	1739280	253880	170433
（九）信息传输、软件和信息技术服务业	**69874290**	**38484733**	**26513293**	**4876264**
电信、广播电视和卫星传输服务	24892966	12536665	11164721	1191580
电信	22352205	11095534	10175041	1081630
固定电信服务	3238124	1367168	1705868	165088
移动电信服务	16679385	8239043	7621952	818390
其他电信服务	2434696	1489323	847221	98152

2-1-20 续表 21 单位：万元

行 业	投资额	建筑安装工程	设备工器具购置	其他费用
广播电视传输服务	2021051	1382772	530829	107450
有线广播电视传输服务	1476945	985933	423731	67281
无线广播电视传输服务	544106	396839	107098	40169
卫星传输服务	519710	58359	458851	2500
互联网和相关服务	10807155	5908915	4226821	671419
互联网接入及相关服务	3207635	1803360	1258538	145737
互联网信息服务	5379187	2576960	2426038	376189
其他互联网服务	2220333	1528595	542245	149493
软件和信息技术服务业	34174169	20039153	11121751	3013265
软件开发	14457860	7645420	5287668	1524772
信息系统集成服务	3867485	2305365	1333176	228944
信息技术咨询服务	4008492	2671555	715011	621926
数据处理和存储服务	5703408	3481242	1913984	308182
集成电路设计	581221	298670	262405	20146
其他信息技术服务业	5555703	3636901	1609507	309295
数字内容服务	605506	431714	151440	22352
呼叫中心	353036	290426	51871	10739
其他未列明信息技术服务业	4597161	2914761	1406196	276204
(十)金融业	**11214754**	**8401758**	**1574236**	**1238760**
货币金融服务	4676301	3326266	924241	425794
中央银行服务	240930	169549	58406	12975
货币银行服务	3854635	2921507	647757	285371
非货币银行服务	571865	228339	216166	127360
金融租赁服务	298811	95379	173032	30400
财务公司	21473	14020	5591	1862
典当	22622	20814	1808	
其他非货币银行服务	228959	98126	35735	95098
银行监管服务	8871	6871	1912	88
资本市场服务	3576142	2921891	349234	305017
证券市场服务	484827	386190	39294	59343
证券市场管理服务	158667	139933	13973	4761
证券经纪交易服务	229084	174081	15303	39700
基金管理服务	97076	72176	10018	14882
期货市场服务	62682	49939	6388	6355
期货市场管理服务	18670	15916	2091	663
其他期货市场服务	44012	34023	4297	5692
证券期货监管服务	27790	21785	6005	
资本投资服务	2463211	2102662	216874	143675
其他资本市场服务	537632	361315	80673	95644
保险业	1233901	859207	128936	245758
人身保险	772758	549026	33826	189906
人寿保险	758920	538492	31064	189364
健康和意外保险	13838	10534	2762	542
财产保险	311062	203258	61411	46393
再保险	4488	4488		
养老金	14486	11251	2286	949
保险经纪与代理服务	57630	36772	14897	5961
保险监管服务				
其他保险活动	73477	54412	16516	2549
风险和损失评估	5696	2599	1367	1730
其他未列明保险活动	67781	51813	15149	819

2-1-20　续表 22　　　　单位：万元

行　　业	投资额	建筑安装工程	设备工器具购置	其他费用
其他金融业	1728410	1294394	171825	262191
金融信托与管理服务	594169	466954	47736	79479
控股公司服务	46152	31655	9941	4556
非金融机构支付服务	84927	39810	11407	33710
金融信息服务	526896	381007	39074	106815
其他未列明金融业	476266	374968	63667	37631
(十一)房地产业	**1397335192**	**1034612875**	**24180898**	**338541419**
房地产业	1397335192	1034612875	24180898	338541419
房地产开发经营	1128355121	810792138	16798774	300764209
物业管理	4554211	3165247	723002	665962
房地产中介服务	561469	424642	103332	33495
自有房地产经营活动	21946235	17074558	785907	4085770
其他房地产业	241918156	203156290	5769883	32991983
(十二)租赁和商务服务业	**133042207**	**96682280**	**21934438**	**14425489**
租赁业	13192393	2971713	10009546	211134
机械设备租赁	11291081	2639997	8460948	190136
汽车租赁	2372557	718278	1611908	42371
农业机械租赁	437646	199217	226323	12106
建筑工程机械与设备租赁	2019069	1077402	853158	88509
计算机及通讯设备租赁	130773	73960	51928	4885
其他机械与设备租赁	6331036	571140	5717631	42265
文化及日用品出租	1901312	331716	1548598	20998
娱乐及体育设备出租	1807866	270787	1520353	16726
图书出租	16497	13880	1017	1600
音像制品出租	7559	6315	1044	200
其他文化及日用品出租	69390	40734	26184	2472
商务服务业	119849814	93710567	11924892	14214355
企业管理服务	51345738	39075185	4162296	8108257
企业总部管理	5512675	3832564	365411	1314700
投资与资产管理	38171391	29419748	2653734	6097909
单位后勤管理服务	678312	545421	102935	29956
其他企业管理服务	6983360	5277452	1040216	665692
法律服务	271819	180639	45140	46040
律师及相关法律服务	122087	92152	24858	5077
公证服务	84687	43688	10122	30877
其他法律服务	65045	44799	10160	10086
咨询与调查	4129711	3052644	890828	186239
会计、审计及税务服务	210351	143673	56883	9795
市场调查	22535	16938	5205	392
社会经济咨询	1656883	1256966	352230	47687
其他专业咨询	2239942	1635067	476510	128365
广告业	3670157	2518433	971691	180033
知识产权服务	142538	117837	23857	844
人力资源服务	1696119	1312889	317649	65581
公共就业服务	475351	403938	49240	22173
职业中介服务	120300	90431	24853	5016
劳务派遣服务	588513	398542	164220	25751
其他人力资源服务	511955	419978	79336	12641
旅行社及相关服务	22937819	19066221	1818293	2053305

2-1-20 续表 23

单位：万元

行业	投资额	建筑安装工程	设备工器具购置	其他费用
旅行社服务	733950	589666	115164	29120
旅游管理服务	21051059	17493914	1583057	1974088
其他旅行社相关服务	1152810	982641	120072	50097
安全保护服务	1442626	1043482	362226	36918
安全服务	403879	316841	77949	9089
安全系统监控服务	853917	576154	252402	25361
其他安全保护服务	184830	150487	31875	2468
其他商务服务业	34213287	27343237	3332912	3537138
市场管理	10907573	8936224	783072	1188277
会议及展览服务	8711977	6776287	811491	1124199
包装服务	400050	296513	90755	12782
办公服务	2041244	1641017	287214	113013
信用服务	49959	36627	11260	2072
担保服务	80542	64500	9026	7016
其他未列明商务服务业	12021942	9592069	1340094	1089779
(十三)科学研究和技术服务业	**59324785**	**41862287**	**13412086**	**4050412**
研究和试验发展	15251406	10755516	3097791	1398099
自然科学研究和试验发展	1979807	1403414	345710	230683
工程和技术研究和试验发展	8607931	5967291	1870851	769789
农业科学研究和试验发展	2381891	1721878	406141	253872
医学研究和试验发展	2154252	1558057	458236	137959
社会人文科学研究	127525	104876	16853	5796
专业技术服务业	18809456	13624214	4071938	1113304
气象服务	410631	320683	73083	16865
地震服务	109742	93754	14805	1183
海洋服务	385893	284875	84760	16258
测绘服务	156380	79183	71915	5282
质检技术服务	3680837	2509429	959645	211763
环境与生态监测	1122747	691863	373566	57318
环境保护监测	913097	552227	318102	42768
生态监测	209650	139636	55464	14550
地质勘查	1681783	1029750	518510	133523
能源矿产地质勘查	308459	177966	123761	6732
固体矿产地质勘查	560439	424929	82646	52864
水、二氧化碳等矿产地质勘查	36859	21584	14925	350
基础地质勘查	412110	235478	155926	20706
地质勘查技术服务	363916	169793	141252	52871
工程技术	5932356	4883959	661590	386807
工程管理服务	2735631	2354102	210029	171500
工程勘察设计	1630398	1176070	333680	120648
规划管理	1566327	1353787	117881	94659
其他专业技术服务业	5329087	3730718	1314064	284305
专业化设计服务	1611238	1192833	336358	82047
摄影扩印服务	290162	186837	64637	38688
兽医服务	127560	99802	18426	9332
其他未列明专业技术服务业	3300127	2251246	894643	154238
科技推广和应用服务业	25263923	17482557	6242357	1539009
技术推广服务	16617713	11028013	4648512	941188
农业技术推广服务	7458747	5518165	1352365	588217
生物技术推广服务	2624517	1845199	664753	114565

2-1-20 续表 24 单位：万元

行　　业	投资额	建筑安装工程	设备工器具购置	其他费用
新材料技术推广服务	1592551	945956	538656	107939
节能技术推广服务	1860101	994846	817372	47883
其他技术推广服务	3081797	1723847	1275366	82584
科技中介服务	3563844	2701047	498108	364689
其他科技推广和应用服务业	5082366	3753497	1095737	233132
(十四)水利、环境和公共设施管理业	**821052961**	**681015533**	**38928114**	**101109314**
水利管理业	100208314	84341725	3386096	12480493
防洪除涝设施管理	47176668	40326836	1264724	5585108
水资源管理	18312332	14819515	790066	2702751
天然水收集与分配	15190223	12548315	597656	2044252
水文服务	155270	124400	22202	8668
其他水利管理业	19373821	16522659	711448	2139714
生态保护和环境治理业	38223374	29013091	4387866	4822417
生态保护	5876152	4579575	330038	966539
自然保护区管理	2009770	1722603	134133	153034
野生动物保护	593296	404542	66945	121809
野生植物保护	212365	197042	6295	9028
其他自然保护	3060721	2255388	122665	682668
环境治理业	32347222	24433516	4057828	3855878
水污染治理	18503050	14902139	1080762	2520149
大气污染治理	2772926	1570240	1064599	138087
固体废物治理	4873722	3085491	999616	788615
危险废物治理	535323	318099	182618	34606
放射性废物治理	5130	2837	2293	
其他污染治理	5657071	4554710	727940	374421
公共设施管理业	682621273	567660717	31154152	83806404
市政设施管理	452339485	378013477	16426734	57899274
环境卫生管理	14733969	11863333	1884532	986104
城乡市容管理	37858674	31882189	2086125	3890360
绿化管理	28653407	23140962	1300798	4211647
公园和游览景区管理	149035738	122760756	9455963	16819019
公园管理	31662223	25747251	1453713	4461259
游览景区管理	117373515	97013505	8002250	12357760
(十五)居民服务、修理和其他服务业	**26861516**	**20769912**	**4170475**	**1921129**
居民服务业	15838326	12648056	1933279	1256991
家庭服务	692220	574079	92739	25402
托儿所服务	199427	149455	25440	24532
洗染服务	247558	143775	88624	15159
理发及美容服务	397304	286363	105176	5765
洗浴服务	1708417	1377695	223452	107270
保健服务	712856	553558	124404	34894
婚姻服务	251772	152039	17349	82384
殡葬服务	2580297	2147910	156009	276378
其他居民服务业	9048475	7263182	1100086	685207
机动车、电子产品和日用产品修理业	5392949	3915638	1231735	245576
汽车、摩托车修理与维护	4892326	3573063	1090150	229113
汽车修理与维护	4866901	3557459	1081098	228344
摩托车修理与维护	25425	15604	9052	769
计算机和办公设备维修	286889	202986	79999	3904
计算机和辅助设备修理	81373	54440	25966	967

2-1-20 续表 25

单位：万元

行业	投资额	建筑安装工程	设备工器具购置	其他费用
通讯设备修理	92773	81053	10516	1204
其他办公设备维修	112743	67493	43517	1733
家用电器修理	74986	53749	17393	3844
家用电子产品修理	31976	23423	6010	2543
日用电器修理	43010	30326	11383	1301
其他日用产品修理业	138748	85840	44193	8715
自行车修理				
鞋和皮革修理	4900	2900	2000	
家具和相关物品修理	7430	3500	3930	
其他未列明日用产品修理业	126418	79440	38263	8715
其他服务业	5630241	4206218	1005461	418562
清洁服务	1053534	670818	333291	49425
建筑物清洁服务	176508	110647	52725	13136
其他清洁服务	877026	560171	280566	36289
其他未列明服务业	4576707	3535400	672170	369137
(十六)教育	**110835380**	**93305546**	**8197074**	**9332760**
教育	110835380	93305546	8197074	9332760
学前教育	10389344	8928612	865743	594989
初等教育	29091577	24899605	1946573	2245399
普通小学教育	28892114	24720203	1935491	2236420
成人小学教育	199463	179402	11082	8979
中等教育	41212820	35322343	2330324	3560153
普通初中教育	21138780	18193223	1285639	1659918
职业初中教育	713434	639169	36232	38033
成人初中教育	225169	199157	15096	10916
普通高中教育	11230647	9443232	572736	1214679
成人高中教育	180419	152638	9934	17847
中等职业学校教育	7724371	6694924	410687	618760
高等教育	16705391	13251259	1572708	1881424
普通高等教育	15998576	12640996	1519271	1838309
成人高等教育	706815	610263	53437	43115
特殊教育	540472	458430	41659	40383
技能培训、教育辅助及其他教育	12895776	10445297	1440067	1010412
职业技能培训	6283896	5019925	795894	468077
体校及体育培训	503395	421677	29032	52686
文化艺术培训	1002562	819921	103769	78872
教育辅助服务	1433863	1145245	237687	50931
其他未列明教育	3672060	3038529	273685	359846
(十七)卫生和社会工作	**73273999**	**57922277**	**10360979**	**4990743**
卫生	52432963	40413058	8684754	3335151
医院	41115044	31401428	7011408	2702208
综合医院	27703915	21069120	4888130	1746665
中医医院	3965471	3163013	526652	275806
中西医结合医院	1142787	907395	181338	54054
民族医院	302813	255125	38628	9060
专科医院	5558310	4043523	1129484	385303
疗养院	2441748	1963252	247176	231320
社区医疗与卫生院	5504658	4485801	688673	330184
社区卫生服务中心(站)	1562711	1214145	214239	134327
街道卫生院	267081	204073	42419	20589
乡镇卫生院	3674866	3067583	432015	175268

2-1-20 续表 26

单位：万元

行 业	投资额	建筑安装工程	设备工器具购置	其他费用
门诊部(所)	689771	464684	186154	38933
计划生育技术服务活动	196800	171573	14574	10653
妇幼保健院(所、站)	2349564	1906400	286437	156727
专科疾病防治院(所、站)	427526	323318	95618	8590
疾病预防控制中心	609420	485242	101831	22347
其他卫生活动	1540180	1174612	300059	65509
社会工作	20841036	17509219	1676225	1655592
提供住宿社会工作	19535043	16407457	1583214	1544372
干部休养所	554722	399522	135787	19413
护理机构服务	2246229	1908823	189107	148299
精神康复服务	233138	204796	16517	11825
老年人、残疾人养护服务	15581724	13084149	1190518	1307057
孤残儿童收养和庇护服务	466419	404943	37958	23518
其他提供住宿社会救助	452811	405224	13327	34260
不提供住宿社会工作	1305993	1101762	93011	111220
社会看护与帮助服务	982492	823556	66424	92512
其他不提供住宿社会工作	323501	278206	26587	18708
(十八)文化、体育和娱乐业	**87318805**	**70261985**	**7930798**	**9126022**
新闻和出版业	895394	686949	113352	95093
新闻业	422446	310608	45874	65964
出版业	472948	376341	67478	29129
图书出版	172330	128613	38699	5018
报纸出版	161541	122396	16776	22369
期刊出版	8717	7819	898	
音像制品出版	1125	1125		
电子出版物出版	17271	12363	4888	20
其他出版业	111964	104025	6217	1722
广播、电视、电影和影视录音制作业	5342743	4419429	753314	170000
广播	545128	499108	38473	7547
电视	481810	304408	156497	20905
电影和影视节目制作	2570865	2302863	188897	79105
电影和影视节目发行	137492	73820	63383	289
电影放映	1467115	1116140	293043	57932
录音制作	140333	123090	13021	4222
文化艺术业	37873756	30951825	2920532	4001399
文艺创作与表演	1985411	1500064	268734	216613
艺术表演场馆	2788035	2309426	198080	280529
图书馆与档案馆	2133254	1751949	144643	236662
图书馆	1450183	1167413	89255	193515
档案馆	683071	584536	55388	43147
文物及非物质文化遗产保护	6682374	5386775	334677	960922
博物馆	5415021	4491782	333012	590227
烈士陵园、纪念馆	1221297	1056731	77702	86864
群众文化活动	9712561	8252458	699387	760716
其他文化艺术业	7935803	6202640	864297	868866
体育	18097216	15067687	1254229	1775300
体育组织	428381	388210	24214	15957
体育场馆	8647170	7359217	402783	885170
休闲健身活动	7869965	6377646	722465	769854
其他体育	1151700	942614	104767	104319

2-1-20 续表 27

单位：万元

行　　业	投资额	建筑安装工程	设备工器具购置	其他费用
娱乐业	25109696	19136095	2889371	3084230
室内娱乐活动	3077558	2454218	444522	178818
歌舞厅娱乐活动	893975	680129	158522	55324
电子游艺厅娱乐活动	211406	179791	19024	12591
网吧活动	335093	233409	91809	9875
其他室内娱乐活动	1637084	1360889	175167	101028
游乐园	13287957	9809760	1605485	1872712
彩票活动	185686	129108	39139	17439
文化、娱乐、体育经纪代理	364895	280718	40344	43833
文化娱乐经纪人	50698	46410	2200	2088
体育经纪人	8700	8509		191
其他文化艺术经纪代理	305497	225799	38144	41554
其他娱乐业	8193600	6462291	759881	971428
(十九)公共管理、社会保障和社会组织	**79313212**	**68739788**	**6392326**	**4181098**
中国共产党机关	451155	404953	26963	19239
中国共产党机关	451155	404953	26963	19239
国家机构	53033264	44724159	5251411	3057694
国家权力机构	712622	619028	46028	47566
国家行政机构	50434029	42445024	5088225	2900780
综合事务管理机构	20587617	17749473	1636251	1201893
对外事务管理机构	157687	148782	3500	5405
公共安全管理机构	10831887	8576555	1883404	371928
社会事务管理机构	9071849	7723883	787999	559967
经济事务管理机构	8560339	7215370	631016	713953
行政监督检查机构	1224650	1030961	146055	47634
人民法院和人民检察院	882805	782052	46057	54696
人民法院	606170	537296	31554	37320
人民检察院	276635	244756	14503	17376
其他国家机构	1003808	878055	71101	54652
人民政协、民主党派	67119	54049	6097	6973
人民政协	39448	31556	3751	4141
民主党派	27671	22493	2346	2832
社会保障	3931391	3526360	97149	307882
社会保障	3931391	3526360	97149	307882
群众团体、社会团体和其他成员组织	3815503	3250306	319761	245436
群众团体	264813	234979	16723	13111
工会	103276	89447	4394	9435
妇联	2070	2013	14	43
共青团	5431	4881	550	
其他群众团体	154036	138638	11765	3633
社会团体	1259699	1030613	116612	112474
专业性团体	878487	703983	79709	94795
行业性团体	218696	189119	19266	10311
其他社会团体	162516	137511	17637	7368
基金会	12900	12571	329	
宗教组织	2278091	1972143	186097	119851
基层群众自治组织	18014780	16779961	690945	543874
社区自治组织	3233851	2867620	214352	151879
村民自治组织	14780929	13912341	476593	391995

2-1-21　国民经济行业小类按隶属关系分的固定资产投资(不含农户)

单位：万元

行　　业	合　计	中央项目	地方项目				
				省　属	地市属	县　属	其　他
全　国　总　计	**6316839637**	**258928372**	**6057911265**	**278133100**	**620385070**	**1246068267**	**3913324828**
(一)农、林、牧、渔业	**246383334**	**1552649**	**244830685**	**1283662**	**4856495**	**56082796**	**182607732**
农业	118333124	535630	117797494	522189	1528804	22554149	93192352
谷物种植	14452128	64339	14387789	291894	188372	3549119	10358404
稻谷种植	7234301	43624	7190677	252601	104239	1941616	4892221
小麦种植	1586167	5298	1580869	5667	9873	564433	1000896
玉米种植	3592821	12437	3580384	33626	44830	689071	2812857
其他谷物种植	2038839	2980	2035859		29430	353999	1652430
豆类、油料和薯类种植	4115866	11540	4104326	6973	38990	688977	3369386
豆类种植	781874	4550	777324	4095		161538	611691
油料种植	2155702	500	2155202		22447	261398	1871357
薯类种植	1178290	6490	1171800	2878	16543	266041	886338
棉、麻、糖、烟草种植	1899041	40961	1858080	4305	55995	670897	1126883
棉花种植	428049	38977	389072		3891	34470	350711
麻类种植	168072		168072			12621	155451
糖料种植	574143		574143	1300	2000	357357	213486
烟草种植	728777	1984	726793	3005	50104	266449	407235
蔬菜、食用菌及园艺作物种植	42786489	169546	42616943	54028	587068	6753473	35222374
蔬菜种植	22787053	121923	22665130	35545	258958	4013262	18357365
食用菌种植	6243813	3600	6240213	6316	22723	916916	5294258
花卉种植	9964137	20972	9943165	12167	263186	1153032	8514780
其他园艺作物种植	3791486	23051	3768435		42201	670263	3055971
水果种植	26551986	130355	26421631	102703	293800	4977558	21047570
仁果类和核果类水果种植	9129995	59889	9070106	28355	64963	1818179	7158609
葡萄种植	3042416	24200	3018216	51104	10967	590504	2365641
柑橘类种植	2528197	3410	2524787	4431	19637	497262	2003457
香蕉等亚热带水果种植	1285473	548	1284925	3024	45071	263538	973292
其他水果种植	10565905	42308	10523597	15789	153162	1808075	8546571
坚果、含油果、香料和饮料作物种植	8258232	1986	8256246		45773	1678932	6531541
坚果种植	2951698	1395	2950303		40430	768177	2141696
含油果种植	1041282		1041282		1577	267941	771764
香料作物种植	750214	591	749623		1440	205067	543116
茶及其他饮料作物种植	3515038		3515038		2326	437747	3074965
中药材种植	9668179	12432	9655747	23470	57100	1451444	8123733
其他农业	10601203	104471	10496732	38816	261706	2783749	7412461
林业	22222972	122392	22100580	145028	2086498	7655124	12213930
林木育种和育苗	10326250	9806	10316444	20958	168972	1566779	8559735
林木育种	2627308		2627308	5456	68681	504890	2048281
林木育苗	7698942	9806	7689136	15502	100291	1061889	6511454
造林和更新	10152628	96241	10056387	100727	1873944	5331016	2750700
森林经营和管护	1243475	16345	1227130	15379	37463	668291	505997
木材和竹材采运	192361		192361	6836	5470	51026	129029
木材采运	140515		140515	6836	5470	36728	91481
竹材采运	51846		51846			14298	37548
林产品采集	308258		308258	1128	649	38012	268469
木竹材林产品采集	107667		107667	144	649	25851	81023
非木竹材林产品采集	200591		200591	984		12161	187446
畜牧业	56315570	183259	56132311	242914	407991	8388664	47092742
牲畜饲养	44152927	149441	44003486	226485	355471	6523895	36897635
牛的饲养	12132351	85092	12047259	11874	114074	2113252	9808059
马的饲养	189136		189136		13000	37161	138975

2-1-21 续表 1

单位：万元

行业	合计	中央项目	地方项目	省属	地市属	县属	其他
猪的饲养	23677910	40903	23637007	176694	153175	2532021	20775117
羊的饲养	5735043	18916	5716127	687	68435	1352783	4294222
骆驼饲养	3283		3283			1800	1483
其他牲畜饲养	2415204	4530	2410674	37230	6787	486878	1879779
家禽饲养	9148985	21123	9127862	9335	31702	1202704	7884121
鸡的饲养	7045811	13869	7031942	7955	26222	1018424	5979341
鸭的饲养	675190		675190		1790	28328	645072
鹅的饲养	391528		391528	1380	2040	20039	368069
其他家禽饲养	1036456	7254	1029202		1650	135913	891639
狩猎和捕捉动物	115232		115232		620	8660	105952
其他畜牧业	2898426	12695	2885731	7094	20198	653405	2205034
渔业	12051862	14431	12037431	25254	134743	1259325	10618109
水产养殖	11062393	14431	11047962	24469	125508	1203911	9694074
海水养殖	3349610	7408	3342202	16019	14350	252902	3058931
内陆养殖	7712783	7023	7705760	8450	111158	951009	6635143
水产捕捞	989469		989469	785	9235	55414	924035
海水捕捞	797213		797213	785	9235	40576	746617
内陆捕捞	192256		192256			14838	177418
农、林、牧、渔服务业	37459806	696937	36762869	348277	698459	16225534	19490599
农业服务业	33785234	681482	33103752	229765	619612	14869882	17384493
农业机械服务	3075888	22125	3053763	28740	64066	685336	2275621
灌溉服务	8015460	487886	7527574	39096	193218	5293750	2001510
农产品初加工服务	5780952	43056	5737896	51752	91107	936561	4658476
其他农业服务	16912934	128415	16784519	110177	271221	7954235	8448886
林业服务业	1455983	10736	1445247	7991	24144	709274	703838
林业有害生物防治服务	203874	613	203261	498	2033	108484	92246
森林防火服务	287344	4524	282820	4999	8386	209824	59611
林产品初级加工服务	153320		153320			22380	130940
其他林业服务	811445	5599	805846	2494	13725	368586	421041
畜牧服务业	1498685	3051	1495634	110521	37734	477113	870266
渔业服务业	719904	1668	718236		16969	169265	532002
(二)采矿业	**92089492**	**23362361**	**68727131**	**9929247**	**1737250**	**11691134**	**45369500**
煤炭开采和洗选业	26483765	1317389	25166376	6236916	742455	5960539	12226466
烟煤和无烟煤开采洗选	24161047	1039331	23121716	5761556	665825	5625512	11068823
褐煤开采洗选	1366552	203990	1162562	409617	65870	140695	546380
其他煤炭采选	956166	74068	882098	65743	10760	194332	611263
石油和天然气开采业	26489285	21019178	5470107	1654192	283148	1402496	2130271
石油开采	22195801	19435885	2759916	1121825	25898	500134	1112059
天然气开采	4293484	1583293	2710191	532367	257250	902362	1018212
黑色金属矿采选业	7511878	452927	7058951	752857	116241	553344	5636509
铁矿采选	6905932	452927	6453005	751357	116241	439938	5145469
锰矿、铬矿采选	419193		419193	1500		76573	341120
其他黑色金属矿采选	186753		186753			36833	149920
有色金属矿采选业	11091361	376490	10714871	1029670	186471	1668227	7830503
常用有色金属矿采选	6587617	148899	6438718	562212	175167	1036660	4664679
铜矿采选	1729964	56429	1673535	160853	125399	302241	1085042
铅锌矿采选	2441145	1800	2439345	108975	24853	421363	1884154
镍钴矿采选	280392		280392	99128	1600	149564	30100
锡矿采选	510782		510782	121811		1775	387196
锑矿采选	101736		101736			6000	95736
铝矿采选	743452	53581	689871	3533	2200	83846	600292

2-1-21　续表 2　　　　单位：万元

行　业	合　计	中央项目	地方项目				
				省　属	地市属	县　属	其　他
镁矿采选	50381		50381				50381
其他常用有色金属矿采选	729765	37089	692676	67912	21115	71871	531778
贵金属矿采选	3520567	27881	3492686	363519	7365	584278	2537524
金矿采选	3319110	27881	3291229	318508	4800	547595	2420326
银矿采选	151927		151927	45011		23920	82996
其他贵金属矿采选	49530		49530		2565	12763	34202
稀有稀土金属矿采选	983177	199710	783467	103939	3939	47289	628300
钨钼矿采选	668963	184648	484315	49919	3939	24400	406057
稀土金属矿采选	83873	9062	74811			7879	66932
放射性金属矿采选	28687	6000	22687			5900	16787
其他稀有金属矿采选	201654		201654	54020		9110	138524
非金属矿采选业	17545770	50904	17494866	150329	154185	1472875	15717477
土砂石开采	13735197	40757	13694440	27838	57380	1079709	12529513
石灰石、石膏开采	3830764	34462	3796302	7468	32127	333878	3422829
建筑装饰用石开采	4141120	550	4140570		11391	234410	3894769
耐火土石开采	735291		735291	104		13765	721422
粘土及其他土砂石开采	5028022	5745	5022277	20266	13862	497656	4490493
化学矿开采	1444779	10147	1434632	103655	33633	149034	1148310
采盐	334931		334931	14271		66346	254314
石棉及其他非金属矿采选	2030863		2030863	4565	63172	177786	1785340
石棉、云母矿采选	50425		50425			12785	37640
石墨、滑石采选	348359		348359		10602	31025	306732
宝石、玉石采选	199767		199767		52570	10311	136886
其他未列明非金属矿采选	1432312		1432312	4565		123665	1304082
开采辅助活动	2376626	140953	2235673	95964	249729	529417	1360563
煤炭开采和洗选辅助活动	1038214	9357	1028857	49554	161510	231315	586478
石油和天然气开采辅助活动	725198	76669	648529	17751	72061	172240	386477
其他开采辅助活动	613214	54927	558287	28659	16158	125862	387608
其他采矿业	590807	4520	586287	9319	5021	104236	467711
其他采矿业	590807	4520	586287	9319	5021	104236	467711
(三)制造业	**1936156711**	**28133766**	**1908022945**	**34665867**	**82396100**	**154298106**	**1636662872**
农副食品加工业	119859886	340248	119519638	700322	1989090	11771724	105058502
谷物磨制	21984134	16697	21967437	252695	220206	1956741	19537795
饲料加工	14142968	23396	14119572	26807	247760	1156735	12688270
植物油加工	10792620	145809	10646811	71412	149356	1243961	9182082
食用植物油加工	9998508	145809	9852699	71412	146050	1219895	8415342
非食用植物油加工	794112		794112		3306	24066	766740
制糖业	1574590	19371	1555219	10900	61975	220146	1262198
屠宰及肉类加工	17966805	18146	17948659	46763	245427	2195323	15461146
牲畜屠宰	4913148	16146	4897002	9099	56744	713304	4117855
禽类屠宰	2650771		2650771	17221	17290	409099	2207161
肉制品及副产品加工	10402886	2000	10400886	20443	171393	1072920	9136130
水产品加工	9109966	54003	9055963	42749	106100	422065	8485049
水产品冷冻加工	5248715	25535	5223180	36977	106100	210345	4869758
鱼糜制品及水产品干腌制加工	1378581		1378581			108355	1270226
水产饲料制造	722285	23682	698603			25274	673329
鱼油提取及制品制造	100701		100701	4900		310	95491
其他水产品加工	1659684	4786	1654898	872		77781	1576245
蔬菜、水果和坚果加工	20544658	33065	20511593	159511	281510	2059692	18010880
蔬菜加工	12781622	1550	12780072	17222	149845	1189854	11423151
水果和坚果加工	7763036	31515	7731521	142289	131665	869838	6587729

2-1-21 续表 3

单位：万元

行业	合计	中央项目	地方项目	省属	地市属	县属	其他
其他农副食品加工	23744145	29761	23714384	89485	676756	2517061	20431082
淀粉及淀粉制品制造	5329506	11800	5317706	37714	358453	602447	4319092
豆制品制造	4056480	550	4055930		48204	388024	3619702
蛋品加工	1160452		1160452		50717	26480	1083255
其他未列明农副食品加工	13197707	17411	13180296	51771	219382	1500110	11409033
食品制造业	58428239	148923	58279316	489891	1352577	5852152	50584696
焙烤食品制造	9630914	5900	9625014	69653	145555	927471	8482335
糕点、面包制造	5101433		5101433		80245	603215	4417973
饼干及其他焙烤食品制造	4529481	5900	4523581	69653	65310	324256	4064362
糖果、巧克力及蜜饯制造	3086215		3086215	3500	48622	208365	2825728
糖果、巧克力制造	1565831		1565831	1674	29883	138701	1395573
蜜饯制作	1520384		1520384	1826	18739	69664	1430155
方便食品制造	11012955		11012955	27071	159555	1020924	9805405
米、面制品制造	4984372		4984372	17941	62763	512554	4391114
速冻食品制造	3548793		3548793	5171	80983	295761	3166878
方便面及其他方便食品制造	2479790		2479790	3959	15809	212609	2247413
乳制品制造	3138800	44460	3094340	42405	222501	602440	2226994
罐头食品制造	4062163	600	4061563	7998	117058	377739	3558768
肉、禽类罐头制造	928361		928361	4128	31237	107456	785540
水产品罐头制造	225181		225181		14350	37555	173276
蔬菜、水果罐头制造	2040151	600	2039551	870	50183	168203	1820295
其他罐头食品制造	868470		868470	3000	21288	64525	779657
调味品、发酵制品制造	6574077	7744	6566333	15821	134340	392285	6023887
味精制造	531835		531835			64416	467419
酱油、食醋及类似制品制造	1823163		1823163	9668	62865	111910	1638720
其他调味品、发酵制品制造	4219079	7744	4211335	6153	71475	215959	3917748
其他食品制造	20923115	90219	20832896	323443	524946	2322928	17661579
营养食品制造	2260300	12947	2247353		56310	237388	1953655
保健食品制造	5539947	4800	5535147	55895	116955	563254	4799043
冷冻饮品及食用冰制造	803702		803702		4966	79237	719499
盐加工	714466	58592	655874	135903	36058	72041	411872
食品及饲料添加剂制造	4792706	6870	4785836	126535	98631	467348	4093322
其他未列明食品制造	6811994	7010	6804984	5110	212026	903660	5684188
酒、饮料和精制茶制造业	38339066	121499	38217567	286779	1529070	3647294	32754424
酒的制造	13905995	34418	13871577	191799	734705	1570459	11374614
酒精制造	814126		814126	80480	12061	63980	657605
白酒制造	7168992	5858	7163134	13780	476247	883035	5790072
啤酒制造	1525642	19860	1505782	48490	181939	150917	1124436
黄酒制造	585358		585358	49049	8029	53306	474974
葡萄酒制造	1856772	8700	1848072		9000	186252	1652820
其他酒制造	1955105		1955105		47429	232969	1674707
饮料制造	15367394	74645	15292749	77066	729834	1461437	13024412
碳酸饮料制造	900795	70187	830608		29044	22369	779195
瓶(罐)装饮用水制造	4643543	747	4642796	64914	121743	378658	4077481
果菜汁及果菜汁饮料制造	4426085	3711	4422374	2200	189460	431199	3799515
含乳饮料和植物蛋白饮料制造	2123082		2123082	4869	263638	254769	1599806
固体饮料制造	620128		620128		24185	75711	520232
茶饮料及其他饮料制造	2653761		2653761	5083	101764	298731	2248183
精制茶加工	9065677	12436	9053241	17914	64531	615398	8355398
烟草制品业	1852420	396701	1455719	447696	163158	237170	607695
烟叶复烤	424496	51797	372699	92391	30125	80087	170096

2-1-21　续表 4

单位：万元

行　　业	合　计	中央项目	地方项目				
				省　属	地市属	县　属	其　他
卷烟制造	1147518	339794	807724	338289	116522	88509	264404
其他烟草制品制造	280406	5110	275296	17016	16511	68574	173195
纺织业	69361400	70676	69290724	263843	1521715	5097829	62407337
棉纺织及印染精加工	35233449	60366	35173083	203618	887106	3020027	31062332
棉纺纱加工	23630243	47298	23582945	203510	744831	2516217	20118387
棉织造加工	8052473	13068	8039405		92479	338386	7608540
棉印染精加工	3550733		3550733	108	49796	165424	3335405
毛纺织及染整精加工	3769363		3769363		96905	417239	3255219
毛条和毛纱线加工	1731439		1731439		81830	198305	1451304
毛织造加工	1631650		1631650			152921	1478729
毛染整精加工	406274		406274		15075	66013	325186
麻纺织及染整精加工	1173774		1173774		50	59913	1113811
麻纤维纺前加工和纺纱	487987		487987			23976	464011
麻织造加工	673571		673571			35937	637634
麻染整精加工	12216		12216		50		12166
丝绢纺织及印染精加工	1618586		1618586			128266	1490320
缫丝加工	698114		698114			54792	643322
绢纺和丝织加工	786399		786399			69848	716551
丝印染精加工	134073		134073			3626	130447
化纤织造及印染精加工	4815476		4815476		106851	275519	4433106
化纤织造加工	4258419		4258419		104761	258079	3895579
化纤织物染整精加工	557057		557057		2090	17440	537527
针织或钩针编织物及其制品制造	6512162	4860	6507302	1304	33001	386711	6086286
针织或钩针编织物织造	4823789		4823789		14089	182571	4627129
针织或钩针编织物印染精加工	707830	4860	702970			6111	696859
针织或钩针编织品制造	980543		980543	1304	18912	198029	762298
家用纺织制成品制造	7746073		7746073	16061	150763	193669	7385580
床上用品制造	3332725		3332725		43800	74143	3214782
毛巾类制品制造	1218999		1218999			69251	1149748
窗帘、布艺类产品制造	750409		750409			2954	747455
其他家用纺织制成品制造	2443940		2443940	16061	106963	47321	2273595
非家用纺织制成品制造	8492517	5450	8487067	42860	247039	616485	7580683
非织造布制造	3747623	5450	3742173	26248	238744	220044	3257137
绳、索、缆制造	898599		898599			3219	895380
纺织带和帘子布制造	470572		470572		596	24233	445743
篷、帆布制造	989899		989899	16612	5099	149333	818855
其他非家用纺织制成品制造	2385824		2385824		2600	219656	2163568
纺织服装、服饰业	49767873	60205	49707668	93441	644700	3566857	45402670
机织服装制造	29416266	25572	29390694	88111	456553	2240585	26605445
针织或钩针编织服装制造	6942590	2315	6940275	519	6214	435003	6498539
服饰制造	13409017	32318	13376699	4811	181933	891269	12298686
皮革、毛皮、羽毛及其制品和制鞋业	23680714	88069	23592645	62794	212058	1997255	21320538
皮革鞣制加工	1739975		1739975		1400	256938	1481637
皮革制品制造	6336680	7350	6329330	62794	60577	322412	5883547
皮革服装制造	1054930		1054930	47398	1280	95550	910702
皮箱、包(袋)制造	3114950	4850	3110100	15396	27669	146569	2920466
皮手套及皮装饰制品制造	838960		838960			21070	817890
其他皮革制品制造	1327840	2500	1325340		31628	59223	1234489
毛皮鞣制及制品加工	3036923		3036923		9930	320754	2706239
毛皮鞣制加工	603518		603518		8145	75889	519484
毛皮服装加工	1812050		1812050			113285	1698765
其他毛皮制品加工	621355		621355		1785	131580	487990

2-1-21 续表 5　　　　单位：万元

行　业	合　计	中央项目	地方项目				
				省　属	地市属	县　属	其　他
羽毛(绒)加工及制品制造	1555934		1555934			132626	1423308
羽毛(绒)加工	590106		590106			77824	512282
羽毛(绒)制品加工	965828		965828			54802	911026
制鞋业	11011202	80719	10930483		140151	964525	9825807
纺织面料鞋制造	2116814		2116814		10821	82539	2023454
皮鞋制造	5002664	80719	4921945		90169	538901	4292875
塑料鞋制造	1552250		1552250		10694	36995	1504561
橡胶鞋制造	1202527		1202527		9840	138277	1054410
其他制鞋业	1136947		1136947		18627	167813	950507
木材加工和木、竹、藤、棕、草制品业	44564882	148872	44416010	13027	285771	2586182	41531030
木材加工	12177555	130934	12046621	1986	103938	703214	11237483
锯材加工	2739674	130934	2608740		19675	234250	2354815
木片加工	2945103		2945103		4461	97611	2843031
单板加工	2730274		2730274		9855	140826	2579593
其他木材加工	3762504		3762504	1986	69947	230527	3460044
人造板制造	14606399		14606399	11041	59267	822317	13713774
胶合板制造	8770454		8770454	5609	6512	428112	8330221
纤维板制造	1823055		1823055	532	3522	138703	1680298
刨花板制造	1188340		1188340		6000	43803	1138537
其他人造板制造	2824550		2824550	4900	43233	211699	2564718
木制品制造	12152907	17938	12134969		100101	662189	11372679
建筑用木料及木材组件加工	2914225		2914225		35545	163694	2714986
木门窗、楼梯制造	4174926	17938	4156988		54847	203024	3899117
地板制造	1234806		1234806		1906	112080	1120820
木制容器制造	843358		843358		2903	11024	829431
软木制品及其他木制品制造	2985592		2985592		4900	172367	2808325
竹、藤、棕、草等制品制造	5628021		5628021		22465	398462	5207094
竹制品制造	4706174		4706174		22465	341323	4342386
藤制品制造	90098		90098			4862	85236
棕制品制造	192700		192700			9980	182720
草及其他制品制造	639049		639049			42297	596752
家具制造业	37294331		37294331	39090	394956	2277654	34582631
木质家具制造	27202019		27202019	6050	314231	1912256	24969482
竹、藤家具制造	577190		577190		2650	54503	520037
金属家具制造	3852172		3852172		34685	96261	3721226
塑料家具制造	661052		661052	3750		18122	639180
其他家具制造	5001898		5001898	29290	43390	196512	4732706
造纸和纸制品业	30909574	39277	30870297	132828	772910	2211646	27752913
纸浆制造	760508	12400	748108		2879	84329	660900
木竹浆制造	562730	12400	550330		2879	73739	473712
非木竹浆制造	197778		197778			10590	187188
造纸	11344147	26877	11317270	51625	409722	1001716	9854207
机制纸及纸板制造	8880558	26877	8853681	51625	341005	857796	7603255
手工纸制造	395363		395363			15326	380037
加工纸制造	2068226		2068226		68717	128594	1870915
纸制品制造	18804919		18804919	81203	360309	1125601	17237806
纸和纸板容器制造	8688090		8688090	5877	188551	604906	7888756
其他纸制品制造	10116829		10116829	75326	171758	520695	9349050
印刷和记录媒介复制业	17970971	62107	17908864	188558	339759	1274417	16106130
印刷	16567861	44615	16523246	155450	305120	1077752	14984924

2-1-21　续表 6　　　　单位：万元

行　　业	合　计	中央项目	地方项目				
				省　属	地市属	县　属	其　他
书、报刊印刷	1894537		1894537	26449	65028	262355	1540705
本册印制	696004	4322	691682	5789	5680	17418	662795
包装装潢及其他印刷	13977320	40293	13937027	123212	234412	797979	12781424
装订及印刷相关服务	1309751		1309751	33108	30934	196665	1049044
记录媒介复制	93359	17492	75867		3705		72162
文教、工美、体育和娱乐用品制造业	28303519	2800	28300719	97492	700884	1975078	25527265
文教办公用品制造	2996643		2996643	8204	17653	77405	2893381
文具制造	1048328		1048328	4664	2549	18693	1022422
笔的制造	581729		581729	500	11588	24555	545086
教学用模型及教具制造	621078		621078			12260	608818
墨水、墨汁制造	141917		141917			6451	135466
其他文教办公用品制造	603591		603591	3040	3516	15446	581589
乐器制造	1233794		1233794		68839	43668	1121287
中乐器制造	129279		129279		1318	3214	124747
西乐器制造	538803		538803		23710		515093
电子乐器制造	207062		207062				207062
其他乐器及零件制造	358650		358650		43811	40454	274385
工艺美术品制造	13918164	2800	13915364	62538	561267	1268402	12023157
雕塑工艺品制造	2485980		2485980		8170	115106	2362704
金属工艺品制造	1741293		1741293	3200	11970	132596	1593527
漆器工艺品制造	142803		142803		1390		141413
花画工艺品制造	435015		435015		2167	6678	426170
天然植物纤维编织工艺品制造	966043		966043			118392	847651
抽纱刺绣工艺品制造	667122		667122	3004	8310	17878	637930
地毯、挂毯制造	1083051		1083051	7569	82271	35650	957561
珠宝首饰及有关物品制造	2268958	2800	2266158	36765	104295	170576	1954522
其他工艺美术品制造	4127899		4127899	12000	342694	671526	3101679
体育用品制造	4581847		4581847	15910	17335	310309	4238293
球类制造	345535		345535		5437	2260	337838
体育器材及配件制造	1691889		1691889	15910	6998	109025	1559956
训练健身器材制造	933982		933982			49664	884318
运动防护用具制造	344306		344306		4900	10089	329317
其他体育用品制造	1266135		1266135			139271	1126864
玩具制造	4322778		4322778	9540	28597	206198	4078443
游艺器材及娱乐用品制造	1250293		1250293	1300	7193	69096	1172704
露天游乐场所游乐设备制造	575868		575868		6700	59271	509897
游艺用品及室内游艺器材制造	212123		212123	1300	493		210330
其他娱乐用品制造	462302		462302			9825	452477
石油加工、炼焦和核燃料加工业	26767672	4765587	22002085	1824745	994342	3720933	15462065
精炼石油产品制造	22281968	4345822	17936146	1319656	832010	3271895	12512585
原油加工及石油制品制造	21047522	4337372	16710150	1305353	829010	3208029	11367758
人造原油制造	1234446	8450	1225996	14303	3000	63866	1144827
炼焦	4485704	419765	4065939	505089	162332	449038	2949480
化学原料和化学制品制造业	139031777	2442721	136589056	4788994	5418697	14908858	111472507
基础化学原料制造	41248084	1182848	40065236	2008391	2136122	5960393	29960330
无机酸制造	2433202	14704	2418498	127483	106820	412849	1771346
无机碱制造	2108379	10567	2097812	156090	120022	772062	1049638
无机盐制造	3573717	8138	3565579	34207	47359	717721	2766292
有机化学原料制造	22807106	1051463	21755643	1324257	1354958	2869178	16207250
其他基础化学原料制造	10325680	97976	10227704	366354	506963	1188583	8165804
肥料制造	18082194	190263	17891931	506378	751055	2479644	14154854

2-1-21 续表 7　　　　单位：万元

行　　业	合　计	中央项目	地方项目				
				省　属	地市属	县　属	其　他
氮肥制造	2540635	154377	2386258	276501	589653	436182	1083922
磷肥制造	1015113	4620	1010493	95563	1113	216237	697580
钾肥制造	918902	5205	913697		2510	304742	606445
复混肥料制造	5129485	6000	5123485	70583	65997	725427	4261478
有机肥料及微生物肥料制造	7159527	10239	7149288	12981	70395	673160	6392752
其他肥料制造	1318532	9822	1308710	50750	21387	123896	1112677
农药制造	4434793	8356	4426437	94166	234412	399345	3698514
化学农药制造	3229312	1360	3227952	75674	147777	297068	2707433
生物化学农药及微生物农药制造	1205481	6996	1198485	18492	86635	102277	991081
涂料、油墨、颜料及类似产品制造	12501205	37061	12464144	63889	240222	1061935	11098098
涂料制造	7777152		7777152	50648	151458	451523	7123523
油墨及类似产品制造	1015237		1015237		35658	103211	876368
颜料制造	1961332	37061	1924271		13320	406487	1504464
染料制造	1040706		1040706	5891	29814	75209	929792
密封用填料及类似品制造	706778		706778	7350	9972	25505	663951
合成材料制造	19977665	426203	19551462	1451781	635457	1578054	15886170
初级形态塑料及合成树脂制造	8929204	302465	8626739	885794	319616	680721	6740608
合成橡胶制造	2203686	44878	2158808	273456	51337	195319	1638696
合成纤维单(聚合)体制造	2748623	57600	2691023	265425	59222	277571	2088805
其他合成材料制造	6096152	21260	6074892	27106	205282	424443	5418061
专用化学产品制造	29688682	447712	29240970	500237	1213446	2434184	25093103
化学试剂和助剂制造	10568046	187209	10380837	367919	365053	734603	8913262
专项化学用品制造	8071384	174052	7897332	21429	400805	539377	6935721
林产化学产品制造	1265917		1265917		9793	69071	1187053
信息化学品制造	4099337		4099337	79749	354761	548314	3116513
环境污染处理专用药剂材料制造	1593333	1200	1592133		33615	137406	1421112
动物胶制造	321938	12428	309510			8801	300709
其他专用化学产品制造	3768727	72823	3695904	31140	49419	396612	3218733
炸药、火工及焰火产品制造	5340884	60331	5280553	142390	45326	281442	4811395
焰火、鞭炮产品制造	5340884	60331	5280553	142390	45326	281442	4811395
日用化学产品制造	7758270	89947	7668323	21762	162657	713861	6770043
肥皂及合成洗涤剂制造	1847948	200	1847748	12410	25128	64999	1745211
化妆品制造	2075401		2075401	4159	19634	95235	1956373
口腔清洁用品制造	222599		222599	5193		4620	212786
香料、香精制造	1461492	1550	1459942		25101	190336	1244505
其他日用化学产品制造	2150830	88197	2062633		92794	358671	1611168
医药制造业	59862624	188284	59674340	1147110	3754469	6515257	48257504
化学药品原料药制造	11376748	23234	11353514	344144	793068	1163860	9052442
化学药品制剂制造	7905214	23361	7881853	185410	477911	539106	6679426
中药饮片加工	9752213	17784	9734429	100824	211822	893735	8528048
中成药生产	9478324	39479	9438845	163876	941450	1331227	7002292
兽用药品制造	2071893		2071893	29952	79114	306017	1656810
生物药品制造	12414875	84426	12330449	94852	984651	1382511	9868435
卫生材料及医药用品制造	6863357		6863357	228052	266453	898801	5470051
化学纤维制造业	13303646	339555	12964091	253713	731635	1211522	10767221
纤维素纤维原料及纤维制造	2678138	235650	2442488	191734	132922	144620	1973212
化纤浆粕制造	310041		310041		4322	39134	266585
人造纤维(纤维素纤维)制造	2368097	235650	2132447	191734	128600	105486	1706627
合成纤维制造	10625508	103905	10521603	61979	598713	1066902	8794009
锦纶纤维制造	1934938	5996	1928942	1292		306923	1620727
涤纶纤维制造	4224536	45536	4179000		46440	353247	3779313

2-1-21　续表 8　　单位：万元

行　　业	合　计	中央项目	地方项目				
				省　属	地市属	县　属	其　他
腈纶纤维制造	227052	290	226762				226762
维纶纤维制造	108510		108510				108510
丙纶纤维制造	155821		155821	23593			132228
氨纶纤维制造	547332		547332	12320	14200	62583	458229
其他合成纤维制造	3427319	52083	3375236	24774	538073	344149	2468240
橡胶和塑料制品业	69793692	218999	69574693	280947	1442272	4268155	63583319
橡胶制品业	16052650	171461	15881189	69286	339423	1125929	14346551
轮胎制造	4270497	11000	4259497	59116	191673	388264	3620444
橡胶板、管、带制造	3925498	15438	3910060	931	42487	146058	3720584
橡胶零件制造	2681342	7306	2674036		44457	43790	2585789
再生橡胶制造	927230		927230			116814	810416
日用及医用橡胶制品制造	955108	128726	826382	9239		118995	698148
其他橡胶制品制造	3292975	8991	3283984		60806	312008	2911170
塑料制品业	53741042	47538	53693504	211661	1102849	3142226	49236768
塑料薄膜制造	6805769	6464	6799305	29177	249962	546140	5974026
塑料板、管、型材制造	11302817	2500	11300317	43842	233047	613801	10409627
塑料丝、绳及编织品制造	5183798		5183798	31715	83379	236152	4832552
泡沫塑料制造	2183691		2183691	76042	84383	129004	1894262
塑料人造革、合成革制造	1118516		1118516		13653	87498	1017365
塑料包装箱及容器制造	7003513	6077	6997436	10010	119259	413763	6454404
日用塑料制品制造	5173409	624	5172785	10500	59775	247066	4855444
塑料零件制造	3292743		3292743	5395	39067	149872	3098409
其他塑料制品制造	11676786	31873	11644913	4980	220324	718930	10700679
非金属矿物制品业	169527555	1997171	167530384	1341071	4294666	11852080	150042567
水泥、石灰和石膏制造	11509562	369346	11140216	368695	336259	865731	9569531
水泥制造	7429036	369346	7059690	364046	315525	618015	5762104
石灰和石膏制造	4080526		4080526	4649	20734	247716	3807427
石膏、水泥制品及类似制品制造	35385743	379958	35005785	330309	631690	2351603	31692183
水泥制品制造	19272444	282860	18989584	171401	305928	1097774	17414481
砼结构构件制造	6085588	83765	6001823	131739	130792	424864	5314428
石棉水泥制品制造	393458	2950	390508			36807	353701
轻质建筑材料制造	5993781	5116	5988665	23169	36783	586026	5342687
其他水泥类似制品制造	3640472	5267	3635205	4000	158187	206132	3266886
砖瓦、石材等建筑材料制造	65771782	259049	65512733	225564	1635540	4171004	59480625
粘土砖瓦及建筑砌块制造	15819513	7057	15812456	3031	110999	775246	14923180
建筑陶瓷制品制造	8847742	4968	8842774	43594	172950	783889	7842341
建筑用石加工	15614540	19518	15595022	75997	914742	1044434	13559849
防水建筑材料制造	4721300		4721300	2430	35520	311353	4371997
隔热和隔音材料制造	5083081	4509	5078572	9870	29189	217989	4821524
其他建筑材料制造	15685606	222997	15462609	90642	372140	1038093	13961734
玻璃制造	6645509	205809	6439700	73566	379615	407373	5579146
平板玻璃制造	2447630	60925	2386705	2805	130348	119388	2134164
其他玻璃制造	4197879	144884	4052995	70761	249267	287985	3444982
玻璃制品制造	11760574	143603	11616971	54533	421923	806051	10334464
技术玻璃制品制造	3234009	121268	3112741		154564	298410	2659767
光学玻璃制造	1251806	75	1251731	4800	91518	192167	963246
玻璃仪器制造	363215		363215		3566	13011	346638
日用玻璃制品制造	2724248		2724248	1000	15387	108938	2598923
玻璃包装容器制造	1139927		1139927		17170	104989	1017768
玻璃保温容器制造	212443		212443		7309	6600	198534
制镜及类似品加工	167199		167199		4500		162699
其他玻璃制品制造	2667727	22260	2645467	48733	127909	81936	2386889

2-1-21 续表 9

单位：万元

行业	合计	中央项目	地方项目				
				省属	地市属	县属	其他
玻璃纤维和玻璃纤维增强塑料制品制造	5255725	438945	4816780	101456	27423	507157	4180744
玻璃纤维及制品制造	3279922	388945	2890977	101456	21404	448458	2319659
玻璃纤维增强塑料制品制造	1975803	50000	1925803		6019	58699	1861085
陶瓷制品制造	10936821	85499	10851322	19952	216019	982562	9632789
卫生陶瓷制品制造	1478609		1478609		30439	96348	1351822
特种陶瓷制品制造	4187508	81241	4106267	19952	82740	356373	3647202
日用陶瓷制品制造	3533495	4258	3529237		90239	367635	3071363
园林、陈设艺术及其他陶瓷制品制造	1737209		1737209		12601	162206	1562402
耐火材料制品制造	6589926	6650	6583276	4963	92135	449978	6036200
石棉制品制造	794232		794232		11515	88354	694363
云母制品制造	197738		197738			6836	190902
耐火陶瓷制品及其他耐火材料制造	5597956	6650	5591306	4963	80620	354788	5150935
石墨及其他非金属矿物制品制造	15671913	108312	15563601	162033	554062	1310621	13536885
石墨及碳素制品制造	6465131	28550	6436581	138273	219853	855676	5222779
其他非金属矿物制品制造	9206782	79762	9127020	23760	334209	454945	8314106
黑色金属冶炼和压延加工业	38041992	1221917	36820075	3370802	2703048	2175290	28570935
炼铁	1508417	18766	1489651	46090	367341	125082	951138
炼钢	6217838	69346	6148492	1889434	1368007	254664	2636387
黑色金属铸造	6240990		6240990	198109	41665	286432	5714784
钢压延加工	21658010	1130041	20527969	1225462	852412	1077954	17372141
铁合金冶炼	2416737	3764	2412973	11707	73623	431158	1896485
有色金属冶炼和压延加工业	50383812	1542446	48841366	2967087	3976715	5975817	35921747
常用有色金属冶炼	12783376	1014335	11769041	985483	1676300	1574193	7533065
铜冶炼	2416008	146877	2269131	456354	188366	224856	1399555
铅锌冶炼	1826173	8711	1817462	148740	24192	349669	1294861
镍钴冶炼	701429		701429	35603	113182	65401	487243
锡冶炼	304935		304935	2180		5674	297081
锑冶炼	259209	18462	240747	54002		19157	167588
铝冶炼	4721895	835443	3886452	243598	1171638	432556	2038660
镁冶炼	890259		890259		3190	393121	493948
其他常用有色金属冶炼	1663468	4842	1658626	45006	175732	83759	1354129
贵金属冶炼	1285740	173725	1112015	31983	56801	25430	997801
金冶炼	455393	151959	303434		9130	19735	274569
银冶炼	542052	21766	520286		11410	2300	506576
其他贵金属冶炼	288295		288295	31983	36261	3395	216656
稀有稀土金属冶炼	1602404	42710	1559694	97757	112464	253192	1096281
钨钼冶炼	478122		478122	17908	56127	108000	296087
稀土金属冶炼	517208	11484	505724	31637	50238	46871	376978
其他稀有金属冶炼	607074	31226	575848	48212	6099	98321	423216
有色金属合金制造	7245583	110853	7134730	198005	707827	603442	5625456
有色金属铸造	1779575		1779575		31443	82333	1665799
有色金属压延加工	25687134	200823	25486311	1653859	1391880	3437227	19003345
铜压延加工	5135223	55427	5079796	73081	82797	502888	4421030
铝压延加工	16459291	126655	16332636	1537956	1192165	2603753	10998762
贵金属压延加工	371185	18538	352647	2576	23425	22009	304637
稀有稀土金属压延加工	756903		756903	19616	26339	104074	606874
其他有色金属压延加工	2964532	203	2964329	20630	67154	204503	2672042
金属制品业	103898804	1011503	102887301	424748	2398361	5496565	94567627
结构性金属制品制造	42461331	549478	41911853	177732	1109051	2158511	38466559
金属结构制造	29592653	547553	29045100	168104	928872	1473846	26474278
金属门窗制造	12868678	1925	12866753	9628	180179	684665	11992281

2-1-21　续表 10

单位：万元

行　业	合　计	中央项目	地方项目				
				省　属	地市属	县　属	其　他
金属工具制造	8744342	23195	8721147	9866	214404	631910	7864967
切削工具制造	3129407	485	3128922	9866	16179	256247	2846630
手工具制造	1212600	1890	1210710		98678	60822	1051210
农用及园林用金属工具制造	728874		728874		8883	9854	710137
刀剪及类似日用金属工具制造	528013		528013		614	6992	520407
其他金属工具制造	3145448	20820	3124628		90050	297995	2736583
集装箱及金属包装容器制造	5438720	149044	5289676	25580	167189	441203	4655704
集装箱制造	946788	3490	943298		44980	57876	840442
金属压力容器制造	1953319	127561	1825758	15280	22415	199204	1588859
金属包装容器制造	2538613	17993	2520620	10300	99794	184123	2226403
金属丝绳及其制品制造	4786286	21070	4765216	51421	40845	68139	4604811
建筑、安全用金属制品制造	13287681	65760	13221921	93636	234045	702737	12191503
建筑、家具用金属配件制造	4489489	3174	4486315	48992	37411	277986	4121926
建筑装饰及水暖管道零件制造	4858027	62586	4795441	39684	176280	298513	4280964
安全、消防用金属制品制造	2390780		2390780		6059	58817	2325904
其他建筑、安全用金属制品制造	1549385		1549385	4960	14295	67421	1462709
金属表面处理及热处理加工	5355862	218	5355644	2630	110101	266900	4976013
搪瓷制品制造	867780		867780		3530	53971	810279
生产专用搪瓷制品制造	200105		200105			38228	161877
建筑装饰搪瓷制品制造	257084		257084				257084
搪瓷卫生洁具制造	259064		259064			4829	254235
搪瓷日用品及其他搪瓷制品制造	151527		151527		3530	10914	137083
金属制日用品制造	6401693	10301	6391392	17198	64069	223667	6086458
金属制厨房用器具制造	1427429		1427429	4448	7779	23645	1391557
金属制餐具和器皿制造	1513588	6516	1507072	12750	10567	43305	1440450
金属制卫生器具制造	484905		484905		5700	20226	458979
其他金属制日用品制造	2975771	3785	2971986		40023	136491	2795472
其他金属制品制造	16555109	192437	16362672	46685	455127	949527	14911333
锻件及粉末冶金制品制造	4930942	53896	4877046	9912	52922	251306	4562906
交通及公共管理用金属标牌制造	841518		841518	8128	44298	50179	738913
其他未列明金属制品制造	10782649	138541	10644108	28645	357907	648042	9609514
通用设备制造业	132468252	536990	131931262	771728	4525613	6887904	119746017
锅炉及原动设备制造	10171394	175833	9995561	211289	330167	600333	8853772
锅炉及辅助设备制造	4758015	27458	4730557	57336	85612	243477	4344132
内燃机及配件制造	2568226	36186	2532040	96387	158344	117837	2159472
汽轮机及辅机制造	483014	45726	437288	51641	55564	5950	324133
水轮机及辅机制造	173691		173691	2750	3000	10914	157027
风能原动设备制造	1362368	59069	1303299			163692	1139607
其他原动设备制造	826080	7394	818686	3175	27647	58463	729401
金属加工机械制造	26508420	27627	26480793	167561	758394	1070240	24484598
金属切削机床制造	4164923	5972	4158951	25006	128984	98172	3906789
金属成形机床制造	4200616	5322	4195294	55758	117919	249061	3772556
铸造机械制造	5303062	1293	5301769	41245	165368	295160	4799996
金属切割及焊接设备制造	2091590	9000	2082590	39450	93338	113722	1836080
机床附件制造	2343596		2343596		113906	47834	2181856
其他金属加工机械制造	8404633	6040	8398593	6102	138879	266291	7987321
物料搬运设备制造	12094668	57980	12036688	85988	571746	1260083	10118871
轻小型起重设备制造	1110380		1110380		11000	38844	1060536
起重机制造	2947757	28744	2919013		92335	418181	2408497

2-1-21 续表 11

单位：万元

行　　业	合　计	中央项目	地方项目				
				省　属	地市属	县　属	其　他
生产专用车辆制造	1398877	23870	1375007	41668	149128	156167	1028044
连续搬运设备制造	1452667	4680	1447987		132242	54889	1260856
电梯、自动扶梯及升降机制造	3667975	686	3667289	44320	130343	253257	3239369
其他物料搬运设备制造	1517012		1517012		56698	338745	1121569
泵、阀门、压缩机及类似机械制造	16310972	51035	16259937	78885	409046	968352	14803654
泵及真空设备制造	5107460	10726	5096734	10601	97670	309286	4679177
气体压缩机械制造	2038852	36300	2002552	28560	102328	221300	1650364
阀门和旋塞制造	4676540		4676540	2660	44594	234973	4394313
液压和气压动力机械及元件制造	4488120	4009	4484111	37064	164454	202793	4079800
轴承、齿轮和传动部件制造	11762400	24069	11738331	61410	482506	584727	10609688
轴承制造	6434930	9069	6425861	46427	311401	178825	5889208
齿轮及齿轮减、变速箱制造	3603320		3603320	13553	122972	338539	3128256
其他传动部件制造	1724150	15000	1709150	1430	48133	67363	1592224
烘炉、风机、衡器、包装等设备制造	15146241	108484	15037757	84438	693380	789486	13470453
烘炉、熔炉及电炉制造	1285356	4200	1281156	9226	38664	73129	1160137
风机、风扇制造	2282414	18610	2263804	44289	300334	146848	1772333
气体、液体分离及纯净设备制造	2443053	50569	2392484	10200	72950	186770	2122564
制冷、空调设备制造	5620186	28105	5592081	16996	268530	294608	5011947
风动和电动工具制造	1119669		1119669		562		1119107
喷枪及类似器具制造	171839		171839	3727	900		167212
衡器制造	546341	7000	539341		4850	12700	521791
包装专用设备制造	1677383		1677383		6590	75431	1595362
文化、办公用机械制造	1519663		1519663	6607	97255	131396	1284405
电影机械制造	21372		21372		4953		16419
幻灯及投影设备制造	224629		224629	1488	39200	2800	181141
照相机及器材制造	281079		281079	5119	5027	4223	266710
复印和胶印设备制造	532223		532223		12424	94771	425028
计算器及货币专用设备制造	160583		160583		27644	7151	125788
其他文化、办公用机械制造	299777		299777		8007	22451	269319
通用零部件制造	28295955	46358	28249597	34816	633733	967489	26613559
金属密封件制造	1363938	7457	1356481		84599	140495	1131387
紧固件制造	3360800	12579	3348221		15142	137529	3195550
弹簧制造	850123		850123	1268	10038	9035	829782
机械零部件加工	17510851	24646	17486205	24134	387304	578933	16495834
其他通用零部件制造	5210243	1676	5208567	9414	136650	101497	4961006
其他通用设备制造业	10658539	45604	10612935	40734	549386	515798	9507017
专用设备制造业	123466314	1266648	122199666	1174480	6137889	7854507	107032790
采矿、冶金、建筑专用设备制造	25871039	367717	25503322	375998	745736	1229001	23152587
矿山机械制造	8961716	28763	8932953	289457	117581	464406	8061509
石油钻采专用设备制造	3861289	72214	3789075	55142	161120	257079	3315734
建筑工程用机械制造	5666515	228026	5438489	17521	254488	139717	5026763
海洋工程专用设备制造	1656682	25226	1631456		42746	82340	1506370
建筑材料生产专用机械制造	3317985	560	3317425		132182	197969	2987274
冶金专用设备制造	2406852	12928	2393924	13878	37619	87490	2254937
化工、木材、非金属加工专用设备制造	18388529	304909	18083620	130389	637375	1072167	16243689
炼油、化工生产专用设备制造	2638454	251135	2387319	27896	87199	260375	2011849
橡胶加工专用设备制造	518196	14573	503623		10720	9213	483690
塑料加工专用设备制造	2295693	20592	2275101		42685	136371	2096045
木材加工机械制造	1010314		1010314		4050	63485	942779
模具制造	10428127	18609	10409518	83781	458861	526186	9340690
其他非金属加工专用设备制造	1497745		1497745	18712	33860	76537	1368636

2-1-21　续表 12　　　　　　　　　　　　　　　　　　　　单位：万元

行　业	合　计	中央项目	地方项目				
				省　属	地市属	县　属	其　他
食品、饮料、烟草及饲料生产专用设备制造	4304107	17423	4286684	13026	38973	406563	3828122
食品、酒、饮料及茶生产专用设备制造	1813208		1813208	6901	20411	180314	1605582
农副食品加工专用设备制造	1833837	7052	1826785		9303	127448	1690034
烟草生产专用设备制造	259999	10371	249628		9259	67901	172468
饲料生产专用设备制造	397063		397063	6125		30900	360038
印刷、制药、日化及日用品生产专用设备制造	6730796	216606	6514190	55852	155129	313962	5989247
制浆和造纸专用设备制造	1230158		1230158		3600	25774	1200784
印刷专用设备制造	1489501	12420	1477081	49499	53973	52446	1321163
日用化工专用设备制造	607952		607952		800	53646	553506
制药专用设备制造	1204927	203432	1001495	6353	30488	80479	884175
照明器具生产专用设备制造	1039909		1039909		45283	37911	956715
玻璃、陶瓷和搪瓷制品生产专用设备制造	626546	754	625792		12456	39172	574164
其他日用品生产专用设备制造	531803		531803		8529	24534	498740
纺织、服装和皮革加工专用设备制造	3639463	10785	3628678	17548	156228	136289	3318613
纺织专用设备制造	2640301	10785	2629516	7411	130679	117224	2374202
皮革、毛皮及其制品加工专用设备制造	212406		212406	10137		5300	196969
缝制机械制造	535336		535336		22329	9065	503942
洗涤机械制造	251420		251420		3220	4700	243500
电子和电工机械专用设备制造	13044762	84099	12960663	294002	2189123	832960	9644578
电工机械专用设备制造	3588872	13250	3575622	28329	370085	161053	3016155
电子工业专用设备制造	9455890	70849	9385041	265673	1819038	671907	6628423
农、林、牧、渔专用机械制造	10342421	41790	10300631	18187	233544	1024155	9024745
拖拉机制造	1008215	3706	1004509		81238	65145	858126
机械化农业及园艺机具制造	3928952	34084	3894868	12087	58695	489673	3334413
营林及木竹采伐机械制造	173965		173965		14060	1832	158073
畜牧机械制造	873421	2000	871421			32294	839127
渔业机械制造	141374		141374			821	140553
农林牧渔机械配件制造	1842291	2000	1840291		63453	196761	1580077
棉花加工机械制造	57118		57118		3824	563	52731
其他农、林、牧、渔业机械制造	2317085		2317085	6100	12274	237066	2061645
医疗仪器设备及器械制造	12366494	14449	12352045	17129	468966	1210398	10655552
医疗诊断、监护及治疗设备制造	3750449	14449	3736000	7116	145512	552868	3030504
口腔科用设备及器具制造	201028		201028			17040	183988
医疗实验室及医用消毒设备和器具制造	1112961		1112961		11595	32648	1068718
医疗、外科及兽医用器械制造	2162911		2162911	1410	55185	313383	1792933
机械治疗及病房护理设备制造	1103529		1103529		33761	54103	1015665
假肢、人工器官及植(介)入器械制造	376182		376182	8603	39472	20995	307112
其他医疗设备及器械制造	3659434		3659434		183441	219361	3256632
环保、社会公共服务及其他专用设备制造	28778703	208870	28569833	252349	1512815	1629012	25175657
环境保护专用设备制造	13715714	85318	13630396	45515	581708	777828	12225345
地质勘查专用设备制造	282989	15000	267989	3245	4320	130768	129656
邮政专用机械及器材制造	45226		45226			23000	22226
商业、饮食、服务专用设备制造	332057		332057		2987	62457	266613
社会公共安全设备及器材制造	2162841	590	2162251	124769	123491	94473	1819518
交通安全、管制及类似专用设备制造	549662		549662	5410	67306	33915	443031
水资源专用机械制造	1039108		1039108	3038	42702	77705	915663
其他专用设备制造	10651106	107962	10543144	70372	690301	428866	9353605
汽车制造业	130999421	3305744	127693677	4790390	8627591	9998126	104277570
汽车整车制造	23307789	1477652	21830137	2964671	2686873	1288341	14890252

2-1-21 续表 13

单位：万元

行　　业	合　计	中央项目	地方项目				
				省　属	地市属	县　属	其　他
改装汽车制造	2632439	11713	2620726	30599	330868	147537	2111722
低速载货汽车制造	330100	876	329224	895		32040	296289
电车制造	3462806	13603	3449203		459852	203627	2785724
汽车车身、挂车制造	2152769		2152769	1600	40877	130379	1979913
汽车零部件及配件制造	99113518	1801900	97311618	1792625	5109121	8196202	82213670
铁路、船舶、航空航天和其他运输设备制造业	29856698	2583199	27273499	536830	1687505	2433299	22615865
铁路运输设备制造	5743529	943569	4799960	136978	225909	304747	4132326
铁路机车车辆及动车组制造	589311	292011	297300	34060		100	263140
窄轨机车车辆制造	137944	5100	132844	15160	500		117184
铁路机车车辆配件制造	2369254	471896	1897358	36662	76058	88685	1695953
铁路专用设备及器材、配件制造	2213965	85529	2128436	51096	113771	206324	1757245
其他铁路运输设备制造	433055	89033	344022		35580	9638	298804
城市轨道交通设备制造	2534608	345157	2189451	85680	185273	57415	1861083
船舶及相关装置制造	5655246	370558	5284688	91882	207808	407876	4577122
金属船舶制造	2341078	126970	2214108	21714	21170	134837	2036387
非金属船舶制造	372444	10894	361550		9441	70490	281619
娱乐船和运动船制造	348917		348917		11026		337891
船用配套设备制造	2314439	227967	2086472	47785	150545	196949	1691193
船舶改装与拆除	142559	4727	137832	22383		5600	109849
航标器材及其他相关装置制造	135809		135809		15626		120183
摩托车制造	4090973	254613	3836360	57489	182719	259449	3336703
摩托车整车制造	1351050	248459	1102591	7802	131280	187979	775530
摩托车零部件及配件制造	2739923	6154	2733769	49687	51439	71470	2561173
自行车制造	3446164	44737	3401427	13290	33538	255910	3098689
脚踏自行车及残疾人座车制造	991678	44737	946941		31038	57130	858773
助动自行车制造	2454486		2454486	13290	2500	198780	2239916
非公路休闲车及零配件制造	475286		475286		11504	21126	442656
潜水救捞及其他未列明运输设备制造	7910892	624565	7286327	151511	840754	1126776	5167286
其他未列明运输设备制造	7910892	624565	7286327	151511	840754	1126776	5167286
电气机械和器材制造业	133467061	678878	132788183	2047496	6133529	9329209	115277949
电机制造	11892671	86897	11805774	392674	690668	793337	9929095
发电机及发电机组制造	5409830	51449	5358381	358337	411591	534591	4053862
电动机制造	3661008	35448	3625560	30529	241504	161860	3191667
微电机及其他电机制造	2821833		2821833	3808	37573	96886	2683566
输配电及控制设备制造	44649787	195697	44454090	780381	2216978	3522451	37934280
变压器、整流器和电感器制造	7483474	55645	7427829	13806	270968	515322	6627733
电容器及其配套设备制造	1643078	6241	1636837	16124	50205	129937	1440571
配电开关控制设备制造	6665178	18633	6646545	55417	280966	449482	5860680
电力电子元器件制造	10963941	12214	10951727	45425	605552	1492574	8808176
光伏设备及元器件制造	12954149	70169	12883980	617836	780461	657707	10827976
其他输配电及控制设备制造	4939967	32795	4907172	31773	228826	277429	4369144
电线、电缆、光缆及电工器材制造	21022553	170213	20852340	117072	441158	1216507	19077603
电线、电缆制造	14767672	151006	14616666	62348	270113	903446	13380759
光纤、光缆制造	2538455	14467	2523988	49705	87839	131813	2254631
绝缘制品制造	1510520	4740	1505780		64695	64933	1376152
其他电工器材制造	2205906		2205906	5019	18511	116315	2066061
电池制造	24533119	116509	24416610	497492	1727031	1888436	20303651
锂离子电池制造	18323969	80351	18243618	353119	1299140	1306633	15284726
镍氢电池制造	685289		685289		58401	41500	585388
其他电池制造	5523861	36158	5487703	144373	369490	540303	4433537

2-1-21 续表 14

单位：万元

行业	合计	中央项目	地方项目				
				省属	地市属	县属	其他
家用电力器具制造	11386719	4153	11382566	186087	448664	734309	10013506
家用制冷电器具制造	2331690		2331690	14100	90136	304122	1923332
家用空气调节器制造	1256648	4153	1252495	98637	173674	73330	906854
家用通风电器具制造	380150		380150			11043	369107
家用厨房电器具制造	2929100		2929100		20409	81215	2827476
家用清洁卫生电器具制造	901569		901569	15850	18333	11645	855741
家用美容、保健电器具制造	354945		354945		290	99211	255444
家用电力器具专用配件制造	1360282		1360282		71597	73897	1214788
其他家用电力器具制造	1872335		1872335	57500	74225	79846	1660764
非电力家用器具制造	3785283	23646	3761637	22767	130982	211038	3396850
燃气、太阳能及类似能源家用器具制造	3371937	23646	3348291	22767	118982	147863	3058679
其他非电力家用器具制造	413346		413346		12000	63175	338171
照明器具制造	10383349	4391	10378958	25785	253248	627768	9472157
电光源制造	1728642		1728642	22863	66898	180835	1458046
照明灯具制造	7426529	4391	7422138	2605	149108	387127	6883298
灯用电器附件及其他照明器具制造	1228178		1228178	317	37242	59806	1130813
其他电气机械及器材制造	5813580	77372	5736208	25238	224800	335363	5150807
电气信号设备装置制造	781888		781888	13725	22431	20902	724830
其他未列明电气机械及器材制造	5031692	77372	4954320	11513	202369	314461	4425977
计算机、通信和其他电子设备制造业	129139081	3564556	125574525	5475894	16771625	10835355	92491651
计算机制造	11127506	47969	11079537	257550	760167	821273	9240547
计算机整机制造	1541236	12789	1528447	13406	130088	28031	1356922
计算机零部件制造	5012513		5012513	55364	273285	442444	4241420
计算机外围设备制造	1318309	35160	1283149	63563	97036	59042	1063508
其他计算机制造	3255448	20	3255428	125217	259758	291756	2578697
通信设备制造	22382231	491094	21891137	641012	3311702	2657037	15281386
通信系统设备制造	7925494	392731	7532763	372087	581125	756962	5822589
通信终端设备制造	14456737	98363	14358374	268925	2730577	1900075	9458797
广播电视设备制造	1507320	1300	1506020	9124	87750	223004	1186142
广播电视节目制作及发射设备制造	198090		198090			7398	190692
广播电视接收设备及器材制造	800273		800273	97	37008	160019	603149
应用电视设备及其他广播电视设备制造	508957	1300	507657	9027	50742	55587	392301
视听设备制造	3044500	13110	3031390	26324	302451	159339	2543276
电视机制造	1187293	13110	1174183	26324	285342	49413	813104
音响设备制造	1094928		1094928		5896	24881	1064151
影视录放设备制造	762279		762279		11213	85045	666021
电子器件制造	47456770	2601197	44855573	4048371	9219716	2816571	28770915
电子真空器件制造	1728423	30893	1697530	643	44037	37246	1615604
半导体分立器件制造	3640641	26831	3613810	51420	78027	98266	3386097
集成电路制造	11133869	110413	11023456	181655	2887389	773140	7181272
光电子器件及其他电子器件制造	30953837	2433060	28520777	3814653	6210263	1907919	16587942
电子元件制造	26758116	116957	26641159	289199	2191540	2115523	22044897
电子元件及组件制造	21650126	116957	21533169	267271	1923164	1601465	17741269
印制电路板制造	5107990		5107990	21928	268376	514058	4303628
其他电子设备制造	16862638	292929	16569709	204314	898299	2042608	13424488
仪器仪表制造业	19751303	145055	19606248	86064	1192166	1027148	17300870
通用仪器仪表制造	10461174	18361	10442813	25234	684963	672434	9060182
工业自动控制系统装置制造	5652541	18361	5634180	6443	469176	352714	4805847
电工仪器仪表制造	1820514		1820514	3911	64113	142120	1610370
绘图、计算及测量仪器制造	671353		671353	2403	28348	92819	547783

2-1-21 续表 15 单位：万元

行　　业	合　计	中央项目	地方项目				
				省　属	地市属	县　属	其　他
实验分析仪器制造	806120		806120	1540	96560	31031	676989
试验机制造	288363		288363			5630	282733
供应用仪表及其他通用仪器制造	1222283		1222283	10937	26766	48120	1136460
专用仪器仪表制造	4144939	69211	4075728	59404	197494	161405	3657425
环境监测专用仪器仪表制造	613061	3632	609429	7429	8128	55369	538503
运输设备及生产用计数仪表制造	566726		566726	2856	26880	44672	492318
农林牧渔专用仪器仪表制造	64600		64600		3990	1800	58810
地质勘探和地震专用仪器制造	145021	44716	100305			2000	98305
教学专用仪器制造	284878		284878	2492	31300	7885	243201
电子测量仪器制造	1002058		1002058	42478	29821	25289	904470
其他专用仪器制造	1468595	20863	1447732	4149	97375	24390	1321818
钟表与计时仪器制造	877854		877854		7715	15901	854238
光学仪器及眼镜制造	2560443	56956	2503487	1193	89012	119250	2294032
光学仪器制造	1599062	56956	1542106	243	32699	88894	1420270
眼镜制造	961381		961381	950	56313	30356	873762
其他仪器仪表制造业	1706893	527	1706366	233	212982	58158	1434993
其他制造业	26338845	566747	25772098	201918	1162164	5291431	19116585
日用杂品制造	2783940		2783940	3489	27129	238722	2514600
鬃毛加工、制刷及清扫工具制造	829768		829768		10268	108860	710640
其他日用杂品制造	1954172		1954172	3489	16861	129862	1803960
煤制品制造	1386807	55245	1331562	20126		130578	1180858
其他未列明制造业	22168098	511502	21656596	178303	1135035	4922131	15421127
废弃资源综合利用业	16949077	95241	16853836	281297	393217	1698466	14480856
金属废料和碎屑加工处理	8283245	37263	8245982	163212	202363	720802	7159605
非金属废料和碎屑加工处理	8665832	57978	8607854	118085	190854	977664	7321251
金属制品、机械和设备修理业	2776210	183148	2593062	84792	143948	322926	2041396
金属制品修理	182973		182973		15510	10513	156950
通用设备修理	260515	18496	242019		4930	20632	216457
专用设备修理	463346	3653	459693	9387	37503	27429	385374
铁路、船舶、航空航天等运输设备修理	989203	96775	892428	41883	53865	134022	662658
铁路运输设备修理	165746	52926	112820	2707	2000		108113
船舶修理	436239	5845	430394		11810	14754	403830
航空航天器修理	276239	38004	238235	12303	39113	117176	69643
其他运输设备修理	110979		110979	26873	942	2092	81072
电气设备修理	92042		92042	11119	6872	7530	66521
仪器仪表修理	10424		10424			2890	7534
其他机械和设备修理业	777707	64224	713483	22403	25268	119910	545902
（四）电力、热力、燃气及水生产和供应业	**297941410**	**59224784**	**238716626**	**23260326**	**22877936**	**65939972**	**126638392**
电力、热力生产和供应业	220552084	57741785	162810299	19525697	13222756	36499199	93562647
电力生产	143508530	35268640	108239890	10369899	4181543	19849659	73838789
火力发电	28495413	9330303	19165110	4728599	1291517	2764906	10380088
水力发电	16536809	5559511	10977298	1783982	781506	2861669	5550141
核力发电	11297105	10854383	442722	6073	205415	79750	151484
风力发电	24888174	6725899	18162275	2398671	308646	3858588	11596370
太阳能发电	49132254	2182835	46949419	930452	888051	7577929	37552987
其他电力生产	13158775	615709	12543066	522122	706408	2706817	8607719
电力供应	53081752	21368159	31713593	7986309	4685477	11415488	7626319
热力生产和供应	23961802	1104986	22856816	1169489	4355736	5234052	12097539
燃气生产和供应业	22297820	866258	21431562	1458679	1966037	3983792	14023054
燃气生产和供应业	22297820	866258	21431562	1458679	1966037	3983792	14023054

2-1-21　续表 16　　　　单位：万元

行　业	合　计	中央项目	地方项目				
				省　属	地市属	县　属	其　他
水的生产和供应业	55091506	616741	54474765	2275950	7689143	25456981	19052691
自来水生产和供应	23030818	247256	22783562	946973	3529953	11258685	7047951
污水处理及其再生利用	28080810	242485	27838325	1155843	3735009	12418856	10528617
其他水的处理、利用与分配	3979878	127000	3852878	173134	424181	1779440	1476123
（五）建筑业	**36479178**	**939057**	**35540121**	**1690999**	**3363417**	**12939965**	**17545740**
房屋建筑业	7704618	93354	7611264	125783	255509	2693630	4536342
房屋建筑业	7704618	93354	7611264	125783	255509	2693630	4536342
土木工程建筑业	21734716	828094	20906622	1507369	2790067	8924050	7685136
铁路、道路、隧道和桥梁工程建筑	14189143	429650	13759493	1421380	2054639	6041518	4241956
铁路工程建筑	372873	139051	233822	13015	4900	82171	133736
公路工程建筑	5001703	104887	4896816	946684	412072	2079337	1458723
市政道路工程建筑	5477680	53400	5424280	35860	1303190	2394056	1691174
其他道路、隧道和桥梁工程建筑	3336887	132312	3204575	425821	334477	1485954	958323
水利和内河港口工程建筑	3544162	152245	3391917	41524	552485	1717337	1080571
水源及供水设施工程建筑	1321424	62847	1258577	35262	85792	667870	469653
河湖治理及防洪设施工程建筑	1808114	581	1807533	6262	463851	942397	395023
港口及航运设施工程建筑	414624	88817	325807		2842	107070	215895
海洋工程建筑	48097	8119	39978			28005	11973
工矿工程建筑	233837	9157	224680	14083	33164	44364	133069
架线和管道工程建筑	1542959	218299	1324660	19022	65511	528414	711713
架线及设备工程建筑	618238	216837	401401	7792	31111	112402	250096
管道工程建筑	924721	1462	923259	11230	34400	416012	461617
其他土木工程建筑	2176518	10624	2165894	11360	84268	564412	1505854
建筑安装业	2633680	1257	2632423	39588	163306	597055	1832474
电气安装	463488		463488	22459	23893	107614	309522
管道和设备安装	768212		768212	2800	54336	198325	512751
其他建筑安装业	1401980	1257	1400723	14329	85077	291116	1010201
建筑装饰和其他建筑业	4406164	16352	4389812	18259	154535	725230	3491788
建筑装饰业	2264693	6254	2258439	10357	96895	273324	1877863
工程准备活动	362762		362762		9420	89580	263762
建筑物拆除活动	97079		97079			20873	76206
其他工程准备活动	265683		265683		9420	68707	187556
提供施工设备服务	173845	669	173176		10400	11192	151584
其他未列明建筑业	1604864	9429	1595435	7902	37820	351134	1198579
（六）批发和零售业	**165417994**	**1059743**	**164358251**	**1742914**	**7160417**	**17386013**	**138068907**
批发业	84522542	730566	83791976	731547	2781057	7248511	73030861
农、林、牧产品批发	9481434	169744	9311690	63738	339692	1359417	7548843
谷物、豆及薯类批发	2485270	3278	2481992	22590	154336	386960	1918106
种子批发	543716		543716		8430	61404	473882
饲料批发	458176		458176		13980	19126	425070
棉、麻批发	278087	5759	272328		3890	60646	207792
林业产品批发	928598		928598		12333	72865	843400
牲畜批发	667604	3000	664604	10323		76120	578161
其他农牧产品批发	4119983	157707	3962276	30825	146723	682296	3102432
食品、饮料及烟草制品批发	13163396	78524	13084872	311841	525427	1770104	10477500
米、面制品及食用油批发	1205050	3871	1201179	83624	18380	167217	931958
糕点、糖果及糖批发	285030		285030			13666	271364
果品、蔬菜批发	5887447	47192	5840255	113465	367539	854426	4504825
肉、禽、蛋、奶及水产品批发	1782373		1782373	28304	42731	184984	1526354
盐及调味品批发	200178		200178	23510	6274	59847	110547

2-1-21 续表 17　　　　单位：万元

行　　业	合　计	中央项目	地方项目				
				省　属	地市属	县　属	其　他
营养和保健品批发	236043	7600	228443		17681	24503	186259
酒、饮料及茶叶批发	1441791		1441791	13	3289	173377	1265112
烟草制品批发	186101	18135	167966	29338	24182	18719	95727
其他食品批发	1939383	1726	1937657	33587	45351	273365	1585354
纺织、服装及家庭用品批发	8134581	4826	8129755	15405	181672	619867	7312811
纺织品、针织品及原料批发	2088993		2088993	2033	21377	437269	1628314
服装批发	2813853	4826	2809027	7446	53226	59349	2689006
鞋帽批发	296606		296606		16012	16371	264223
化妆品及卫生用品批发	329364		329364		24887	24848	279629
厨房、卫生间用具及日用杂货批发	536087		536087		910	17053	518124
灯具、装饰物品批发	479990		479990	5308	18695	10730	445257
家用电器批发	591601		591601	618	21280	15098	554605
其他家庭用品批发	998087		998087		25285	39149	933653
文化、体育用品及器材批发	1596044		1596044		71321	103304	1421419
文具用品批发	409757		409757		11870	14229	383658
体育用品及器材批发	323543		323543		12750	10118	300675
图书批发	184256		184256		5585	20771	157900
报刊批发							
音像制品及电子出版物批发	34684		34684			2168	32516
首饰、工艺品及收藏品批发	350821		350821		27995	18280	304546
其他文化用品批发	292983		292983		13121	37738	242124
医药及医疗器材批发	3515912	10426	3505486	77298	139744	425275	2863169
西药批发	831621	2150	829471	706	85338	80143	663284
中药批发	958218	7979	950239	76592	3100	110765	759782
医疗用品及器材批发	1726073	297	1725776		51306	234367	1440103
矿产品、建材及化工产品批发	22959966	346906	22613060	186237	657964	1073918	20694941
煤炭及制品批发	1898010	18793	1879217	5006	14940	143044	1716227
石油及制品批发	3403474	247723	3155751	152881	181160	173424	2648286
非金属矿及制品批发	485800		485800		13718	40740	431342
金属及金属矿批发	3513072	78621	3434451	23572	59711	63906	3287262
建材批发	10949630	1769	10947861	3000	355616	543828	10045417
化肥批发	662680		662680	1778	9760	36772	614370
农药批发	121282		121282		3750		117532
农用薄膜批发	39678		39678		369		39309
其他化工产品批发	1886340		1886340		18940	72204	1795196
机械设备、五金产品及电子产品批发	13982479	81532	13900947	47309	515821	643877	12693940
农业机械批发	1308137		1308137	33946	48517	83765	1141909
汽车批发	1675192	8530	1666662	8081	49830	108316	1500435
汽车零配件批发	1455380		1455380		70598	187502	1197280
摩托车及零配件批发	138553		138553				138553
五金产品批发	3069727		3069727		107565	93693	2868469
电气设备批发	1294570	3760	1290810		32219	30639	1227952
计算机、软件及辅助设备批发	840798		840798		41515	20647	778636
通讯及广播电视设备批发	335646	2955	332691		19000	22537	291154
其他机械设备及电子产品批发	3864476	66287	3798189	5282	146577	96778	3549552
贸易经纪与代理	4741523	10487	4731036	1200	36077	737805	3955954
贸易代理	3434862	6031	3428831	1200	30136	646219	2751276
拍卖	22191		22191			3454	18737
其他贸易经纪与代理	1284470	4456	1280014		5941	88132	1185941
其他批发业	6947207	28121	6919086	28519	313339	514944	6062284

2-1-21　续表 18　　　　单位：万元

行　　业	合　计	中央项目	地方项目				
				省　属	地市属	县　属	其　他
再生物资回收与批发	2014340	6109	2008231	4823	28968	109855	1864585
其他未列明批发业	4932867	22012	4910855	23696	284371	405089	4197699
零售业	80895452	329177	80566275	1011367	4379360	10137502	65038046
综合零售	26376502	177517	26198985	650233	1986301	4101103	19461348
百货零售	14733681	77153	14656528	601525	1195697	1988622	10870684
超级市场零售	5270906	8385	5262521	47678	471745	809336	3933762
其他综合零售	6371915	91979	6279936	1030	318859	1303145	4656902
食品、饮料及烟草制品专门零售	5771911	26668	5745243	5119	168336	997304	4574484
粮油零售	618225	3990	614235		6618	113840	493777
糕点、面包零售	174889		174889		3058	4560	167271
果品、蔬菜零售	1375412	4240	1371172	769	18833	349463	1002107
肉、禽、蛋、奶及水产品零售	1134564	12565	1121999	4350	73860	204761	839028
营养和保健品零售	195675		195675			5856	189819
酒、饮料及茶叶零售	815146		815146		5807	27124	782215
烟草制品零售	50193	5873	44320		640	875	42805
其他食品零售	1407807		1407807		59520	290825	1057462
纺织、服装及日用品专门零售	3675869		3675869	23990	334383	351944	2965552
纺织品及针织品零售	441061		441061		23711	90152	327198
服装零售	1811571		1811571		295415	162155	1354001
鞋帽零售	103417		103417			4210	99207
化妆品及卫生用品零售	152861		152861		729	9767	142365
钟表、眼镜零售	112288		112288			4598	107690
箱、包零售	87056		87056				87056
厨房用具及日用杂品零售	159664		159664			5040	154624
自行车零售	54365		54365		3450		50915
其他日用品零售	753586		753586	23990	11078	76022	642496
文化、体育用品及器材专门零售	2124961		2124961	92330	166598	180796	1685237
文具用品零售	292248		292248	2825	6530	6336	276557
体育用品及器材零售	168132		168132		2600	4645	160887
图书、报刊零售	284513		284513	32492	30711	46306	175004
音像制品及电子出版物零售	31513		31513			8850	22663
珠宝首饰零售	575418		575418	57013	93807	28587	396011
工艺美术品及收藏品零售	574197		574197		28665	56776	488756
乐器零售	24520		24520				24520
照相器材零售	25454		25454		4285		21169
其他文化用品零售	148966		148966			29296	119670
医药及医疗器材专门零售	2648026	9530	2638496	12745	144371	152671	2328709
药品零售	1811865	1759	1810106	12745	115411	114593	1567357
医疗用品及器材零售	836161	7771	828390		28960	38078	761352
汽车、摩托车、燃料及零配件专门零售	20638151	86918	20551233	107270	911598	2109555	17422810
汽车零售	14460884	5485	14455399	41827	692645	1460401	12260526
汽车零配件零售	1240191		1240191		22263	107054	1110874
摩托车及零配件零售	315230		315230		19195	29648	266387
机动车燃料零售	4621846	81433	4540413	65443	177495	512452	3785023
家用电器及电子产品专门零售	3352875		3352875	86300	53038	176554	3036983
家用视听设备零售	219498		219498		3000		216498
日用家电设备零售	1094292		1094292	1596	8949	34896	1048851
计算机、软件及辅助设备零售	824077		824077		30271	23726	770080
通信设备零售	587456		587456	84704	4065	48816	449871
其他电子产品零售	627552		627552		6753	69116	551683

2-1-21 续表 19

单位：万元

行　业	合　计	中央项目	地方项目				
				省　属	地市属	县　属	其　他
五金、家具及室内装饰材料专门零售	7400786	2961	7397825	6450	238565	653701	6499109
五金零售	1663634	2961	1660673		15955	66599	1578119
灯具零售	185873		185873		3980	2819	179074
家具零售	2852003		2852003	6450	159978	331296	2354279
涂料零售	113274		113274				113274
卫生洁具零售	44123		44123			2710	41413
木质装饰材料零售	507643		507643			25630	482013
陶瓷、石材装饰材料零售	712151		712151		29498	74272	608381
其他室内装饰材料零售	1322085		1322085		29154	150375	1142556
货摊、无店铺及其他零售业	8906371	25583	8880788	26930	376170	1413874	7063814
货摊食品零售	190340		190340			26759	163581
货摊纺织、服装及鞋零售	11480		11480				11480
货摊日用品零售	67102		67102			7700	59402
互联网零售	3434089	14011	3420078	1215	76927	624634	2717302
邮购及电视、电话零售	53810		53810		3690		50120
旧货零售	101060	4250	96810		3138	7914	85758
生活用燃料零售	964583	4525	960058	9261	14860	149782	786155
其他未列明零售业	4083907	2797	4081110	16454	277555	597085	3190016
(七)交通运输、仓储和邮政业	**611858228**	**83139815**	**528718413**	**103915861**	**107337878**	**164579804**	**152884870**
铁路运输业	80061940	57079101	22982839	11095364	3951926	2344132	5591417
铁路旅客运输	62269393	47625377	14644016	8538088	1977460	705750	3422718
铁路货物运输	12036455	7782476	4253979	926935	980194	822499	1524351
铁路运输辅助活动	5756092	1671248	4084844	1630341	994272	815883	644348
客运火车站	1490580	146185	1344395	237059	576043	319200	212093
货运火车站	518899	8550	510349	298294	21097	104922	86036
其他铁路运输辅助活动	3746613	1516513	2230100	1094988	397132	391761	346219
道路运输业	403035901	10318356	392717545	83475811	91806068	143867101	73568565
城市公共交通运输	70847616	1069949	69777667	12945790	43399605	6844374	6587898
公共电汽车客运	5244286	1076	5243210	611836	1817079	1866016	948279
城市轨道交通	54096685	255639	53841046	11718660	38466273	1348874	2307239
出租车客运	961662		961662	69363	221663	63016	607620
其他城市公共交通运输	10544983	813234	9731749	545931	2894590	3566468	2724760
公路旅客运输	134651230	4823460	129827770	40621327	24161804	50390946	14653693
道路货物运输	101378509	2611054	98767455	10944004	12258506	42669305	32895640
道路运输辅助活动	96158546	1813893	94344653	18964690	11986153	43962476	19431334
客运汽车站	3243777	36827	3206950	50159	611614	1529465	1015712
公路管理与养护	68178158	1574205	66603953	15357152	9314011	29874071	12058719
其他道路运输辅助活动	24736611	202861	24533750	3557379	2060528	12558940	6356903
水上运输业	18864099	1841108	17022991	2937789	3737887	3286286	7061029
水上旅客运输	1232768	14179	1218589	100493	369235	362226	386635
海洋旅客运输	410474	4648	405826	33924	102397	194448	75057
内河旅客运输	597967	9531	588436	13359	253312	128002	193763
客运轮渡运输	224327		224327	53210	13526	39776	117815
水上货物运输	3804181	353476	3450705	345198	824053	482649	1798805
远洋货物运输	512459	238110	274349	33697	65924	71660	103068
沿海货物运输	1402934	20191	1382743	200514	239673	127568	814988
内河货物运输	1888788	95175	1793613	110987	518456	283421	880749
水上运输辅助活动	13827150	1473453	12353697	2492098	2544599	2441411	4875589
客运港口	629126		629126	208368	251062	63780	105916
货运港口	9991935	455521	9536414	1699325	1884312	1703846	4248931
其他水上运输辅助活动	3206089	1017932	2188157	584405	409225	673785	520742

2-1-21　续表 20　　　　单位：万元

行　业	合　计	中央项目	地方项目				
				省　属	地市属	县　属	其　他
航空运输业	23949212	10978609	12970603	4636214	3247561	875726	4211102
航空客货运输	13909504	8172386	5737118	2450509	954105	137069	2195435
航空旅客运输	13680715	8171149	5509566	2415889	876319	137069	2080289
航空货物运输	228789	1237	227552	34620	77786		115146
通用航空服务	1645979	30829	1615150	393924	109492	194284	917450
航空运输辅助活动	8393729	2775394	5618335	1791781	2183964	544373	1098217
机场	7323456	2566448	4757008	1705341	2024655	381029	645983
空中交通管理	99290	84156	15134	500	5543	1500	7591
其他航空运输辅助活动	970983	124790	846193	85940	153766	161844	444643
管道运输业	3478534	1341972	2136562	118321	188081	566397	1263763
管道运输业	3478534	1341972	2136562	118321	188081	566397	1263763
装卸搬运和运输代理业	11150598	126267	11024331	138178	573771	1486045	8826337
装卸搬运	1874873	60899	1813974	66703	88756	382783	1275732
运输代理业	9275725	65368	9210357	71475	485015	1103262	7550605
货物运输代理	6519222	48974	6470248	25687	414568	515364	5514629
旅客票务代理	30010		30010			10245	19765
其他运输代理业	2726493	16394	2710099	45788	70447	577653	2016211
仓储业	68557761	1353925	67203836	1452615	3672728	11734595	50343898
谷物、棉花等农产品仓储	16427688	278892	16148796	463229	648578	4075561	10961428
谷物仓储	10895584	254896	10640688	388341	431293	2980973	6840081
棉花仓储	281420	2500	278920			52146	226774
其他农产品仓储	5250684	21496	5229188	74888	217285	1042442	3894573
其他仓储业	52130073	1075033	51055040	989386	3024150	7659034	39382470
邮政业	2760183	100477	2659706	61569	159856	419522	2018759
邮政基本服务	347426	49020	298406	33160	46190	110021	109035
快递服务	2412757	51457	2361300	28409	113666	309501	1909724
(八)住宿和餐饮业	**61066189**	**279043**	**60787146**	**676196**	**2713702**	**8274611**	**49122637**
住宿业	42890651	260285	42630366	576240	2009006	6563798	33481322
旅游饭店	29725944	244162	29481782	518992	1572236	4515104	22875450
一般旅馆	7475948	12027	7463921	11329	245118	721586	6485888
其他住宿业	5688759	4096	5684663	45919	191652	1327108	4119984
餐饮业	18175538	18758	18156780	99956	704696	1710813	15641315
正餐服务	13587601	11617	13575984	67345	377689	1125899	12005051
快餐服务	692371		692371	3556	19311	69032	600472
饮料及冷饮服务	570296	2694	567602		33560	42053	491989
茶馆服务	125716	2694	123022		2470	4100	116452
咖啡馆服务	130812		130812				130812
酒吧服务	190978		190978		31090	33153	126735
其他饮料及冷饮服务	122790		122790			4800	117990
其他餐饮业	3325270	4447	3320823	29055	274136	473829	2543803
小吃服务	898491		898491	29055	29227	226311	613898
餐饮配送服务	263186		263186		1200	18897	243089
其他未列明餐饮业	2163593	4447	2159146		243709	228621	1686816
(九)信息传输、软件和信息技术服务业	**69874290**	**13431748**	**56442542**	**5955108**	**4696439**	**7899870**	**37891125**
电信、广播电视和卫星传输服务	24892966	12362888	12530078	4396155	1712021	1887499	4534403
电信	22352205	12264478	10087727	3358719	1602989	1351198	3774821
固定电信服务	3238124	1716387	1521737	463780	301867	165612	590478
移动电信服务	16679385	9897361	6782024	2376378	1141788	858422	2405436
其他电信服务	2434696	650730	1783966	518561	159334	327164	778907

2-1-21 续表 21

单位：万元

行　　业	合　计	中央项目	地方项目				
				省　属	地市属	县　属	其　他
广播电视传输服务	2021051	51060	1969991	1030995	107137	521239	310620
有线广播电视传输服务	1476945	19646	1457299	703762	77940	407365	268232
无线广播电视传输服务	544106	31414	512692	327233	29197	113874	42388
卫星传输服务	519710	47350	472360	6441	1895	15062	448962
互联网和相关服务	10807155	498789	10308366	560375	823623	1781560	7142808
互联网接入及相关服务	3207635	470755	2736880	293302	286619	554494	1602465
互联网信息服务	5379187	20957	5358230	231273	370400	738206	4018351
其他互联网服务	2220333	7077	2213256	35800	166604	488860	1521992
软件和信息技术服务业	34174169	570071	33604098	998578	2160795	4230811	26213914
软件开发	14457860	121464	14336396	551413	826266	799999	12158718
信息系统集成服务	3867485	326812	3540673	55557	203516	765422	2516178
信息技术咨询服务	4008492	14	4008478	19600	187356	650496	3151026
数据处理和存储服务	5703408	43286	5660122	222894	362026	1258266	3816936
集成电路设计	581221	12660	568561		51152	35914	481495
其他信息技术服务业	5555703	65835	5489868	149114	530479	720714	4089561
数字内容服务	605506		605506	45547	121686	139345	298928
呼叫中心	353036	850	352186		62688	38989	250509
其他未列明信息技术服务业	4597161	64985	4532176	103567	346105	542380	3540124
(十)金融业	**11214754**	**1073810**	**10140944**	**1113900**	**1740909**	**1572134**	**5714001**
货币金融服务	4676301	616584	4059717	868492	615794	800060	1775371
中央银行服务	240930	42454	198476	8318	73100	18264	98794
货币银行服务	3854635	560669	3293966	848972	540195	641242	1263557
非货币银行服务	571865	13461	558404	9202	2499	140354	406349
金融租赁服务	298811	8611	290200	7015	2499	41228	239458
财务公司	21473		21473				21473
典当	22622		22622				22622
其他非货币银行服务	228959	4850	224109	2187		99126	122796
银行监管服务	8871		8871	2000		200	6671
资本市场服务	3576142	191954	3384188	94085	634264	515556	2140283
证券市场服务	484827	126429	358398	84068	78705	41689	153936
证券市场管理服务	158667	106301	52366		6834	3195	42337
证券经纪交易服务	229084	20128	208956	84068	55102	38494	31292
基金管理服务	97076		97076		16769		80307
期货市场服务	62682		62682		5159	4921	52602
期货市场管理服务	18670		18670			4921	13749
其他期货市场服务	44012		44012		5159		38853
证券期货监管服务	27790	900	26890				26890
资本投资服务	2463211	6385	2456826	5117	540963	406597	1504149
其他资本市场服务	537632	58240	479392	4900	9437	62349	402706
保险业	1233901	257264	976637	74610	157026	23860	721141
人身保险	772758	166086	606672	67763	21072	6119	511718
人寿保险	758920	166086	592834	67763	21072	6119	497880
健康和意外保险	13838		13838				13838
财产保险	311062	91178	219884	4112	126004	14341	75427
再保险	4488		4488				4488
养老金	14486		14486		6900	800	6786
保险经纪与代理服务	57630		57630	2735			54895
保险监管服务							
其他保险活动	73477		73477		3050	2600	67827
风险和损失评估	5696		5696				5696
其他未列明保险活动	67781		67781		3050	2600	62131

2-1-21　续表 22

单位：万元

行　业	合　计	中央项目	地方项目				
				省　属	地市属	县　属	其　他
其他金融业	1728410	8008	1720402	76713	333825	232658	1077206
金融信托与管理服务	594169		594169	26842	193345	30729	343253
控股公司服务	46152	5012	41140		821	920	39399
非金融机构支付服务	84927	690	84237		16280	4445	63512
金融信息服务	526896	2306	524590	8921	82431	162447	270791
其他未列明金融业	476266		476266	40950	40948	34117	360251
(十一)房地产业	**1397335192**	**27013075**	**1370322117**	**43628576**	**179650728**	**173904705**	**973138108**
房地产业	1397335192	27013075	1370322117	43628576	179650728	173904705	973138108
房地产开发经营	1128355121	23748091	1104607030	35302638	151593476	49999326	867711590
物业管理	4554211	36030	4518181	143175	188845	409263	3776898
房地产中介服务	561469	446	561023		15580	83184	462259
自有房地产经营活动	21946235	468485	21477750	758325	4244723	5734921	10739781
其他房地产业	241918156	2760023	239158133	7424438	23608104	117678011	90447580
(十二)租赁和商务服务业	**133042207**	**2460023**	**130582184**	**3444757**	**15412287**	**27524735**	**84200405**
租赁业	13192393	1114949	12077444	956592	2533864	449233	8137755
机械设备租赁	11291081	1114949	10176132	952893	2505414	346591	6371234
汽车租赁	2372557	35822	2336735	641145	198665	102964	1393961
农业机械租赁	437646		437646		2500	12191	422955
建筑工程机械与设备租赁	2019069	1500	2017569	8692	68319	151397	1789161
计算机及通讯设备租赁	130773	50157	80616	4450		7494	68672
其他机械与设备租赁	6331036	1027470	5303566	298606	2235930	72545	2696485
文化及日用品出租	1901312		1901312	3699	28450	102642	1766521
娱乐及体育设备出租	1807866		1807866		14119	88459	1705288
图书出租	16497		16497	3699	170	8910	3718
音像制品出租	7559		7559				7559
其他文化及日用品出租	69390		69390		14161	5273	49956
商务服务业	119849814	1345074	118504740	2488165	12878423	27075502	76062650
企业管理服务	51345738	641726	50704012	1643606	7230338	13720328	28109740
企业总部管理	5512675	254605	5258070	841351	1184890	761960	2469869
投资与资产管理	38171391	341650	37829741	749542	5425886	10998199	20656114
单位后勤管理服务	678312	10004	668308	4320	80875	106467	476646
其他企业管理服务	6983360	35467	6947893	48393	538687	1853702	4507111
法律服务	271819	500	271319		33799	57672	179848
律师及相关法律服务	122087		122087		5776	33855	82456
公证服务	84687		84687		11000	1100	72587
其他法律服务	65045	500	64545		17023	22717	24805
咨询与调查	4129711	6416	4123295		248928	259448	3614919
会计、审计及税务服务	210351		210351		12590	9347	188414
市场调查	22535		22535			3355	19180
社会经济咨询	1656883		1656883		98282	20557	1538044
其他专业咨询	2239942	6416	2233526		138056	226189	1869281
广告业	3670157	1800	3668357	36527	71649	226148	3334033
知识产权服务	142538	34252	108286	1500	3950	11808	91028
人力资源服务	1696119	24957	1671162	119700	102317	231346	1217799
公共就业服务	475351		475351	106200	18735	134898	215518
职业中介服务	120300	2500	117800		4360	6357	107083
劳务派遣服务	588513		588513		16565	10069	561879
其他人力资源服务	511955	22457	489498	13500	62657	80022	333319
旅行社及相关服务	22937819	80844	22856975	271390	860909	5594293	16130383

2-1-21 续表 23

单位：万元

行业	合计	中央项目	地方项目				
				省属	地市属	县属	其他
旅行社服务	733950		733950	2980	31776	109947	589247
旅游管理服务	21051059	80844	20970215	268410	817570	5268956	14615279
其他旅行社相关服务	1152810		1152810		11563	215390	925857
安全保护服务	1442626	11682	1430944	60549	158501	639044	572850
安全服务	403879	2697	401182	3511	77773	121142	198756
安全系统监控服务	853917	6182	847735	56835	68141	464139	258620
其他安全保护服务	184830	2803	182027	203	12587	53763	115474
其他商务服务业	34213287	542897	33670390	354893	4168032	6335415	22812050
市场管理	10907573	28661	10878912	83852	634600	2230810	7929650
会议及展览服务	8711977	434013	8277964	183390	1337632	1439095	5317847
包装服务	400050		400050		27975	24509	347566
办公服务	2041244	52811	1988433	1058	481229	311322	1194824
信用服务	49959		49959			12295	37664
担保服务	80542		80542	5743		7505	67294
其他未列明商务服务业	12021942	27412	11994530	80850	1686596	2309879	7917205
(十三)科学研究和技术服务业	**59324785**	**2235633**	**57089152**	**1793732**	**4800396**	**8491816**	**42003208**
研究和试验发展	15251406	1189244	14062162	818744	1079141	1699859	10464418
自然科学研究和试验发展	1979807	355756	1624051	62831	97209	255467	1208544
工程和技术研究和试验发展	8607931	786874	7821057	499724	666079	795007	5860247
农业科学研究和试验发展	2381891	29276	2352615	71243	149430	430430	1701512
医学研究和试验发展	2154252	17338	2136914	184946	164261	195391	1592316
社会人文科学研究	127525		127525		2162	23564	101799
专业技术服务业	18809456	773831	18035625	747393	1953873	3344508	11989851
气象服务	410631	26159	384472	33475	126758	161684	62555
地震服务	109742	4896	104846	6018	15426	41246	42156
海洋服务	385893	40675	345218	8506	10736	55318	270658
测绘服务	156380	2984	153396	13739	6467	9716	123474
质检技术服务	3680837	58402	3622435	234611	425228	521248	2441348
环境与生态监测	1122747	9584	1113163	56710	57818	233218	765417
环境保护监测	913097	7760	905337	44557	57168	165265	638347
生态监测	209650	1824	207826	12153	650	67953	127070
地质勘查	1681783	311391	1370392	137570	22809	181589	1028424
能源矿产地质勘查	308459	174982	133477	18805	9767	45915	58990
固体矿产地质勘查	560439		560439	49480	1745	48899	460315
水、二氧化碳等矿产地质勘查	36859		36859			1093	35766
基础地质勘查	412110	22937	389173	35964	4465	46101	302643
地质勘查技术服务	363916	113472	250444	33321	6832	39581	170710
工程技术	5932356	123217	5809139	94286	966122	1711745	3036986
工程管理服务	2735631	10622	2725009	18608	754459	783303	1168639
工程勘察设计	1630398	98870	1531528	67932	38529	273023	1152044
规划管理	1566327	13725	1552602	7746	173134	655419	716303
其他专业技术服务业	5329087	196523	5132564	162478	322509	428744	4218833
专业化设计服务	1611238	117949	1493289	31271	118108	122760	1221150
摄影扩印服务	290162		290162		14170	44096	231896
兽医服务	127560		127560		600	22292	104668
其他未列明专业技术服务业	3300127	78574	3221553	131207	189631	239596	2661119
科技推广和应用服务业	25263923	272558	24991365	227595	1767382	3447449	19548939
技术推广服务	16617713	241345	16376368	131017	835843	1896374	13513134
农业技术推广服务	7458747	50900	7407847	32638	189731	1172168	6013310
生物技术推广服务	2624517	7400	2617117	1727	348431	193519	2073440

2-1-21　续表 24　　　　单位：万元

行　　业	合　计	中央项目	地方项目				
				省　属	地市属	县　属	其　他
新材料技术推广服务	1592551	61554	1530997	26798	67931	161692	1274576
节能技术推广服务	1860101	65231	1794870		60007	172501	1562362
其他技术推广服务	3081797	56260	3025537	69854	169743	196494	2589446
科技中介服务	3563844	2265	3561579	19415	187703	1003486	2350975
其他科技推广和应用服务业	5082366	28948	5053418	77163	743836	547589	3684830
（十四）水利、环境和公共设施管理业	**821052961**	**8964051**	**812088910**	**28886576**	**136291387**	**375823114**	**271087833**
水利管理业	100208314	1677739	98530575	10012252	12620120	55349709	20548494
防洪除涝设施管理	47176668	545948	46630720	2698935	6464727	26945670	10521388
水资源管理	18312332	490912	17821420	3156866	1820927	9619426	3224201
天然水收集与分配	15190223	346379	14843844	1437566	1558107	9519877	2328294
水文服务	155270		155270	5209	11144	59945	78972
其他水利管理业	19373821	294500	19079321	2713676	2765215	9204791	4395639
生态保护和环境治理业	38223374	394544	37828830	1162007	5378334	17363794	13924695
生态保护	5876152	47259	5828893	195484	951096	3145830	1536483
自然保护区管理	2009770	9713	2000057	90826	262194	1149187	497850
野生动物保护	593296	4875	588421	24629	25313	118742	419737
野生植物保护	212365		212365	438	22930	139272	49725
其他自然保护	3060721	32671	3028050	79591	640659	1738629	569171
环境治理业	32347222	347285	31999937	966523	4427238	14217964	12388212
水污染治理	18503050	115750	18387300	410847	3505845	9016725	5453883
大气污染治理	2772926	136283	2636643	295084	277973	423467	1640119
固体废物治理	4873722	38744	4834978	163262	243417	1959992	2468307
危险废物治理	535323	10000	525323	29738	45807	107536	342242
放射性废物治理	5130		5130		1252	1208	2670
其他污染治理	5657071	46508	5610563	67592	352944	2709036	2480991
公共设施管理业	682621273	6891768	675729505	17712317	118292933	303109611	236614644
市政设施管理	452339485	5283266	447056219	14373931	95905279	212632084	124144925
环境卫生管理	14733969	136831	14597138	527843	1182445	6973440	5913410
城乡市容管理	37858674	227187	37631487	294531	3785094	19853578	13698284
绿化管理	28653407	272585	28380822	758248	4758654	15096360	7767560
公园和游览景区管理	149035738	971899	148063839	1757764	12661461	48554149	85090465
公园管理	31662223	361162	31301061	547956	4714456	14782628	11256021
游览景区管理	117373515	610737	116762778	1209808	7947005	33771521	73834444
（十五）居民服务、修理和其他服务业	**26861516**	**138247**	**26723269**	**192302**	**2562943**	**7393401**	**16574623**
居民服务业	15838326	110968	15727358	145386	1379741	5646619	8555612
家庭服务	692220	26764	665456	2620	8898	232894	421044
托儿所服务	199427		199427		5592	47968	145867
洗染服务	247558		247558			16873	230685
理发及美容服务	397304		397304		11550	14622	371132
洗浴服务	1708417		1708417		78935	389964	1239518
保健服务	712856	1584	711272		24838	83475	602959
婚姻服务	251772		251772		79694	26191	145887
殡葬服务	2580297	5990	2574307	46365	171075	1166318	1190549
其他居民服务业	9048475	76630	8971845	96401	999159	3668314	4207971
机动车、电子产品和日用产品修理业	5392949	4226	5388723	7775	109135	581812	4690001
汽车、摩托车修理与维护	4892326		4892326	4570	64628	508562	4314566
汽车修理与维护	4866901		4866901	4570	64628	503613	4294090
摩托车修理与维护	25425		25425			4949	20476
计算机和办公设备维修	286889	4226	282663	3205	41707	46627	191124
计算机和辅助设备修理	81373		81373	860	9002	14510	57001

2-1-21 续表 25 　　　　单位：万元

行　　业	合　计	中央项目	地方项目				
				省　属	地市属	县　属	其　他
通讯设备修理	92773		92773	2345	21255	20017	49156
其他办公设备维修	112743	4226	108517		11450	12100	84967
家用电器修理	74986		74986				74986
家用电子产品修理	31976		31976				31976
日用电器修理	43010		43010				43010
其他日用产品修理业	138748		138748		2800	26623	109325
自行车修理							
鞋和皮革修理	4900		4900				4900
家具和相关物品修理	7430		7430				7430
其他未列明日用产品修理业	126418		126418		2800	26623	96995
其他服务业	5630241	23053	5607188	39141	1074067	1164970	3329010
清洁服务	1053534	2000	1051534		42679	88448	920407
建筑物清洁服务	176508		176508			11837	164671
其他清洁服务	877026	2000	875026		42679	76611	755736
其他未列明服务业	4576707	21053	4555654	39141	1031388	1076522	2408603
(十六)教育	**110835380**	**2703648**	**108131732**	**6331777**	**14238853**	**53441887**	**34119215**
教育	110835380	2703648	108131732	6331777	14238853	53441887	34119215
学前教育	10389344	158217	10231127	80622	581766	5489199	4079540
初等教育	29091577	280802	28810775	236746	2726584	17709485	8137960
普通小学教育	28892114	280802	28611312	236746	2720584	17553873	8100109
成人小学教育	199463		199463		6000	155612	37851
中等教育	41212820	344008	40868812	873801	6192961	23186959	10615091
普通初中教育	21138780	214325	20924455	312548	2297755	12811850	5502302
职业初中教育	713434	1637	711797		148260	414899	148638
成人初中教育	225169	6143	219026	37050	22181	57517	102278
普通高中教育	11230647	80975	11149672	205139	1785814	6413870	2744849
成人高中教育	180419		180419	2937	12600	120496	44386
中等职业学校教育	7724371	40928	7683443	316127	1926351	3368327	2072638
高等教育	16705391	1763371	14942020	4886305	2896131	2961947	4197637
普通高等教育	15998576	1747827	14250749	4740019	2681037	2828927	4000766
成人高等教育	706815	15544	691271	146286	215094	133020	196871
特殊教育	540472	2310	538162	13981	78185	256928	189068
技能培训、教育辅助及其他教育	12895776	154940	12740836	240322	1763226	3837369	6899919
职业技能培训	6283896	72684	6211212	96818	621054	1479550	4013790
体校及体育培训	503395	4516	498879	33663	151913	126741	186562
文化艺术培训	1002562		1002562	37609	52086	148970	763897
教育辅助服务	1433863	3331	1430532	19546	131995	567166	711825
其他未列明教育	3672060	74409	3597651	52686	806178	1514942	1223845
(十七)卫生和社会工作	**73273999**	**930995**	**72343004**	**3705302**	**10004248**	**26768750**	**31864704**
卫生	52432963	819812	51613151	3425432	8679598	20462551	19045570
医院	41115044	740474	40374570	3225868	7617817	14301408	15229477
综合医院	27703915	658932	27044983	2536275	5408275	9833645	9266788
中医医院	3965471	22500	3942971	63244	603200	2531756	744771
中西医结合医院	1142787		1142787	98531	196566	364422	483268
民族医院	302813	2162	300651	57195	28851	179439	35166
专科医院	5558310	44157	5514153	390778	1234080	924178	2965117
疗养院	2441748	12723	2429025	79845	146845	467968	1734367
社区医疗与卫生院	5504658	51433	5453225	7245	214409	3460840	1770731
社区卫生服务中心(站)	1562711	17206	1545505	2517	166237	913814	462937
街道卫生院	267081	6228	260853		16995	143312	100546
乡镇卫生院	3674866	27999	3646867	4728	31177	2403714	1207248

2-1-21　续表 26　　　　单位：万元

行　业	合　计	中央项目	地方项目				
				省　属	地市属	县　属	其　他
门诊部(所)	689771		689771	13370	67741	220210	388450
计划生育技术服务活动	196800		196800	3069	53231	69168	71332
妇幼保健院(所、站)	2349564	8041	2341523	96650	481455	1336840	426578
专科疾病防治院(所、站)	427526	9919	417607	30831	39525	99528	247723
疾病预防控制中心	609420	6311	603109	18100	103926	383648	97435
其他卫生活动	1540180	3634	1536546	30299	101494	590909	813844
社会工作	20841036	111183	20729853	279870	1324650	6306199	12819134
提供住宿社会工作	19535043	102877	19432166	251210	1245170	5714476	12221310
干部休养所	554722	6256	548466	8902	69009	138766	331789
护理机构服务	2246229	2457	2243772	22040	202362	565801	1453569
精神康复服务	233138	4275	228863	11855	63362	80922	72724
老年人、残疾人养护服务	15581724	86676	15495048	204313	746885	4484683	10059167
孤残儿童收养和庇护服务	466419		466419	4100	138762	184385	139172
其他提供住宿社会救助	452811	3213	449598		24790	259919	164889
不提供住宿社会工作	1305993	8306	1297687	28660	79480	591723	597824
社会看护与帮助服务	982492	8306	974186	23673	36903	441192	472418
其他不提供住宿社会工作	323501		323501	4987	42577	150531	125406
(十八)文化、体育和娱乐业	**87318805**	**1189578**	**86129227**	**4032418**	**11479238**	**26009733**	**44607838**
新闻和出版业	895394	17987	877407	265870	162247	160670	288620
新闻业	422446	5187	417259	134072	53362	139113	90712
出版业	472948	12800	460148	131798	108885	21557	197908
图书出版	172330	12800	159530	80154	18000	10430	50946
报纸出版	161541		161541	51644	79568	5279	25050
期刊出版	8717		8717			3458	5259
音像制品出版	1125		1125				1125
电子出版物出版	17271		17271		8700		8571
其他出版业	111964		111964		2617	2390	106957
广播、电视、电影和影视录音制作业	5342743	433581	4909162	735424	1113254	786326	2274158
广播	545128	334771	210357	29318	35215	115481	30343
电视	481810	51404	430406	72470	68845	198069	91022
电影和影视节目制作	2570865	3354	2567511	508114	934181	190395	934821
电影和影视节目发行	137492	42825	94667	14196	4962	8655	66854
电影放映	1467115	900	1466215	19316	70051	271827	1105021
录音制作	140333	327	140006	92010		1899	46097
文化艺术业	37873756	219079	37654677	1342839	5800864	14136904	16374070
文艺创作与表演	1985411	156	1985255	13954	210048	428522	1332731
艺术表演场馆	2788035	4925	2783110	147414	924935	997489	713272
图书馆与档案馆	2133254	59031	2074223	274512	504146	918762	376803
图书馆	1450183	45402	1404781	211505	392394	548422	252460
档案馆	683071	13629	669442	63007	111752	370340	124343
文物及非物质文化遗产保护	6682374	24178	6658196	136696	980841	3173541	2367118
博物馆	5415021	33874	5381147	432402	970718	2101184	1876843
烈士陵园、纪念馆	1221297	6620	1214677	30160	63683	640726	480108
群众文化活动	9712561	53059	9659502	101435	934495	4192014	4431558
其他文化艺术业	7935803	37236	7898567	206266	1211998	1684666	4795637
体育	18097216	104198	17993018	635428	2579436	7056333	7721821
体育组织	428381		428381	616	167446	92490	167829
体育场馆	8647170	90587	8556583	506126	1740970	3887763	2421724
休闲健身活动	7869965	12503	7857462	23467	640164	2683474	4510357
其他体育	1151700	1108	1150592	105219	30856	392606	621911

2-1-21 续表 27 单位：万元

行 业	合 计	中央项目	地方项目				
				省 属	地市属	县 属	其 他
娱乐业	25109696	414733	24694963	1052857	1823437	3869500	17949169
室内娱乐活动	3077558	1631	3075927	61779	237995	288009	2488144
歌舞厅娱乐活动	893975	198	893777	59549	12493	33492	788243
电子游艺厅娱乐活动	211406		211406		24285	73154	113967
网吧活动	335093		335093		4950	19850	310293
其他室内娱乐活动	1637084	1433	1635651	2230	196267	161513	1275641
游乐园	13287957	283239	13004718	949435	1144971	1773318	9136994
彩票活动	185686		185686	20977	17160	20770	126779
文化、娱乐、体育经纪代理	364895		364895	9090	52623	206203	96979
文化娱乐经纪人	50698		50698				50698
体育经纪人	8700		8700		4450		4250
其他文化艺术经纪代理	305497		305497	9090	48173	206203	42031
其他娱乐业	8193600	129863	8063737	11576	370688	1581200	6100273
(十九)公共管理、社会保障和社会组织	**79313212**	**1096346**	**78216866**	**1883580**	**7064447**	**46045721**	**23223118**
中国共产党机关	451155		451155	72	8604	276663	165816
中国共产党机关	451155		451155	72	8604	276663	165816
国家机构	53033264	1023922	52009342	1744894	6320922	31603279	12340247
国家权力机构	712622		712622	656	131105	208512	372349
国家行政机构	50434029	946853	49487176	1622969	5834087	30491230	11538890
综合事务管理机构	20587617	205971	20381646	232203	1676600	11171023	7301820
对外事务管理机构	157687	630	157057		12445	107180	37432
公共安全管理机构	10831887	554174	10277713	645886	1736278	6640329	1255220
社会事务管理机构	9071849	54319	9017530	206691	1712262	5752912	1345665
经济事务管理机构	8560339	110001	8450338	407880	506658	6164276	1371524
行政监督检查机构	1224650	21758	1202892	130309	189844	655510	227229
人民法院和人民检察院	882805	20353	862452	62504	187252	464963	147733
人民法院	606170	14378	591792	50267	119742	313639	108144
人民检察院	276635	5975	270660	12237	67510	151324	39589
其他国家机构	1003808	56716	947092	58765	168478	438574	281275
人民政协、民主党派	67119		67119	3314	9958	12454	41393
人民政协	39448		39448		9958	9198	20292
民主党派	27671		27671	3314		3256	21101
社会保障	3931391	23637	3907754	23020	291058	2616065	977611
社会保障	3931391	23637	3907754	23020	291058	2616065	977611
群众团体、社会团体和其他成员组织	3815503	15478	3800025	38415	207337	1195239	2359034
群众团体	264813	1373	263440	13353	57480	93273	99334
工会	103276	1202	102074	11654	16671	50513	23236
妇联	2070	171	1899		599	1300	
共青团	5431		5431			610	4821
其他群众团体	154036		154036	1699	40210	40850	71277
社会团体	1259699	8380	1251319	24664	34583	519482	672590
专业性团体	878487	4400	874087	6260	19229	418695	429903
行业性团体	218696		218696	13559		42511	162626
其他社会团体	162516	3980	158536	4845	15354	58276	80061
基金会	12900		12900		8979	1627	2294
宗教组织	2278091	5725	2272366	398	106295	580857	1584816
基层群众自治组织	18014780	33309	17981471	73865	226568	10342021	7339017
社区自治组织	3233851	14290	3219561	63971	114897	1303793	1736900
村民自治组织	14780929	19019	14761910	9894	111671	9038228	5602117

2-1-22 国民经济行业小类按建设性质分的固定资产投资(不含农户)

单位：万元

行　业	新　建	扩　建	改建和技术改造	单纯建造生活设施	迁　建	恢　复	单纯购置
全　国　总　计	**4524832875**	**675973679**	**918732518**	**14439067**	**37603442**	**7247943**	**138010113**
(一)农、林、牧、渔业	**202109872**	**30441653**	**10970214**	**144537**	**153339**	**385492**	**2178227**
农业	100346937	12917253	4208195	72709	57090	175435	555505
谷物种植	11602812	1656317	809732	8099	5930	11921	357317
稻谷种植	5607539	846199	509878	3282		4776	262627
小麦种植	1325620	171228	82174			7145	
玉米种植	2936054	419860	141226	4817	2980		87884
其他谷物种植	1733599	219030	76454		2950		6806
豆类、油料和薯类种植	3419446	565772	95052	9400			26196
豆类种植	608301	130983	32810				9780
油料种植	1822206	269521	52225	9400			2350
薯类种植	988939	165268	10017				14066
棉、麻、糖、烟草种植	1529486	215974	150898		1523		1160
棉花种植	367731	32814	27504				
麻类种植	150890	10598	6084		500		
糖料种植	442857	62643	67483				1160
烟草种植	568008	109919	49827		1023		
蔬菜、食用菌及园艺作物种植	36471709	4451489	1572158	28430	28726	128765	105212
蔬菜种植	19709269	2140857	829176	26540	4150	4474	72587
食用菌种植	5092259	799416	320938		9800		21400
花卉种植	8685768	949802	308791		14776	1490	3510
其他园艺作物种植	2984413	561414	113253	1890		122801	7715
水果种植	22930007	2906681	648555	26780	18923	7009	14031
仁果类和核果类水果种植	8199229	783235	144031		3500		
葡萄种植	2535243	409100	93799	2100	2174		
柑橘类种植	2152913	269697	101460	100			4027
香蕉等亚热带水果种植	920052	298945	41896	24580			
其他水果种植	9122570	1145704	267369		13249	7009	10004
坚果、含油果、香料和饮料作物种植	7023550	925377	299220				10085
坚果种植	2647204	250319	45250				8925
含油果种植	828071	123021	90190				
香料作物种植	677748	67957	4509				
茶及其他饮料作物种植	2870527	484080	159271				1160
中药材种植	8541410	907451	214428				4890
其他农业	8828517	1288192	418152		1988	27740	36614
林业	18023955	2978170	1001021	10614	9861	95584	103767
林木育种和育苗	8601479	1276475	350841	3000	6861	4151	83443
林木育种	2085487	408557	88886		2022	3951	38405
林木育苗	6515992	867918	261955	3000	4839	200	45038
造林和更新	8068159	1456768	532301	7614	3000	79671	5115
森林经营和管护	1021739	137151	72823			11762	
木材和竹材采运	113208	38846	27968				12339
木材采运	80361	21505	26310				12339
竹材采运	32847	17341	1658				
林产品采集	219370	68930	17088				2870
木竹材林产品采集	90867	16800					
非木竹材林产品采集	128503	52130	17088				2870
畜牧业	46035929	7808772	2209458	18161	48545	20997	173708
牲畜饲养	36043704	6283215	1636151	14281	41545	17939	116092
牛的饲养	9642493	1916840	524746	1124	5998		41150
马的饲养	162450	17540	9146				

2-1-22 续表 1　　　　　　　　　　　　　　　　　　　　单位：万元

行　业	新　建	扩　建	改建和技术改造	单纯建造生活设施	迁　建	恢　复	单纯购置
猪的饲养	19252651	3423248	903143	9657	28115	7615	53481
羊的饲养	4910897	658054	131381	3500	4750	10324	16137
骆驼饲养	3220	63					
其他牲畜饲养	2071993	267470	67735		2682		5324
家禽饲养	7438913	1228629	440821		4000	2158	34464
鸡的饲养	5777890	929637	307176		400	1658	29050
鸭的饲养	526282	96737	51671			500	
鹅的饲养	328806	44136	14986		3600		
其他家禽饲养	805935	158119	66988				5414
狩猎和捕捉动物	88820	22358	4054				
其他畜牧业	2464492	274570	128432	3880	3000	900	23152
渔业	9062136	1509167	812514	2750	15482	8839	640974
水产养殖	8744937	1460515	771130	2750	15482	8839	58740
海水养殖	2613838	436750	268769		3702		26551
内陆养殖	6131099	1023765	502361	2750	11780	8839	32189
水产捕捞	317199	48652	41384				582234
海水捕捞	274100	34408	32137				456568
内陆捕捞	43099	14244	9247				125666
农、林、牧、渔服务业	28640915	5228291	2739026	40303	22361	84637	704273
农业服务业	25837792	4669084	2484360	37739	16707	70750	668802
农业机械服务	2066987	417824	174344	2404	997		413332
灌溉服务	5769365	1382117	827938	16671		9134	10235
农产品初加工服务	4588802	715830	397958		7800		70562
其他农业服务	13412638	2153313	1084120	18664	7910	61616	174673
林业服务业	1059427	286866	84222		1284	13887	10297
林业有害生物防治服务	146073	52683	4620				498
森林防火服务	194788	60991	20105			1661	9799
林产品初级加工服务	113149	26621	13550				
其他林业服务	605417	146571	45947		1284	12226	
畜牧服务业	1152269	219837	109881	2564	4370		9764
渔业服务业	591427	52504	60563				15410
(二)采矿业	**51127678**	**11783878**	**27355739**	**54989**	**83369**	**166338**	**1517501**
煤炭开采和洗选业	12272502	3154625	9766018	37909	11350	80166	1161195
烟煤和无烟煤开采洗选	10935261	2849067	9156056	37909	11350	60245	1111159
褐煤开采洗选	802936	218546	289979			16835	38256
其他煤炭采选	534305	87012	319983			3086	11780
石油和天然气开采业	22540176	950311	2904493		2000	28408	63897
石油开采	19354084	418520	2408517		2000		12680
天然气开采	3186092	531791	495976			28408	51217
黑色金属矿采选业	2401917	928160	4167582		668	990	12561
铁矿采选	2211031	787617	3905626		668	990	
锰矿、铬矿采选	105518	120823	183072				9780
其他黑色金属矿采选	85368	19720	78884				2781
有色金属矿采选业	4269796	2599428	4143565		23547	18201	36824
常用有色金属矿采选	2447868	1498736	2596795		7449	2201	34568
铜矿采选	603495	249470	845004				31995
铅锌矿采选	839383	522085	1067454		7449	2201	2573
镍钴矿采选	219384	6863	54145				
锡矿采选	40094	366575	104113				
锑矿采选	23323	14562	63851				
铝矿采选	396819	243172	103461				

2-1-22　续表 2　　　　单位：万元

行　业	新　建	扩　建	改建和技术改造	单纯建造生活设施	迁　建	恢　复	单纯购置
镁矿采选	33213	3000	14168				
其他常用有色金属矿采选	292157	93009	344599				
贵金属矿采选	1375792	813630	1297953		16098	16000	1094
金矿采选	1243109	789314	1253495		16098	16000	1094
银矿采选	106815	23316	21796				
其他贵金属矿采选	25868	1000	22662				
稀有稀土金属矿采选	446136	287062	248817				1162
钨钼矿采选	265149	228340	174882				592
稀土金属矿采选	57567	7836	17900				570
放射性金属矿采选	11900		16787				
其他稀有金属矿采选	111520	50886	39248				
非金属矿采选业	8077402	3739776	5471463	7830	42270	4399	202630
土砂石开采	6235729	2984360	4280911	7830	38040	599	187728
石灰石、石膏开采	1454616	964354	1370333		11851		29610
建筑装饰用石开采	2139375	818952	1131570		6937	599	43687
耐火土石开采	243077	151424	339000		1790		
粘土及其他土砂石开采	2398661	1049630	1440008	7830	17462		114431
化学矿开采	565155	368165	511459				
采盐	143820	69667	121444				
石棉及其他非金属矿采选	1132698	317584	557649		4230	3800	14902
石棉、云母矿采选	24735	6550	19140				
石墨、滑石采选	172788	73306	102265				
宝石、玉石采选	176653	11111	8203			3800	
其他未列明非金属矿采选	758522	226617	428041		4230		14902
开采辅助活动	1323118	264817	715589		3534	34174	35394
煤炭开采和洗选辅助活动	468782	158325	360271			34174	16662
石油和天然气开采辅助活动	456338	47270	215160				6430
其他开采辅助活动	397998	59222	140158		3534		12302
其他采矿业	242767	146761	187029	9250			5000
其他采矿业	242767	146761	187029	9250			5000
(三)制造业	**908355604**	**336915737**	**603743055**	**991900**	**21163196**	**1555863**	**63431356**
农副食品加工业	61905580	22886528	32370761	52886	830643	143687	1669801
谷物磨制	9663018	4946892	6987850	5476	80523	53426	246949
饲料加工	7194020	2496443	3949793	3000	114137	4278	381297
植物油加工	5870534	1625433	3120406	10527	45752	3780	116188
食用植物油加工	5402353	1558587	2874581	10527	45752	3780	102928
非食用植物油加工	468181	66846	245825				13260
制糖业	865097	273546	388215		26382		21350
屠宰及肉类加工	9771857	3115941	4637451	7791	190064	12155	231546
牲畜屠宰	2888097	775671	1137489	5091	88702		18098
禽类屠宰	1199327	539241	847956			4248	59999
肉制品及副产品加工	5684433	1801029	2652006	2700	101362	7907	153449
水产品加工	3607382	2609248	2437712	7891	183787	26571	237375
水产品冷冻加工	1981279	1677944	1276530	5158	163057	4932	139815
鱼糜制品及水产品干腌制加工	512632	391859	390558	2733	10852		69947
水产饲料制造	249719	139540	284938		9878	15513	22697
鱼油提取及制品制造	37369	32088	31244				
其他水产品加工	826383	367817	454442			6126	4916
蔬菜、水果和坚果加工	11441218	4294463	4594273	2088	5351	19772	187493
蔬菜加工	6631292	2947260	3044691	2088	2651	13116	140524
水果和坚果加工	4809926	1347203	1549582		2700	6656	46969

2-1-22 续表 3

单位：万元

行 业	新 建	扩 建	改建和技术改造	单纯建造生活设施	迁 建	恢 复	单纯购置
其他农副食品加工	13492454	3524562	6255061	16113	184647	23705	247603
淀粉及淀粉制品制造	2811221	760100	1596994		121577	17816	21798
豆制品制造	2180013	823966	926735		1130		124636
蛋品加工	649711	235561	246787	14000		1739	12654
其他未列明农副食品加工	7851509	1704935	3484545	2113	61940	4150	88515
食品制造业	29390688	10907943	16275775	24289	487154	23500	1318890
焙烤食品制造	4650950	1748530	2836097	8480	96940		289917
糕点、面包制造	2346619	1035149	1513272	4900	41629		159864
饼干及其他焙烤食品制造	2304331	713381	1322825	3580	55311		130053
糖果、巧克力及蜜饯制造	1272322	883270	807575		4895	20000	98153
糖果、巧克力制造	805841	245136	462578				52276
蜜饯制作	466481	638134	344997		4895	20000	45877
方便食品制造	6086802	1772375	2832911		46634		274233
米、面制品制造	2636661	780588	1471318		3217		92588
速冻食品制造	2020857	578348	856681		33260		59647
方便面及其他方便食品制造	1429284	413439	504912		10157		121998
乳制品制造	1399782	716433	792971	3629	168689		57296
罐头食品制造	1700824	950677	1314625		45462		50575
肉、禽类罐头制造	484690	153254	256024		6140		28253
水产品罐头制造	58327	105001	61853				
蔬菜、水果罐头制造	811872	469012	719340		32391		7536
其他罐头食品制造	345935	223410	277408		6931		14786
调味品、发酵制品制造	3113625	1348702	1837014	10180	78022		186534
味精制造	197765	112904	182051		19375		19740
酱油、食醋及类似制品制造	833742	424207	511670		19721		33823
其他调味品、发酵制品制造	2082118	811591	1143293	10180	38926		132971
其他食品制造	11166383	3487956	5854582	2000	46512	3500	362182
营养食品制造	1253582	321552	634578		21191		29397
保健食品制造	3272036	874001	1340130		1100		52680
冷冻饮品及食用冰制造	422052	116520	240405		6050		18675
盐加工	302557	126690	278674				6545
食品及饲料添加剂制造	2236160	866709	1607790		6667		75380
其他未列明食品制造	3679996	1182484	1753005	2000	11504	3500	179505
酒、饮料和精制茶制造业	19106481	6973301	10570015	18253	1000233	3451	667332
酒的制造	5698550	2397383	4649232	4730	869138	3400	283562
酒精制造	237883	232184	242182		20551		81326
白酒制造	2537518	1169875	2761033	4730	569378		126458
啤酒制造	433046	249740	608797		188386	3400	42273
黄酒制造	226467	221858	89258		34111		13664
葡萄酒制造	1094689	319969	403374		36691		2049
其他酒制造	1168947	203757	544588		20021		17792
饮料制造	8586007	2831127	3476751		114177	51	359281
碳酸饮料制造	483243	107257	259698		2700		47897
瓶(罐)装饮用水制造	2538881	939738	1065881		20857		78186
果菜汁及果菜汁饮料制造	2651440	869207	801617		36530	51	67240
含乳饮料和植物蛋白饮料制造	1243162	335759	462819		4300		77042
固体饮料制造	339125	98416	182587				
茶饮料及其他饮料制造	1330156	480750	704149		49790		88916
精制茶加工	4821924	1744791	2444032	13523	16918		24489
烟草制品业	790232	112013	865142		35678		49355
烟叶复烤	211780	27517	148866		24233		12100

2-1-22　续表 4　　　　单位：万元

行　　业	新　建	扩　建	改建和技术改造	单纯建造生活设施	迁　建	恢　复	单纯购置
卷烟制造	406725	71267	635821		1195		32510
其他烟草制品制造	171727	13229	80455		10250		4745
纺织业	25164923	17845861	22849457	79728	1239534	68917	2112980
棉纺织及印染精加工	13412465	8060471	11893783	65297	880363	66670	854400
棉纺纱加工	9818754	5382582	7699261	58497	241485	53070	376594
棉织造加工	2996383	2095619	2472749	6800	146296	13600	321026
棉印染精加工	597328	582270	1721773		492582		156780
毛纺织及染整精加工	1316433	1001309	1243158		29920		178543
毛条和毛纱线加工	714367	372226	587498		13780		43568
毛织造加工	464366	508960	550090		7425		100809
毛染整精加工	137700	120123	105570		8715		34166
麻纺织及染整精加工	373871	408546	366183		2550		22624
麻纤维纺前加工和纺纱	184976	124070	160816				18125
麻织造加工	186645	283546	196381		2500		4499
麻染整精加工	2250	930	8986		50		
丝绢纺织及印染精加工	521855	272953	783159		6000		34619
缫丝加工	207312	170956	315670				4176
绢纺和丝织加工	298936	76810	384095		6000		20558
丝印染精加工	15607	25187	83394				9885
化纤织造及印染精加工	1343896	1745929	1326729	1531	160620		236771
化纤织造加工	1259948	1499309	1174420		100058		224684
化纤织物染整精加工	83948	246620	152309	1531	60562		12087
针织或钩针编织物及其制品制造	1871036	2345550	1861723	6223	69188		358442
针织或钩针编织物织造	1066936	1992480	1409171		43189		312013
针织或钩针编织物印染精加工	394934	122911	150207		25999		13779
针织或钩针编织品制造	409166	230159	302345	6223			32650
家用纺织制成品制造	3002107	2059165	2412030	2600	31003		239168
床上用品制造	1345639	706612	1212515	2600	10356		55003
毛巾类制品制造	277632	525933	387426				28008
窗帘、布艺类产品制造	279069	217233	178095		7643		68369
其他家用纺织制成品制造	1099767	609387	633994		13004		87788
非家用纺织制成品制造	3323260	1951938	2962692	4077	59890	2247	188413
非织造布制造	1517562	849497	1241055		43342		96167
绳、索、缆制造	144733	305013	442173				6680
纺织带和帘子布制造	121743	150382	184604	1200			12643
篷、帆布制造	446240	313941	217723	2877		2247	6871
其他非家用纺织制成品制造	1092982	333105	877137		16548		66052
纺织服装、服饰业	22464176	11263282	14392867	43203	416751	17501	1170093
机织服装制造	13284457	7346700	7809325	38623	355495	16299	565367
针织或钩针编织服装制造	2830971	1552685	2268186		5855	1202	283691
服饰制造	6348748	2363897	4315356	4580	55401		321035
皮革、毛皮、羽毛及其制品和制鞋业	11282464	5300588	6289419	2370	195865	11700	598308
皮革鞣制加工	757814	438320	514832		5621		23388
皮革制品制造	2917080	1378025	1816260	2370	63502	11700	147743
皮革服装制造	497223	275914	254993		12000		14800
皮箱、包(袋)制造	1604750	572109	834093	2370	24043	11700	65885
皮手套及皮装饰制品制造	306882	185444	301207		9640		35787
其他皮革制品制造	508225	344558	425967		17819		31271
毛皮鞣制及制品加工	1300548	1239524	466079		480		30292
毛皮鞣制加工	378338	121402	101733				2045
毛皮服装加工	645620	913848	229851				22731
其他毛皮制品加工	276590	204274	134495		480		5516

2-1-22 续表 5　　　　单位：万元

行　业	新　建	扩　建	改建和技术改造	单纯建造生活设施	迁　建	恢　复	单纯购置
羽毛(绒)加工及制品制造	804931	254569	465918		14840		15676
羽毛(绒)加工	279211	103414	200861		4020		2600
羽毛(绒)制品加工	525720	151155	265057		10820		13076
制鞋业	5502091	1990150	3026330		111422		381209
纺织面料鞋制造	1011392	417095	632053				56274
皮鞋制造	2589140	890697	1263268		104229		155330
塑料鞋制造	774714	201924	501224				74388
橡胶鞋制造	507022	289672	370451		4987		30395
其他制鞋业	619823	190762	259334		2206		64822
木材加工和木、竹、藤、棕、草制品业	18841417	9602094	15125230	2650	196526	17643	779322
木材加工	5657313	2426877	3825615	2000	46216	4360	215174
锯材加工	1092990	775650	831679		9214		30141
木片加工	1291722	593530	1020368		7025		32458
单板加工	1278088	515655	880270		6181		50080
其他木材加工	1994513	542042	1093298	2000	23796	4360	102495
人造板制造	5630166	3131326	5640872	650	60704	5406	137275
胶合板制造	2988802	1998381	3657263	650	31939	5406	88013
纤维板制造	846755	332872	607489		25992		9947
刨花板制造	690774	171251	316299		1670		8346
其他人造板制造	1103835	628822	1059821		1103		30969
木制品制造	5281564	2527656	3856618		76205	4677	406187
建筑用木料及木材组件加工	1250964	599622	968321		17289		78029
木门窗、楼梯制造	2058511	881813	1065451		18491	3867	146793
地板制造	570108	236597	357847		20933		49321
木制容器制造	348317	164228	306269			810	23734
软木制品及其他木制品制造	1053664	645396	1158730		19492		108310
竹、藤、棕、草等制品制造	2272374	1516235	1802125		13401	3200	20686
竹制品制造	1786898	1365964	1536721		7131	3200	6260
藤制品制造	47963	21723	20412				
棕制品制造	92762	21164	77194				1580
草及其他制品制造	344751	107384	167798		6270		12846
家具制造业	20372213	6361015	9247406	24545	304504	46690	937958
木质家具制造	15738107	3928131	6533071	24545	265310	43440	669415
竹、藤家具制造	286683	141928	148579				
金属家具制造	1569464	1287442	878011		10137	3250	103868
塑料家具制造	288877	159966	194943				17266
其他家具制造	2489082	843548	1492802		29057		147409
造纸和纸制品业	13209694	5665159	10859809	22973	368812	16398	766729
纸浆制造	416320	45887	278563	19738			
木竹浆制造	317980	30127	194885	19738			
非木竹浆制造	98340	15760	83678				
造纸	4121652	2245717	4458543	735	289018		228482
机制纸及纸板制造	2937827	1836912	3724131	735	220600		160353
手工纸制造	224178	95128	73952				2105
加工纸制造	959647	313677	660460		68418		66024
纸制品制造	8671722	3373555	6122703	2500	79794	16398	538247
纸和纸板容器制造	3908872	1759742	2770054		20452	8435	220535
其他纸制品制造	4762850	1613813	3352649	2500	59342	7963	317712
印刷和记录媒介复制业	6403387	3733567	6531975	46630	174160	6456	1074796
印刷	5819828	3451572	6074027	44000	159840	6456	1012138

2-1-22　续表 6　　　　单位：万元

行　　业	新　建	扩　建	改建和技术改造	单纯建造生活设施	迁　建	恢　复	单纯购置
书、报刊印刷	748384	343643	690704		3207		108599
本册印制	251887	108945	276327		5560		53285
包装装潢及其他印刷	4819557	2998984	5106996	44000	151073	6456	850254
装订及印刷相关服务	545705	281995	403339	2630	14320		61762
记录媒介复制	37854		54609				896
文教、工美、体育和娱乐用品制造业	13205966	5669987	8383524	7280	173357	5702	857703
文教办公用品制造	1177858	818212	832160		62658		105755
文具制造	235400	496504	262637		8333		45454
笔的制造	195544	151007	181016		15507		38655
教学用模型及教具制造	344009	65820	203789				7460
墨水、墨汁制造	65859	4775	32465		38818		
其他文教办公用品制造	337046	100106	152253				14186
乐器制造	443014	358448	371604		28707		32021
中乐器制造	36167	38829	54283				
西乐器制造	192462	146334	165469		28707		5831
电子乐器制造	62787	84317	51081				8877
其他乐器及零件制造	151598	88968	100771				17313
工艺美术品制造	7079735	2293022	4199402	5338	32825	3850	303992
雕塑工艺品制造	1251699	603131	606359		9098		15693
金属工艺品制造	781595	297883	606573		3995	1750	49497
漆器工艺品制造	72281	21873	46502				2147
花画工艺品制造	184536	108699	132315			2100	7365
天然植物纤维编织工艺品制造	269437	189810	502373	2200			2223
抽纱刺绣工艺品制造	213887	165838	218253		4500		64644
地毯、挂毯制造	457815	153259	444858				27119
珠宝首饰及有关物品制造	1463140	156949	599466	1764			47639
其他工艺美术品制造	2385345	595580	1042703	1374	15232		87665
体育用品制造	1809855	1083711	1531168		22898		134215
球类制造	116761	85627	126771				16376
体育器材及配件制造	760936	288684	575912		4736		61621
训练健身器材制造	295411	261129	358761				18681
运动防护用具制造	82221	71146	179696		3300		7943
其他体育用品制造	554526	377125	290028		14862		29594
玩具制造	2169482	808363	1071084	1942	19556	1852	250499
游艺器材及娱乐用品制造	526022	308231	378106		6713		31221
露天游乐场所游乐设备制造	301079	133727	127725				13337
游艺用品及室内游艺器材制造	69975	52025	72116		4800		13207
其他娱乐用品制造	154968	122479	178265		1913		4677
石油加工、炼焦和核燃料加工业	12357310	4655651	9388751		195774	3000	167186
精炼石油产品制造	10075661	4090296	7871477		93281		151253
原油加工及石油制品制造	9350814	3937401	7543918		93281		122108
人造原油制造	724847	152895	327559				29145
炼焦	2281649	565355	1517274		102493	3000	15933
化学原料和化学制品制造业	62321577	22747364	49299779	91440	2106230	71434	2393953
基础化学原料制造	18806376	6266565	14732353	11011	901838	22640	507301
无机酸制造	1124249	488627	769993		11396		38937
无机碱制造	1361655	169185	550924				26615
无机盐制造	1657077	558900	1255298		66857		35585
有机化学原料制造	9192504	3523679	9105131	11011	760756		214025
其他基础化学原料制造	5470891	1526174	3051007		62829	22640	192139
肥料制造	9061957	3238064	5408076	2300	192198	32511	147088

2-1-22 续表 7

单位：万元

行 业	新 建	扩 建	改建和技术改造	单纯建造生活设施	迁 建	恢 复	单纯购置
氮肥制造	843947	540317	1089233	2300	50021		14817
磷肥制造	594810	97385	320707		700		1511
钾肥制造	541140	70941	280806		9915	12000	4100
复混肥料制造	2351110	957025	1704104		82449		34797
有机肥料及微生物肥料制造	4033138	1345638	1636474		49113	20511	74653
其他肥料制造	697812	226758	376752				17210
农药制造	1741653	520936	1918047		178999	913	74245
化学农药制造	1133994	299241	1584987		148160	900	62030
生物化学农药及微生物农药制造	607659	221695	333060		30839	13	12215
涂料、油墨、颜料及类似产品制造	5378809	2317157	4250265	4700	179614	9238	361422
涂料制造	3602269	1646289	2159668		101217		267709
油墨及类似产品制造	510126	131068	338629				35414
颜料制造	626132	225550	1028438	4700	57007		19505
染料制造	298792	132078	568353		20765	9238	11480
密封用填料及类似品制造	341490	182172	155177		625		27314
合成材料制造	9159765	2800891	7273776	2745	110047	4132	626309
初级形态塑料及合成树脂制造	4071908	1146551	3409428		88294	4132	208891
合成橡胶制造	1248063	378333	472238		16437		88615
合成纤维单(聚合)体制造	1146206	578671	1010575		2775		10396
其他合成材料制造	2693588	697336	2381535	2745	2541		318407
专用化学产品制造	12393374	5080446	11347707	67683	266400	2000	531072
化学试剂和助剂制造	4200647	1913361	4169371		104440		180227
专项化学用品制造	2674972	1723579	3353899	62038	121418		135478
林产化学产品制造	467971	267357	500943		26636		3010
信息化学品制造	2147096	390459	1455000	2700	730		103352
环境污染处理专用药剂材料制造	949142	207284	404574		595		31738
动物胶制造	134316	56936	127756				2930
其他专用化学产品制造	1819230	521470	1336164	2945	12581	2000	74337
炸药、火工及焰火产品制造	1978516	1058050	2192155		98742		13421
焰火、鞭炮产品制造	1978516	1058050	2192155		98742		13421
日用化学产品制造	3801127	1465255	2177400	3001	178392		133095
肥皂及合成洗涤剂制造	844229	415340	561821	1300	5080		20178
化妆品制造	978664	592758	379662		69223		55094
口腔清洁用品制造	49700	69143	102956				800
香料、香精制造	856255	145608	402746		40839		16044
其他日用化学产品制造	1072279	242406	730215	1701	63250		40979
医药制造业	31239095	9374397	17195221	46495	1082376	10600	914440
化学药品原料药制造	4696564	1754210	4563036		167214		195724
化学药品制剂制造	3284786	1471480	2543582		427095	100	178171
中药饮片加工	6011550	1341872	2253284	20750	49967		74790
中成药生产	4880812	1740940	2604602	18645	149069		84256
兽用药品制造	1061862	326576	642867		1975		38613
生物药品制造	7143146	1691989	3200060	7100	141048	10500	221032
卫生材料及医药用品制造	4160375	1047330	1387790		146008		121854
化学纤维制造业	6200137	2823711	3846588		179420	845	252945
纤维素纤维原料及纤维制造	1161875	554388	902143				59732
化纤浆粕制造	100726	63731	139328				6256
人造纤维(纤维素纤维)制造	1061149	490657	762815				53476
合成纤维制造	5038262	2269323	2944445		179420	845	193213
锦纶纤维制造	945861	543681	391780		42367		11249
涤纶纤维制造	2207898	1037411	783384		103218	845	91780

2-1-22　续表 8　　　　　　　　　　　　　　　　　　　　单位：万元

行　　业	新　建	扩　建	改建和技术改造	单纯建造生活设施	迁　建	恢　复	单纯购置
腈纶纤维制造	89844	14030	123178				
维纶纤维制造	66252	6285	34175				1798
丙纶纤维制造	89919	1210	64692				
氨纶纤维制造	201358	164733	181241				
其他合成纤维制造	1437130	501973	1365995		33835		88386
橡胶和塑料制品业	28145740	14545656	23810904	22143	576974	61813	2630462
橡胶制品业	5430143	3911565	6046676	3392	173362	21023	466489
轮胎制造	1279282	941377	1847105	462	112969	19380	69922
橡胶板、管、带制造	1047177	1096283	1614972		24148	1643	141275
橡胶零件制造	729588	860048	974220				117486
再生橡胶制造	451853	174219	276150		3590		21418
日用及医用橡胶制品制造	531717	118092	285408		9360		10531
其他橡胶制品制造	1390526	721546	1048821	2930	23295		105857
塑料制品业	22715597	10634091	17764228	18751	403612	40790	2163973
塑料薄膜制造	2874376	1449001	2147752		58198	850	275592
塑料板、管、型材制造	5159379	2241052	3364385	4880	141095		392026
塑料丝、绳及编织品制造	2068583	911069	2093585	2211	7995	8770	91585
泡沫塑料制造	962118	465095	670370	6660	4940	2035	72473
塑料人造革、合成革制造	247920	282480	541081		128		46907
塑料包装箱及容器制造	3070769	1300933	2263322		78746	7928	281815
日用塑料制品制造	2107953	1080616	1722915		46014	2570	213341
塑料零件制造	1084852	713969	1216996		7944	18037	250945
其他塑料制品制造	5139647	2189876	3743822	5000	58552	600	539289
非金属矿物制品业	82231519	27858837	54697548	122594	1399436	104550	3113071
水泥、石灰和石膏制造	4240780	1816045	5116195	19712	135442	8915	172473
水泥制造	2519255	1157078	3467709	19712	118402	2330	144550
石灰和石膏制造	1721525	658967	1648486		17040	6585	27923
石膏、水泥制品及类似制品制造	18648244	5213801	10273320	24159	394121	17819	814279
水泥制品制造	9591119	3004098	6021848	4875	230457	11323	408724
砼结构构件制造	3934245	754018	1221641		32231		143453
石棉水泥制品制造	146359	95662	128557		2180		20700
轻质建筑材料制造	3140843	844836	1714201		125360		168541
其他水泥类似制品制造	1835678	515187	1187073	19284	3893	6496	72861
砖瓦、石材等建筑材料制造	31472568	12231298	20657883	70123	310537	35486	993887
粘土砖瓦及建筑砌块制造	6458662	3006196	6105143	2141	33883	9615	203873
建筑陶瓷制品制造	3685596	2042102	2971627		15261	1413	131743
建筑用石加工	7859865	3477420	3981114	63172	86342	17281	129346
防水建筑材料制造	2254727	725127	1628128		39230		74088
隔热和隔音材料制造	2588559	834043	1500885		48696		110898
其他建筑材料制造	8625159	2146410	4470986	4810	87125	7177	343939
玻璃制造	3535725	677604	2010756		147863	20245	253316
平板玻璃制造	1332970	162414	738410		79795		134041
其他玻璃制造	2202755	515190	1272346		68068	20245	119275
玻璃制品制造	4895984	1877799	4527776		94118	3687	361210
技术玻璃制品制造	1411064	495285	1258055		6065		63540
光学玻璃制造	555035	193751	411969		33578		57473
玻璃仪器制造	117071	87469	147119				11556
日用玻璃制品制造	1029441	335943	1178345		35897		144622
玻璃包装容器制造	333751	198618	581769		196		25593
玻璃保温容器制造	31908	34968	130763		14804		
制镜及类似品加工	86032	32923	44908				3336
其他玻璃制品制造	1331682	498842	774848		3578	3687	55090

2-1-22 续表 9

单位：万元

行　　业	新　建	扩　建	改建和技术改造	单纯建造生活设施	迁　建	恢　复	单纯购置
玻璃纤维和玻璃纤维增强塑料制品制造	2050291	1143451	1940107		10993	10000	100883
玻璃纤维及制品制造	948276	846433	1420320		10993		53900
玻璃纤维增强塑料制品制造	1102015	297018	519787			10000	46983
陶瓷制品制造	5617312	1752156	3371908		89676		105769
卫生陶瓷制品制造	775621	175006	490944		15328		21710
特种陶瓷制品制造	2189440	714877	1208171		46571		28449
日用陶瓷制品制造	1787265	556094	1126867		8209		55060
园林、陈设艺术及其他陶瓷制品制造	864986	306179	545926		19568		550
耐火材料制品制造	3411797	987353	2126156		17224		47396
石棉制品制造	303084	146757	335951		400		8040
云母制品制造	104685	26574	57149				9330
耐火陶瓷制品及其他耐火材料制造	3004028	814022	1733056		16824		30026
石墨及其他非金属矿物制品制造	8358818	2159330	4673447	8600	199462	8398	263858
石墨及碳素制品制造	2883229	1214342	2171271	8600	54642		133047
其他非金属矿物制品制造	5475589	944988	2502176		144820	8398	130811
黑色金属冶炼和压延加工业	12752505	4769246	18811840	19399	820580	101978	766444
炼铁	574860	178429	709455				45673
炼钢	2008624	195469	3915821	370			97554
黑色金属铸造	1599199	1183289	3204116		40047	10590	203749
钢压延加工	7363959	2974647	10052297	19029	774820	91388	381870
铁合金冶炼	1205863	237412	930151		5713		37598
有色金属冶炼和压延加工业	26546471	8298614	14165275	16748	425652	253478	677574
常用有色金属冶炼	6561727	1311602	4582836	5887	170887	91325	59112
铜冶炼	1174691	371479	688054		84267	82465	15052
铅锌冶炼	511047	292057	1014976	5887		2206	
镍钴冶炼	300920	27159	373350				
锡冶炼	48180	99885	81790		70480		4600
锑冶炼	81238		171711			6260	
铝冶炼	2838893	212795	1658422		5885		5900
镁冶炼	691166	99486	99607				
其他常用有色金属冶炼	915592	208741	494926		10255	394	33560
贵金属冶炼	806912	143466	300165	3763			31434
金冶炼	316652	15220	98407				25114
银冶炼	330486	46119	165447				
其他贵金属冶炼	159774	82127	36311	3763			6320
稀有稀土金属冶炼	951458	195864	431677			1170	22235
钨钼冶炼	313350	44219	119981				572
稀土金属冶炼	230009	51571	222356				13272
其他稀有金属冶炼	408099	100074	89340			1170	8391
有色金属合金制造	3090573	1299104	2554886		99713	135060	66247
有色金属铸造	803367	259948	638918		15988		61354
有色金属压延加工	14332434	5088630	5656793	7098	139064	25923	437192
铜压延加工	2874646	766706	1360520		8500		124851
铝压延加工	9561408	3424870	3114986	5098	113080	25923	213926
贵金属压延加工	186802	85157	94318				4908
稀有稀土金属压延加工	420404	109686	208908				17905
其他有色金属压延加工	1289174	702211	878061	2000	17484		75602
金属制品业	45741207	19615435	33177156	22464	1260851	148557	3933134
结构性金属制品制造	20645083	7780903	12008815	10487	575767	24055	1416221
金属结构制造	13891823	5535469	8622456	5587	482301	21202	1033815
金属门窗制造	6753260	2245434	3386359	4900	93466	2853	382406

2-1-22　续表 10　　　　单位：万元

行　　业	新　建	扩　建	改建和技术改造	单纯建造生活设施	迁　建	恢　复	单纯购置
金属工具制造	3604309	1811229	2750906		118144	10786	448968
切削工具制造	1168874	693348	1059886		27555		179744
手工具制造	442388	255485	428658		37900		48169
农用及园林用金属工具制造	243450	102926	372120		5391		4987
刀剪及类似日用金属工具制造	271434	71402	149352		4433	10786	20606
其他金属工具制造	1478163	688068	740890		42865		195462
集装箱及金属包装容器制造	2467333	929638	1811159		58060	11230	161300
集装箱制造	578335	53066	297625				17762
金属压力容器制造	923288	379240	594157		9992	11230	35412
金属包装容器制造	965710	497332	919377		48068		108126
金属丝绳及其制品制造	1955904	1086818	1513801	3649	59377		166737
建筑、安全用金属制品制造	5462546	2857950	4281710	8100	179768	6135	491472
建筑、家具用金属配件制造	2042087	883182	1210332	8000	64375	2435	279078
建筑装饰及水暖管道零件制造	1708898	1045231	1970919	100	29553	1650	101676
安全、消防用金属制品制造	1060652	690552	513095		46530	2050	77901
其他建筑、安全用金属制品制造	650909	238985	587364		39310		32817
金属表面处理及热处理加工	1797159	752410	2449867		49301	3002	304123
搪瓷制品制造	369008	123600	333951		13308		27913
生产专用搪瓷制品制造	75614	57234	47788		2394		17075
建筑装饰搪瓷制品制造	51065	16413	188946				660
搪瓷卫生洁具制造	172828	32910	52825				501
搪瓷日用品及其他搪瓷制品制造	69501	17043	44392		10914		9677
金属制日用品制造	2965462	1054291	2072407		44868		264665
金属制厨房用器具制造	749280	189781	419868		16672		51828
金属制餐具和器皿制造	774769	203363	476031				59425
金属制卫生器具制造	297093	46832	121697		2520		16763
其他金属制日用品制造	1144320	614315	1054811		25676		136649
其他金属制品制造	6474403	3218596	5954540	228	162258	93349	651735
锻件及粉末冶金制品制造	1656964	1040947	2048390		32449	3310	148882
交通及公共管理用金属标牌制造	405351	141721	195590		7445		91411
其他未列明金属制品制造	4412088	2035928	3710560	228	122364	90039	411442
通用设备制造业	50636095	24544055	48182755	6760	1292769	119132	7686686
锅炉及原动设备制造	3665810	1993848	3827959	2400	134249		547128
锅炉及辅助设备制造	1766424	829554	1819198	2400	60536		279903
内燃机及配件制造	755153	514855	1171497		52404		74317
汽轮机及辅机制造	90298	70137	264488				58091
水轮机及辅机制造	52212	16187	72468		21309		11515
风能原动设备制造	656699	440286	207965				57418
其他原动设备制造	345024	122829	292343				65884
金属加工机械制造	9756659	4939185	9540367	820	104404	3320	2163665
金属切削机床制造	1836567	999380	1084673		4594		239709
金属成形机床制造	1216992	466227	1503952		4200		1009245
铸造机械制造	1856704	946715	2230258		35545	3320	230520
金属切割及焊接设备制造	1004034	302582	679491		18442		87041
机床附件制造	649705	476506	995392		10910		211083
其他金属加工机械制造	3192657	1747775	3046601	820	30713		386067
物料搬运设备制造	6350916	1763454	3528072		148412	2407	301407
轻小型起重设备制造	597645	111166	328985		21243		51341
起重机制造	1655987	382655	827394		17150		64571

2-1-22 续表 11　　　　单位：万元

行　　业	新　建	扩　建	改建和技术改造	单纯建造生活设施	迁　建	恢　复	单纯购置
生产专用车辆制造	727682	285987	371650				13558
连续搬运设备制造	590468	215232	594954		31403		20610
电梯、自动扶梯及升降机制造	1873353	579042	1007072		78616	2407	127485
其他物料搬运设备制造	905781	189372	398017				23842
泵、阀门、压缩机及类似机械制造	5280202	3426018	6712727		208823	13371	669831
泵及真空设备制造	1314796	957981	2566221		105139		163323
气体压缩机械制造	689082	404488	833609		4800	1300	105573
阀门和旋塞制造	1786147	1034973	1584268		66642	12071	192439
液压和气压动力机械及元件制造	1490177	1028576	1728629		32242		208496
轴承、齿轮和传动部件制造	3905255	2637891	4439669		212840	2192	564553
轴承制造	2179758	1506037	2407960		78905	692	261578
齿轮及齿轮减、变速箱制造	1260376	764610	1281972		102886	1500	191976
其他传动部件制造	465121	367244	749737		31049		110999
烘炉、风机、衡器、包装等设备制造	6011762	2683405	5596316		225578		629180
烘炉、熔炉及电炉制造	524702	149007	566470				45177
风机、风扇制造	836995	345861	992771		16884		89903
气体、液体分离及纯净设备制造	998863	328629	1026865		42401		46295
制冷、空调设备制造	2583914	1012048	1678084		139312		206828
风动和电动工具制造	374511	173261	479170		8849		83878
喷枪及类似器具制造	38337	25930	96763				10809
衡器制造	193673	121152	201998				29518
包装专用设备制造	460767	527517	554195		18132		116772
文化、办公用机械制造	740272	183051	428716		1232	4681	161711
电影机械制造	4076	2515	14781				
幻灯及投影设备制造	123398	14355	42175				44701
照相机及器材制造	119758	17312	103758				40251
复印和胶印设备制造	300433	51989	139683		1232		38886
计算器及货币专用设备制造	63431	24766	57919			4681	9786
其他文化、办公用机械制造	129176	72114	70400				28087
通用零部件制造	9832726	5274182	10842282		184054	90456	2072255
金属密封件制造	584393	217401	427512			50236	84396
紧固件制造	1187700	549532	1400529		21407		201632
弹簧制造	224064	129083	450556		747		45673
机械零部件加工	6284149	2776855	6803774		128261	40220	1477592
其他通用零部件制造	1552420	1601311	1759911		33639		262962
其他通用设备制造业	5092493	1643021	3266647	3540	73177	2705	576956
专用设备制造业	57567560	19674185	38948554	47964	1637090	54384	5536577
采矿、冶金、建筑专用设备制造	11919469	3695884	8861640		297317	22955	1073774
矿山机械制造	4304228	1276723	2953197		92191		335377
石油钻采专用设备制造	1783413	484744	1295344		112720		185068
建筑工程用机械制造	2365406	996400	1923610		5339	2596	373164
海洋工程专用设备制造	1090851	145795	388436		11398		20202
建筑材料生产专用机械制造	1481827	521277	1176847		15621	20359	102054
冶金专用设备制造	893744	270945	1124206		60048		57909
化工、木材、非金属加工专用设备制造	7070402	3357707	6385706		156492	1200	1417022
炼油、化工生产专用设备制造	1109035	405108	916990		79167		128154
橡胶加工专用设备制造	184113	130832	164538		4950		33763
塑料加工专用设备制造	574577	612173	903811		5612		199520
木材加工机械制造	495590	172359	271574		1162		69629
模具制造	4138409	1842935	3608929		60621	1200	776033
其他非金属加工专用设备制造	568678	194300	519864		4980		209923

2-1-22　续表 12

单位：万元

行　　业	新　建	扩　建	改建和技术改造	单纯建造生活设施	迁　建	恢　复	单纯购置
食品、饮料、烟草及饲料生产专用设备制造	2188389	679477	1242777		90200		103264
食品、酒、饮料及茶生产专用设备制造	828504	309668	585849		53591		35596
农副食品加工专用设备制造	899217	296019	563684		36266		38651
烟草生产专用设备制造	191007	16571	36699				15722
饲料生产专用设备制造	269661	57219	56545		343		13295
印刷、制药、日化及日用品生产专用设备制造	2892893	1447898	2059114	5471	62836		262584
制浆和造纸专用设备制造	596707	278656	339587				15208
印刷专用设备制造	450038	496637	480760	1750			60316
日用化工专用设备制造	189585	98843	237485		12424		69615
制药专用设备制造	597029	182663	361250	3721	36044		24220
照明器具生产专用设备制造	588407	162881	250202				38419
玻璃、陶瓷和搪瓷制品生产专用设备制造	288144	121484	185628		12780		18510
其他日用品生产专用设备制造	182983	106734	204202		1588		36296
纺织、服装和皮革加工专用设备制造	1036934	1039680	1217883		103213		241753
纺织专用设备制造	690304	768853	928456		89187		163501
皮革、毛皮及其制品加工专用设备制造	62968	51244	75878		14026		8290
缝制机械制造	179122	187664	117693				50857
洗涤机械制造	104540	31919	95856				19105
电子和电工机械专用设备制造	7268631	1225128	3528593		473849	2700	545861
电工机械专用设备制造	1708040	451345	1148203		41638	1100	238546
电子工业专用设备制造	5560591	773783	2380390		432211	1600	307315
农、林、牧、渔专用机械制造	4792325	1675443	3562083	3100	28973	18130	262367
拖拉机制造	332245	108313	528401		1900		37356
机械化农业及园艺机具制造	2049047	652050	1129328	3100	16935		78492
营林及木竹采伐机械制造	105714	12008	34228			18130	3885
畜牧机械制造	421506	255330	185843				10742
渔业机械制造	62147	17680	52533				9014
农林牧渔机械配件制造	690614	279948	812236		5332		54161
棉花加工机械制造	20289	14385	22444				
其他农、林、牧、渔业机械制造	1110763	335729	797070		4806		68717
医疗仪器设备及器械制造	6374130	1647235	3554519	21760	52076	4906	711868
医疗诊断、监护及治疗设备制造	1970010	289062	1304510	9000	27035		150832
口腔科用设备及器具制造	76840	37775	65422				20991
医疗实验室及医用消毒设备和器具制造	526548	101138	395329				89946
医疗、外科及兽医用器械制造	889118	619754	509894		485		143660
机械治疗及病房护理设备制造	477127	147604	416811			584	61403
假肢、人工器官及植(介)入器械制造	202080	38474	99783		6672		29173
其他医疗设备及器械制造	2232407	413428	762770	12760	17884	4322	215863
环保、社会公共服务及其他专用设备制造	14024387	4905733	8536239	17633	372134	4493	918084
环境保护专用设备制造	6519223	2629123	4030054	17633	127450		392231
地质勘查专用设备制造	48882	26773	200795				6539
邮政专用机械及器材制造	25399		14837		4990		
商业、饮食、服务专用设备制造	188612	88680	35692		7743		11330
社会公共安全设备及器材制造	1250182	259871	469259		109853		73676
交通安全、管制及类似专用设备制造	323766	70448	123138		5650		26660
水资源专用机械制造	510992	145998	311908		34510		35700
其他专用设备制造	5157331	1684840	3350556		81938	4493	371948
汽车制造业	61559685	19099501	41958162	31247	1855839	95201	6399786
汽车整车制造	11693208	2883749	7857496	12661	493674		367001

2-1-22 续表 13

单位：万元

行 业	新 建	扩 建	改建和技术改造	单纯建造生活设施	迁 建	恢 复	单纯购置
改装汽车制造	1444650	357251	684157		85221		61160
低速载货汽车制造	86361	72313	72926		97754		746
电车制造	2536443	295644	444458		23067		163194
汽车车身、挂车制造	966465	210977	831624		17938	38200	87565
汽车零部件及配件制造	44832558	15279567	32067501	18586	1138185	57001	5720120
铁路、船舶、航空航天和其他运输设备制造业	17313424	3471511	7422968	4126	498519	10966	1135184
铁路运输设备制造	2711232	826473	1864626		220803	725	119670
铁路机车车辆及动车组制造	128415	117725	270380		56186		16605
窄轨机车车辆制造	97709	12765	3800		15160		8510
铁路机车车辆配件制造	852390	387367	1028095		56071	725	44606
铁路专用设备及器材、配件制造	1297032	298549	490279		93386		34719
其他铁路运输设备制造	335686	10067	72072				15230
城市轨道交通设备制造	1840800	106341	536961		30231	2860	17415
船舶及相关装置制造	2455556	1102265	1847455	266	106798	6443	136463
金属船舶制造	961935	354100	902378		70287	3008	49370
非金属船舶制造	145042	65536	134912		18720	3435	4799
娱乐船和运动船制造	198436	91916	51834				6731
船用配套设备制造	1041254	551828	652253	266	17791		51047
船舶改装与拆除	45646	16406	66556				13951
航标器材及其他相关装置制造	63243	22479	39522				10565
摩托车制造	2707148	318410	903694		28858		132863
摩托车整车制造	1180446	32034	99646		25194		13730
摩托车零部件及配件制造	1526702	286376	804048		3664		119133
自行车制造	1785014	644418	763736		30839	938	221219
脚踏自行车及残疾人座车制造	382809	187248	274928		1438	938	144317
助动自行车制造	1402205	457170	488808		29401		76902
非公路休闲车及零配件制造	224486	73370	163255				14175
潜水救捞及其他未列明运输设备制造	5589188	400234	1343241	3860	80990		493379
其他未列明运输设备制造	5589188	400234	1343241	3860	80990		493379
电气机械和器材制造业	64987380	22012168	39823687	140010	1296672	77074	5130070
电机制造	5255974	1785509	4020107		185129	5095	640857
发电机及发电机组制造	2819367	692034	1666759		44458		187212
电动机制造	1734886	416294	1208696		32741	5095	263296
微电机及其他电机制造	701721	677181	1144652		107930		190349
输配电及控制设备制造	22635270	6519416	13020497	117812	371756	3602	1981434
变压器、整流器和电感器制造	3958222	1142626	2077877		39533		265216
电容器及其配套设备制造	751025	143957	658517	4806	1943		82830
配电开关控制设备制造	2665239	1134313	2429533		136765	1747	297581
电力电子元器件制造	5522756	1352256	3319730	2006	79309	1855	686029
光伏设备及元器件制造	7289733	1800945	3307974	111000	17844		426653
其他输配电及控制设备制造	2448295	945319	1226866		96362		223125
电线、电缆、光缆及电工器材制造	8974203	3528642	7846534	2164	112003	2974	556033
电线、电缆制造	6226772	2218865	5828211	2164	87167	2974	401519
光纤、光缆制造	1090038	600513	785762		2900		59242
绝缘制品制造	624425	273205	540334		9968		62588
其他电工器材制造	1032968	436059	692227		11968		32684
电池制造	13038196	4375809	6173015	4141	341663	6097	594198
锂离子电池制造	9664561	3537924	4502965	591	169524	6097	442307
镍氢电池制造	395600	41161	237602		476		10450
其他电池制造	2978035	796724	1432448	3550	171663		141441

2-1-22　续表 14　　　　单位：万元

行　业	新　建	扩　建	改建和技术改造	单纯建造生活设施	迁　建	恢　复	单纯购置
家用电力器具制造	5086865	2088368	3390856	7012	131510	51196	630912
家用制冷电器具制造	1135032	374030	632560		56026		134042
家用空气调节器制造	473960	237510	482460				62718
家用通风电器具制造	144400	43224	152619				39907
家用厨房电器具制造	1516686	439251	741371	7012	23177	50000	151603
家用清洁卫生电器具制造	253144	262510	332168				53747
家用美容、保健电器具制造	163710	78893	77897		16634		17811
家用电力器具专用配件制造	564218	301499	393643		24590	1196	75136
其他家用电力器具制造	835715	351451	578138		11083		95948
非电力家用器具制造	1945852	601845	1084368		43255		109963
燃气、太阳能及类似能源家用器具制造	1819785	545972	867158		37405		101617
其他非电力家用器具制造	126067	55873	217210		5850		8346
照明器具制造	5216374	2037898	2733060	3879	34116	8110	349912
电光源制造	828738	324559	523443			1450	50452
照明灯具制造	3795666	1526610	1864889	3069	19664	6660	209971
灯用电器附件及其他照明器具制造	591970	186729	344728	810	14452		89489
其他电气机械及器材制造	2834646	1074681	1555250	5002	77240		266761
电气信号设备装置制造	361791	171411	142444		40022		66220
其他未列明电气机械及器材制造	2472855	903270	1412806	5002	37218		200541
计算机、通信和其他电子设备制造业	72229825	16035997	31966998	42756	771551	65080	8026874
计算机制造	6356290	1161223	2754301	3640	159136	7350	685566
计算机整机制造	750752	85428	459212		24060		221784
计算机零部件制造	3465286	479533	922749		8882	7350	128713
计算机外围设备制造	594074	139257	434695		48304		101979
其他计算机制造	1546178	457005	937645	3640	77890		233090
通信设备制造	14218791	1591989	3841535	3255	322656		2404005
通信系统设备制造	4387150	890004	1405801	3255	48426		1190858
通信终端设备制造	9831641	701985	2435734		274230		1213147
广播电视设备制造	705298	219409	478241		2400	37	101935
广播电视节目制作及发射设备制造	72028	16796	96471				12795
广播电视接收设备及器材制造	323640	135792	260237		2400	37	78167
应用电视设备及其他广播电视设备制造	309630	66821	121533				10973
视听设备制造	1446728	472676	847420		5566		272110
电视机制造	617618	157378	361006		4189		47102
音响设备制造	481353	242670	312556		1377		56972
影视录放设备制造	347757	72628	173858				168036
电子器件制造	26072191	7430769	11412610	19226	61983	20365	2439626
电子真空器件制造	599182	594979	479414	4725			50123
半导体分立器件制造	969396	1995557	488688		9000		178000
集成电路制造	5844462	1262138	3077806	14466	12850	3278	918869
光电子器件及其他电子器件制造	18659151	3578095	7366702	35	40133	17087	1292634
电子元件制造	13812624	3545100	7566344	16635	113698	32678	1671037
电子元件及组件制造	10837084	3166424	6091076	16635	110310	12494	1416103
印制电路板制造	2975540	378676	1475268		3388	20184	254934
其他电子设备制造	9617903	1614831	5066547		106112	4650	452595
仪器仪表制造业	8833804	3108391	6649953	8766	186853	2780	960756
通用仪器仪表制造	4038634	1783030	4076141	2808	109312	2780	448469
工业自动控制系统装置制造	2118209	1012136	2147103		77578	2780	294735
电工仪器仪表制造	776977	261492	727560	2808			51677
绘图、计算及测量仪器制造	272330	151277	215712		4720		27314

2-1-22 续表 15　　　　单位：万元

行　　业	新　建	扩　建	改建和技术改造	单纯建造生活设施	迁　建	恢　复	单纯购置
实验分析仪器制造	307979	132813	343419		1540		20369
试验机制造	99310	40134	120488				28431
供应用仪表及其他通用仪器制造	463829	185178	521859		25474		25943
专用仪器仪表制造	1866929	677642	1233716	5958	49141		311553
环境监测专用仪器仪表制造	210530	123839	238825				39867
运输设备及生产用计数仪表制造	227761	95151	202541		10500		30773
农林牧渔专用仪器仪表制造	21343		33263				9994
地质勘探和地震专用仪器制造	46462	8987	29978				59594
教学专用仪器制造	93864	82039	88688				20287
电子测量仪器制造	462045	167595	299371				73047
其他专用仪器制造	804924	200031	341050	5958	38641		77991
钟表与计时仪器制造	635948	62503	127296		400		51707
光学仪器及眼镜制造	1334734	373952	770533		11266		69958
光学仪器制造	809230	257573	472996		11266		47997
眼镜制造	525504	116379	297537				21961
其他仪器仪表制造业	957559	211264	442267		16734		79069
其他制造业	15382205	5353432	4097960	17028	94987	13069	1380164
日用杂品制造	1425823	457165	792072		33600		75280
鬃毛加工、制刷及清扫工具制造	487889	95362	240537				5980
其他日用杂品制造	937934	361803	551535		33600		69300
煤制品制造	845227	251668	283232				6680
其他未列明制造业	13111155	4644599	3022656	17028	61387	13069	1298204
废弃资源综合利用业	8872149	2193269	5671202	22063	56450	277	133667
金属废料和碎屑加工处理	3986174	851419	3341058	22063	17636	277	64618
非金属废料和碎屑加工处理	4885975	1341850	2330144		38814		69049
金属制品、机械和设备修理业	1300695	412979	866374	5090	1956		189116
金属制品修理	82487	22498	64307				13681
通用设备修理	106608	29138	115189	367			9213
专用设备修理	272606	42470	106423		1956		39891
铁路、船舶、航空航天等运输设备修理	415771	222537	271934				78961
铁路运输设备修理	15072	79016	65598				6060
船舶修理	139072	138467	149998				8702
航空航天器修理	183226	3254	25560				64199
其他运输设备修理	78401	1800	30778				
电气设备修理	26211	15272	35507				15052
仪器仪表修理	4699		5725				
其他机械和设备修理业	392313	81064	267289	4723			32318
(四)电力、热力、燃气及水生产和供应业	**205026264**	**37655469**	**51145675**	**902196**	**1482478**	**260376**	**1468952**
电力、热力生产和供应业	152206886	26664605	38748578	501363	1092772	149740	1188140
电力生产	100818662	18755582	22452419	239998	455950	124315	661604
火力发电	16784290	4383416	6735946	1980	267955	15989	305837
水力发电	12402826	1847655	2219499	12615	1987	20207	32020
核力发电	3360795	3423168	4513142				
风力发电	19954981	3353855	1547202				32136
太阳能发电	39621529	4331481	4600205	223919	165323	5566	184231
其他电力生产	8694241	1416007	2836425	1484	20685	82553	107380
电力供应	36488978	4731075	11334023	122479	262798	17923	124476
热力生产和供应	14899246	3177948	4962136	138886	374024	7502	402060
燃气生产和供应业	14915794	3165191	3920633	76491	111525		108186
燃气生产和供应业	14915794	3165191	3920633	76491	111525		108186

2-1-22 续表 16

单位：万元

行　业	新　建	扩　建	改建和技术改造	单纯建造生活设施	迁　建	恢　复	单纯购置
水的生产和供应业	37903584	7825673	8476464	324342	278181	110636	172626
自来水生产和供应	15780111	3307253	3531773	133978	187043	16974	73686
污水处理及其再生利用	19323002	4077683	4326707	100195	86998	75837	90388
其他水的处理、利用与分配	2800471	440737	617984	90169	4140	17825	8552
(五)建筑业	**26386561**	**3868488**	**3755691**	**383171**	**136537**	**123410**	**1825320**
房屋建筑业	5798860	605896	544942	138341	55638	6198	554743
房屋建筑业	5798860	605896	544942	138341	55638	6198	554743
土木工程建筑业	16285696	2464144	1989731	134599	19820	102367	738359
铁路、道路、隧道和桥梁工程建筑	10709376	1667639	1190382	84946	10303	49555	476942
铁路工程建筑	188948	14325	11844				157756
公路工程建筑	3347716	1004650	495216	26621	5329	24687	97484
市政道路工程建筑	4367054	471338	479414	55035	4974	4157	95708
其他道路、隧道和桥梁工程建筑	2805658	177326	203908	3290		20711	125994
水利和内河港口工程建筑	2728904	334304	378456	9418	1589	29757	61734
水源及供水设施工程建筑	1011634	174568	89934	6837	1589	7440	29422
河湖治理及防洪设施工程建筑	1403013	96090	282327	2581		22317	1786
港口及航运设施工程建筑	314257	63646	6195				30526
海洋工程建筑	24124		8218				15755
工矿工程建筑	156853	15648	34823				26513
架线和管道工程建筑	1182406	114054	178902	18151	580	5000	43866
架线及设备工程建筑	488774	57501	46075	865	580		24443
管道工程建筑	693632	56553	132827	17286		5000	19423
其他土木工程建筑	1484033	332499	198950	22084	7348	18055	113549
建筑安装业	1662250	304716	469798	37020	22999		136897
电气安装	260721	46532	85714	2855	7105		60561
管道和设备安装	425994	104836	171601	22461	8489		34831
其他建筑安装业	975535	153348	212483	11704	7405		41505
建筑装饰和其他建筑业	2639755	493732	751220	73211	38080	14845	395321
建筑装饰业	1324695	232580	474021	21516			211881
工程准备活动	198553	40778	49926		28110	1540	43855
建筑物拆除活动	44527	12346	22098		7368		10740
其他工程准备活动	154026	28432	27828		20742	1540	33115
提供施工设备服务	65389	20270	27319				60867
其他未列明建筑业	1051118	200104	199954	51695	9970	13305	78718
(六)批发和零售业	**115624723**	**22408317**	**20920539**	**287711**	**768691**	**51210**	**5356803**
批发业	56347217	12650578	11449144	85422	480188	13690	3496303
农、林、牧产品批发	7465800	1134981	623343	23222	69771	2000	162317
谷物、豆及薯类批发	1985689	236207	195411	2780	21408	2000	41775
种子批发	291182	126700	112332				13502
饲料批发	341411	50662	52383				13720
棉、麻批发	176270	56357	25954				19506
林业产品批发	703328	172829	46126				6315
牲畜批发	524276	102236	29984				11108
其他农牧产品批发	3443644	389990	161153	20442	48363		56391
食品、饮料及烟草制品批发	9508683	1812012	1471859	9107	177969	5590	178176
米、面制品及食用油批发	766409	213715	175278				49648
糕点、糖果及糖批发	206597	31382	42361				4690
果品、蔬菜批发	4717087	638666	442026		85808		3860
肉、禽、蛋、奶及水产品批发	1235068	285499	207083			5590	49133
盐及调味品批发	147117	27742	22381				2938

2-1-22 续表 17

单位：万元

行业	新建	扩建	改建和技术改造	单纯建造生活设施	迁建	恢复	单纯购置
营养和保健品批发	160241	33170	40883				1749
酒、饮料及茶叶批发	891693	278476	247296	4497	30		19799
烟草制品批发	120841	32818	13626	4610	1300		12906
其他食品批发	1263630	270544	280925		90831		33453
纺织、服装及家庭用品批发	5440853	1281120	1215278	500	25677		171153
纺织品、针织品及原料批发	1216720	492243	329884		21377		28769
服装批发	2071415	281097	393337				68004
鞋帽批发	190121	68592	30562				7331
化妆品及卫生用品批发	203946	36984	78644				9790
厨房、卫生间用具及日用杂货批发	346505	102746	78878		300		7658
灯具、装饰物品批发	334384	95209	40026				10371
家用电器批发	329206	104966	137037	500			19892
其他家庭用品批发	748556	99283	126910		4000		19338
文化、体育用品及器材批发	924162	229743	328693				113446
文具用品批发	250207	58297	68040				33213
体育用品及器材批发	182614	62144	57039				21746
图书批发	84216	39090	53888				7062
报刊批发							
音像制品及电子出版物批发	10594	1257	22833				
首饰、工艺品及收藏品批发	194778	49325	75982				30736
其他文化用品批发	201753	19630	50911				20689
医药及医疗器材批发	2444444	419405	364984		8294		278785
西药批发	673232	78434	63351		4718		11886
中药批发	735574	178848	32472		2016		9308
医疗用品及器材批发	1035638	162123	269161		1560		257591
矿产品、建材及化工产品批发	15110136	3991268	2757538	16652	150955	4600	928817
煤炭及制品批发	1354809	276074	174645	8339	1539		82604
石油及制品批发	2198538	549997	393249		19042		242648
非金属矿及制品批发	313996	119178	32788	3768			16070
金属及金属矿批发	2292831	539937	495311		18925		166068
建材批发	7608746	1786950	1139801	4545	107706		301882
化肥批发	340342	196613	104282				21443
农药批发	54313	47633	13906				5430
农用薄膜批发	22682	9115	7881				
其他化工产品批发	923879	465771	395675		3743	4600	92672
机械设备、五金产品及电子产品批发	8892328	1873437	2115970	28221	32780		1039743
农业机械批发	990668	207851	80266				29352
汽车批发	1214530	118704	216106		4950		120902
汽车零配件批发	964929	159433	286021	2970	3030		38997
摩托车及零配件批发	64028	46310	24365		2850		1000
五金产品批发	2007421	460221	420817	4463	5400		171405
电气设备批发	800029	219380	168460	4460			102241
计算机、软件及辅助设备批发	421331	101602	187094	1662			129109
通讯及广播电视设备批发	183471	31655	90236				30284
其他机械设备及电子产品批发	2245921	528281	642605	14666	16550		416453
贸易经纪与代理	2005453	873263	1551335		5553		305919
贸易代理	1442326	719658	1016363		1753		254762
拍卖	4883	10441	3990				2877
其他贸易经纪与代理	558244	143164	530982		3800		48280
其他批发业	4555358	1035349	1020144	7720	9189	1500	317947

2-1-22　续表 18

单位：万元

行　　业	新　建	扩　建	改建和技术改造	单纯建造生活设施	迁　建	恢　复	单纯购置
再生物资回收与批发	1375252	309992	244025	5764	7889		71418
其他未列明批发业	3180106	725357	776119	1956	1300	1500	246529
零售业	59277506	9757739	9471395	202289	288503	37520	1860500
综合零售	20918087	2484162	2599395	84431	30791	22263	237373
百货零售	12064667	1224109	1233931	56240	21341	17533	115860
超级市场零售	3900188	569240	723693	16028	6950		54807
其他综合零售	4953232	690813	641771	12163	2500	4730	66706
食品、饮料及烟草制品专门零售	4051670	828112	773133	9804	1852	6112	101228
粮油零售	401601	133461	74829				8334
糕点、面包零售	96422	19662	55129	3676			
果品、蔬菜零售	1129805	122073	113923	3972			5639
肉、禽、蛋、奶及水产品零售	764992	184775	156694		1852	6112	20139
营养和保健品零售	130696	32013	30216				2750
酒、饮料及茶叶零售	601860	68414	120914				23958
烟草制品零售	36424	2340	11429				
其他食品零售	889870	265374	209999	2156			40408
纺织、服装及日用品专门零售	2222757	453462	859291	2987			137372
纺织品及针织品零售	254455	95571	58146				32889
服装零售	1199019	156812	405102	2987			47651
鞋帽零售	19312	31814	47411				4880
化妆品及卫生用品零售	57084	27529	62758				5490
钟表、眼镜零售	19005	18300	61763				13220
箱、包零售	28724	45865	12467				
厨房用具及日用杂品零售	91350	9854	40718				17742
自行车零售	36114	9236	5050				3965
其他日用品零售	517694	58481	165876				11535
文化、体育用品及器材专门零售	1448736	230402	378969	5896	4360		56598
文具用品零售	207736	26953	52856		790		3913
体育用品及器材零售	84064	32604	42394				9070
图书、报刊零售	181450	35891	58772	1688			6712
音像制品及电子出版物零售	29432	1514	567				
珠宝首饰零售	371521	41968	142054	800	3570		15505
工艺美术品及收藏品零售	445376	69181	53793	1228			4619
乐器零售	12870	4350	7300				
照相器材零售	10057		7265				8132
其他文化用品零售	106230	17941	13968	2180			8647
医药及医疗器材专门零售	1385831	425257	611674	7640	66287		151337
药品零售	910369	329937	406258	2950	66287		96064
医疗用品及器材零售	475462	95320	205416	4690			55273
汽车、摩托车、燃料及零配件专门零售	15627924	2828124	1530355	67838	146723	7350	429837
汽车零售	11672235	1727726	689116	47166	91156	7350	226135
汽车零配件零售	801320	131870	188259				118742
摩托车及零配件零售	175541	74692	57779				7218
机动车燃料零售	2978828	893836	595201	20672	55567		77742
家用电器及电子产品专门零售	2109021	380630	522213	5713	14630		320668
家用视听设备零售	142209	30006	41271				6012
日用家电设备零售	736701	178425	126368	2533	5050		45215
计算机、软件及辅助设备零售	532128	68155	157268		9580		56946
通信设备零售	299910	53963	97723	3180			132680
其他电子产品零售	398073	50081	99583				79815

2-1-22 续表 19

单位：万元

行业	新建	扩建	改建和技术改造	单纯建造生活设施	迁建	恢复	单纯购置
五金、家具及室内装饰材料专门零售	5089388	996872	1067610	1800	12340	1345	231431
五金零售	1039197	177436	327658				119343
灯具零售	96640	16899	64752				7582
家具零售	2180997	404803	244036		3120	1345	17702
涂料零售	56141	17493	39640				
卫生洁具零售	35456	2710	968				4989
木质装饰材料零售	391175	17471	73518		9220		16259
陶瓷、石材装饰材料零售	440797	145172	118308				7874
其他室内装饰材料零售	848985	214888	198730	1800			57682
货摊、无店铺及其他零售业	6424092	1130718	1128755	16180	11520	450	194656
货摊食品零售	160188	6520	13510	8600			1522
货摊纺织、服装及鞋零售	8980	2500					
货摊日用品零售	44648	2000	10484				9970
互联网零售	2791597	299253	263766	2150		450	76873
邮购及电视、电话零售	36611	7000	10199				
旧货零售	78664	13892	8504				
生活用燃料零售	678117	198691	78154				9621
其他未列明零售业	2625287	600862	744138	5430	11520		96670
(七)交通运输、仓储和邮政业	**460436358**	**68982359**	**51182902**	**463772**	**1095466**	**971092**	**28726279**
铁路运输业	57672773	9606953	2334902		190218		10257094
铁路旅客运输	44780322	7303574	238058		115514		9831925
铁路货物运输	7758259	2004566	1863763		13348		396519
铁路运输辅助活动	5134192	298813	233081		61356		28650
客运火车站	1240353	152907	92566		1356		3398
货运火车站	406536	15425	19970		60000		16968
其他铁路运输辅助活动	3487303	130481	120545				8284
道路运输业	308468086	44596029	43216394	428180	445730	952545	4928937
城市公共交通运输	60928351	5761685	1462839	203615	28317	5591	2457218
公共电汽车客运	3009227	266887	336535	11955	24204	3310	1592168
城市轨道交通	48920785	4747138	178392	159000	3713		87657
出租车客运	273094	28238	25079				635251
其他城市公共交通运输	8725245	719422	922833	32660	400	2281	142142
公路旅客运输	106012284	13247350	14622640	28669	42365	386179	311743
道路货物运输	71861593	13018801	14054596	48173	171017	238676	1985653
道路运输辅助活动	69665858	12568193	13076319	147723	204031	322099	174323
客运汽车站	2606530	335875	109690		89574	48862	53246
公路管理与养护	46990876	10221157	10499876	113862	80016	246475	25896
其他道路运输辅助活动	20068452	2011161	2466753	33861	34441	26762	95181
水上运输业	13855656	2038335	966914	5125	27080	2609	1968380
水上旅客运输	1034580	64863	34971				98354
海洋旅客运输	308537	36202	22286				43449
内河旅客运输	526629	22285	12685				36368
客运轮渡运输	199414	6376					18537
水上货物运输	2077464	550700	254535	4266			917216
远洋货物运输	158850	4850	22698				326061
沿海货物运输	797686	174549	42807	4266			383626
内河货物运输	1120928	371301	189030				207529
水上运输辅助活动	10743612	1422772	677408	859	27080	2609	952810
客运港口	550426	31234	11266				36200
货运港口	8692501	834540	332008		11100	2609	119177
其他水上运输辅助活动	1500685	556998	334134	859	15980		797433

2-1-22 续表 20

单位：万元

行业	新建	扩建	改建和技术改造	单纯建造生活设施	迁建	恢复	单纯购置
航空运输业	9080294	3763100	472733		146560	2294	10484231
航空客货运输	2917186	733675	85034		123908	2294	10047407
航空旅客运输	2781154	726481	76713		123908	2294	9970165
航空货物运输	136032	7194	8321				77242
通用航空服务	932600	316125	1130		18302		377822
航空运输辅助活动	5230508	2713300	386569		4350		59002
机场	4280439	2672194	358852				11971
空中交通管理	93746	5543	1				
其他航空运输辅助活动	856323	35563	27716		4350		47031
管道运输业	2632229	205738	628910	6215	3409		2033
管道运输业	2632229	205738	628910	6215	3409		2033
装卸搬运和运输代理业	9010026	1058600	589828	13328		2400	476416
装卸搬运	1409160	209565	140241	1150			114757
运输代理业	7600866	849035	449587	12178		2400	361659
货物运输代理	5271835	580093	340955	12178			314161
旅客票务代理	17201	5775	3934				3100
其他运输代理业	2311830	263167	104698			2400	44398
仓储业	57590305	7420609	2829200	10295	270670	11244	425438
谷物、棉花等农产品仓储	12853677	2724620	662061	2195	113894	3640	67601
谷物仓储	8468286	1811614	450519	2195	110212	3640	49118
棉花仓储	209742	43107	28571				
其他农产品仓储	4175649	869899	182971		3682		18483
其他仓储业	44736628	4695989	2167139	8100	156776	7604	357837
邮政业	2126989	292995	144021	629	11799		183750
邮政基本服务	243852	47872	43865				11837
快递服务	1883137	245123	100156	629	11799		171913
(八)住宿和餐饮业	**46625078**	**6838781**	**6833890**	**122263**	**53779**	**86063**	**506335**
住宿业	34797961	3970019	3695419	89184	24094	70790	243184
旅游饭店	25156204	2414364	1930588	30267	16852	36376	141293
一般旅馆	5112372	1068471	1167414	40545		15886	71260
其他住宿业	4529385	487184	597417	18372	7242	18528	30631
餐饮业	11827117	2868762	3138471	33079	29685	15273	263151
正餐服务	8522287	2345852	2475007	31279	21943	13373	177860
快餐服务	369654	90462	207465				24790
饮料及冷饮服务	378880	61365	114233		7742	1900	6176
茶馆服务	88989	10693	22954			1900	1180
咖啡馆服务	62760	8910	46404		7742		4996
酒吧服务	125647	32396	32935				
其他饮料及冷饮服务	101484	9366	11940				
其他餐饮业	2556296	371083	341766	1800			54325
小吃服务	692414	127310	78767				
餐饮配送服务	174595	31546	41597				15448
其他未列明餐饮业	1689287	212227	221402	1800			38877
(九)信息传输、软件和信息技术服务业	**43685840**	**6230245**	**11794402**	**94472**	**42103**	**7797**	**8019431**
电信、广播电视和卫星传输服务	13867322	2368754	7068282	13813	7770	1200	1565825
电信	12692479	2175965	6431811	11622	7770	1200	1031358
固定电信服务	1628167	274357	889586	276	3642		442096
移动电信服务	9213179	1618913	5299048	8945	965	1200	537135
其他电信服务	1851133	282695	243177	2401	3163		52127

2-1-22 续表 21　　　　单位：万元

行　　业	新　建	扩　建	改建和技术改造	单纯建造生活设施	迁　建	恢　复	单纯购置
广播电视传输服务	1123741	186759	628580	1300			80671
有线广播电视传输服务	893620	166894	361663	1300			53468
无线广播电视传输服务	230121	19865	266917				27203
卫星传输服务	51102	6030	7891	891			453796
互联网和相关服务	7293004	593645	1026905	12522	3450		1877629
互联网接入及相关服务	2256517	239843	518715	4356	2950		185254
互联网信息服务	3150876	213507	366007	7166			1641631
其他互联网服务	1885611	140295	142183	1000	500		50744
软件和信息技术服务业	22525514	3267846	3699215	68137	30883	6597	4575977
软件开发	8494888	1591627	1762452	32661	3700	6597	2565935
信息系统集成服务	3034455	282861	329057		4500		216612
信息技术咨询服务	2969048	327731	509404				202309
数据处理和存储服务	4312860	311066	346774	18830	9764		704114
集成电路设计	493338	6071	58974				22838
其他信息技术服务业	3220925	748490	692554	16646	12919		864169
数字内容服务	459676	46833	29773		4859		64365
呼叫中心	302251	40897	7340				2548
其他未列明信息技术服务业	2458998	660760	655441	16646	8060		797256
(十)金融业	**8809116**	**782683**	**920832**	**15982**	**29015**	**14499**	**642627**
货币金融服务	3404170	329290	386504	4132	26757	2399	523049
中央银行服务	150462	22952	48600			1000	17916
货币银行服务	2928078	268347	306737	4132	26757	1399	319185
非货币银行服务	323309	35991	26617				185948
金融租赁服务	110272	16845	4512				167182
财务公司	14796		3730				2947
典当	14944	2565	3875				1238
其他非货币银行服务	183297	16581	14500				14581
银行监管服务	2321	2000	4550				
资本市场服务	2920634	244837	329999	6808		12100	61764
证券市场服务	351459	33167	89410				10791
证券市场管理服务	125119	8134	20911				4503
证券经纪交易服务	192129	15512	16114				5329
基金管理服务	34211	9521	52385				959
期货市场服务	40578	7380	14724				
期货市场管理服务	8170	2880	7620				
其他期货市场服务	32408	4500	7104				
证券期货监管服务	23590	4200					
资本投资服务	2095954	169043	138392	6808		12100	40914
其他资本市场服务	409053	31047	87473				10059
保险业	1067670	40055	98425	5042	2258		20451
人身保险	713278	12577	38650		2258		5995
人寿保险	699440	12577	38650		2258		5995
健康和意外保险	13838						
财产保险	276491	12980	12108	5042			4441
再保险	4488						
养老金	5556		8930				
保险经纪与代理服务	35234	11798	9698				900
保险监管服务							
其他保险活动	32623	2700	29039				9115
风险和损失评估	5696						
其他未列明保险活动	26927	2700	29039				9115

2-1-22　续表 22　　　　单位：万元

行　　业	新　建	扩　建	改建和技术改造	单纯建造生活设施	迁　建	恢　复	单纯购置
其他金融业	1416642	168501	105904				37363
金融信托与管理服务	419140	112311	44668				18050
控股公司服务	31983	8358					5811
非金融机构支付服务	82899		1054				974
金融信息服务	455755	36177	29951				5013
其他未列明金融业	426865	11655	30231				7515
（十一）房地产业	**1354080916**	**17610743**	**14674187**	**5212609**	**5006562**	**274664**	**475511**
房地产业	1354080916	17610743	14674187	5212609	5006562	274664	475511
房地产开发经营	1125681366	1276523	1012247	104737	164296	65588	50364
物业管理	2762334	446710	979419	64012		14360	287376
房地产中介服务	325163	60684	115700	8329			51593
自有房地产经营活动	19119387	1004328	1269673	102847	426875		23125
其他房地产业	206192666	14822498	11297148	4932684	4415391	194716	63053
（十二）租赁和商务服务业	**102797960**	**9073532**	**9793230**	**247455**	**448022**	**114230**	**10567778**
租赁业	3438293	615175	648861	10849	10000		8469215
机械设备租赁	3175573	541920	606532	10849	10000		6946207
汽车租赁	847159	151033	244622	10849			1118894
农业机械租赁	161013	159432	14303				102898
建筑工程机械与设备租赁	1193068	172198	142091		9000		502712
计算机及通讯设备租赁	74658	9208	6558				40349
其他机械与设备租赁	899675	50049	198958		1000		5181354
文化及日用品出租	262720	73255	42329				1523008
娱乐及体育设备出租	213918	59267	23384				1511297
图书出租	12927	3570					
音像制品出租	2664		3857				1038
其他文化及日用品出租	33211	10418	15088				10673
商务服务业	99359667	8458357	9144369	236606	438022	114230	2098563
企业管理服务	44295067	2853167	3121571	116533	269352	39225	650823
企业总部管理	4653167	398426	316167	1250	51156	25056	67453
投资与资产管理	33427916	2022760	2156731	80917	167491	9669	305907
单位后勤管理服务	570289	61025	35139	4975			6884
其他企业管理服务	5643695	370956	613534	29391	50705	4500	270579
法律服务	173881	23209	67289				7440
律师及相关法律服务	62854	14629	37164				7440
公证服务	56937	4900	22850				
其他法律服务	54090	3680	7275				
咨询与调查	2338949	504019	1037960	19263			229520
会计、审计及税务服务	100072	30437	56769	4088			18985
市场调查	14660		4697				3178
社会经济咨询	902820	220840	423846	8870			100507
其他专业咨询	1321397	252742	552648	6305			106850
广告业	1829990	555794	912796	11228	1580		358769
知识产权服务	93453	11910	28585				8590
人力资源服务	1171467	185513	221229	18852		600	98458
公共就业服务	430479	22795	18595	910			2572
职业中介服务	69950	11800	24983	5968			7599
劳务派遣服务	304152	97634	119842	9280			57605
其他人力资源服务	366886	53284	57809	2694		600	30682
旅行社及相关服务	19870505	1718756	1169953	26437	25846	50841	75481

2-1-22 续表 23　　　　单位：万元

行　　业	新　建	扩　建	改建和技术改造	单纯建造生活设施	迁　建	恢　复	单纯购置
旅行社服务	452351	68104	191932				21563
旅游管理服务	18386888	1603735	920541	26437	25846	50226	37386
其他旅行社相关服务	1031266	46917	57480			615	16532
安全保护服务	1152822	62041	172047		5830		49886
安全服务	317193	20325	51793		980		13588
安全系统监控服务	713010	35205	70936		4850		29916
其他安全保护服务	122619	6511	49318				6382
其他商务服务业	28433533	2543948	2412939	44293	135414	23564	619596
市场管理	9078771	941449	798910	500	14115	3650	70178
会议及展览服务	7711158	577105	281044	21528	48291	14615	58236
包装服务	284634	53702	48329		1188		12197
办公服务	1748916	123391	103370	8293	3600	550	53124
信用服务	34488		7702				7769
担保服务	33654	26438	20450				
其他未列明商务服务业	9541912	821863	1153134	13972	68220	4749	418092
(十三)科学研究和技术服务业	**44836219**	**5609270**	**5494965**	**83913**	**123250**	**14537**	**3162631**
研究和试验发展	12388065	1314871	1047122	3110	11710		486528
自然科学研究和试验发展	1721693	135070	78737	950			43357
工程和技术研究和试验发展	6872593	787533	623239				324566
农业科学研究和试验发展	1990511	230896	125607	2160	9354		23363
医学研究和试验发展	1708575	141075	211814		2356		90432
社会人文科学研究	94693	20297	7725				4810
专业技术服务业	13671099	1756291	2073485	27053	77785	13569	1190174
气象服务	351838	23490	2012		18569		14722
地震服务	82747	18831		2000	1950		4214
海洋服务	269037	79949	27960				8947
测绘服务	25662	32152	52920				45646
质检技术服务	2792507	419198	270094		18242		180796
环境与生态监测	796819	124468	108557	3365			89538
环境保护监测	606459	122399	93289	3365			87585
生态监测	190360	2069	15268				1953
地质勘查	1360507	94816	96886			8137	121437
能源矿产地质勘查	258360	14000	8143				27956
固体矿产地质勘查	453484	57844	7934				41177
水、二氧化碳等矿产地质勘查	32296		4563				
基础地质勘查	379100	10459	11148				11403
地质勘查技术服务	237267	12513	65098			8137	40901
工程技术	4633057	397760	691417	7979	21362	5432	175349
工程管理服务	2288210	139235	222753	5970			79463
工程勘察设计	1078811	139203	300395	601	21362		90026
规划管理	1266036	119322	168269	1408		5432	5860
其他专业技术服务业	3358925	565627	823639	13709	17662		549525
专业化设计服务	961058	146519	375341	7922	7715		112683
摄影扩印服务	186534	32046	48625				22957
兽医服务	92409	18519	16632				
其他未列明专业技术服务业	2118924	368543	383041	5787	9947		413885
科技推广和应用服务业	18777055	2538108	2374358	53750	33755	968	1485929
技术推广服务	12059935	1819937	1622630	18513	5405	150	1091143
农业技术推广服务	5762585	1107377	452892	3113	2905		129875
生物技术推广服务	2020403	174167	275746			150	154051

2-1-22　续表 24　　　　单位：万元

行　　业	新　建	扩　建	改建和技术改造	单纯建造生活设施	迁　建	恢　复	单纯购置
新材料技术推广服务	1030242	183993	279200	15400			83716
节能技术推广服务	1377193	139009	244715		2500		96684
其他技术推广服务	1869512	215391	370077				626817
科技中介服务	3042386	192921	258512				70025
其他科技推广和应用服务业	3674734	525250	493216	35237	28350	818	324761
(十四)水利、环境和公共设施管理业	**662285447**	**75163717**	**74412861**	**3747587**	**1499625**	**2550459**	**1393265**
水利管理业	78594348	9408132	11220899	295418	20342	629800	39375
防洪除涝设施管理	35660631	5211915	5794497	82582	5475	415911	5657
水资源管理	15331829	1306782	1518432	83247	2657	55906	13479
天然水收集与分配	12359030	1721692	1057564	30315	351	21271	
水文服务	134905	7093	7598				5674
其他水利管理业	15107953	1160650	2842808	99274	11859	136712	14565
生态保护和环境治理业	28420476	3224347	5597829	216276	123187	412440	228819
生态保护	4834072	541893	371618	3496	13058	102936	9079
自然保护区管理	1632779	179173	159490			34551	3777
野生动物保护	362070	154810	58096		13058	75	5187
野生植物保护	200326	6474	5565				
其他自然保护	2638897	201436	148467	3496		68310	115
环境治理业	23586404	2682454	5226211	212780	110129	309504	219740
水污染治理	14522599	1512852	2117563	144107	70369	106636	28924
大气污染治理	1193724	173745	1261564	10900			132993
固体废物治理	3892622	443804	429867	45212	4993	35325	21899
危险废物治理	398396	27562	86248		18130		4987
放射性废物治理	900	3022	1208				
其他污染治理	3578163	521469	1329761	12561	16637	167543	30937
公共设施管理业	555270623	62531238	57594133	3235893	1356096	1508219	1125071
市政设施管理	364756587	41525136	41223463	2240598	1168434	900494	524773
环境卫生管理	10955777	1567693	1584853	216785	3666	51598	353597
城乡市容管理	28554860	2988424	5600639	469804	62749	87458	94740
绿化管理	22679098	2813079	2877738	136959	8748	47830	89955
公园和游览景区管理	128324301	13636906	6307440	171747	112499	420839	62006
公园管理	27418955	2425127	1714524	29954	8650	53485	11528
游览景区管理	100905346	11211779	4592916	141793	103849	367354	50478
(十五)居民服务、修理和其他服务业	**19268676**	**3097176**	**3371750**	**86121**	**106826**	**19295**	**911672**
居民服务业	11862179	1732305	1822030	64544	75231	12344	269693
家庭服务	531885	63979	73820			5700	16836
托儿所服务	165284	18735	15408				
洗染服务	142934	50244	35053		4003		15324
理发及美容服务	188904	27656	141410	3328			36006
洗浴服务	1221380	203718	265232	2281			15806
保健服务	520722	48107	129094	1956			12977
婚姻服务	215274	14661	20194				1643
殡葬服务	1975029	423978	95456	9331	67023		9480
其他居民服务业	6900767	881227	1046363	47648	4205	6644	161621
机动车、电子产品和日用产品修理业	3324615	898296	865699	1851	24595	2451	275442
汽车、摩托车修理与维护	3054878	814594	743030	1851	24595		253378
汽车修理与维护	3044092	809722	737562	1851	24595		249079
摩托车修理与维护	10786	4872	5468				4299
计算机和办公设备维修	180423	37696	52089			2451	14230
计算机和辅助设备修理	43008	13505	20480				4380

2-1-22 续表 25 单位：万元

行业	新建	扩建	改建和技术改造	单纯建造生活设施	迁建	恢复	单纯购置
通讯设备修理	60358	11065	16450				4900
其他办公设备维修	77057	13126	15159			2451	4950
家用电器修理	38177	2560	34249				
家用电子产品修理	12790	240	18946				
日用电器修理	25387	2320	15303				
其他日用产品修理业	51137	43446	36331				7834
自行车修理							
鞋和皮革修理		4900					
家具和相关物品修理	7430						
其他未列明日用产品修理业	43707	38546	36331				7834
其他服务业	4081882	466575	684021	19726	7000	4500	366537
清洁服务	603895	148413	182004	6693			112529
建筑物清洁服务	83774	40412	41776				10546
其他清洁服务	520121	108001	140228	6693			101983
其他未列明服务业	3477987	318162	502017	13033	7000	4500	254008
(十六)教育	**85969086**	**14711341**	**5624169**	**322593**	**2057599**	**83352**	**2067240**
教育	85969086	14711341	5624169	322593	2057599	83352	2067240
学前教育	8377332	1230030	583687	56868	53116	13640	74671
初等教育	22395745	4382153	1511281	74019	403351	23040	301988
普通小学教育	22247429	4349354	1496039	74019	400891	23040	301342
成人小学教育	148316	32799	15242		2460		646
中等教育	31807360	5775574	1901950	124210	997602	41344	564780
普通初中教育	15947700	3349340	1112384	91943	286776	28284	322353
职业初中教育	619153	60096	20189		8557		5439
成人初中教育	191161	20258	11091		560		2099
普通高中教育	8682136	1430021	561544	23101	375692		158153
成人高中教育	148255	26868	1288				4008
中等职业学校教育	6218955	888991	195454	9166	326017	13060	72728
高等教育	13156309	1623769	647356	44590	399708	4660	828999
普通高等教育	12598420	1583898	616494	41610	337749	860	819545
成人高等教育	557889	39871	30862	2980	61959	3800	9454
特殊教育	464175	37581	21925	1461	12987		2343
技能培训、教育辅助及其他教育	9768165	1662234	957970	21445	190835	668	294459
职业技能培训	4935610	748167	384952	15211	68783		131173
体校及体育培训	453587	15679	11738		19592		2799
文化艺术培训	680697	130130	177349		1794		12592
教育辅助服务	1061239	93487	192046	3010	4213	668	79200
其他未列明教育	2637032	674771	191885	3224	96453		68695
(十七)卫生和社会工作	**53680305**	**8600938**	**4584557**	**128632**	**2353855**	**78003**	**3847709**
卫生	36100744	6681187	3623965	49666	2268779	45203	3663419
医院	28222739	5169840	2744540	27579	1848455	35010	3066881
综合医院	18988605	3472457	1788564	19795	1155243	19536	2259715
中医医院	2555269	475206	210069	1295	530984	15474	177174
中西医结合医院	799513	165355	65960		23710		88249
民族医院	209540	64807	7525		2617		18324
专科医院	3595329	742866	598565	4894	110696		505960
疗养院	2074483	249149	73857	1595	25205		17459
社区医疗与卫生院	3683469	919673	498514	7583	211537	8791	175091
社区卫生服务中心(站)	1087840	173635	165295		44783	4466	86692
街道卫生院	169607	37371	39864		9444		10795
乡镇卫生院	2426022	708667	293355	7583	157310	4325	77604

2-1-22　续表 26

单位：万元

行　　业	新　建	扩　建	改建和技术改造	单纯建造生活设施	迁　建	恢　复	单纯购置
门诊部(所)	380757	150066	91620	5100	479		61749
计划生育技术服务活动	160860	10651	13837		5087		6365
妇幼保健院(所、站)	1807690	171243	80218	3862	169410		117141
专科疾病防治院(所、站)	283191	32977	44682		11605		55071
疾病预防控制中心	437365	65319	40291		20020	1402	45023
其他卫生活动	1124673	161418	110263	5542	2186		136098
社会工作	17579561	1919751	960592	78966	85076	32800	184290
提供住宿社会工作	16613118	1796035	766280	78966	83057	32800	164787
干部休养所	360805	47607	45740	677	12500		87393
护理机构服务	1762307	365976	72340	9082	15222		21302
精神康复服务	200496	28362	849				3431
老年人、残疾人养护服务	13546638	1254302	597341	60652	43244	32800	46747
孤残儿童收养和庇护服务	367830	69770	21945	1400			5474
其他提供住宿社会救助	375042	30018	28065	7155	12091		440
不提供住宿社会工作	966443	123716	194312		2019		19503
社会看护与帮助服务	691136	112878	162758		1149		14571
其他不提供住宿社会工作	275307	10838	31554		870		4932
(十八)文化、体育和娱乐业	**74327481**	**6830066**	**4697304**	**179470**	**125641**	**321999**	**836844**
新闻和出版业	703202	78813	76478		6203		30698
新闻业	405785	6178	3500		6203		780
出版业	297417	72635	72978				29918
图书出版	112206	23999	20128				15997
报纸出版	106960	29168	12080				13333
期刊出版	4206	4511					
音像制品出版	1125						
电子出版物出版	6447	8700	1536				588
其他出版业	66473	6257	39234				
广播、电视、电影和影视录音制作业	4445418	321207	318095	7164	5510		245349
广播	473737	17980	41355				12056
电视	321451	39900	48649		2666		69144
电影和影视节目制作	2338218	131166	72227	2684	2844		23726
电影和影视节目发行	59938	7326	14454				55774
电影放映	1126422	119702	136342				84649
录音制作	125652	5133	5068	4480			
文化艺术业	31418098	3149548	2538009	77070	103728	266392	320911
文艺创作与表演	1705912	112143	140024	3664			23668
艺术表演场馆	2462699	156018	112985	11200	35012	1644	8477
图书馆与档案馆	1912951	92506	59021	7446	22555		38775
图书馆	1298646	66332	44152	7446	8322		25285
档案馆	614305	26174	14869		14233		13490
文物及非物质文化遗产保护	5002985	567689	822015	20575	29151	233283	6676
博物馆	4729972	351120	280064	12114	6666	11410	23675
烈士陵园、纪念馆	967537	166328	79037		2332	4155	1908
群众文化活动	8079959	1065558	521761	10620	8012	13680	12971
其他文化艺术业	6556083	638186	523102	11451		2220	204761
体育	15936639	1287039	714919	59091	1394	13395	84739
体育组织	396900	17868	7460			4200	1953
体育场馆	7707406	587382	323924	11705	1280	3771	11702
休闲健身活动	6810422	606941	342487	47386	114	5424	57191
其他体育	1021911	74848	41048				13893

2-1-22 续表 27

单位：万元

行业	新建	扩建	改建和技术改造	单纯建造生活设施	迁建	恢复	单纯购置
娱乐业	21824124	1993459	1049803	36145	8806	42212	155147
室内娱乐活动	2043190	431534	511473	16102	3056	4900	67303
歌舞厅娱乐活动	520383	140279	202138		3056		28119
电子游艺厅娱乐活动	185487	13054	10571				2294
网吧活动	133959	37028	133483	10323			20300
其他室内娱乐活动	1203361	241173	165281	5779		4900	16590
游乐园	12440074	640974	166135	5580		19000	16194
彩票活动	138717	19408	1513				26048
文化、娱乐、体育经纪代理	304981	15896	37118	4870	2030		
文化娱乐经纪人	36747		9081	4870			
体育经纪人		8700					
其他文化艺术经纪代理	268234	7196	28037		2030		
其他娱乐业	6897162	885647	333564	9593	3720	18312	45602
（十九）公共管理、社会保障和社会组织	**59399691**	**9369286**	**7456556**	**969694**	**874089**	**169264**	**1074632**
中国共产党机关	250339	139361	29060	6567	21270		4558
中国共产党机关	250339	139361	29060	6567	21270		4558
国家机构	41494032	4448360	4746271	612986	641194	59037	1031384
国家权力机构	615618	34743	58412	3149	700		
国家行政机构	39373362	4231420	4601629	597421	579311	57197	993689
综合事务管理机构	16180465	1592484	1975019	358426	212941	21527	246755
对外事务管理机构	135199	7869	14619				
公共安全管理机构	8505416	1022706	515830	77090	292871	3285	414689
社会事务管理机构	7446727	603102	735695	82165	34788	3671	165701
经济事务管理机构	6418158	887674	1019052	45917	38711	28714	122113
行政监督检查机构	687397	117585	341414	33823			44431
人民法院和人民检察院	678839	134524	26157		26700		16585
人民法院	462259	105273	8109		19368		11161
人民检察院	216580	29251	18048		7332		5424
其他国家机构	826213	47673	60073	12416	34483	1840	21110
人民政协、民主党派	54286	4635	8198				
人民政协	30475	775	8198				
民主党派	23811	3860					
社会保障	3601711	157006	115508	9884	43832	3450	
社会保障	3601711	157006	115508	9884	43832	3450	
群众团体、社会团体和其他成员组织	2715479	660948	291996	11976	21434	94979	18691
群众团体	217711	13656	33446				
工会	78232	8441	16603				
妇联	1899	171					
共青团	5431						
其他群众团体	132149	5044	16843				
社会团体	985337	96991	157181	4900			15290
专业性团体	698188	53776	113483	4900			8140
行业性团体	159059	32585	24452				2600
其他社会团体	128090	10630	19246				4550
基金会	12395		505				
宗教组织	1500036	550301	100864	7076	21434	94979	3401
基层群众自治组织	11283844	3958976	2265523	328281	146359	11798	19999
社区自治组织	2308495	310420	517169	77852	15674		4241
村民自治组织	8975349	3648556	1748354	250429	130685	11798	15758

2-1-23 各地区按隶属关系分新增固定资产

单位：万元

地区	合计	中央项目	地方项目				
				省属	地市属	县属	其他
全国总计	**3822677380**	**118366005**	**3704311375**	**121893809**	**263070360**	**807723134**	**2511624072**
北京	31820151	5326626	26493525	6721890	5300990	1695231	12775414
天津	66901566	2691594	64209972	4636380	14156385	2852927	42564280
河北	216818798	4285688	212533110	3681120	9061815	33839474	165950701
山西	36548185	1668501	34879684	3647206	1857966	5334866	24039646
内蒙古	106929475	3829224	103100251	4226496	12740943	45518215	40614597
辽宁	29941351	1885844	28055507	1401326	5022028	3738524	17893629
吉林	100973517	3337197	97636320	1870160	2755938	18207673	74802549
黑龙江	89530058	3582827	85947231	1821359	5252700	18409067	60464105
上海	39532391	4541594	34990797	8006246	4822961	2480392	19681198
江苏	381994172	4524266	377469906	2845079	17757238	27259252	329608337
浙江	182782051	3105347	179676704	3923693	9690451	40227560	125835000
安徽	175555508	1740145	173815363	4856918	14581487	32355885	122021073
福建	180095885	5725514	174370371	8866195	11083304	31634933	122785939
江西	120801818	1562741	119239077	1511568	5026072	24315281	88386156
山东	320844198	4494411	316349787	4202545	13924276	32779818	265443148
河南	263213310	1461057	261752253	2776079	11744045	50007767	197224362
湖北	172546130	3409159	169136971	3409156	12657245	37369136	115701434
湖南	205516517	5089885	200426632	4108072	9831491	50769954	135717115
广东	189315369	14064626	175250743	5648463	16458340	22427159	130716781
广西	119613953	1156870	118457083	2540798	9398973	27994453	78522859
海南	10689103	411497	10277606	1048013	2369256	2037543	4822794
重庆	116579620	6385428	110194192	10260251	16401619	16352371	67179951
四川	184144510	9069709	175074801	4194687	13269176	58558416	99052522
贵州	88841283	2403635	86437648	5386788	8376746	40741985	31932129
云南	113940651	3108095	110832556	4039546	5599754	63917003	37276253
西藏	9771614	380146	9391468	695703	2083257	5228526	1383982
陕西	125087821	6160152	118927669	7279316	11509682	51294547	48844124
甘肃	30399762	1120320	29279442	1105650	2475783	14565664	11132345
青海	24583199	717569	23865630	4029389	3169478	9941475	6725288
宁夏	22056653	1731702	20324951	2145241	1299258	3612021	13268431
新疆	65308761	9394636	55914125	1008476	3391703	32256016	19257930
不分地区							

2-1-24 各地区按建设性质分新增固定资产

单位：万元

地 区	新 建	扩 建	改建和技术改造	单纯建造生活设施	迁 建	恢 复	单纯购置
全国总计	**2463098558**	**510585679**	**691965855**	**11125421**	**21094035**	**4903111**	**119904721**
北 京	17789549	1657853	2964570	354178	466542	17589	8569870
天 津	43949671	3721268	8065984	142844	304737	46512	10670550
河 北	124011529	34261807	52985364	307862	2562254	237767	2452215
山 西	26485654	4004290	4788015	671961	56316	97794	444155
内蒙古	75751637	11358477	16728092	144477	145684	85347	2715761
辽 宁	24591428	2909764	1863856	44956	125967	2706	402674
吉 林	44128738	20911161	26806748	132600	465335	66783	8462152
黑龙江	46668938	16265768	13806981	332362	130202	12210	12313597
上 海	31308259	1581571	2846626		68827		3727108
江 苏	196463696	62676191	102163388	1646449	1894025	247915	16902508
浙 江	105746730	26754638	41277330	241015	2736358	103081	5922899
安 徽	105422713	21468809	45636229	272430	793336	216282	1745709
福 建	104818448	42252553	26793380	586578	961787	397132	4286007
江 西	79835903	12424955	24589529	130745	130926	94658	3595102
山 东	155910739	62976077	93042960	1735584	1926692	244309	5007837
河 南	221192356	24020668	11792410	549072	907991	398361	4352452
湖 北	120142421	20942601	26267206	325273	928587	508663	3431379
湖 南	133389800	22562878	46867474	598393	533947	420162	1143863
广 东	117899089	31933433	28308275	360712	859584	378441	9575835
广 西	74389392	12678728	28614328	115006	266350	194391	3355758
海 南	9599320	513007	306565		189125	22283	58803
重 庆	97946841	6137313	11382180	58157	369946	54075	631108
四 川	125858597	9742735	41223458	465665	1363505	194714	5295836
贵 州	78180150	3951217	4785919	71171	742254	85131	1025441
云 南	69571428	29845644	11511341	582977	1284105	208623	936533
西 藏	8793441	326717	264266	38614	10405	66116	272055
陕 西	105428061	9483938	7716534	187450	414141	162176	1695521
甘 肃	26895390	1282829	1443825	63685	149146	127722	437165
青 海	18169163	4003609	2038551	56800	73927	31121	210028
宁 夏	18460365	1554835	1236261	498670	32192	106308	168022
新 疆	54299112	6380345	3848210	409735	199842	74739	96778
不分地区							

2-1-25　各地区按行业门类分新增固定资产

单位：万元

地　区	合　计	农、林、牧、渔业	采矿业	制造业	电力、热力、燃气及水的生产和供应业
全国总计	**3822677380**	**190511876**	**63520448**	**1374363900**	**191784621**
北　京	31820151	538292	1304	2499004	3828535
天　津	66901566	2068168	1579291	16878089	1204925
河　北	216818798	14069760	3009732	102480288	13030898
山　西	36548185	4045883	3745732	6093971	4398775
内蒙古	106929475	8097826	7159862	22066607	12004260
辽　宁	29941351	615131	1150773	5764932	1884770
吉　林	100973517	7161115	2811955	44378342	3799135
黑龙江	89530058	11611629	3538776	26879393	3149085
上　海	39532391	15426		4231072	1710010
江　苏	381994172	3951309	865874	199826239	11154214
浙　江	182782051	3018670	351334	55608989	8284339
安　徽	175555508	5998042	2237213	80441719	8620720
福　建	180095885	9523028	1626921	60372467	8670762
江　西	120801818	3208685	1351832	62614477	5132633
山　东	320844198	9073990	4179145	150922165	14033549
河　南	263213310	18434042	3577982	121779851	12889160
湖　北	172546130	8061148	1548919	68289318	6601346
湖　南	205516517	11594045	3575556	68673905	7855372
广　东	189315369	3876537	716716	81545192	9038536
广　西	119613953	9572287	2205489	42041040	5776333
海　南	10689103	246888		301239	238080
重　庆	116579620	3825041	1616591	39418818	2975244
四　川	184144510	10540197	3130768	43403087	15588981
贵　州	88841283	7654949	2427767	11913682	4027513
云　南	113940651	10097263	3623200	11635492	2766959
西　藏	9771614	775623	118890	520140	1412620
陕　西	125087821	12522880	3526015	21668958	6520580
甘　肃	30399762	3073875	490252	3119711	2418170
青　海	24583199	986568	471356	4592115	2334100
宁　夏	22056653	1873465	551750	3823572	3964165
新　疆	65308761	4380114	2329453	10580026	6470852
不分地区					

2-1-25 续表 1

单位：万元

地　区	建筑业	批发和零售业	交通运输、仓储和邮政业	住宿和餐饮业	信息传输、软件和信息技术服务业
全国总计	**26059988**	**123827537**	**296453536**	**43994551**	**47843657**
北　京	74028	83250	4147717	391379	2825338
天　津	1064189	4930650	2898513	694318	1255076
河　北	27836	6045564	11551257	1654509	1822351
山　西	84348	742705	2222859	160748	240988
内蒙古	210663	3676944	7913793	836047	1720570
辽　宁	162610	574158	2998105	266254	590960
吉　林	2182211	4710107	10456933	1304867	3579618
黑龙江	1422287	7735118	7141181	2192383	1793183
上　海	33417	397081	4008217	70109	680281
江　苏	2014935	13800917	20698772	3557655	4118491
浙　江	110760	2158041	12153778	1833877	1825487
安　徽	571937	5005547	10425019	1431779	2055578
福　建	511342	5569894	17734429	1861577	2906365
江　西	380408	6763914	3105589	1294034	1419315
山　东	5585658	13364735	18857665	2361519	1852494
河　南	115563	8357708	13994326	3068907	1610825
湖　北	3769163	4034501	15883693	1702973	1068207
湖　南	2569234	9587968	15323763	2576373	3061693
广　东	250730	4758823	11168954	2288254	3425583
广　西	1924340	4842667	9876261	1750921	1830254
海　南	133337	65788	463210	497111	140555
重　庆	23059	1468826	14169702	1371113	376642
四　川	422104	3402652	24186706	2813853	2367052
贵　州	118406	2023596	12057143	1602393	722803
云　南	12224	2734942	15518023	2711427	889316
西　藏	52198	169229	1901087	179964	56514
陕　西	123387	3788916	10613868	1618589	1263695
甘　肃	1145459	1298512	2860603	872172	482572
青　海	751406	199050	5852190	293908	545152
宁　夏	51904	400108	1251159	112331	471320
新　疆	160845	1135626	5019021	623207	845379
不分地区					

2-1-25　续表 2　　　　单位：万元

地　　区	金融业	房地产业	租赁和商务服务业	科学研究和技术服务业	水利、环境和公共设施管理业
全国总计	**6493997**	**577641450**	**86221973**	**39315940**	**502180071**
北　京	111371	10099685	2321153	195982	2880068
天　津	37982	11562641	7065597	3412482	7809714
河　北	362931	19758471	3949480	2734308	25816992
山　西	7704	8322135	239878	91865	4596253
内蒙古	139046	9896209	896202	875107	24256718
辽　宁	70685	10539776	448036	185081	2742207
吉　林	330690	5710940	1788821	1125245	6788276
黑龙江	361572	6210850	2449583	2312445	6535813
上　海	56054	21335135	387556	417715	5181043
江　苏	667211	53040200	13030830	5614243	33339342
浙　江	635935	54947041	4035195	937646	27792160
安　徽	311403	22100715	3846888	1945942	20820455
福　建	107277	23246794	2485560	961076	31472706
江　西	420783	9107345	4792030	1185520	12532207
山　东	697362	42001040	8335747	6047775	21602188
河　南	239140	29326570	2324580	1789072	30663300
湖　北	319479	22398212	3871783	1198662	23326648
湖　南	498007	20680040	5275606	3209621	33203434
广　东	112191	40558052	2652036	947347	19122505
广　西	304909	9883122	4445746	1148062	14059396
海　南	4995	6549079	17474	107667	909229
重　庆	171197	22567404	1943055	211377	22488582
四　川	109195	36350240	3030980	424610	26446575
贵　州	77850	11974262	2159800	303472	23935596
云　南	76492	25924957	431647	191589	19259299
西　藏	20464	1000023	63861	47331	1909809
陕　西	135270	20147690	1531223	985878	30447710
甘　肃	43718	4411465	644230	164878	4838031
青　海	7250	3052514	364996	53399	2456933
宁　夏	7297	5038030	140287	172337	2423829
新　疆	48537	9900813	1252113	318206	12523053
不分地区					

2-1-25 续表 3 单位：万元

地　区	居民服务、修理和其他服务业	教　育	卫　生、和社会工　作	文化、体育和娱乐业	公共管理社会保障和社会组织
全国总计	**20547923**	**73410603**	**44602435**	**54150599**	**59752275**
北　京	688	911851	659474	179943	71089
天　津	1763918	1256543	317007	741476	360987
河　北	652775	2323112	2311151	3720151	1497232
山　西	56421	360482	386604	451131	299703
内 蒙 古	480412	1490370	1231314	1970295	2007230
辽　宁	167256	644270	294663	434261	407423
吉　林	913828	1248209	993164	905413	784648
黑 龙 江	1117451	1418956	1381628	1246042	1032683
上　海	3000	523595	257902	125142	99636
江　苏	2211148	4429041	3081226	3101608	3490917
浙　江	568659	3024530	1957824	2216550	1321236
安　徽	858552	2807854	1695602	1401927	2978616
福　建	801380	3056625	1725409	4099275	3362998
江　西	668179	1486644	987420	1076542	3274261
山　东	1592204	6421993	3013066	6070699	4831204
河　南	1139780	5079910	3849858	3732145	1240591
湖　北	1150529	2569311	2002233	2139160	2610845
湖　南	1222580	4561728	3505190	4303709	4238693
广　东	413316	3176740	1768920	2258194	1236743
广　西	570609	3235765	1579843	1790053	2776856
海　南	8655	277662	176700	355237	196197
重　庆	288956	1660765	676133	716379	610736
四　川	547465	4592127	2954619	1998308	1834991
贵　州	608520	3409340	1396549	1920965	506677
云　南	561071	4200782	2105995	2131265	9068708
西　藏	157324	325183	220319	114675	726360
陕　西	871630	3785204	2035913	2507114	993301
甘　肃	664642	1110635	549263	884893	1326681
青　海	78637	349746	188781	365227	1639871
宁　夏	59774	550985	277844	280659	605837
新　疆	348564	3120645	1020821	912161	4319325
不分地区					

2-1-26 各地区按工业行业大类分新增固定资产

单位：万元

地 区	工业合计	煤炭开采和洗选业	石油和天然气开采业	黑色金属矿采选业	有色金属矿采选业	非金属矿采 选 业	开采辅助活动
全国总计	**1629668969**	**18763197**	**13081821**	**5604464**	**8645079**	**15179008**	**1877461**
北 京	6328843			1304			
天 津	19662305		1547205	3000		4900	14986
河 北	118520918	275411	149158	1880331	103139	563587	38106
山 西	14238478	3092908	97175	170474	101697	147195	136283
内 蒙 古	41230729	4025401	833564	567223	728886	585948	400940
辽 宁	8800475	15814	942751	55660	37549	77778	19966
吉 林	50989432	335202	1200212	149671	294659	582217	229730
黑 龙 江	33567254	697384	2318799	19250	98622	352255	47966
上 海	5941082						
江 苏	211846327	85415	215409	278310	24890	184146	11094
浙 江	64244662	808			2219	348306	
安 徽	91299652	723322	4564	229299	386442	832855	32194
福 建	70670150	185450		319195	207550	895103	5400
江 西	69098942	146886		53980	265234	865344	17588
山 东	169134859	619050	1313020	154953	1195868	742855	131214
河 南	138246993	827245	96656	254076	1429717	862208	108080
湖 北	76439583	99909	60613	88943	186316	1064842	31893
湖 南	80104833	1082195		211911	691574	1470869	74267
广 东	91300444		19156	38783	81056	564300	6935
广 西	50022862	4182	28538	147054	359852	1549624	65561
海 南	539319						
重 庆	44010653	128101	813589	73829		374410	223511
四 川	62122836	864853	839925	443284	94069	858585	23852
贵 州	18368962	1646408	25736	21860	36186	639253	42425
云 南	18025651	1164683		268239	1645702	544576	
西 藏	2051650	1000			91721	18450	3719
陕 西	31715553	1601089	1152020	108867	360860	250582	36237
甘 肃	6028133	125726	89007	17437	18590	115290	112757
青 海	7397571	72342	80995	7286	47759	233501	27152
宁 夏	8339487	239830			4900	307020	
新 疆	19380331	702583	1253729	40245	150022	143009	35605
不分地区							

2-1-26 续表 1 单位：万元

地区	其他采矿业	农副食品加工业	食品制造业	酒、饮料和精制茶制造业	烟草制品业	纺织业	纺织服装、服饰业
全国总计	**369418**	**89139231**	**41938995**	**28719816**	**1176531**	**53855364**	**40546025**
北 京		3640	14266	17006			60367
天 津	9200	473360	467062	111876		222789	630718
河 北		4744591	3064681	1715820		4456958	1479327
山 西		542077	199104	156030		43762	8524
内蒙古	17900	2081357	884310	369981	8217	187523	114501
辽 宁	1255	334592	120681	32428	1470	25930	11559
吉 林	20264	5274633	1973691	1421010	9040	199583	499958
黑龙江	4500	7234864	1342442	1005625	27300	257838	146626
上 海		78560	112627	1022	7466	7199	42057
江 苏	66610	5675445	3016983	920092	273117	10982990	6557983
浙 江	1	919312	423926	332003	205281	4593368	1748538
安 徽	28537	3993955	2161624	1067090	164267	1960302	2869368
福 建	14223	4780705	2128962	2633722	27767	3422253	2778364
江 西	2800	3513962	1488275	922776	73343	2005035	3720025
山 东	22185	9811762	4464495	1659429	23759	6894547	4565727
河 南		8172299	5632691	2966231	66987	5787761	4754627
湖 北	16403	7040897	2125324	2109755	43793	3406333	1972295
湖 南	44740	6456810	2897324	1833833	12670	1176456	1347380
广 东	6486	2272539	1790755	812412	19880	4059530	4111221
广 西	50678	3293535	1981886	1171921	10857	639458	709558
海 南		50896	6600	21825			
重 庆	3151	1806554	1105984	639362	2510	437992	623660
四 川	6200	3530086	1450789	3277138	44197	559824	577496
贵 州	15899	1154422	423523	1015891	50423	61650	239584
云 南		1713657	573762	907456	90249	62515	62464
西 藏	4000	30381	21103	59625		5108	
陕 西	16360	1756569	1084558	880821	13938	539291	225577
甘 肃	11445	613698	146380	119406		7020	13480
青 海	2321	462727	391842	65761		162618	42223
宁 夏		348727	183766	182405		171859	35174
新 疆	4260	972619	259579	290064		1517872	597644
不分地区							

2-1-26　续表 2

单位：万元

地　　区	皮革、毛皮、羽毛及其制品和制鞋业	木材加工及木竹藤棕、草制品业	家　具制造业	造 纸 及纸制品业	印刷业和记录媒介复 制 业	文教、工美、体育和娱乐用品制造业	石 油 加 工炼 焦 及 核燃料加工业
全国总计	**18176348**	**35413282**	**27737796**	**23293636**	**14061864**	**21458713**	**18210676**
北　　京			38768	887	36678		14751
天　　津	74094	227500	581953	341387	228608	261361	69407
河　　北	1993796	1591565	2751022	1301044	842251	2118889	2003549
山　　西		71980	14841	88578	21074	46320	352009
内 蒙 古	119881	123507	139883	212117	59949	25251	501123
辽　　宁	5992	70649	29389	106600	20175	9840	532274
吉　　林	52583	1768774	546736	488538	471470	222347	323582
黑 龙 江	126461	1388787	563631	447934	430081	181022	186215
上　　海	1960		57527	23757	36267	24111	77487
江　　苏	1713827	4559048	3268990	2879333	1787368	3483356	661784
浙　　江	1035155	519662	1214495	1117406	785063	1505138	982503
安　　徽	905649	1727131	1292735	1056292	1055119	1107168	463986
福　　建	2080561	4244281	1557554	1354317	552647	1529996	732709
江　　西	1529860	1090548	1119548	1009038	694111	1051784	135454
山　　东	1316797	4210265	2578449	2780451	1388845	2749394	2565868
河　　南	2019951	2338784	3937944	1837795	963305	1511373	751315
湖　　北	680553	1330940	1186485	1341173	532154	572194	290762
湖　　南	1179974	2081207	1254682	1103537	903644	804176	105834
广　　东	2125372	1256975	2006670	1970563	1392210	2651888	5241433
广　　西	401134	4422877	891948	873209	497581	691984	377893
海　　南		1599	280	200		1300	60000
重　　庆	332332	570382	898208	1126914	378054	129901	59286
四　　川	347220	885689	1064304	1004244	559363	121874	605899
贵　　州	70216	221268	225616	149891	96809	203280	43205
云　　南		340314	150973	127583	68655	72025	55523
西　　藏	1093		1620	697	640	7712	5600
陕　　西	26750	249611	280160	335076	98654	65640	226586
甘　　肃	4157	38404	14160	47652	19786	52781	82292
青　　海	1800		6000	600	46317	201035	12858
宁　　夏	9020	17900	5757	4459	46275	9843	89234
新　　疆	20160	63635	57468	162364	48711	45730	600255
不分地区							

2-1-26 续表 3 单位：万元

地 区	化学原料及化学制品制造业	医 药 制造业	化学纤维制 造 业	橡胶和塑料制品业	非金属矿物制品业	黑色金属冶炼和压延加工业	有色金属冶炼和压延加工业
全国总计	**95228894**	**38893098**	**6708047**	**53610089**	**127054588**	**25048084**	**33778576**
北 京	113507	528917		734	4988		
天 津	549784	188435	17215	781759	744509	451198	136198
河 北	6862398	2655524	653370	5584799	10173147	5200968	864165
山 西	894546	268209	25452	155688	1017957	517291	526187
内 蒙 古	2218986	376071	161978	614359	3516582	1482213	2065364
辽 宁	310724	127728	4701	94856	430750	168940	212585
吉 林	2221030	1873822	67462	1293621	4206200	290890	268147
黑 龙 江	1042266	588614	34595	755302	2068170	114372	120802
上 海	161612	104255	2341	70209	39589	243765	4455
江 苏	14293469	4795346	1738509	6915564	10997748	3330029	3058567
浙 江	3739755	1401040	918839	3250427	2718545	724773	681303
安 徽	3845420	1703498	171237	4491622	7740843	1085853	1294874
福 建	3352712	617745	1064102	1960268	4929693	1032135	743327
江 西	5219308	2212652	222188	1935449	7329172	910042	3189467
山 东	14584124	5089441	325684	7060704	13871518	2961160	3771263
河 南	6452123	4106438	611412	4420266	13168134	457590	4800461
湖 北	4771652	2644981	132956	2258703	6983273	591748	720867
湖 南	5786497	1723704	96699	1762166	7890579	860714	2095177
广 东	3847824	1000421	97701	4103945	7380719	673519	833111
广 西	2162094	897160	38798	1254263	6923909	972681	1793670
海 南	67221	24020		1811	28754		5917
重 庆	1884647	1019818	3655	1217334	2177199	876949	474626
四 川	3146174	2038013	119475	1602492	4607139	640628	896467
贵 州	589885	639991	4900	287332	1771982	418944	682545
云 南	678257	564679		273446	1904154	230197	737482
西 藏	9000	51934		1000	232675	6030	
陕 西	3319026	1028327	20498	728611	1867728	335390	1344131
甘 肃	192229	208025	9567	164488	510924	17370	111608
青 海	518274	101673		78617	294151	122438	1036464
宁 夏	757188	153693	105000	112612	353661	131952	46847
新 疆	1637162	158924	59713	377642	1170196	198305	1262499
不分地区							

2-1-26　续表 4　　　　单位：万元

地　　区	金　属 制品业	通用设备 制 造 业	专用设备 制 造 业	汽　车 制造业	铁路、船舶、 航空航天和其他 运输设备制造业	电气机械和 器材制造业	计算机、通 信和其他电 子设备制造业
全国总计	**78412777**	**100792487**	**89947902**	**83540536**	**19066652**	**90085313**	**74389448**
北　　京	9798	89835	258652	699541	8431	86866	372467
天　　津	2343519	1536883	1800678	882505	404577	1030829	1008572
河　　北	9155336	9501827	7170364	4394795	1465614	5454717	1694342
山　　西	219776	289258	167571	142734	18628	155195	53285
内 蒙 古	1176307	776444	710605	883390	37871	2400074	212009
辽　　宁	203335	422083	121027	1971603	52035	152375	115738
吉　　林	1634327	3448253	3024856	6932670	336467	1181523	379903
黑 龙 江	1290125	2954294	1635397	860632	258777	900186	339027
上　　海	110982	214340	242782	926163	66234	209533	766749
江　　苏	12199019	22841113	17433285	11809390	3640928	19252983	15259006
浙　　江	3126625	5017184	3351062	5405323	814350	4989464	2150382
安　　徽	5050820	6710583	6011375	5610703	890898	7757399	5485167
福　　建	2942618	2081480	2257450	829985	740418	2626001	5764635
江　　西	2869391	2479397	3254810	2154868	597009	5355122	4193710
山　　东	9674287	14537498	12115988	7544387	1110349	7004276	3173089
河　　南	6253624	8282045	9409281	6451721	1642835	6441658	5847828
湖　　北	3189353	3167195	3344464	7503391	968742	4432441	3454016
湖　　南	3265258	5149836	4772100	2389892	1351011	5294063	3166121
广　　东	6760137	2788620	3996265	2687072	781089	6223105	8835018
广　　西	1421036	1495377	1581404	2848110	426140	1475367	1737310
海　　南	9800	1044	1819	731		14345	
重　　庆	1369310	2771889	1720135	6083257	1639762	2385302	6075826
四　　川	2173109	2377275	3038130	3189001	933196	1921936	2029654
贵　　州	418540	469349	461119	369199	216505	545829	826806
云　　南	343847	54775	107014	158426	9760	292554	70074
西　　藏	5694		2693			71724	4601
陕　　西	621427	1070719	1395170	681188	551194	813358	1232434
甘　　肃	123760	46831	148379	88588	7707	138853	41891
青　　海	15047	80381	116782		58350	675151	32027
宁　　夏	82573	72307	71747	25660		617633	988
新　　疆	353997	64372	225498	15611	37775	185451	66773
不分地区							

2-1-26 续表 5

单位：万元

地　区	仪器仪表制造业	其　他制造业	废弃资源综合利用业	金属制品机械和设备修理业	电力、热力生产和供应业	燃　气生产和供应业	水　的生产和供应业
全国总计	**13779104**	**17726454**	**10775424**	**1798150**	**139787272**	**15800802**	**36196547**
北　京	92614	1241	7046	38004	3216108	492840	119587
天　津	207203	931227	85572	87311	832753	92890	279282
河　北	600559	1311582	1591573	81715	9305399	2414560	1310939
山　西	100	25913	67241	4641	3732160	477975	188640
内蒙古	57991	110256	320467	118040	9517632	995281	1491347
辽　宁	34208	9600	24055	7010	1535645	101348	247777
吉　林	309889	3318410	217585	121342	2735119	577461	486555
黑龙江	148408	260490	101032	68078	2318591	288413	542081
上　海	49030	511484	11958	25551	825889	16785	867336
江　苏	3818861	1288691	1207393	166022	8623651	612329	1918234
浙　江	876230	774447	247208	40182	5707321	470087	2106931
安　徽	965340	984875	739924	76602	6350119	426673	1843928
福　建	347867	791081	397875	69237	6213684	327695	2129383
江　西	813584	872998	604131	47420	3681946	189688	1260999
山　东	1176686	989089	787566	135268	11117117	1017869	1898563
河　南	1049525	719529	868034	56284	10126023	1268835	1494302
湖　北	612710	363480	400593	116095	4113892	695099	1792355
湖　南	587861	784248	398965	141487	4135782	576363	3143227
广　东	704285	442896	595898	82119	6554293	390984	2093259
广　西	144906	250285	520177	134512	3838376	349547	1588410
海　南		1500	1577		170141	7173	60766
重　庆	694735	450367	424966	37902	1460654	533173	981417
四　川	228430	151462	237462	44921	11009282	1377499	3202200
贵　州	21875	183945	36418	12740	2546175	192455	1288883
云　南	19366	1617833	337997	10455	1646818	368228	751913
西　藏				1210	1306652	6100	99868
陕　西	130031	412124	305133	29238	4528718	750892	1240970
甘　肃		73254	63101	13920	1811690	190900	415580
青　海	9850	23065	13054	23010	2165382	59683	109035
宁　夏	74460	61692	47356	3784	3692578	107880	163707
新　疆	2500	9390	114067	4050	4967682	424097	1079073
不分地区							

2-1-27 国民经济行业大类按隶属关系分新增固定资产

单位：万元

行业	合计	中央项目	地方项目				
				省属	地市属	县属	其他
全国总计	**3822677380**	**118366005**	**3704311375**	**121893809**	**263070360**	**807723134**	**2511624072**
(一)农、林、牧、渔业	**190511876**	**1462134**	**189049742**	**911865**	**2368070**	**44061965**	**141707842**
农业	89792547	477073	89315474	405243	815233	17055166	71039832
林业	15913308	89066	15824242	120383	666522	6021956	9015381
畜牧业	44420170	192043	44228127	119763	348678	6479244	37280442
渔业	9440099	9773	9430326	32551	106096	814172	8477507
农、林、牧、渔服务业	30945752	694179	30251573	233925	431541	13691427	15894680
(二)采矿业	**63520448**	**11169388**	**52351060**	**5843464**	**1692864**	**7894836**	**36919896**
煤炭开采和洗选业	18763197	804083	17959114	3277604	945115	3785746	9950649
石油和天然气开采业	13081821	9771921	3309900	560266	80608	928529	1740497
黑色金属矿采选业	5604464	294169	5310295	554968	197014	438418	4119895
有色金属矿采选业	8645079	151833	8493246	1283015	100913	939569	6169749
非金属矿采选业	15179008	39097	15139911	98330	233701	1200092	13607788
开采辅助活动	1877461	104124	1773337	58282	130492	567436	1017127
其他采矿业	369418	4161	365257	10999	5021	35046	314191
(三)制造业	**1374363900**	**18892202**	**1355471698**	**15259209**	**44451350**	**94814076**	**1200947063**
农副食品加工业	89139231	121511	89017720	255336	1159503	7995244	79607637
食品制造业	41938995	83856	41855139	114686	942134	3852244	36946075
酒、饮料和精制茶制造业	28719816	89969	28629847	75838	733501	2693330	25127178
烟草制品业	1176531	309224	867307	430522	15866	168505	252414
纺织业	53855364	201492	53653872	87631	1078981	3614392	48872868
纺织服装、服饰业	40546025	44948	40501077	70788	356988	2444526	37628775
皮革、毛皮、羽毛及其制品和制鞋业	18176348	4452	18171896	15396	167380	1250356	16738764
木材加工和木、竹、藤、棕、草制品业	35413282	22500	35390782	11041	193867	1718039	33467835
家具制造业	27737796		27737796	97248	262193	1395479	25982876
造纸和纸制品业	23293636	4601	23289035	64111	832910	1172389	21219625
印刷和记录媒介复制业	14061864	53329	14008535	109908	213827	793861	12890939
文教、工美、体育和娱乐用品制造业	21458713	2800	21455913	23888	365605	1311499	19754921
石油加工、炼焦和核燃料加工业	18210676	6351787	11858889	566784	735272	2057689	8499144
化学原料及化学制品制造业	95228894	2849700	92379194	1356189	2675168	9594009	78753828
医药制造业	38893098	446595	38446503	664848	1966054	4308157	31507444
化学纤维制造业	6708047	74071	6633976	42723	69776	580354	5941123
橡胶和塑料制品业	53610089	42463	53567626	162199	1056477	2889047	49459903
非金属矿物制品业	127054588	1489134	125565454	1039559	2943633	7996633	113585629
黑色金属冶炼和压延加工业	25048084	467132	24580952	1583525	1279847	1241019	20476561
有色金属冶炼和压延加工业	33778576	1011501	32767075	439994	1615645	4123155	26588281
金属制品业	78412777	480793	77931984	157170	1334365	3344711	73095738
通用设备制造业	100792487	419873	100372614	386741	2608272	4350554	93027047
专用设备制造业	89947902	511097	89436805	640345	2967897	4775703	81052860

2-1-27 续表 1

单位：万元

行　　业	合　计	中央项目	地方项目				
				省　属	地市属	县　属	其　他
汽车制造业	83540536	1458280	82082256	1950325	4420849	4901295	70809787
铁路、船舶、航空航天和其他运输设备制造业	19066652	1012398	18054254	411986	791165	1451634	15399469
电气机械和器材制造业	90085313	330138	89755175	677084	4366358	4909203	79802530
计算机、通信和其他电子设备制造业	74389448	432709	73956739	3627807	7881270	5459612	56988050
仪器仪表制造业	13779104	92861	13686243	28417	495277	720627	12441922
其他制造业	17726454	314481	17411973	81678	654028	2536289	14139978
废弃资源综合利用业	10775424	87710	10687714	45863	196303	990110	9455438
金属制品、机械和设备修理业	1798150	80797	1717353	39579	70939	174411	1432424
(四)电力、热力、燃气及水的生产和供应业	**191784621**	**32422659**	**159361962**	**14889293**	**12308591**	**43409182**	**88754896**
电力、热力生产和供应业	139787272	31416317	108370955	12692572	7713144	23109046	64856193
燃气生产和供应业	15800802	617074	15183728	523618	1555744	3177419	9926947
水的生产和供应业	36196547	389268	35807279	1673103	3039703	17122717	13971756
(五)建筑业	**26059988**	**777267**	**25282721**	**821861**	**2299853**	**8698574**	**13462433**
房屋建筑业	5925581	81013	5844568	111517	126771	2013063	3593217
土木工程建筑业	14815516	690527	14124989	638189	1949524	5831893	5705383
建筑安装业	1980731	371	1980360	50585	115538	436265	1377972
建筑装饰和其他建筑业	3338160	5356	3332804	21570	108020	417353	2785861
(六)批发和零售业	**123827537**	**518337**	**123309200**	**836036**	**4232201**	**11365420**	**106875543**
批发业	62974669	372634	62602035	467514	1701358	4426211	56006952
零售业	60852868	145703	60707165	368522	2530843	6939209	50868591
(七)交通运输、仓储和邮政业	**296453536**	**21920405**	**274533131**	**36597411**	**34719435**	**102069486**	**101146799**
铁路运输业	11694050	4861609	6832441	1299532	1863483	1116941	2552485
道路运输业	202278101	4359353	197918748	31504343	26995129	89915313	49503963
水上运输业	11171725	879634	10292091	1663014	2147549	1723252	4758276
航空运输业	15993815	10367818	5625997	1321471	951979	777845	2574702
管道运输业	1978244	546475	1431769	12347	158961	527660	732801
装卸搬运和运输代理业	6250284	36296	6213988	21341	177261	483028	5532358
仓储业	45205951	793374	44412577	726815	2316690	7191121	34177951
邮政业	1881366	75846	1805520	48548	108383	334326	1314263
(八)住宿和餐饮业	**43994551**	**525669**	**43468882**	**352575**	**1843657**	**5566507**	**35706143**
住宿业	29130617	515350	28615267	254676	1349362	4254799	22756430
餐饮业	14863934	10319	14853615	97899	494295	1311708	12949713
(九)信息传输、软件和信息技术服务业	**47843657**	**9530289**	**38313368**	**3740036**	**2890131**	**4989446**	**26693755**
电信、广播电视和卫星传输服务	18498086	8831044	9667042	2724677	1385128	1617202	3940035
互联网和相关服务	7364997	387089	6977908	442730	445118	918160	5171900
软件和信息技术服务业	21980574	312156	21668418	572629	1059885	2454084	17581820
(十)金融业	**6493997**	**547504**	**5946493**	**659861**	**740402**	**807328**	**3738902**
货币金融服务	3414293	454562	2959731	519505	416085	532002	1492139

2-1-27　续表 2

单位：万元

行　　业	合　计	中央项目	地方项目				
				省　属	地市属	县　属	其　他
资本市场服务	1685893	7180	1678713	16495	163200	161883	1337135
保险业	461663	85162	376501	42857	38052	18324	277268
其他金融业	932148	600	931548	81004	123065	95119	632360
（十一）房地产业	**577641450**	**8275110**	**569366340**	**17628422**	**61534446**	**105866916**	**384336556**
房地产业	577641450	8275110	569366340	17628422	61534446	105866916	384336556
（十二）租赁和商务服务业	**86221973**	**1487438**	**84734535**	**1925594**	**8710771**	**16391012**	**57707158**
租赁业	12391841	1060151	11331690	949010	2380930	361895	7639855
商务服务业	73830132	427287	73402845	976584	6329841	16029117	50067303
（十三）科学研究和技术服务业	**39315940**	**946805**	**38369135**	**1258694**	**2106573**	**5050234**	**29953634**
研究和试验发展	8296532	448127	7848405	576169	442823	862604	5966809
专业技术服务业	13655245	362896	13292349	469649	763176	2204369	9855155
科技推广和应用服务业	17364163	135782	17228381	212876	900574	1983261	14131670
（十四）水利、环境和公共设施管理业	**502180071**	**5934993**	**496245078**	**11546555**	**58084588**	**245005575**	**181608360**
水利管理业	60504596	1048890	59455706	4103670	4144409	36703627	14504000
生态保护和环境治理业	22644721	315525	22329196	387143	1856976	10259194	9825883
公共设施管理业	419030754	4570578	414460176	7055742	52083203	198042754	157278477
（十五）居民服务、修理和其他服务业	**20547923**	**108948**	**20438975**	**75796**	**1840637**	**5476405**	**13046137**
居民服务业	11313263	99879	11213384	38990	731043	3972811	6470540
机动车、电子产品和日用产品修理业	4640949	3816	4637133	6915	74499	558980	3996739
其他服务业	4593711	5253	4588458	29891	1035095	944614	2578858
（十六）教育	**73410603**	**1835347**	**71575256**	**4210161**	**7631149**	**36459656**	**23274290**
教育	73410603	1835347	71575256	4210161	7631149	36459656	23274290
（十七）卫生和社会工作	**44602435**	**712418**	**43890017**	**2066889**	**5547412**	**17692339**	**18583377**
卫生	32222466	664708	31557758	2006225	4922735	13090115	11538683
社会工作	12379969	47710	12332259	60664	624677	4602224	7044694
（十八）文化、体育和娱乐业	**54150599**	**657143**	**53493456**	**2191136**	**5549812**	**17104421**	**28648087**
新闻和出版业	505584		505584	166508	44647	107162	187267
广播、电视、电影和影视录音制作业	4027373	299190	3728183	166455	1246424	561527	1753777
文化艺术业	23299881	208590	23091291	570889	2159656	9780199	10580547
体育	11077793	97253	10980540	385210	1251078	4374064	4970188
娱乐业	15239968	52110	15187858	902074	848007	2281469	11156308
（十九）公共管理、社会保障和社会组织	**59752275**	**641949**	**59110326**	**1078951**	**4518418**	**34999756**	**18513201**
中国共产党机关	338706		338706		1033	218850	118823
国家机构	37407475	574296	36833179	884979	4118866	22702097	9127237
人民政协、民主党派	51828		51828		1921	9654	40253
社会保障	2706545	16708	2689837	115559	63806	1663559	846913
群众团体、社会团体和其他成员组织	3237709	14154	3223555	10734	128670	1140672	1943479
基层群众自治组织	16010012	36791	15973221	67679	204122	9264924	6436496

2-1-28 国民经济行业大类按建设性质分新增固定资产

单位：万元

行业	新建	扩建	改建和技术改造	单纯建造生活设施	迁建	恢复	单纯购置
全国总计	**2463098558**	**510585679**	**691965855**	**11125421**	**21094035**	**4903111**	**119904721**
(一)农、林、牧、渔业	**153631003**	**24799555**	**9548721**	**139439**	**95998**	**170590**	**2126570**
农业	74902011	10521638	3674704	86076	37017	31082	540019
林业	13154127	1874042	724955	7947	10900	33469	107868
畜牧业	35740907	6505323	1943618	7104	28454	20997	173767
渔业	6894004	1144048	758811			8839	634397
农、林、牧、渔服务业	22939954	4754504	2446633	38312	19627	76203	670519
(二)采矿业	**30628898**	**9299627**	**22037816**	**15283**	**57276**	**77868**	**1403680**
煤炭开采和洗选业	8201003	1909534	7484890	5833	12700	57061	1092176
石油和天然气开采业	9652337	1197893	2215841		2000		13750
黑色金属矿采选业	1562306	996007	3036824			3600	5727
有色金属矿采选业	3201215	1882119	3495032			12080	54633
非金属矿采选业	6940180	3094550	4903569	300	39042	3000	198367
开采辅助活动	926795	161479	749499		3534	2127	34027
其他采矿业	145062	58045	152161	9150			5000
(三)制造业	**576822702**	**261874062**	**463457935**	**634093**	**12021344**	**911466**	**58642298**
农副食品加工业	42721610	17890791	26189151	50261	485841	144717	1656860
食品制造业	19247742	8437025	12792678	19427	212431	4500	1225192
酒、饮料和精制茶制造业	13297283	5276241	9117347	18688	453073	3910	553274
烟草制品业	380721	258561	461881		22200		53168
纺织业	17428856	14658364	19173482	22640	631855	39234	1900933
纺织服装、服饰业	17429662	9725808	12056934	13920	165659	17501	1136541
皮革、毛皮、羽毛及其制品和制鞋业	7951916	4225504	5287651		121376	11700	578201
木材加工和木、竹、藤、棕、草制品业	13761990	7956543	12814749	2650	114570	14877	747903
家具制造业	13782518	5226592	7648117	24534	138458	3251	914326
造纸和纸制品业	8367135	4458839	9117095	13047	587538	31185	718797
印刷和记录媒介复制业	4321146	3215233	5317649	43895	172074	4350	987517
文教、工美、体育和娱乐用品制造业	8737443	4960387	6809362	5516	137860	5702	802443
石油加工、炼焦和核燃料加工业	5817503	7155856	4811810		259358	3000	163149
化学原料及化学制品制造业	39287691	16694184	36257666	92457	802234	21688	2072974
医药制造业	18683755	6536325	12248189	39690	512812	6200	866127
化学纤维制造业	2324657	1766933	2345950		70874		199633
橡胶和塑料制品业	20196682	11475698	18981274	33900	404892	27483	2490160
非金属矿物制品业	57164264	21712339	44257715	43046	916641	86113	2874470
黑色金属冶炼和压延加工业	6626760	3446507	13231578	18852	936539	27803	760045
有色金属冶炼和压延加工业	15453082	6040565	11325283	10861	252999	31180	664606
金属制品业	30905880	15543030	27090172	42122	1007335	120124	3704114
通用设备制造业	34827597	19165542	38779564	5940	679975	40988	7292881
专用设备制造业	37371602	15241707	30950588	43542	1077241	61876	5201346

2-1-28　续表 1　　　　单位：万元

行　　业	新　建	扩　建	改建和技术改造	单纯建造生活设施	迁　建	恢　复	单纯购置
汽车制造业	34000643	13529209	29605002	24415	604489	53288	5723490
铁路、船舶、航空航天和其他运输设备制造业	9624114	2581194	5533855	4919	251939	9783	1060848
电气机械和器材制造业	40136447	14996632	29694417	21411	449681	74060	4712665
计算机、通信和其他电子设备制造业	36137207	11144902	19670383	11620	362223	53155	7009958
仪器仪表制造业	5388822	2408326	4952416	8766	105848	2780	912146
其他制造业	8558429	4476816	3257254	13251	43414	11018	1366272
废弃资源综合利用业	6126617	1451447	3037112		38205		122043
金属制品、机械和设备修理业	762928	216962	641611	4723	1710		170216
(四)电力、热力、燃气及水的生产和供应业	**130052875**	**25136397**	**34129481**	**690112**	**415417**	**138587**	**1221752**
电力、热力生产和供应业	96155934	16840654	25025253	421522	311681	82232	949996
燃气生产和供应业	9849780	2571748	3131096	78975	61137		108066
水的生产和供应业	24047161	5723995	5973132	189615	42599	56355	163690
(五)建筑业	**18264565**	**2546502**	**2959989**	**332249**	**103417**	**91974**	**1761292**
房屋建筑业	4300744	467449	444649	121456	48616	6198	536469
土木工程建筑业	11039058	1387535	1474634	106825	11797	77145	718522
建筑安装业	1149442	272349	382066	36698	18060		122116
建筑装饰和其他建筑业	1775321	419169	658640	67270	24944	8631	384185
(六)批发和零售业	**81608265**	**17931112**	**18577283**	**197453**	**331184**	**34242**	**5147998**
批发业	39126233	10055820	10241635	48564	113467	8100	3380850
零售业	42482032	7875292	8335648	148889	217717	26142	1767148
(七)交通运输、仓储和邮政业	**208088667**	**39253210**	**29848699**	**267442**	**1023432**	**618374**	**17353712**
铁路运输业	7968529	2496541	518368		325151		385461
道路运输业	142460401	28199023	25667475	247914	348410	603265	4751613
水上运输业	8066253	1095989	661090	4836	15980		1327577
航空运输业	5562574	351623	228504		4900	5044	9841170
管道运输业	1546508	186738	240415	1500	1050		2033
装卸搬运和运输代理业	4576037	783269	424611	2901			463466
仓储业	36591072	5882835	1983909	9662	316142	10065	412266
邮政业	1317293	257192	124327	629	11799		170126
(八)住宿和餐饮业	**31241013**	**6318119**	**5755240**	**104256**	**28192**	**66226**	**481505**
住宿业	21995990	3937399	2834961	71192	9620	52501	228954
餐饮业	9245023	2380720	2920279	33064	18572	13725	252551
(九)信息传输、软件和信息技术服务业	**25162513**	**4248003**	**10521364**	**97652**	**37767**	**10409**	**7765949**
电信、广播电视和卫星传输服务	8827619	1454061	6685623	14675	950	1200	1513958
互联网和相关服务	4358812	410840	783359	12522	3450		1796014
软件和信息技术服务业	11976082	2383102	3052382	70455	33367	9209	4455977
(十)金融业	**4537703**	**497731**	**784090**	**16148**	**26219**	**14399**	**617707**
货币金融服务	2297523	253281	332749	4548	23961	2399	499832

2-1-28 续表 2

单位：万元

行业	新建	扩建	改建和技术改造	单纯建造生活设施	迁建	恢复	单纯购置
资本市场服务	1175834	146281	285421	6558		12000	59799
保险业	315031	40025	78594	5042	2258		20713
其他金融业	749315	58144	87326				37363
(十一)房地产业	**544193163**	**16103154**	**10180177**	**4406930**	**2041917**	**247631**	**468478**
房地产业	544193163	16103154	10180177	4406930	2041917	247631	468478
(十二)租赁和商务服务业	**60394550**	**7230623**	**7785273**	**181483**	**248334**	**87610**	**10294100**
租赁业	2940508	464574	604860	10849	10000		8361050
商务服务业	57454042	6766049	7180413	170634	238334	87610	1933050
(十三)科学研究和技术服务业	**27109128**	**4513253**	**4480891**	**76546**	**71324**	**14137**	**3050661**
研究和试验发展	6145476	834033	833799	28950	1178		453096
专业技术服务业	8961339	1688473	1781997	21917	49309	13837	1138373
科技推广和应用服务业	12002313	1990747	1865095	25679	20837	300	1459192
(十四)水利、环境和公共设施管理业	**387100443**	**57736697**	**50932680**	**2590720**	**685472**	**1794050**	**1340009**
水利管理业	45221347	7110212	7519011	166735	11583	437325	38383
生态保护和环境治理业	14999318	2798191	4250924	118360	6240	246709	224979
公共设施管理业	326879778	47828294	39162745	2305625	667649	1110016	1076647
(十五)居民服务、修理和其他服务业	**14045240**	**2701156**	**2762281**	**81295**	**70986**	**14265**	**872700**
居民服务业	8080312	1535199	1327137	62894	38250	11814	257657
机动车、电子产品和日用产品修理业	2784915	771607	789908	1851	25736	2451	264481
其他服务业	3180013	394350	645236	16550	7000		350562
(十六)教育	**54176399**	**11578900**	**4282560**	**263952**	**1164746**	**46974**	**1897072**
教育	54176399	11578900	4282560	263952	1164746	46974	1897072
(十七)卫生和社会工作	**29587375**	**5694432**	**3471388**	**96406**	**2044043**	**84203**	**3624588**
卫生	19512774	4386170	2790244	42665	1968965	78603	3443045
社会工作	10074601	1308262	681144	53741	75078	5600	181543
(十八)文化、体育和娱乐业	**43921049**	**5172318**	**3710033**	**108176**	**56938**	**365776**	**816309**
新闻和出版业	361049	49204	58557		6203		30571
广播、电视、电影和影视录音制作业	3230766	286491	260995	9350	4094		235677
文化艺术业	17921430	2527208	2115960	45945	33617	335816	319905
体育	9539870	965642	447862	27795	8074	6360	82190
娱乐业	12867934	1343773	826659	25086	4950	23600	147966
(十九)公共管理、社会保障和社会组织	**42533007**	**7950828**	**6739954**	**825786**	**570029**	**114330**	**1018341**
中国共产党机关	221475	67733	18048	5122	21770		4558
国家机构	27661959	3458878	4447244	465794	341666	52496	979438
人民政协、民主党派	39575	4635	7618				
社会保障	2393531	140447	128812	7396	32909	3450	
群众团体、社会团体和其他成员组织	2336755	629705	176548	11976	20849	46586	15290
基层群众自治组织	9879712	3649430	1961684	335498	152835	11798	19055

2-1-29　各地区固定资产投资(不含农户)项目个数

单位：个

地　区	施工项目个数	新开工项目个数	全部建成投产项目个数	项目建成投产率(%)
全国总计	**889437**	**647305**	**619573**	**69.7**
北　京	3630	1504	1166	32.1
天　津	16070	13539	8928	55.6
河　北	24382	17887	18485	75.8
山　西	10719	6983	5829	54.4
内蒙古	21884	17404	18110	82.8
辽　宁	6311	3810	3190	50.5
吉　林	25021	21559	20445	81.7
黑龙江	21069	17557	17112	81.2
上　海	3907	1840	1566	40.1
江　苏	70675	55979	58071	82.2
浙　江	50136	34086	29638	59.1
安　徽	44515	31712	30406	68.3
福　建	45435	34494	29427	64.8
江　西	24842	16027	16774	67.5
山　东	62118	48347	48161	77.5
河　南	41325	32403	29406	71.2
湖　北	34446	24485	23087	67.0
湖　南	58178	43966	42556	73.1
广　东	51037	34335	33970	66.6
广　西	48298	36696	36496	75.6
海　南	2676	1138	907	33.9
重　庆	25872	15720	17459	67.5
四　川	49515	28830	29566	59.7
贵　州	17061	11643	12066	70.7
云　南	40319	28456	29679	73.6
西　藏	5646	3826	3123	55.3
陕　西	36324	27601	22448	61.8
甘　肃	13261	9220	8944	67.4
青　海	6230	4002	4112	66.0
宁　夏	4770	3409	3323	69.7
新　疆	23692	18847	15122	63.8
不分地区	73		1	1.4

注：本表不含房地产开发投资。

2-1-30 国民经济行业大类固定资产投资(不含农户)项目个数

单位：个

行业	施工项目个数	新开工项目个数	全部建成投产项目个数	项目建成投产率(%)
全国总计	**889437**	**647305**	**619573**	**69.7**
(一)农、林、牧、渔业	**72044**	**56562**	**53467**	**74.2**
农业	32332	25285	23573	72.9
林业	5812	4601	4324	74.4
畜牧业	17564	13997	13148	74.9
渔业	3524	2784	2564	72.8
农、林、牧、渔服务业	12812	9895	9858	76.9
(二)采矿业	**13504**	**9988**	**10133**	**75.0**
煤炭开采和洗选业	4229	3087	3113	73.6
石油和天然气开采业	826	586	585	70.8
黑色金属矿采选业	1232	919	888	72.1
有色金属矿采选业	1946	1378	1447	74.4
非金属矿采选业	4532	3461	3515	77.6
开采辅助活动	581	443	468	80.6
其他采矿业	158	114	117	74.1
(三)制造业	**314883**	**237536**	**229927**	**73.0**
农副食品加工业	24254	18359	18008	74.3
食品制造业	10389	7741	7610	73.3
酒、饮料和精制茶制造业	7579	5502	5335	70.4
烟草制品业	197	91	91	46.2
纺织业	12858	10194	9980	77.6
纺织服装、服饰业	10643	8444	8354	78.5
皮革、毛皮、羽毛及其制品和制鞋业	5168	4042	3748	72.5
木材加工和木、竹、藤、棕、草制品业	10624	8572	8246	77.6
家具制造业	6926	5335	5189	74.9
造纸和纸制品业	5360	4165	3994	74.5
印刷和记录媒介复制业	3870	3026	3013	77.9
文教、工美、体育和娱乐用品制造业	5841	4619	4366	74.8
石油加工、炼焦和核燃料加工业	2358	1626	1528	64.8
化学原料和化学制品制造业	19289	14086	14023	72.7
医药制造业	7832	5124	4865	62.1
化学纤维制造业	1121	785	771	68.8
橡胶和塑料制品业	13889	10644	10435	75.1
非金属矿物制品业	32575	25042	24622	75.6
黑色金属冶炼和压延加工业	4671	3490	3311	70.9
有色金属冶炼和压延加工业	5529	4037	3812	69.0
金属制品业	18855	14674	14327	76.0
通用设备制造业	24199	18937	18207	75.2
专用设备制造业	20272	15258	14906	73.5

2-1-30 续表 1　　　　单位：个

行　业	施工项目个数	新开工项目个数	全部建成投产项目个数	项目建成投产率(%)
汽车制造业	15114	10364	10088	66.8
铁路、船舶、航空航天和其他运输设备制造业	3718	2646	2612	70.3
电气机械和器材制造业	18900	13916	13286	70.3
计算机、通信和其他电子设备制造业	11569	8079	7296	63.1
仪器仪表制造业	3327	2470	2327	69.9
其他制造业	4511	3576	3365	74.6
废弃资源综合利用业	2863	2246	1780	62.2
金属制品、机械和设备修理业	582	446	432	74.2
(四)电力、热力、燃气及水生产和供应业	**39929**	**27288**	**26076**	**65.3**
电力、热力生产和供应业	23605	16140	15450	65.5
燃气生产和供应业	4299	2972	2865	66.6
水的生产和供应业	12025	8176	7761	64.5
(五)建筑业	**8900**	**7021**	**6559**	**73.7**
房屋建筑业	2152	1673	1612	74.9
土木工程建筑业	4975	3926	3566	71.7
建筑安装业	620	492	488	78.7
建筑装饰和其他建筑业	1153	930	893	77.5
(六)批发和零售业	**35851**	**28088**	**27023**	**75.4**
批发业	17955	14289	13550	75.5
零售业	17896	13799	13473	75.3
(七)交通运输、仓储和邮政业	**66472**	**45585**	**42424**	**63.8**
铁路运输业	939	407	423	45.1
道路运输业	51970	36204	33287	64.1
水上运输业	1356	648	656	48.4
航空运输业	425	187	160	37.7
管道运输业	370	240	259	70.0
装卸搬运和运输代理业	1353	883	911	67.3
仓储业	9577	6677	6392	66.7
邮政业	482	339	336	69.7
(八)住宿和餐饮业	**13761**	**10305**	**9960**	**72.4**
住宿业	8486	6033	5749	67.8
餐饮业	5275	4272	4211	79.8
(九)信息传输、软件和信息技术服务业	**9830**	**7299**	**6822**	**69.4**
电信、广播电视和卫星传输服务	3267	2438	2053	62.8
互联网和相关服务	1724	1272	1288	74.7
软件和信息技术服务业	4839	3589	3481	71.9
(十)金融业	**1651**	**1071**	**1155**	**70.0**
货币金融服务	820	496	566	69.0

2-1-30 续表 2

单位：个

行 业	施工项目个数	新开工项目个数	全部建成投产项目个数	项目建成投产率(%)
资本市场服务	464	308	324	69.8
保险业	140	102	115	82.1
其他金融业	227	165	150	66.1
(十一)房地产业	**39238**	**22426**	**25446**	**64.9**
房地产业	39238	22426	25446	64.9
(十二)租赁和商务服务业	**17078**	**11908**	**11353**	**66.5**
租赁业	1009	808	807	80.0
商务服务业	16069	11100	10546	65.6
(十三)科学研究和技术服务业	**10475**	**7733**	**7153**	**68.3**
研究和试验发展	2136	1423	1288	60.3
专业技术服务业	3923	2833	2738	69.8
科技推广和应用服务业	4416	3477	3127	70.8
(十四)水利、环境和公共设施管理业	**156571**	**111128**	**102005**	**65.2**
水利管理业	22864	15598	15241	66.7
生态保护和环境治理业	8045	5960	5169	64.3
公共设施管理业	125662	89570	81595	64.9
(十五)居民服务、修理和其他服务业	**7168**	**5686**	**5519**	**77.0**
居民服务业	4240	3262	3173	74.8
机动车、电子产品和日用产品修理业	1596	1306	1269	79.5
其他服务业	1332	1118	1077	80.9
(十六)教育	**27262**	**18606**	**17694**	**64.9**
教育	27262	18606	17694	64.9
(十七)卫生和社会工作	**14838**	**9854**	**8931**	**60.2**
卫生	10040	6546	5876	58.5
社会工作	4798	3308	3055	63.7
(十八)文化、体育和娱乐业	**15398**	**10898**	**10210**	**66.3**
新闻和出版业	112	65	72	64.3
广播、电视、电影和影视录音制作业	849	587	614	72.3
文化艺术业	7790	5544	5104	65.5
体育	3366	2337	2199	65.3
娱乐业	3281	2365	2221	67.7
(十九)公共管理、社会保障和社会组织	**24584**	**18323**	**17716**	**72.1**
中国共产党机关	122	99	93	76.2
国家机构	14723	10588	9890	67.2
人民政协、民主党派	29	24	23	79.3
社会保障	1045	811	750	71.8
群众团体、社会团体和其他成员组织	1245	882	908	72.9
基层群众自治组织	7420	5919	6052	81.6

2-1-31　各地区固定资产投资(不含农户)财务拨款

单位：万元

地　区	上年末结余资金	本年实际到位资金小计	本年各项应付款合计
全国总计	**737829235**	**6298149681**	**822140553**
北　京	46581784	108553602	9834746
天　津	23412992	128118880	20189685
河　北	20370982	315526623	25875624
山　西	6754482	51895499	14926023
内蒙古	4213526	127021624	14855525
辽　宁	14412367	69220888	17653423
吉　林	6164612	128367969	7236630
黑龙江	3590926	111870943	4735343
上　海	31050556	81766884	15368400
江　苏	132235984	570059868	67508785
浙　江	48254453	341674947	40289897
安　徽	28655132	283884424	42661748
福　建	27285244	254846338	31958811
江　西	15666517	211960885	20380638
山　东	33868595	539780806	49506587
河　南	23651852	426023101	27289195
湖　北	25257464	309661982	39780485
湖　南	19041921	312055547	29013872
广　东	98711721	424790574	63279197
广　西	15609494	197243541	20492891
海　南	8852800	47961080	9692275
重　庆	23576763	182296426	25051686
四　川	27978937	314406134	41189454
贵　州	10869273	132392313	33737794
云　南	10784284	134792838	60847582
西　藏	816831	15990238	4171877
陕　西	15162427	219428244	34348106
甘　肃	4585697	51141210	10912613
青　海	2463449	33464396	5054390
宁　夏	1950950	28265451	10445128
新　疆	5198987	103131166	20023691
不分地区	798233	40555260	3828452

2-1-32 各地区固定资产投资(不含农户)本年实际到位资金构成

单位：万元

地　区	本年实际到位资金小计	国家预算资金	国内贷款	债　券
全国总计	**6298149681**	**387417128**	**721489034**	**20322582**
北　京	108553602	10921382	25954398	296139
天　津	128118880	1875163	20167260	163386
河　北	315526623	11851145	19341605	306732
山　西	51895499	3377787	5005563	129933
内 蒙 古	127021624	11768551	13763457	21059
辽　宁	69220888	3055910	8456742	177259
吉　林	128367969	4324976	6509231	73913
黑 龙 江	111870943	5335664	4330474	710831
上　海	81766884	8115898	20130102	187246
江　苏	570059868	10445899	63869753	138964
浙　江	341674947	27362508	41724360	368566
安　徽	283884424	17839110	21222800	123500
福　建	254846338	18190182	23595191	144277
江　西	211960885	11513265	16414880	250121
山　东	539780806	13168896	56550548	189850
河　南	426023101	16166813	40695505	
湖　北	309661982	22602217	29913306	803114
湖　南	312055547	16116983	28163966	722764
广　东	424790574	24819753	68309867	547916
广　西	197243541	19545436	26575176	558310
海　南	47961080	3598413	7450361	193082
重　庆	182296426	10118104	25627375	692116
四　川	314406134	22499531	27358453	945203
贵　州	132392313	10852327	23181897	194493
云　南	134792838	17821802	21766506	749437
西　藏	15990238	10373242	806103	86142
陕　西	219428244	16145057	21865834	267059
甘　肃	51141210	7912501	7611079	188170
青　海	33464396	6396772	8928591	41672
宁　夏	28265451	2547481	5940508	150098
新　疆	103131166	18318568	17493753	498545
不分地区	40555260	2435792	12764390	10402685

2-1-32　续表　　单位：万元

地　区	利用外资	自筹资金	其他资金
全国总计	**21463186**	**4088229477**	**1059228274**
北　京	215326	35377887	35788470
天　津	320166	77889565	27703340
河　北	747056	254804188	28475897
山　西	91721	32359271	10931224
内蒙古	35030	96722182	4711345
辽　宁	1919320	36929839	18681818
吉　林	212167	108910455	8337227
黑龙江	283680	91533843	9676451
上　海	187553	28292155	24853930
江　苏	3761061	376667859	115176332
浙　江	738093	186578149	84903271
安　徽	927652	192610430	51160932
福　建	714607	167229134	44972947
江　西	622151	155072411	28088057
山　东	2743333	397334810	69793369
河　南	835794	338467931	29857058
湖　北	637265	207998811	47707269
湖　南	1186447	223257142	42608245
广　东	2596905	217532876	110983257
广　西	175372	119189502	31199745
海　南	34945	17105694	19578585
重　庆	686673	105207705	39964453
四　川	227145	199686947	63688855
贵　州	294599	74015789	23853208
云　南	86662	65781739	28586692
西　藏	34609	3709685	980457
陕　西	618459	158044011	22487824
甘　肃	48046	26588234	8793180
青　海	39583	15565747	2492031
宁　夏	45932	14335225	5246207
新　疆	216822	52097463	14506015
不分地区	179012	11332798	3440583

2-1-33 国民经济行业大类固定资产投资(不含农户)财务拨款

单位：万元

行　　业	上年末结余资金	本年实际到位资金小计	本年各项应付款合计
全　国　总　计	**737829235**	**6298149681**	**822140553**
(一)农、林、牧、渔业	**2760353**	**231304243**	**17121357**
农业	1045594	111887920	7564943
林业	465659	20090248	2360858
畜牧业	591350	53020323	3666644
渔业	79908	11454453	715535
农、林、牧、渔服务业	577842	34851299	2813377
(二)采矿业	**1168257**	**86365312**	**6216517**
煤炭开采和洗选业	680586	23314460	3055512
石油和天然气开采业	59704	26191121	698822
黑色金属矿采选业	21728	7051381	495499
有色金属矿采选业	217893	10257201	872941
非金属矿采选业	170127	16786208	870443
开采辅助活动	15798	2185792	204662
其他采矿业	2421	579149	18638
(三)制造业	**101500596**	**1822525704**	**116369757**
农副食品加工业	1219262	113616190	6513458
食品制造业	688004	55419701	3055477
酒、饮料和精制茶制造业	552715	36105279	2268301
烟草制品业	146015	1757833	109808
纺织业	509337	65961025	3452314
纺织服装、服饰业	637903	47788548	1998461
皮革、毛皮、羽毛及其制品和制鞋业	303358	22665388	980867
木材加工和木、竹、藤、棕、草制品业	369319	42540137	2170200
家具制造业	344945	35432377	1996113
造纸和纸制品业	565836	29112463	1711468
印刷和记录媒介复制业	110436	17269146	712385
文教、工美、体育和娱乐用品制造业	260050	27028261	1348715
石油加工、炼焦和核燃料加工业	344990	24194375	2616265
化学原料及化学制品制造业	69479604	130186769	9523341
医药制造业	1482214	56685690	3622610
化学纤维制造业	112583	12703931	663836
橡胶和塑料制品业	853822	67045627	3278795
非金属矿物制品业	2156383	159693603	9480577
黑色金属冶炼和压延加工业	449364	35823612	1832205
有色金属冶炼和压延加工业	1120149	45310551	4863325
金属制品业	1365619	98720772	5038663
通用设备制造业	1477856	125734978	6619040
专用设备制造业	2143747	116044073	7050803

2-1-33　续表 1　　单位：万元

行　　业	上年末结余资金	本年实际到位资金小计	本年各项应付款合计
汽车制造业	3369664	122996260	8246419
铁路、船舶、航空航天和其他运输设备制造业	767205	27397877	2276899
电气机械和器材制造业	2742296	124347291	9262642
计算机、通信和其他电子设备制造业	6974239	119923167	10720413
仪器仪表制造业	264853	18498976	1326792
其他制造业	427316	23944346	2442947
废弃资源综合利用业	214643	15978915	957008
金属制品、机械和设备修理业	46869	2598543	229610
(四)电力、热力、燃气及水的生产和供应业	**7040159**	**267477933**	**30480767**
电力、热力生产和供应业	4261640	197840395	21639739
燃气生产和供应业	666480	20587090	1870753
水的生产和供应业	2112039	49050448	6970275
(五)建筑业	**507074**	**34330351**	**2044827**
房屋建筑业	109263	7492066	239742
土木工程建筑业	304489	20139930	1398672
建筑安装业	33915	2488789	164591
建筑装饰和其他建筑业	59407	4209566	241822
(六)批发和零售业	**2649700**	**156322637**	**9290056**
批发业	1219776	80487714	4376376
零售业	1429924	75834923	4913680
(七)交通运输、仓储和邮政业	**31369975**	**514822788**	**93526982**
铁路运输业	4855303	68318062	9594052
道路运输业	19946895	330133949	72714127
水上运输业	1408574	16018025	2445745
航空运输业	2543682	21469144	1549980
管道运输业	384641	2978116	166990
装卸搬运和运输代理业	277619	10240335	851656
仓储业	1896699	63089549	6027712
邮政业	56562	2575608	176720
(八)住宿和餐饮业	**1235097**	**57207387**	**4186152**
住宿业	992546	39906170	3348515
餐饮业	242551	17301217	837637
(九)信息传输、软件和信息技术服务业	**1392602**	**63068068**	**7458512**
电信、广播电视和卫星传输服务	349274	21445747	4301185
互联网和相关服务	244037	9775860	700417
软件和信息技术服务业	799291	31846461	2456910
(十)金融业	**1041000**	**9951196**	**1082959**
货币金融服务	292139	4321242	407326

2-1-33 续表 2 单位：万元

行　业	上年末结余资金	本年实际到位资金小计	本年各项应付款合计
资本市场服务	355854	3022737	498491
保险业	306462	1048761	52439
其他金融业	86545	1558456	124703
（十一）房地产业	**543731982**	**1823471739**	**372901672**
房地产业	543731982	1823471739	372901672
（十二）租赁和商务服务业	**4063746**	**123459751**	**11406476**
租赁业	335641	12190447	1203014
商务服务业	3728105	111269304	10203462
（十三）科学研究和技术服务业	**1676671**	**56446453**	**3232836**
研究和试验发展	731685	14305213	1190602
专业技术服务业	426651	17744397	913621
科技推广和应用服务业	518335	24396843	1128613
（十四）水利、环境和公共设施管理业	**25158247**	**713024790**	**106883236**
水利管理业	7163960	85486214	14460981
生态保护和环境治理业	1109944	33664745	4884796
公共设施管理业	16884343	593873831	87537459
（十五）居民服务、修理和其他服务业	**454970**	**25303442**	**1838088**
居民服务业	364488	14676080	1291867
机动车、电子产品和日用产品修理业	39145	5218354	251758
其他服务业	51337	5409008	294463
（十六）教育	**3583920**	**99063730**	**12291433**
教育	3583920	99063730	12291433
（十七）卫生和社会工作	**3546998**	**65606932**	**7595523**
卫生	2824700	46398550	5734244
社会工作	722298	19208382	1861279
（十八）文化、体育和娱乐业	**3472391**	**78179599**	**9060357**
新闻和出版业	113210	838631	70321
广播、电视、电影和影视录音制作业	133843	4585236	952139
文化艺术业	1261923	34483161	3596275
体育	484584	15906833	2233586
娱乐业	1478831	22365738	2208036
（十九）公共管理、社会保障和社会组织	**1475497**	**70217626**	**9153046**
中国共产党机关	3678	420776	27376
国家机构	1143301	48586645	4658061
人民政协、民主党派	7464	63169	966
社会保障	97322	3357447	419107
群众团体、社会团体和其他成员组织	89639	3546193	244574
基层群众自治组织	134093	14243396	3802962

2-1-34 国民经济行业大类固定资产投资(不含农户)实际到位资金构成

单位：万元

行 业	本年实际到位资金小计	国家预算资金	国内贷款	债 券
全 国 总 计	**6298149681**	**387417128**	**721489034**	**20322582**
(一)农、林、牧、渔业	**231304243**	**17202321**	**10400683**	**38836**
农业	111887920	5112512	4968064	22188
林业	20090248	3535369	1049529	2138
畜牧业	53020323	1270791	2481277	10937
渔业	11454453	171433	335856	950
农、林、牧、渔服务业	34851299	7112216	1565957	2623
(二)采矿业	**86365312**	**1775423**	**8320370**	**1877**
煤炭开采和洗选业	23314460	186892	2047166	1000
石油和天然气开采业	26191121	1244843	3917880	
黑色金属矿采选业	7051381	26770	423823	
有色金属矿采选业	10257201	137697	914967	
非金属矿采选业	16786208	71542	910845	
开采辅助活动	2185792	107679	81649	877
其他采矿业	579149		24040	
(三)制造业	**1822525704**	**7363572**	**121088427**	**1092246**
农副食品加工业	113616190	700366	6256581	27953
食品制造业	55419701	220898	3150317	12117
酒、饮料和精制茶制造业	36105279	135231	1750626	1755
烟草制品业	1757833	63188	43758	
纺织业	65961025	117932	4410769	34203
纺织服装、服饰业	47788548	288442	2469773	560
皮革、毛皮、羽毛及其制品和制鞋业	22665388	66049	1368108	939
木材加工和木、竹、藤、棕、草制品业	42540137	179773	2280305	10187
家具制造业	35432377	64690	1930725	13327
造纸和纸制品业	29112463	35909	1993337	50
印刷和记录媒介复制业	17269146	14154	948794	3450
文教、工美、体育和娱乐用品制造业	27028261	75728	1325362	1400
石油加工、炼焦和核燃料加工业	24194375	46959	3233489	7230
化学原料和化学制品制造业	130186769	453774	12717974	69953
医药制造业	56685690	281777	3677427	131596
化学纤维制造业	12703931	27768	831662	6578
橡胶和塑料制品业	67045627	102775	4650778	24719
非金属矿物制品业	159693603	645512	9345436	109067
黑色金属冶炼和压延加工业	35823612	61160	3173969	1400
有色金属冶炼和压延加工业	45310551	152866	3274909	1200
金属制品业	98720772	230186	5691607	184124
通用设备制造业	125734978	270133	8418375	92570
专用设备制造业	116044073	553846	7513884	50609

2-1-34 续表 1

单位：万元

行　　业	本年实际到位资金小计	国家预算资金	国内贷款	债　券
汽车制造业	122996260	236060	7830357	131507
铁路、船舶、航空航天和其他运输设备制造业	27397877	165486	1796411	822
电气机械和器材制造业	124347291	748592	8649320	22735
计算机、通信和其他电子设备制造业	119923167	512016	8265645	115063
仪器仪表制造业	18498976	78953	1573057	3077
其他制造业	23944346	592950	1422134	24350
废弃资源综合利用业	15978915	98694	961919	9705
金属制品、机械和设备修理业	2598543	141705	131619	
(四)电力、热力、燃气及水生产和供应业	**267477933**	**20866565**	**49953818**	**273851**
电力、热力生产和供应业	197840395	12236689	44228988	116356
燃气生产和供应业	20587090	1107141	1316831	6965
水的生产和供应业	49050448	7522735	4407999	150530
(五)建筑业	**34330351**	**4772441**	**2715576**	**22853**
房屋建筑业	7492066	798716	343704	11286
土木工程建筑业	20139930	3774574	1856085	11567
建筑安装业	2488789	84908	264541	
建筑装饰和其他建筑业	4209566	114243	251246	
(六)批发和零售业	**156322637**	**1728532**	**8719668**	**85404**
批发业	80487714	714928	4310702	31684
零售业	75834923	1013604	4408966	53720
(七)交通运输、仓储和邮政业	**514822788**	**87668615**	**118324091**	**15037921**
铁路运输业	68318062	9809852	17204347	13883275
道路运输业	330133949	71798165	83719780	999398
水上运输业	16018025	2148308	2577021	41811
航空运输业	21469144	2294343	8873269	900
管道运输业	2978116	123319	453189	
装卸搬运和运输代理业	10240335	122978	1048456	39
仓储业	63089549	1312934	4359979	109498
邮政业	2575608	58716	88050	3000
(八)住宿和餐饮业	**57207387**	**708426**	**3853797**	**64035**
住宿业	39906170	512482	3263937	64035
餐饮业	17301217	195944	589860	
(九)信息传输、软件和信息技术服务业	**63068068**	**1512103**	**2872505**	**7990**
电信、广播电视和卫星传输服务	21445747	791217	710258	
互联网和相关服务	9775860	319204	481787	5057
软件和信息技术服务业	31846461	401682	1680460	2933
(十)金融业	**9951196**	**267039**	**406523**	**5523**
货币金融服务	4321242	148109	167098	5300

2-1-34　续表 2　　　　单位：万元

行　　业	本年实际到位资金小计	国家预算资金	国内贷款	债　券
资本市场服务	3022737	71676	108891	223
保险业	1048761	6281	3652	
其他金融业	1558456	40973	126882	
（十一）房地产业	**1823471739**	**37361452**	**288082191**	**876607**
房地产业	1823471739	37361452	288082191	876607
（十二）租赁和商务服务业	**123459751**	**5216334**	**14105900**	**220637**
租赁业	12190447	153770	2325383	
商务服务业	111269304	5062564	11780517	220637
（十三）科学研究和技术服务业	**56446453**	**2726338**	**3772169**	**17180**
研究和试验发展	14305213	735362	937521	8747
专业技术服务业	17744397	1347524	877399	8383
科技推广和应用服务业	24396843	643452	1957249	50
（十四）水利、环境和公共设施管理业	**713024790**	**132280625**	**65706996**	**1693016**
水利管理业	85486214	29672882	7607006	282815
生态保护和环境治理业	33664745	5770739	3590224	129702
公共设施管理业	593873831	96837004	54509766	1280499
（十五）居民服务、修理和其他服务业	**25303442**	**2064728**	**1426468**	**37070**
居民服务业	14676080	1775413	980822	34570
机动车、电子产品和日用产品修理业	5218354	60631	243442	
其他服务业	5409008	228684	202204	2500
（十六）教育	**99063730**	**27003809**	**7184658**	**269046**
教育	99063730	27003809	7184658	269046
（十七）卫生和社会工作	**65606932**	**10377676**	**4207242**	**137937**
卫生	46398550	8117444	2930262	119451
社会工作	19208382	2260232	1276980	18486
（十八）文化、体育和娱乐业	**78179599**	**7495538**	**6508450**	**190470**
新闻和出版业	838631	40821	109722	
广播、电视、电影和影视录音制作业	4585236	211660	233739	50
文化艺术业	34483161	4712816	2947640	65809
体育	15906833	2112447	1660664	21677
娱乐业	22365738	417794	1556685	102934
（十九）公共管理、社会保障和社会组织	**70217626**	**19025591**	**3839502**	**250083**
中国共产党机关	420776	120277	26019	
国家机构	48586645	14560119	2667714	203103
人民政协、民主党派	63169	14291	5900	
社会保障	3357447	846996	287896	43932
群众团体、社会团体和其他成员组织	3546193	467310	102746	800
基层群众自治组织	14243396	3016598	749227	2248

2-1-34 续表 3

单位：万元

行　　业	利用外资	自筹资金	其他资金
全 国 总 计	**21463186**	**4088229477**	**1059228274**
(一)农、林、牧、渔业	**611622**	**190401972**	**12648809**
农业	321500	95739072	5724584
林业	35596	13920522	1547094
畜牧业	150247	46876153	2230918
渔业	54641	10464805	426768
农、林、牧、渔服务业	49638	23401420	2719445
(二)采矿业	**278924**	**72968500**	**3020218**
煤炭开采和洗选业	37731	20329207	712464
石油和天然气开采业	178979	19569185	1280234
黑色金属矿采选业	19890	6464942	115956
有色金属矿采选业	9092	8966487	228958
非金属矿采选业	29742	15185367	588712
开采辅助活动		1921699	73888
其他采矿业	3490	531613	20006
(三)制造业	**11629738**	**1630667710**	**50684011**
农副食品加工业	475120	103021098	3135072
食品制造业	401201	50115304	1519864
酒、饮料和精制茶制造业	197249	32793875	1226543
烟草制品业		1607291	43596
纺织业	248832	59464903	1684386
纺织服装、服饰业	390694	43608057	1031022
皮革、毛皮、羽毛及其制品和制鞋业	87728	20444568	697996
木材加工和木、竹、藤、棕、草制品业	118723	38713810	1237339
家具制造业	130743	32303645	989247
造纸和纸制品业	155175	26249831	678161
印刷和记录媒介复制业	40870	15783964	477914
文教、工美、体育和娱乐用品制造业	317433	24550691	757647
石油加工、炼焦和核燃料加工业	32186	20400012	474499
化学原料和化学制品制造业	611889	113181933	3151246
医药制造业	221539	50612583	1760768
化学纤维制造业	118619	11411046	308258
橡胶和塑料制品业	252515	60559293	1455547
非金属矿物制品业	521067	144328990	4743531
黑色金属冶炼和压延加工业	77212	31475377	1034494
有色金属冶炼和压延加工业	286639	39809301	1785636
金属制品业	274908	90480680	1859267
通用设备制造业	615640	113235688	3102572
专用设备制造业	585131	104327179	3013424

2-1-34　续表 4

单位：万元

行　业	利用外资	自筹资金	其他资金
汽车制造业	825118	110008338	3964880
铁路、船舶、航空航天和其他运输设备制造业	54382	24589201	791575
电气机械和器材制造业	446819	111473461	3006364
计算机、通信和其他电子设备制造业	3789101	102387510	4853832
仪器仪表制造业	206849	16246906	390134
其他制造业	48203	20951283	905426
废弃资源综合利用业	98153	14290828	519616
金属制品、机械和设备修理业		2241064	84155
（四）电力、热力、燃气及水生产和供应业	**1169847**	**178963239**	**16250613**
电力、热力生产和供应业	793999	129269874	11194489
燃气生产和供应业	257123	16875271	1023759
水的生产和供应业	118725	32818094	4032365
（五）建筑业	**93577**	**24348009**	**2377895**
房屋建筑业	6440	5836511	495409
土木工程建筑业	30032	13004811	1462861
建筑安装业	56205	1943739	139396
建筑装饰和其他建筑业	900	3562948	280229
（六）批发和零售业	**406501**	**138899471**	**6483061**
批发业	225515	71984590	3220295
零售业	180986	66914881	3262766
（七）交通运输、仓储和邮政业	**2013518**	**244794410**	**46984233**
铁路运输业	362012	20587335	6471241
道路运输业	955309	137911865	34749432
水上运输业	43506	10262815	944564
航空运输业		7858728	2441904
管道运输业		2369125	32483
装卸搬运和运输代理业	87141	8713671	268050
仓储业	565550	54722910	2018678
邮政业		2367961	57881
（八）住宿和餐饮业	**163947**	**49251542**	**3165640**
住宿业	84438	33555367	2425911
餐饮业	79509	15696175	739729
（九）信息传输、软件和信息技术服务业	**87466**	**56153731**	**2434273**
电信、广播电视和卫星传输服务	10891	19422843	510538
互联网和相关服务	36792	8092884	840136
软件和信息技术服务业	39783	28638004	1083599
（十）金融业	**6597**	**8824683**	**440831**
货币金融服务	6597	3833604	160534

2-1-34 续表 5

单位：万元

行　业	利用外资	自筹资金	其他资金
资本市场服务		2725720	116227
保险业		919255	119573
其他金融业		1346104	44497
(十一)房地产业	**2153095**	**676267837**	**818730557**
房地产业	2153095	676267837	818730557
(十二)租赁和商务服务业	**445623**	**97298950**	**6172307**
租赁业	54561	9371121	285612
商务服务业	391062	87927829	5886695
(十三)科学研究和技术服务业	**246220**	**46885408**	**2799138**
研究和试验发展	21668	11991339	610576
专业技术服务业	133537	14146319	1231235
科技推广和应用服务业	91015	20747750	957327
(十四)水利、环境和公共设施管理业	**1415121**	**452112921**	**59816111**
水利管理业	135952	38408166	9379393
生态保护和环境治理业	159514	21577242	2437324
公共设施管理业	1119655	392127513	47999394
(十五)居民服务、修理和其他服务业	**32205**	**20782673**	**960298**
居民服务业	11862	11215588	657825
机动车、电子产品和日用产品修理业	9715	4796884	107682
其他服务业	10628	4770201	194791
(十六)教育	**161229**	**56849517**	**7595471**
教育	161229	56849517	7595471
(十七)卫生和社会工作	**119179**	**45912164**	**4852734**
卫生	97173	31348215	3786005
社会工作	22006	14563949	1066729
(十八)文化、体育和娱乐业	**351222**	**57205147**	**6428772**
新闻和出版业		668616	19472
广播、电视、电影和影视录音制作业	25077	3400747	713963
文化艺术业	49091	23724065	2983740
体育	166282	10604622	1341141
娱乐业	110772	18807097	1370456
(十九)公共管理、社会保障和社会组织	**77555**	**39641593**	**7383302**
中国共产党机关		245970	28510
国家机构	65662	26729559	4360488
人民政协、民主党派		31796	11182
社会保障	1776	1620454	556393
群众团体、社会团体和其他成员组织	1766	2683180	290391
基层群众自治组织	8351	8330634	2136338

2-1-35 各地区固定资产投资(不含农户)房屋及住宅建筑面积

地区	房屋施工面积(万平方米)	房屋竣工面积(万平方米)	房屋建筑面积竣工率(%)	住宅施工面积(万平方米)	住宅竣工面积(万平方米)	住宅建筑面积竣工率(%)
全国总计	**1090854**	**213609**	**19.6**	**576134**	**88242**	**15.3**
北　京	20667	2199	10.6	6716	722	10.7
天　津	16736	3908	23.4	6412	1472	23.0
河　北	42263	9545	22.6	23900	2878	12.0
山　西	20034	2616	13.1	12935	1737	13.4
内蒙古	19183	2947	15.4	11099	1557	14.0
辽　宁	28432	3328	11.7	18829	2247	11.9
吉　林	16038	3234	20.2	8507	1078	12.7
黑龙江	16135	3947	24.5	7863	1345	17.1
上　海	18547	3798	20.5	8044	1863	23.2
江　苏	90333	22988	25.4	45487	8062	17.7
浙　江	76593	21035	27.5	28595	5774	20.2
安　徽	56652	9188	16.2	28292	3913	13.8
福　建	49708	12007	24.2	21400	3362	15.7
江　西	29061	5656	19.5	15190	1912	12.6
山　东	88467	17156	19.4	49521	7517	15.2
河　南	66145	10964	16.6	40017	5221	13.0
湖　北	42088	7173	17.0	23850	3095	13.0
湖　南	37434	6155	16.4	23733	3541	14.9
广　东	92209	14682	15.9	50261	5954	11.8
广　西	29632	3444	11.6	17180	1610	9.4
海　南	10377	1391	13.4	7140	1006	14.1
重　庆	30673	6688	21.8	17518	3716	21.2
四　川	56382	13385	23.7	29948	5594	18.7
贵　州	27297	3304	12.1	13692	1083	7.9
云　南	33151	9974	30.1	18311	5148	28.1
西　藏	885	294	33.3	380	122	32.2
陕　西	31204	4660	14.9	18926	2479	13.1
甘　肃	12374	1598	12.9	6765	788	11.6
青　海	4620	721	15.6	1965	353	18.0
宁　夏	8574	1654	19.3	4500	910	20.2
新　疆	18770	3967	21.1	9159	2181	23.8
不分地区	190					

2-1-36 国民经济行业大类固定资产(不含农户)房屋及住宅建筑面积

行业	房屋施工面积(万平方米)	房屋竣工面积(万平方米)	房屋建筑面积竣工率(%)	住宅施工面积(万平方米)	住宅竣工面积(万平方米)	住宅建筑面积竣工率(%)
全国总计	**1090853.8**	**213609.0**	**19.6**	**576134.3**	**88241.8**	**15.3**
(一)农、林、牧、渔业	**10809.8**	**5353.4**	**49.5**	**173.0**	**88.7**	**51.3**
农业	4193.0	1947.0	46.4	89.6	47.2	52.6
林业	320.7	143.8	44.8	17.1	1.9	11.4
畜牧业	4783.5	2449.9	51.2	42.0	27.6	65.6
渔业	523.8	270.7	51.7	10.1	4.5	44.3
农、林、牧、渔服务业	988.7	542.1	54.8	14.1	7.5	53.1
(二)采矿业	**1192.4**	**383.0**	**32.1**	**369.2**	**23.1**	**6.3**
煤炭开采和洗选业	564.5	58.5	10.4	340.6	5.5	1.6
石油和天然气开采业	12.1	4.5	37.6			
黑色金属矿采选业	79.9	39.6	49.5	2.2	0.1	3.1
有色金属矿采选业	108.3	47.2	43.6	6.1	5.0	82.5
非金属矿采选业	390.1	216.2	55.4	16.7	9.1	54.4
开采辅助活动	29.8	12.5	42.2	3.4	3.4	100.0
其他采矿业	7.7	4.4	56.8	0.1	0.0	5.0
(三)制造业	**111198.0**	**47517.8**	**42.7**	**702.6**	**349.8**	**49.8**
农副食品加工业	7488.8	3655.5	48.8	48.1	28.5	59.1
食品制造业	3702.5	1456.7	39.3	25.3	14.7	58.1
酒、饮料和精制茶制造业	2032.0	994.6	48.9	26.5	12.8	48.4
烟草制品业	123.4	52.8	42.8	0.1	0.1	100.0
纺织业	5237.3	2734.5	52.2	20.3	13.6	67.0
纺织服装、服饰业	4757.3	2325.2	48.9	20.0	13.8	68.7
皮革、毛皮、羽毛及其制品和制鞋业	2663.4	1312.3	49.3	40.1	14.2	35.5
木材加工和木、竹、藤、棕、草制品业	2903.3	1642.5	56.6	24.7	13.6	54.9
家具制造业	3588.5	1497.9	41.7	24.1	12.0	49.8
造纸和纸制品业	1614.1	820.1	50.8	11.1	3.4	30.7
印刷和记录媒介复制业	1178.5	549.9	46.7	4.3	3.7	84.9
文教、工美、体育和娱乐用品制造业	2379.5	1108.6	46.6	8.6	3.8	44.4
石油加工、炼焦和核燃料加工业	290.1	102.3	35.3	0.7	0.6	83.2
化学原料及化学制品制造业	4946.2	2151.8	43.5	34.4	23.7	69.1
医药制造业	3691.7	1083.9	29.4	15.0	8.6	57.6
化学纤维制造业	588.5	242.0	41.1	0.4	0.3	69.0
橡胶和塑料制品业	4591.7	2256.5	49.1	49.3	20.2	41.0
非金属矿物制品业	8077.7	3641.5	45.1	74.9	40.6	54.2
黑色金属冶炼和压延加工业	1134.0	530.7	46.8	18.0	4.2	23.3
有色金属冶炼和压延加工业	1606.3	529.3	33.0	11.2	4.4	39.2
金属制品业	6691.5	3375.2	50.4	22.7	18.0	79.4
通用设备制造业	7586.0	3367.0	44.4	22.7	11.6	50.9
专用设备制造业	7474.5	3055.3	40.9	29.0	11.2	38.6

2-1-36　续表 1

行　　业	房屋施工面　积(万平方米)	房屋竣工面　积(万平方米)	房屋建筑面积竣工率(%)	住宅施工面　积(万平方米)	住宅竣工面　积(万平方米)	住宅建筑面积竣工率(%)
汽车制造业	6488.5	2473.5	38.1	34.9	5.6	15.9
铁路、船舶、航空航天和其他运输设备制造业	1493.4	596.9	40.0	14.7	11.0	74.5
电气机械和器材制造业	8064.4	2842.3	35.2	52.7	24.1	45.7
计算机、通信和其他电子设备制造业	6256.4	1602.2	25.6	45.0	17.8	39.5
仪器仪表制造业	1440.7	575.0	39.9	6.1	1.0	16.4
其他制造业	1797.9	561.9	31.3	3.5	1.9	54.3
废弃资源综合利用业	1227.0	351.2	28.6	14.0	10.8	77.5
金属制品、机械和设备修理业	82.7	28.4	34.4	0.1	0.1	100.0
(四)电力、热力、燃气及水生产和供应业	**2933.3**	**1318.1**	**44.9**	**35.7**	**19.9**	**55.7**
电力、热力生产和供应业	2173.0	925.1	42.6	25.8	12.7	49.2
燃气生产和供应业	213.0	123.7	58.1	1.8	1.5	85.1
水的生产和供应业	547.3	269.2	49.2	8.2	5.7	69.7
(五)建筑业	**1134.7**	**414.8**	**36.6**	**151.5**	**111.8**	**73.8**
房屋建筑业	607.4	259.5	42.7	134.4	99.9	74.3
土木工程建筑业	258.9	64.6	24.9	12.4	7.5	60.4
建筑安装业	110.6	30.7	27.8	0.0	0.0	100.0
建筑装饰和其他建筑业	157.8	60.1	38.1	4.7	4.4	93.0
(六)批发和零售业	**14436.7**	**5412.4**	**37.5**	**342.4**	**109.4**	**31.9**
批发业	8252.0	2858.2	34.6	100.3	38.1	38.0
零售业	6184.7	2554.2	41.3	242.1	71.2	29.4
(七)交通运输、仓储和邮政业	**10616.5**	**3330.9**	**31.4**	**125.5**	**55.1**	**43.9**
铁路运输业	342.6	21.1	6.2	0.3	0.3	100.0
道路运输业	2744.5	827.2	30.1	70.8	31.0	43.8
水上运输业	221.9	82.7	37.3	4.4		
航空运输业	171.0	22.8	13.3	2.5	2.5	100.0
管道运输业	11.9	4.1	34.7	3.6		
装卸搬运和运输代理业	563.3	208.6	37.0	2.0	0.9	44.0
仓储业	6277.0	2053.9	32.7	41.6	20.3	48.6
邮政业	284.3	110.5	38.9	0.3	0.1	28.0
(八)住宿和餐饮业	**4638.1**	**1966.8**	**42.4**	**369.1**	**197.6**	**53.5**
住宿业	3540.5	1318.4	37.2	339.5	179.3	52.8
餐饮业	1097.6	648.3	59.1	29.6	18.2	61.7
(九)信息传输、软件和信息技术服务业	**2644.0**	**539.5**	**20.4**	**24.3**	**13.3**	**54.8**
电信、广播电视和卫星传输服务	209.4	56.2	26.9	9.2	0.6	6.5
互联网和相关服务	423.8	102.8	24.3	1.5	1.2	82.5
软件和信息技术服务业	2010.8	380.5	18.9	13.7	11.5	84.1
(十)金融业	**3966.4**	**281.2**	**7.1**	**9.6**	**4.0**	**41.4**
货币金融服务	601.9	182.2	30.3	3.8	3.5	91.8

2-1-36 续表 2

行业	房屋施工面积(万平方米)	房屋竣工面积(万平方米)	房屋建筑面积竣工率(%)	住宅施工面积(万平方米)	住宅竣工面积(万平方米)	住宅建筑面积竣工率(%)
资本市场服务	356.3	43.5	12.2	0.4	0.4	100.0
保险业	2804.1	16.5	0.6	0.3		
其他金融业	204.1	39.0	19.1	5.0		
(十一)房地产业	**847064.8**	**124886.1**	**14.7**	**568622.9**	**84801.7**	**14.9**
房地产业	847064.8	124886.1	14.7	568622.9	84801.7	14.9
(十二)租赁和商务服务业	**9399.2**	**2530.4**	**26.9**	**693.7**	**328.3**	**47.3**
租赁业	223.8	94.0	42.0	0.4	0.4	100.0
商务服务业	9175.4	2436.4	26.6	693.3	327.9	47.3
(十三)科学研究和技术服务业	**5136.2**	**1234.5**	**24.0**	**68.4**	**18.8**	**27.5**
研究和试验发展	1796.4	299.8	16.7	16.1	0.8	5.0
专业技术服务业	1438.9	338.9	23.6	46.8	14.5	31.1
科技推广和应用服务业	1900.9	595.9	31.3	5.5	3.4	62.4
(十四)水利、环境和公共设施管理业	**12867.4**	**3962.9**	**30.8**	**1380.4**	**674.8**	**48.9**
水利管理业	531.7	95.6	18.0	36.6	12.4	33.9
生态保护和环境治理业	373.4	130.4	34.9	6.1	4.2	68.2
公共设施管理业	11962.2	3736.8	31.2	1337.6	658.2	49.2
(十五)居民服务、修理和其他服务业	**1817.9**	**871.9**	**48.0**	**196.5**	**158.7**	**80.8**
居民服务业	1188.5	570.6	48.0	180.4	149.5	82.9
机动车、电子产品和日用产品修理业	309.3	195.1	63.1	3.7	2.7	72.7
其他服务业	320.2	106.1	33.1	12.3	6.4	51.8
(十六)教育	**25617.8**	**6729.6**	**26.3**	**674.1**	**223.8**	**33.2**
教育	25617.8	6729.6	26.3	674.1	223.8	33.2
(十七)卫生和社会工作	**14317.8**	**2885.5**	**20.2**	**412.4**	**148.2**	**35.9**
卫生	12018.7	2135.9	17.8	163.8	38.0	23.2
社会工作	2299.1	749.5	32.6	248.6	110.2	44.3
(十八)文化、体育和娱乐业	**4848.2**	**1356.9**	**28.0**	**153.1**	**33.2**	**21.7**
新闻和出版业	105.2	3.7	3.5	1.8		
广播、电视、电影和影视录音制作业	338.8	102.5	30.3	1.0	1.0	95.0
文化艺术业	2549.3	730.9	28.7	86.2	21.9	25.4
体育	928.9	211.6	22.8	3.4	0.6	16.8
娱乐业	926.0	308.2	33.3	60.7	9.8	16.1
(十九)公共管理、社会保障和社会组织	**6214.9**	**2633.4**	**42.4**	**1629.8**	**881.7**	**54.1**
中国共产党机关	51.6	31.2	60.4	4.5	1.7	38.4
国家机构	3829.4	1304.4	34.1	718.6	342.1	47.6
人民政协、民主党派	8.1	0.3	4.0			
社会保障	448.7	86.1	19.2	261.2	55.0	21.1
群众团体、社会团体和其他成员组织	224.5	118.4	52.8	14.2	12.0	84.1
基层群众自治组织	1652.5	1093.1	66.1	631.1	470.9	74.6

(二)房地产开发

2-2-1　房地产开发投资主要指标

指　　标	2017年	增长(%)
一、投资总额(亿元)	**109798.53**	**7.0**
1.按构成分		
建筑安装工程	78577.69	3.0
设备、工具、器具投资	1550.70	6.1
其他费用	29670.13	19.6
2.按工程用途分		
住宅	75147.88	9.4
办公楼	6761.36	3.5
商业营业用房	15639.90	-1.2
其他	12249.39	6.5
二、全部建设规模(亿元)		
建设总规模	656617.38	11.7
自开始建设至本年底累计完成投资	479080.01	12.0
在建总规模	515629.17	10.6
在建净规模	199150.82	11.3
三、新增固定资产(亿元)	**39258.77**	**-4.4**
四、房屋建筑面积(万平方米)		
施工面积	781483.73	3.0
其中：住宅	536443.96	2.9
竣工面积	101486.41	-4.4
其中：住宅	71815.12	-7.0
五、投资实际到位资金小计(亿元)	**156052.62**	**8.2**
国内贷款	25241.76	17.3
利用外资	168.19	19.8
自筹资金	50872.22	3.5
其他资金	79770.46	8.6
其中：定金及预收款	48693.57	16.1

2-2-2 各地区按登记注册类型分的房地产开发单位个数

单位：个

地　区	合　计	内　资	国　有	集　体	股份合作	国有联营	集体联营
全国总计	**95897**	**91608**	**943**	**319**	**44**	**5**	**1**
北　京	2400	2203	37	15	1		
天　津	1249	1164	35	4		2	
河　北	3317	3269	6				
山　西	2379	2362	56	5			
内蒙古	1803	1799	4				
辽　宁	3119	2819	14	2	1		
吉　林	1782	1761	4	1			
黑龙江	1968	1941	27	1	1		
上　海	2637	2253	32	13		1	1
江　苏	6530	5980	47	21	1		
浙　江	6336	6020	36	9	3	2	
安　徽	3889	3817	30	4	3		
福　建	3240	2899	63	12	1		
江　西	2452	2377	32		1		
山　东	7126	6909	81	48	8		
河　南	7205	7116	56	3	1		
湖　北	4059	3954	48	12			
湖　南	3898	3811	48	4	1		
广　东	8203	7381	74	130	5		
广　西	2541	2458	32	7	3		
海　南	1251	1189	17	2			
重　庆	2316	2191	10		2		
四　川	4010	3893	23	4	6		
贵　州	2674	2632	24	1	1		
云　南	2605	2568	28	5	2		
西　藏	49	49	1				
陕　西	2326	2288	42	8	3		
甘　肃	1716	1701	27	7			
青　海	321	318					
宁　夏	561	556	1				
新　疆	1935	1930	8	1			

2-2-2　续表 1　　　　单位：个

地　区	内资						
	国有与集体联营	其他联营	国有独资公司	其他有限责任公司	股份有限公司	私营独资	私营合伙
全国总计	**3**	**2**	**2142**	**42810**	**2965**	**46**	**9**
北　京			65	1620	45		
天　津			78	691	39	1	
河　北			24	867	49		
山　西			40	497	28		
内蒙古			29	789	71	1	
辽　宁			53	1258	85	3	
吉　林			34	897	91	3	
黑龙江			36	977	100		
上　海			154	1129	44	2	
江　苏	1		162	2162	203	3	1
浙　江			150	2425	98	3	
安　徽			103	1750	110	2	
福　建	1		119	1460	60		
江　西			47	1163	103	1	1
山　东			152	3311	338	4	1
河　南			54	4528	326	4	1
湖　北			81	1814	175	3	1
湖　南			91	1621	174	3	
广　东		1	105	4137	185	5	1
广　西			60	815	59		
海　南	1		33	823	55		
重　庆			85	864	56		
四　川			85	1897	147	1	1
贵　州			75	1206	66		1
云　南			59	1080	98	3	
西　藏		1	4	21	2		
陕　西			84	1211	70	2	
甘　肃			26	814	50	1	1
青　海			12	93	12		
宁　夏			14	127	5	1	
新　疆			28	763	21		

2-2-2 续表 2

单位：个

地　区	内资			港澳台投资			
	私营有限责任公司	私营股份有限公司	其他内资企业		合资经营	合作经营	独　资
全国总计	**40293**	**1992**	**34**	**3066**	**1066**	**228**	**1659**
北　京	409	11		115	36	42	37
天　津	299	12	3	45	21		21
河　北	2292	31		27	10		16
山　西	1697	39		12	7		2
内 蒙 古	870	34	1	2	1		
辽　宁	1347	56		213	85	5	116
吉　林	688	43		16	7		7
黑 龙 江	734	65		18	8	1	7
上　海	843	33	1	268	101	7	154
江　苏	3216	162	1	385	132	9	233
浙　江	3245	49		221	87	3	121
安　徽	1694	119	2	55	26	1	26
福　建	1132	51		254	84	9	154
江　西	957	72		58	26		29
山　东	2811	151	4	155	66	11	71
河　南	1984	154	5	65	23	4	31
湖　北	1729	90	1	78	34	2	38
湖　南	1716	150	3	66	26	3	31
广　东	2639	94	5	639	142	119	367
广　西	1426	56		48	24	1	23
海　南	239	16	3	48	12		32
重　庆	1115	59		96	28	5	58
四　川	1635	93	1	73	21	2	47
贵　州	1179	79		33	22	1	10
云　南	1210	81	2	31	15	1	13
西　藏	18	2					
陕　西	798	68	2	24	5	2	13
甘　肃	727	48		11	10		1
青　海	185	16		2	2		
宁　夏	392	16		3	2		
新　疆	1067	42		5	3		1

2-2-2　续表 3　　　　　　　　　　　　　　　　　　　　　　单位：个

地　　区	港澳台		外商投资					
	股份有限	其　他		合资经营	合作经营	独　资	股份有限	其　他
全国总计	**64**	**49**	**1223**	**472**	**99**	**568**	**40**	**44**
北　　京			82	36	25	19	2	
天　　津	3		40	12	3	16	4	5
河　　北		1	21	6	1	12	1	1
山　　西	1	2	5	2		3		
内 蒙 古		1	2	1		1		
辽　　宁	6	1	87	50	1	33	2	1
吉　　林	1	1	5	5				
黑 龙 江		2	9	3	1	5		
上　　海	4	2	116	34	6	71	5	
江　　苏	9	2	165	70	8	84	1	2
浙　　江	8	2	95	47	1	38	2	7
安　　徽	1	1	17	4	1	10	2	
福　　建	5	2	87	20		56	6	5
江　　西		3	17	9		5	1	2
山　　东	1	6	62	29	10	22		1
河　　南	3	4	24	9	2	12		1
湖　　北	3	1	27	15		9		3
湖　　南	1	5	21	12	1	6	1	1
广　　东	9	2	183	47	28	92	6	10
广　　西			35	15		15	2	3
海　　南	3	1	14	4	2	7		1
重　　庆	2	3	29	10	3	13	2	1
四　　川	2	1	44	17	2	24	1	
贵　　州			9	4	3	2		
云　　南	1	1	6	2	1	2	1	
西　　藏								
陕　　西	1	3	14	5		8	1	
甘　　肃			4	2		2		
青　　海			1	1				
宁　　夏		1	2	1		1		
新　　疆		1						

2-2-3 各地区房地产开发固定资产投资建设规模

单位：亿元

地　区	建设总规模	自开始建设累计完成投资	在建总规模	在建净规模
全国总计	**656617**	**479080**	**515629**	**199151**
北　京	27721	21030	24670	6957
天　津	16709	11378	13786	5786
河　北	21004	14906	15635	6461
山　西	9613	6237	8025	3488
内蒙古	8397	5685	6885	2827
辽　宁	21645	16242	17184	5737
吉　林	7352	5287	5895	2246
黑龙江	6275	4314	5016	2135
上　海	28333	20658	23259	8215
江　苏	61844	43630	49365	19824
浙　江	38685	30288	28040	10155
安　徽	33464	23262	25673	11314
福　建	26444	23352	16237	4619
江　西	12508	8397	10173	4601
山　东	41981	29496	34005	13931
河　南	34381	21115	29592	13895
湖　北	25209	18466	19568	7487
湖　南	20958	15084	16769	6639
广　东	68438	53621	51376	19022
广　西	15797	11543	12645	4772
海　南	13315	9543	10445	4433
重　庆	23910	19278	17998	6117
四　川	25498	18736	19986	7220
贵　州	14456	10917	10702	4075
云　南	16479	12198	12212	4783
西　藏	150	114	111	36
陕　西	19300	12569	16522	7008
甘　肃	4851	3174	4107	1716
青　海	1968	1407	1409	666
宁　夏	4224	3250	3443	1056
新　疆	5708	3903	4897	1928

2-2-4　各地区房地产开发投资和新增固定资产

单位：万元

地　　区	投资额	土地购置费	新增固定资产	固定资产交付使用率(%)
全国总计	**1097985288**	**231694710**	**392587686**	**35.8**
北　京	36925416	17114892	8857058	24.0
天　津	22333936	7597092	9559585	42.8
河　北	48239092	3730231	15528035	32.2
山　西	11662833	1898521	5646881	48.4
内蒙古	8897233	685455	5468387	61.5
辽　宁	22896691	3043357	10395378	45.4
吉　林	9101378	1193018	4466838	49.1
黑龙江	8155957	875052	4994852	61.2
上　海	38565278	15230465	21101730	54.7
江　苏	96291123	25869912	43788230	45.5
浙　江	82267820	33536667	38913945	47.3
安　徽	56124725	11203689	15028472	26.8
福　建	47942344	14041455	16920623	35.3
江　西	20139823	2241742	5916121	29.4
山　东	66372455	9597111	25781859	38.8
河　南	70902498	9518962	16251973	22.9
湖　北	45748908	9447735	11342820	24.8
湖　南	34261289	3785809	11985290	35.0
广　东	120756935	28984512	34190712	28.3
广　西	26834830	4381797	6638749	24.7
海　南	20531061	2265461	6264455	30.5
重　庆	39800837	7099567	19413933	48.8
四　川	51498939	7877293	18805974	36.5
贵　州	22009978	1076425	3534210	16.1
云　南	27862513	3029160	7934271	28.5
西　藏	403647	48678	102850	25.5
陕　西	31019724	3447932	10080639	32.5
甘　肃	9445166	859115	2899839	30.7
青　海	4085865	330326	1648285	40.3
宁　夏	6528429	621138	4226156	64.7
新　疆	10378565	1062141	4899536	47.2

2-2-5 各地区按登记注册类型分的房地产开发投资

单位：万元

地区	合计	内资					
			国有	集体	股份合作	国有联营	集体联营
全国总计	**1097985288**	**1027127549**	**8506674**	**1070302**	**313230**	**6500**	
北京	36925416	35352325	348841	16856			
天津	22333936	20279707	204279	2796			
河北	48239092	46929203	22679				
山西	11662833	11505068	144094	16368			
内蒙古	8897233	8887541	2100				
辽宁	22896691	19879695	69093	980			
吉林	9101378	8698900	3028				
黑龙江	8155957	7998473	83274				
上海	38565278	32129679	133716	11326			
江苏	96291123	85797603	1377334	57892			
浙江	82267820	78124455	306682	1920	1178	6500	
安徽	56124725	54569841	150419	22137	100751		
福建	47942344	43748744	1502686	24758	18860		
江西	20139823	19347493	228695		18390		
山东	66372455	63326860	926011	215181	97424		
河南	70902498	69729844	744646	33442	14700		
湖北	45748908	43962875	182383	85909			
湖南	34261289	32998655	373991	11326			
广东	120756935	106828290	401519	471788	22885		
广西	26834830	24775512	137009	2465			
海南	20531061	18961024	71325	13606			
重庆	39800837	35262810	68758		29079		
四川	51498939	48993973	223346	55532	7163		
贵州	22009978	21262084	38395				
云南	27862513	26959804	67653				
西藏	403647	403647					
陕西	31019724	30185102	444971	20170	2800		
甘肃	9445166	9435903	144835	5850			
青海	4085865	4003881					
宁夏	6528429	6460499	16053				
新疆	10378565	10328059	88859				

2-2-5　续表 1

单位：万元

地　区	内资						
	国有与集体联营	其他联营	国有独资公司	其他有限责任公司	股份有限公司	私营独资	私营合伙
全国总计	**117300**	**38930**	**44616246**	**576057708**	**32964691**	**1003141**	**3731**
北　京			2300280	29884433	831234		
天　津			872153	14525919	310692	212996	
河　北			318758	17969290	1218115		
山　西			353081	4233102	155099		
内蒙古			321908	4746146	428000	411	
辽　宁			641315	10725557	377463	15031	
吉　林			208011	5059767	865789		
黑龙江			364961	4615393	288216		
上　海			3266504	19976921	965459	104000	
江　苏	117300		4952821	39847755	3217961	216887	10
浙　江			2252852	30884421	1688488	1465	
安　徽			2654996	29860250	1751721	79600	
福　建			2609106	23923136	886018		
江　西			699284	10818410	703580	300	2321
山　东			3391824	36047609	2438080	173822	200
河　南			981631	52071185	2631394	43793	
湖　北			1795561	26128641	1949441	21394	1200
湖　南			1078222	16354211	1511056	19447	
广　东			2186271	67255351	2799374	48047	
广　西			1219636	11899024	851759		
海　南			1255656	13583773	1050220		
重　庆			2658824	17865751	1814897		
四　川			1721063	28808205	1669201		
贵　州			1709935	11385995	472701		
云　南			665430	15825656	922127	24346	
西　藏		38930	26000	292169			
陕　西			2239075	18904082	699137	41602	
甘　肃			546124	4555119	210844		
青　海			332593	1659684	46889		
宁　夏			445037	1474704	17901		
新　疆			547334	4876049	191835		

2-2-5 续表 2

单位：万元

地 区	内资			港澳台投资			
	私营有限责任公司	私营股份有限公司	其他内资企业		合资经营	合作经营	独 资
全国总计	**348470184**	**13520013**	**438899**	**51768369**	**18254444**	**2128982**	**29465483**
北 京	1961621	9060		1022008	470952	345559	205497
天 津	4033240	71832	45800	1156503	439706		677867
河 北	27209843	190518		921748	421290		500458
山 西	6514035	89289		85431	67146		12505
内蒙古	3309868	79108					
辽 宁	7841989	208267		1791050	696504	496	1068096
吉 林	2512743	49562		402478	204194		198284
黑龙江	2474263	172366		113292	10609	1368	94627
上 海	7493842	177911		5349090	3021146	5502	2309893
江 苏	34233642	1750142	25859	7767103	2240608	141924	5096531
浙 江	42617050	363899		3166730	1036558	72009	1892719
安 徽	18936618	981087	32262	1276602	492038		740181
福 建	14536127	248053		2775451	1584271	10627	1076821
江 西	6336996	539517		699218	309996		385717
山 东	19449426	535492	51791	2119069	1049658	16933	1016574
河 南	12368574	826619	13860	1033548	368983	6000	576265
湖 北	13295025	503321		1352001	384948	58134	861555
湖 南	12921674	719609	9119	1072116	367007	38962	590899
广 东	32470958	1061082	111015	9902727	2463525	1207425	5976981
广 西	10342033	323586		1138519	458519		680000
海 南	2714204	260940	11300	1391435	239036		886632
重 庆	12360894	464607		3667263	1270753	163966	2080769
四 川	15677498	740730	91235	1440570	233835	6987	1140502
贵 州	7265543	389515		706797	183458		523339
云 南	8670363	784229		734644	10041		539211
西 藏	46548						
陕 西	7176204	610403	46658	493829	40716	53090	333560
甘 肃	3777672	195459		3127	3127		
青 海	1810192	154523		81984	81984		
宁 夏	3758323	748481		53530	53530		
新 疆	4353176	270806		50506	50306		

2-2-5　续表 3

单位：万元

地　区	港澳台商投资		外商投资					
	股份有限	其　他		合资经营	合作经营	独　资	股份有限	其　他
全国总计	**1583918**	**335542**	**19089370**	**6566710**	**1635746**	**8708176**	**769345**	**1409393**
北　京			551083	248375	151919	150789		
天　津	38930		897726	42694		563283	134533	157216
河　北			388141	20561		361748	1752	4080
山　西	3696	2084	72334			72334		
内蒙古			9692	9692				
辽　宁	22954	3000	1225946	328146	449102	395132	53566	
吉　林								
黑龙江		6688	44192	24092		20100		
上　海	12549		1086509	557413	114680	405073	9343	
江　苏	207386	80654	2726417	1156792	79799	1450791	4507	34528
浙　江	165444		976635	321505	4813	446250	11473	192594
安　徽	43683	700	278282	40678		150906	86698	
福　建	98027	5705	1418149	67765		1147005	49594	153785
江　西		3505	93112	53804		12308	27000	
山　东		35904	926526	470899	291669	162358		1600
河　南	15108	67192	139106	102116		36990		
湖　北	41864	5500	434032	139425		152908		141699
湖　南	41000	34248	190518	126423		29981		34114
广　东	248697	6099	4025918	1393099	282585	1775581	142920	431733
广　西			920799	437480		265753	20308	197258
海　南	261080	4687	178602	17335	71285	84982		5000
重　庆	116528	35247	870764	203314	72997	473553	65114	55786
四　川	53350	5896	1064396	610946	80000	373450		
贵　州			41097	4200	36897			
云　南	185292	100	168065	18608		11736	137721	
西　藏								
陕　西	28330	38133	340793	150812		165165	24816	
甘　肃			6136	6136				
青　海								
宁　夏			14400	14400				
新　疆		200						

2-2-6 各地区按资质等级分的房地产开发投资

单位：万元

地区	投资额	一级	二级	三级
全国总计	**1097985288**	**39789006**	**139390403**	**150901307**
北京	36925416	1946055	3290419	2185110
天津	22333936	521664	1796039	702140
河北	48239092	2235202	5729244	6575282
山西	11662833	293258	1440209	1203459
内蒙古	8897233	524092	544709	1199502
辽宁	22896691	456138	1663968	3387948
吉林	9101378	367895	2004034	1354860
黑龙江	8155957	295249	1380817	3343358
上海	38565278	1058739	2331715	1311453
江苏	96291123	3562673	27265209	2740568
浙江	82267820	1320713	3334195	11719313
安徽	56124725	1175142	4355599	8298248
福建	47942344	1945995	4527653	8562338
江西	20139823	415917	1090690	3013449
山东	66372455	3999515	6244062	7336256
河南	70902498	1574452	7992693	6596261
湖北	45748908	2015838	6261826	4337508
湖南	34261289	1473628	4522474	10358419
广东	120756935	3580617	4604433	15941094
广西	26834830	986168	3453810	2599736
海南	20531061	635397	638111	2212621
重庆	39800837	2473192	15893908	3320594
四川	51498939	2588798	9183078	27454282
贵州	22009978	76064	4827658	3062391
云南	27862513	1220510	4105269	1894534
西藏	403647		41942	156302
陕西	31019724	1240886	5706857	3901424
甘肃	9445166	464685	1034586	2347528
青海	4085865	266726	1170624	1211147
宁夏	6528429	569841	1984590	909414
新疆	10378565	503957	969982	1664768

2-2-6 续表

单位：万元

地　区	四　级	暂　定	其　他
全国总计	**110999998**	**542669248**	**114235326**
北　京	9798107	17698055	2007670
天　津	11601346	6610154	1102593
河　北	12787566	19911958	999840
山　西	4230582	4160773	334552
内蒙古	4742002	1645687	241241
辽　宁	66675	13529055	3792907
吉　林	964849	4205014	204726
黑龙江	168031	2213500	755002
上　海	62389	29931227	3869755
江　苏	37037	49214537	13471099
浙　江	2911876	39784542	23197181
安　徽	992740	34886878	6416118
福　建	2733690	25646037	4526631
江　西	1940897	12165271	1513599
山　东	5825076	36705225	6262321
河　南	3293693	43979106	7466293
湖　北	3609851	28064409	1459476
湖　南	6291118	10666804	948846
广　东	18281501	60092391	18256899
广　西	928261	17970543	896312
海　南	1368588	13220412	2455932
重　庆	77554	17444109	591480
四　川	285047	8640272	3347462
贵　州	1648687	11405488	989690
云　南	5475367	12275249	2891584
西　藏	125906	69297	10200
陕　西	6485727	8515091	5169739
甘　肃	1636821	3773260	188286
青　海	433022	638274	366072
宁　夏	715784	2186842	161958
新　疆	1480208	5419788	339862

2-2-7 各地区按构成分的房地产开发投资

单位：万元

地 区	投资额	建筑安装工程	设备工器具购置	其他费用
全国总计	**1097985288**	**785776909**	**15507034**	**296701345**
北 京	36925416	11615274	224343	25085799
天 津	22333936	11484465	58076	10791395
河 北	48239092	41714491	1137265	5387336
山 西	11662833	8804929	145484	2712420
内 蒙 古	8897233	7734565	155197	1007471
辽 宁	22896691	18712988	344207	3839496
吉 林	9101378	7435523	106422	1559433
黑 龙 江	8155957	6925813	101660	1128484
上 海	38565278	21048475	286635	17230168
江 苏	96291123	65661132	1261720	29368271
浙 江	82267820	41857994	824545	39585281
安 徽	56124725	42424751	789086	12910888
福 建	47942344	31262614	395196	16284534
江 西	20139823	16689441	457588	2992794
山 东	66372455	53671657	877627	11823171
河 南	70902498	55115391	1586079	14201028
湖 北	45748908	32322243	1025271	12401394
湖 南	34261289	28322704	570489	5368096
广 东	120756935	83288689	1204630	36263616
广 西	26834830	20585726	352110	5896994
海 南	20531061	15774096	173684	4583281
重 庆	39800837	29495043	620136	9685658
四 川	51498939	40739195	1024416	9735328
贵 州	22009978	18989130	236877	2783971
云 南	27862513	23150268	287822	4424423
西 藏	403647	342228	7225	54194
陕 西	31019724	25166657	719710	5133357
甘 肃	9445166	7867846	130593	1446727
青 海	4085865	3453236	127764	504865
宁 夏	6528429	5615324	90811	822294
新 疆	10378565	8505021	184366	1689178

2-2-8　各地区按用途分的房地产开发投资

单位：万元

地　区	投资额	住　宅	办公楼	商业营业用房	其　他
全国总计	**1097985288**	**751478799**	**67613571**	**156398974**	**122493944**
北　京	36925416	16946697	7429272	3576544	8972903
天　津	22333936	15597031	925785	1893933	3917187
河　北	48239092	36569801	2152211	5944858	3572222
山　西	11662833	8463841	356003	1477912	1365077
内蒙古	8897233	6458549	172847	1475861	789976
辽　宁	22896691	16739105	703978	3645296	1808312
吉　林	9101378	6335480	447702	1518017	800179
黑龙江	8155957	5546977	273815	1562982	772183
上　海	38565278	21524006	6421995	5067129	5552148
江　苏	96291123	73152779	4236992	12096244	6805108
浙　江	82267820	56459787	4396515	9420788	11990730
安　徽	56124725	40069994	1945911	10110574	3998246
福　建	47942344	32365109	2823738	5558685	7194812
江　西	20139823	13917925	934968	3848712	1438218
山　东	66372455	49295310	3610628	8412778	5053739
河　南	70902498	53307950	2263771	8827002	6503775
湖　北	45748908	32354210	2801745	6109000	4483953
湖　南	34261289	21944058	1517393	6382177	4417661
广　东	120756935	81009277	11736678	14451506	13559474
广　西	26834830	19835172	1027877	3236747	2735034
海　南	20531061	14775334	378476	2550515	2826736
重　庆	39800837	26328813	1572815	6717965	5181244
四　川	51498939	31823448	2628088	10942225	6105178
贵　州	22009978	13653265	1043517	4925372	2387824
云　南	27862513	17439149	1443606	4857706	4122052
西　藏	403647	200964	7007	77762	117914
陕　西	31019724	21455576	2420870	4394200	2749078
甘　肃	9445166	6012544	573217	1971994	887411
青　海	4085865	2136640	334624	970840	643761
宁　夏	6528429	3877532	370149	1524198	756550
新　疆	10378565	5882476	661378	2849452	985259

2-2-9 各地区按隶属关系分的房地产开发投资

单位：万元

地　区	投资额	中央项目	地方项目				
				省　属	地市属	县　属	其　他
全国总计	**1097985288**	**23412805**	**1074572483**	**33825706**	**146735396**	**40467093**	**853544288**
北　京	36925416	1880798	35044618	4549807	4949420	854662	24690729
天　津	22333936	1311842	21022094	2263023	6572611	546711	11639749
河　北	48239092	222495	48016597	538435	3450447	1666550	42361165
山　西	11662833	418086	11244747	447411	1128507	271844	9396985
内蒙古	8897233	150496	8746737	41625	1509104	854718	6341290
辽　宁	22896691	425118	22471573	131526	2335201	995593	19009253
吉　林	9101378	118225	8983153	20129	1071840	191349	7699835
黑龙江	8155957	209106	7946851	377270	1743306	470488	5355787
上　海	38565278	2048305	36516973	2499373	5394044	1125965	27497591
江　苏	96291123	1280747	95010376	863038	6427501	2602128	85117709
浙　江	82267820	576982	81690838	547230	2317013	1557616	77268979
安　徽	56124725	815193	55309532	2459801	7913377	2763023	42173331
福　建	47942344	195153	47747191	623512	9122299	1406983	36594397
江　西	20139823	350781	19789042	474273	3298069	1111824	14904876
山　东	66372455	1003916	65368539	2141618	8848527	4103022	50275372
河　南	70902498	895431	70007067	1228300	13416428	4533315	50829024
湖　北	45748908	1906550	43842358	1075024	6194893	1206808	35365633
湖　南	34261289	519308	33741981	854227	3650852	965670	28271232
广　东	120756935	2663823	118093112	894548	18650533	3596519	94951512
广　西	26834830	485896	26348934	884282	3467910	506933	21489809
海　南	20531061	542160	19988901	1587114	4921795	1110674	12369318
重　庆	39800837	1669479	38131358	3747542	5614797	253197	28515822
四　川	51498939	1161482	50337457	705851	6297422	2522195	40811989
贵　州	22009978	1209304	20800674	483609	1997890	1044840	17274335
云　南	27862513	368267	27494246	2425605	4514015	1205706	19348920
西　藏	403647		403647	20800	174183		208664
陕　西	31019724	498085	30521639	720243	7962166	900941	20938289
甘　肃	9445166	39889	9405277	474555	1435802	884392	6610528
青　海	4085865	54697	4031168	289219	634608	145865	2961476
宁　夏	6528429	34672	6493757	245165	318190	242861	5687541
新　疆	10378565	356519	10022046	211551	1402646	824701	7583148

2-2-10　各地区房地产开发投资财务拨款

单位：万元

地　区	本年实际到位资金合计	上年末结余资金	本年实际到位资金小计	本年各项应付款合计
全国总计	**2089731335**	**529205142**	**1560526193**	**336548834**
北　京	107488305	37605537	69882768	5185745
天　津	62112729	18446157	43666572	9970932
河　北	67607298	15757666	51849632	10750596
山　西	21311842	4536418	16775424	3410591
内蒙古	12453072	2237802	10215270	2937561
辽　宁	44879454	12028211	32851243	13559585
吉　林	15403920	4503422	10900498	2393664
黑龙江	14513375	2522141	11991234	1715775
上　海	80997653	27151130	53846523	8555622
江　苏	223234249	57599594	165634655	38431599
浙　江	170139260	39797198	130342062	17405825
安　徽	99613602	23243766	76369836	21058470
福　建	86501053	22238114	64262939	8594517
江　西	38764464	9531025	29233439	7286071
山　东	122146156	27421644	94724512	19122574
河　南	91374309	20468647	70905662	15868072
湖　北	83260263	18878405	64381858	14019748
湖　南	61986775	14347517	47639258	12094897
广　东	275475160	83918324	191556836	40399792
广　西	45682862	10502482	35180380	9290482
海　南	39076517	6634168	32442349	6895328
重　庆	75021329	17461621	57559708	14684574
四　川	93885089	19575351	74309738	14323656
贵　州	29094499	6129508	22964991	7505001
云　南	34558454	6476698	28081756	10629362
西　藏	791127	255343	535784	177661
陕　西	50019862	11154067	38865795	8910603
甘　肃	14571717	2991657	11580060	4161478
青　海	5366564	1246327	4120237	1201041
宁　夏	8383535	1598489	6785046	2030428
新　疆	14016841	2946713	11070128	3977584

2-2-11 各地区房地产开发投资本年实际到位资金构成

单位：万元

地　区	本年实际到位资金小计	国内贷款	利用外资	自筹资金	其他资金
全国总计	**1560526193**	**252417610**	**1681881**	**508722150**	**797704552**
北　京	69882768	19470753	184797	17321217	32906001
天　津	43666572	11860296	197	7838605	23967474
河　北	51849632	5326792	20084	31333172	15169584
山　西	16775424	1503791		6522273	8749360
内蒙古	10215270	782799		5790612	3641859
辽　宁	32851243	3813325	40200	11163652	17834066
吉　林	10900498	1055479		4451387	5393632
黑龙江	11991234	1037696		5853731	5099807
上　海	53846523	13937825	52241	15491973	24364484
江　苏	165634655	30295433	290662	32788140	102260420
浙　江	130342062	20520325	131486	34859302	74830949
安　徽	76369836	9657683	13584	26865048	39833521
福　建	64262939	7806241	182805	23213455	33060438
江　西	29233439	4198149		7602623	17432667
山　东	94724512	11860881	50461	34317641	48495529
河　南	70905662	8971185	9855	41711747	20212875
湖　北	64381858	9769675	11534	22573877	32026772
湖　南	47639258	6295760		12968925	28374573
广　东	191556836	40834634	526562	53415834	96779806
广　西	35180380	4866248	3400	10650091	19660641
海　南	32442349	4392596	22400	10176760	17850593
重　庆	57559708	9172113	93154	14828109	33466332
四　川	74309738	8903937	5500	27790652	37609649
贵　州	22964991	1496036		7793955	13675000
云　南	28081756	4870074	40775	11728854	11442053
西　藏	535784	161100		175067	199617
陕　西	38865795	4954241	2184	16312936	17596434
甘　肃	11580060	2270417		4360371	4949272
青　海	4120237	700860		1991255	1428122
宁　夏	6785046	701000		2415706	3668340
新　疆	11070128	930266		4415180	5724682

2-2-12　各地区房地产土地开发情况

地　区	本年购置土地面积(平方米)	本年土地成交价款(万元)
全国总计	**255082924**	**136433858**
北　京	4133032	8158998
天　津	2259926	1777248
河　北	10338371	2600515
山　西	2693876	955496
内蒙古	2839758	443369
辽　宁	5106106	1170972
吉　林	6681182	1763287
黑龙江	2462255	503152
上　海	1797290	3845285
江　苏	21606516	16457712
浙　江	22488686	21027906
安　徽	37765373	16643792
福　建	9164358	7588776
江　西	5761678	1865197
山　东	20903557	5031721
河　南	10154674	5348679
湖　北	6764393	3640622
湖　南	10333887	2428655
广　东	18411931	15755135
广　西	6751927	2171763
海　南	1265262	532865
重　庆	11122194	5684461
四　川	8007628	3225346
贵　州	4388651	1304859
云　南	8226148	2790115
西　藏	265718	34026
陕　西	5601412	2270110
甘　肃	1110381	172790
青　海	448595	162313
宁　夏	1646579	200424
新　疆	4581580	878269

2-2-13 各地区房地产开发房屋建筑面积和造价

地区	房屋施工面积(万平方米)	房屋竣工面积(万平方米)	房屋建筑面积竣工率(%)	房屋竣工价值(万元)	房屋竣工造价(元/平方米)
全国总计	**781484**	**101486**	**13.0**	**315124591**	**3105**
北京	12413	1467	11.8	6003518	4093
天津	8796	2023	23.0	7413427	3664
河北	30318	3416	11.3	9713242	2843
山西	16473	1970	12.0	5294611	2688
内蒙古	15815	1714	10.8	4293141	2504
辽宁	25907	2788	10.8	8468007	3037
吉林	11887	1479	12.4	3358238	2271
黑龙江	10328	1651	16.0	3962224	2400
上海	15362	3388	22.1	20543056	6064
江苏	59464	9582	16.1	34293464	3579
浙江	41236	6884	16.7	28097354	4081
安徽	39169	4748	12.1	12695968	2674
福建	31940	4267	13.4	13055635	3060
江西	18807	1854	9.9	4412176	2379
山东	63563	8429	13.3	19874638	2358
河南	49942	6202	12.4	12701690	2048
湖北	30510	3220	10.6	9936766	3086
湖南	31691	4084	12.9	10709318	2622
广东	72492	8196	11.3	28719700	3504
广西	22690	1856	8.2	5181252	2791
海南	9567	1267	13.2	5156135	4069
重庆	25961	5056	19.5	17210136	3404
四川	41295	5621	13.6	15714043	2796
贵州	20385	1172	5.7	2563134	2188
云南	21085	2420	11.5	6812226	2815
西藏	230	44	19.0	83232	1911
陕西	23630	2392	10.1	7417738	3101
甘肃	9153	848	9.3	2365232	2789
青海	2937	441	15.0	1374764	3118
宁夏	6837	1329	19.4	3532018	2658
新疆	11597	1680	14.5	4168508	2481

2-2-14　各地区房地产开发住宅建筑面积和造价

地　区	住宅施工面积(万平方米)	住宅竣工面积(万平方米)	住宅建筑面积竣工率(%)	住宅竣工价值(万元)	住宅竣工造价(元/平方米)
全国总计	**536444**	**71815**	**13.4**	**214026388**	**2980**
北　京	5391	604	11.2	2214253	3666
天　津	5911	1433	24.2	4735668	3304
河　北	23200	2730	11.8	7837065	2871
山　西	11817	1414	12.0	3700023	2617
内蒙古	10394	1265	12.2	3066026	2423
辽　宁	18784	2214	11.8	6554332	2960
吉　林	8349	1030	12.3	2350333	2281
黑龙江	7432	1206	16.2	2715396	2252
上　海	8014	1863	23.2	10204210	5478
江　苏	43555	7090	16.3	24534282	3461
浙　江	24760	4339	17.5	18348230	4229
安　徽	26859	3425	12.8	9076272	2650
福　建	20379	2891	14.2	8403779	2907
江　西	13659	1366	10.0	3277484	2400
山　东	46742	6406	13.7	14819762	2313
河　南	37518	4702	12.5	9394769	1998
湖　北	22480	2434	10.8	7326869	3011
湖　南	22770	3070	13.5	7856011	2559
广　东	49451	5784	11.7	19808041	3425
广　西	16454	1479	9.0	3958877	2677
海　南	6982	954	13.7	3820582	4005
重　庆	16748	3316	19.8	11022389	3324
四　川	26272	3676	14.0	9995926	2719
贵　州	12790	785	6.1	1557218	1984
云　南	13534	1555	11.5	4235428	2724
西　藏	133	27	20.1	54236	2035
陕　西	16959	1873	11.0	5753213	3071
甘　肃	6088	619	10.2	1737540	2805
青　海	1736	229	13.2	642175	2799
宁　夏	4347	884	20.3	2283797	2585
新　疆	6937	1151	16.6	2742202	2382

2-2-15 各地区房地产开发房屋施工面积

单位：万平方米

地　区	房屋施工面积合计	住　宅	办公楼	商业营业用房	其　他
全国总计	**781484**	**536444**	**36015**	**105232**	**103793**
北　京	12413	5391	2428	1246	3347
天　津	8796	5911	694	995	1196
河　北	30318	23200	830	3229	3059
山　西	16473	11817	549	1980	2127
内蒙古	15815	10394	557	3075	1790
辽　宁	25907	18784	535	4320	2268
吉　林	11887	8349	497	1814	1227
黑龙江	10328	7432	238	1569	1089
上　海	15362	8014	2282	2016	3050
江　苏	59464	43555	2504	7068	6338
浙　江	41236	24760	2846	5015	8616
安　徽	39169	26859	1330	6694	4285
福　建	31940	20379	2204	3535	5822
江　西	18807	13659	616	2775	1756
山　东	63563	46742	2575	7492	6754
河　南	49942	37518	1700	5927	4798
湖　北	30510	22480	1157	3762	3112
湖　南	31691	22770	868	4281	3772
广　东	72492	49451	3965	7599	11477
广　西	22690	16454	736	2602	2899
海　南	9567	6982	248	1166	1172
重　庆	25961	16748	908	3988	4317
四　川	41295	26272	1488	6187	7348
贵　州	20385	12790	753	3909	2935
云　南	21085	13534	840	3447	3263
西　藏	230	133	9	49	39
陕　西	23630	16959	1225	3110	2337
甘　肃	9153	6088	299	1605	1162
青　海	2937	1736	168	640	393
宁　夏	6837	4347	358	1290	842
新　疆	11597	6937	610	2847	1203

2-2-16　各地区房地产开发房屋新开工面积

单位：万平方米

地　区	房屋新开工面积合计	住　宅	办公楼	商业营业用房	其　他
全国总计	**178654**	**128098**	**6140**	**20484**	**23932**
北　京	2362	1160	365	156	681
天　津	2335	1823	67	167	278
河　北	8417	6568	143	810	896
山　西	3306	2411	74	329	491
内蒙古	2360	1735	37	334	254
辽　宁	3807	2942	66	457	341
吉　林	1908	1412	36	271	188
黑龙江	2220	1678	32	306	203
上　海	2618	1403	369	298	549
江　苏	13739	10264	627	1283	1565
浙　江	10117	6654	467	894	2103
安　徽	11399	8602	270	1303	1224
福　建	5529	3826	241	432	1029
江　西	4954	3712	111	705	427
山　东	14425	10918	503	1368	1636
河　南	13629	10440	361	1569	1259
湖　北	7772	5962	268	903	639
湖　南	8236	6090	146	995	1005
广　东	16776	11694	884	1481	2716
广　西	4912	3662	67	574	608
海　南	2110	1650	16	236	208
重　庆	5680	3760	95	768	1057
四　川	11522	7604	315	1631	1971
贵　州	3311	2209	76	583	443
云　南	4017	2632	104	593	688
西　藏	61	32	0	11	18
陕　西	4279	3102	161	497	518
甘　肃	2375	1443	72	493	367
青　海	714	381	45	174	114
宁　夏	1188	815	22	203	147
新　疆	2579	1515	100	658	305

2-2-17 各地区房地产开发房屋竣工面积

单位：万平方米

地　区	房屋竣工面积合计	住　宅	办公楼	商业营业用房	其　他
全国总计	**101486**	**71815**	**4007**	**12670**	**12994**
北　京	1467	604	321	167	375
天　津	2023	1433	139	209	242
河　北	3416	2730	84	293	308
山　西	1970	1414	85	228	243
内蒙古	1714	1265	39	253	157
辽　宁	2788	2214	36	328	210
吉　林	1479	1030	59	244	146
黑龙江	1651	1206	39	257	149
上　海	3388	1863	445	388	692
江　苏	9582	7090	341	1086	1065
浙　江	6884	4339	392	740	1414
安　徽	4748	3425	235	639	449
福　建	4267	2891	145	390	840
江　西	1854	1366	57	288	144
山　东	8429	6406	280	1028	715
河　南	6202	4702	167	824	509
湖　北	3220	2434	62	475	250
湖　南	4084	3070	73	485	456
广　东	8196	5784	259	859	1295
广　西	1856	1479	31	151	195
海　南	1267	954	46	154	113
重　庆	5056	3316	142	724	873
四　川	5621	3676	171	816	957
贵　州	1172	785	30	196	161
云　南	2420	1555	59	380	426
西　藏	44	27	2	12	3
陕　西	2392	1873	84	299	136
甘　肃	848	619	26	135	68
青　海	441	229	51	88	72
宁　夏	1329	884	64	235	146
新　疆	1680	1151	44	301	184

2-2-18　各地区房地产开发商品房屋销售面积

单位：万平方米

地　区	商品房销售面积	住　宅	办公楼	商业营业用房	其　他
全国总计	**1694078154**	**1447887688**	**47562078**	**128381362**	**70247026**
北　京	8699521	6087804	1083430	746275	782012
天　津	14821233	13428690	432824	774212	185507
河　北	64259101	55769915	1441069	4961271	2086846
山　西	24159189	22462784	426032	807331	463042
内蒙古	20676035	17261647	486292	1764277	1163819
辽　宁	41484528	37970480	365488	2272508	876052
吉　林	18852075	16020643	511540	1761733	558159
黑龙江	22558104	18681422	455829	2527381	893472
上　海	16916016	13416197	1241048	793270	1465501
江　苏	142111218	124866631	3859670	9677218	3707699
浙　江	95996733	76696987	4934779	6983748	7381219
安　徽	92007052	79492796	1794653	8719989	1999614
福　建	58540463	45261290	3542511	4122583	5614079
江　西	58419302	49649702	1406920	5736656	1626024
山　东	128131810	112010436	2733625	8238668	5149081
河　南	133138881	117072575	2368966	11482430	2214910
湖　北	81552080	73636717	1766525	4832705	1316133
湖　南	85322520	73682662	1477730	7146903	3015225
广　东	159588108	135225139	6594047	8857432	8911490
广　西	51709860	46874089	815693	2219363	1800715
海　南	22926075	21731231	181005	684205	329634
重　庆	67110048	54526452	1684711	6343738	4555147
四　川	108690664	87866075	2992865	10044218	7787506
贵　州	46968981	38976516	1129979	5732159	1130327
云　南	43271836	34844905	1105803	4180761	3140367
西　藏	532526	449572	21363	61591	
陕　西	38903972	34198386	1531058	2253111	921417
甘　肃	15595147	13860366	292459	1068357	373965
青　海	4940392	3995736	269787	582754	92115
宁　夏	10213567	8702805	162933	1037695	310134
新　疆	15981117	13167038	451444	1966820	395815

2-2-19 各地区房地产开发商品房屋待售面积

单位：万平方米

地区	商品房待售面积	住宅	办公楼	商业营业用房	其他
全国总计	**58923**	**30163**	**3664**	**15204**	**9892**
北京	2080	804	336	429	512
天津	617	265	116	153	83
河北	1056	703	35	207	111
山西	1226	811	29	235	150
内蒙古	1266	740	57	315	153
辽宁	3559	2482	62	726	289
吉林	1584	949	82	396	157
黑龙江	2095	1267	60	463	305
上海	2026	636	328	410	652
江苏	5591	3021	442	1594	533
浙江	3437	1391	467	981	599
安徽	2021	885	108	813	214
福建	2080	644	148	568	720
江西	1130	600	52	388	90
山东	3257	1945	198	843	271
河南	2847	1996	99	565	187
湖北	1848	1026	65	562	195
湖南	2015	993	89	590	343
广东	4989	2415	273	1074	1227
广西	1599	990	22	361	226
海南	853	634	8	118	92
重庆	2052	578	130	562	781
四川	2679	782	113	744	1039
贵州	1031	464	73	349	145
云南	1506	797	69	368	272
西藏	37	17	2	13	5
陕西	937	513	33	266	124
甘肃	823	542	21	194	66
青海	179	91	15	66	8
宁夏	1037	482	71	345	138
新疆	1469	702	61	501	205

2-2-20 各地区房地产开发商品房屋销售额

单位：万元

地 区	商品房销售额	住 宅	办公楼	商业营业用房	其 他
全国总计	**1337013064**	**1102395075**	**64413587**	**132527114**	**37677288**
北 京	27960252	20770062	3742111	2714196	733883
天 津	22723026	20329254	793217	1338666	261889
河 北	46283731	39253674	1489167	4522193	1018697
山 西	13574775	12258970	375314	743660	196831
内蒙古	9568096	7316920	337969	1374937	538270
辽 宁	27716944	24522296	399941	2224201	570506
吉 林	11351765	9208487	399589	1459292	284397
黑龙江	14597226	11344722	521644	2203937	526923
上 海	40266714	33360924	3940736	2082287	882767
江 苏	130668523	113258407	4216108	11257982	1936026
浙 江	123399916	103003358	6741289	9711732	3943537
安 徽	58657695	48785611	1447684	7656870	767530
福 建	57051918	42019950	6220578	5062262	3749128
江 西	35925237	28796563	1207436	5052976	868262
山 东	80969720	68916528	2675375	7247098	2130719
河 南	71293961	58976849	2263442	8793054	1260616
湖 北	62589196	53803103	2556909	5216462	1012722
湖 南	44606596	35707612	1344925	6344547	1209512
广 东	187927603	154378898	13947392	12868980	6732333
广 西	30166388	26357435	778138	2121672	909143
海 南	27137184	24731801	313750	1294351	797282
重 庆	45578543	36015634	1621252	6296559	1645098
四 川	67571094	51736009	2706079	10298104	2830902
贵 州	22407650	16233707	753398	4998120	422425
云 南	25611899	19737240	888909	3514361	1471389
西 藏	352842	251926	12386	88530	
陕 西	26610776	22151693	1610517	2335919	512647
甘 肃	8903073	7382204	409913	944282	166674
青 海	2964953	2117069	216501	596426	34957
宁 夏	4641311	3692975	132285	706708	109343
新 疆	7934457	5975194	349633	1456750	152880

第三部分

农户固定资产投资

3-1　各地区农村农户固定资产投资增长情况

单位：万元

地　区	2017年	增长(%)
全国总计	**95544216**	**-4.1**
北　京	631011	14.3
天　津	142241	-38.2
河　北	3945707	-3.8
山　西	3183809	-6.0
内蒙古	1853059	-0.4
辽　宁	2319909	-9.3
吉　林	1529828	2.0
黑龙江	2123268	-1.6
上　海	56552	34.4
江　苏	2768207	-5.3
浙　江	5700375	-19.2
安　徽	4586879	0.6
福　建	3059355	-1.1
江　西	3149059	-0.2
山　东	9666878	0.9
河　南	6065769	-8.3
湖　北	4097902	-19.3
湖　南	6311485	-5.1
广　东	3578335	0.4
广　西	5908391	1.2
海　南	1190049	-17.0
重　庆	964821	-17.0
四　川	6661934	14.4
贵　州	2158450	-21.5
云　南	4610959	0.9
西　藏		
陕　西	3511703	0.2
甘　肃	1314016	1.2
青　海	636922	-12.2
宁　夏	882573	3.6
新　疆	2934772	-3.4

3-2 各地区按构成分农村农户投资

单位：万元

地　　区	投资额	建筑安装工程	设备工器具购置	其他费用
全国总计	**95544216**	**73477984**	**15898962**	**6167271**
北　　京	631011	592719	2564	35728
天　　津	142241	72281	61147	8813
河　　北	3945707	3350958	387944	206805
山　　西	3183809	2021016	1015550	147243
内 蒙 古	1853059	1177755	337431	337873
辽　　宁	2319909	1495463	544972	279474
吉　　林	1529828	563677	719508	246643
黑 龙 江	2123268	514326	1454450	154492
上　　海	56552	56515	37	
江　　苏	2768207	1782596	502018	483593
浙　　江	5700375	5004447	256062	439866
安　　徽	4586879	3568708	960208	57963
福　　建	3059355	2574395	157901	327059
江　　西	3149059	2651909	438201	58949
山　　东	9666878	6986315	2654574	25989
河　　南	6065769	5241444	440058	384267
湖　　北	4097902	3309882	620274	167746
湖　　南	6311485	5441860	688291	181334
广　　东	3578335	3220565	239715	118055
广　　西	5908391	4517058	817013	574320
海　　南	1190049	1144986	32205	12858
重　　庆	964821	833475	93458	37887
四　　川	6661934	5587539	580897	493498
贵　　州	2158450	1420173	338884	399393
云　　南	4610959	3072710	1344251	193998
西　　藏				
陕　　西	3511703	2989793	382097	139813
甘　　肃	1314016	881170	366091	66755
青　　海	636922	492398	128774	15750
宁　　夏	882573	681037	133778	67758
新　　疆	2934772	2230814	200609	503349

3-3 各地区按项目分农村农户投资

单位：万元

地区	投资额	房屋	道路	桥梁	设备	水利	其它
全国总计	95544216	69435088			15886614	408621	9813893
北京	631011	584932			2564		43515
天津	142241	64697			53991		23554
河北	3945707	3208761			387944	11109	337893
山西	3183809	1997993			1015550	1906	168360
内蒙古	1853059	1107457			337431	21302	386868
辽宁	2319909	1306656			544972	39602	428679
吉林	1529828	426656			719508	22323	361340
黑龙江	2123268	385897			1454450	47089	235832
上海	56552	55565			37		950
江苏	2768207	1772706			502018		493483
浙江	5700375	4997701			256062	2463	444150
安徽	4586879	3405708			959316	16564	205290
福建	3059355	2417365			157901	390	483699
江西	3149059	2610152			438201	3099	97608
山东	9666878	5454850			2654574	142910	1414544
河南	6065769	5137898			440058	8277	479536
湖北	4097902	3234426			620274	3669	239533
湖南	6311485	5412564			688291	8409	202221
广东	3578335	3204980			235415		137940
广西	5908391	4337999			817013	9007	744371
海南	1190049	1151898			32205	297	5649
重庆	964821	749857			93458	1787	119719
四川	6661934	5160829			580897	6687	913521
贵州	2158450	1403670			338884	1446	414450
云南	4610959	2998473			1344251	29827	238409
西藏							
陕西	3511703	2706839			382097	13546	409221
甘肃	1314016	769365			366091	330	178230
青海	636922	491164			128774		16984
宁夏	882573	681037			133778		67758
新疆	2934772	2196993			200609	16582	520588

3-4 各地区按主要行业分农村农户投资

单位：万元

地　区	合　计	农、林、牧、渔业	采矿业	制造业	电力、燃气及水的生产和供应业	建筑业	批发和零售业
全国总计	**95544216**	**20696612**	**11620**	**942958**	**114249**	**1910138**	**2381118**
北　京	631011	24557		12408	14011	6724	25
天　津	142241	23293		5304	4317	1318	2656
河　北	3945707	769727	648	46269	56433		28852
山　西	3183809	710611		3318		7793	64952
内蒙古	1853059	789497					21866
辽　宁	2319909	1058738					181292
吉　林	1529828	1023559		811			1298
黑龙江	2123268	1668044				58535	5542
上　海	56552	5067					
江　苏	2768207	757922		155341		36112	29184
浙　江	5700375	150076		42980	2563	188964	312
安　徽	4586879	1191258		10602	9424	197773	27370
福　建	3059355	329291	1853	11637	11139	8355	71314
江　西	3149059	555801				18034	13940
山　东	9666878	3153684		454782	6385	17931	952564
河　南	6065769	1018041		32486	7560	5807	153575
湖　北	4097902	474826		2609		1141	26415
湖　南	6311485	832865		23705		71775	207400
广　东	3578335	505900				17480	4290
广　西	5908391	1256797		23233		8358	29105
海　南	1190049	73607		12			16352
重　庆	964821	179817	6600	93	1972	1907	2695
四　川	6661934	1411317		87270	446	72200	57804
贵　州	2158450	317189		8033		202145	179650
云　南	4610959	590027	2520	21822		920719	22667
西　藏							
陕　西	3511703	541622				28638	34737
甘　肃	1314016	244768				35579	75442
青　海	636922	40244		84		2637	102036
宁　夏	882573	132410		157			9432
新　疆	2934772	866055				214	58351

3-4　续表 1

单位：万元

地　　区	交通运输、仓储和邮政业	住宿和餐饮业	信息传输、计算机服务和软件业	金融业	房地产业	租赁和商务服务业	科学研究、技术服务和地质勘查业
全国总计	**2640299**	**383424**	**100153**		**64919489**	**528649**	
北　京	7029	1583			561822	1266	
天　津	50380				54925		
河　北	191616	1704			2843270	1466	
山　西	317216	23658			1971614	25300	
内蒙古		10633	10967		1006796		
辽　宁	60877	3585			1014860		
吉　林	67396	14238			420917	1608	
黑龙江	22009				358418		
上　海					51485		
江　苏	77867	1033			1661160	9008	
浙　江	14636	4437			4905734	361426	
安　徽	31549				3113268		
福　建	33588	10077			2377069	14047	
江　西	108172	1099			2449590		
山　东		60065	40049		4853891	9483	
河　南	109709	9577			4641694	61392	
湖　北	472217	10028			3100719	1957	
湖　南		25925	35813		5056907	823	
广　东		4290			3046375		
广　西	240390	2813			4208709	4320	
海　南		18	193		1099104		
重　庆	1970	57891			706300	4259	
四　川	256668	84594			4561071	25736	
贵　州		30385	8622		1403670	4824	
云　南	234745	2581			2812841	750	
西　藏							
陕　西	218080	9832			2663056	624	
甘　肃		239	3417		894330		
青　海		167			491164		
宁　夏	124183				615109		
新　疆		12973	1092		1973622	361	

3-4 续表 2

单位：万元

地　区	水利、环境和公共设施管理业	居民服务和其他服务业	教　育	卫　生、社会保障和社会福利业	文化、体育和娱乐业	公共管理和社会组织
全国总计	**8277**	**664618**	**207691**	**4901**	**28724**	**1297**
北　京		1586				
天　津		49				
河　北		5722				
山　西		33349	18401	4554	1745	1297
内蒙古		13300				
辽　宁		556				
吉　林						
黑龙江		9088	1631			
上　海						
江　苏		40580				
浙　江		26148			3099	
安　徽		5635				
福　建		13968	176787		229	
江　西		2424				
山　东		94657	9800		13587	
河　南	8277	17651				
湖　北		6400			1590	
湖　南		55429	842			
广　东						
广　西		134665				
海　南		764				
重　庆		740	230	347		
四　川		101462			3367	
贵　州		3932				
云　南		2286				
西　藏						
陕　西		15114				
甘　肃		55135			5106	
青　海		590				
宁　夏		1282				
新　疆		22103				

3-5　各地区农村农户投资实际到位资金

单位：万元

地　区	合　计	国内贷款	自筹资金	其他资金
全国总计	**95544216**	**2861982**	**88770934**	**3911301**
北　京	631011		631011	
天　津	142241		142241	
河　北	3945707	176141	3347361	422206
山　西	3183809	363621	2801354	18834
内蒙古	1853058	226718	1580752	45588
辽　宁	2319909		2319909	
吉　林	1529828	2715	1468215	58898
黑龙江	2123268	10516	1971942	140810
上　海	56552		56552	
江　苏	2768207	108197	2655673	4337
浙　江	5700375	12254	5225887	462234
安　徽	4586879	4298	4319610	262971
福　建	3059355	105775	2908275	45305
江　西	3149060	4492	3094046	50522
山　东	9666878	35500	9628621	2757
河　南	6065769	258350	5756872	50547
湖　北	4097902	71216	3987022	39664
湖　南	6311485	467701	5742180	101604
广　东	3578335	16780	2848315	713240
广　西	5908390	180611	5652501	75278
海　南	1190050	3037	1183433	3580
重　庆	964820	5566	892206	67048
四　川	6661935	33687	5820098	808150
贵　州	2158450	64592	2061767	32091
云　南	4610960	86037	4475888	49035
西　藏				
陕　西	3511703	149229	3331383	31091
甘　肃	1314016	93682	1189928	30406
青　海	636922	106758	408391	121773
宁　夏	882573	71214	809637	1722
新　疆	2934772	203295	2459866	271611

3-6 各地区农村农户房屋建筑面积和投资

地　　区	房屋施工面　　积(万平方米)	房屋竣工面　　积(万平方米)	房屋建筑面积竣工率(%)	房屋竣工价　　值(万元)
全国总计	**84395**	**72727**	**86.2**	**64462893**
北　　京	450	421	93.6	541398
天　　津	73	65	89.0	72791
河　　北	2817	2561	90.9	2953927
山　　西	2758	2568	93.1	1811784
内 蒙 古	1021	1012	99.1	1101230
辽　　宁	1257	1200	95.5	1109461
吉　　林	428	413	96.5	421492
黑 龙 江	414	393	94.9	362550
上　　海	41	34	82.9	46031
江　　苏	1933	1729	89.4	1486810
浙　　江	3960	3126	78.9	4575211
安　　徽	4947	3868	78.2	3323050
福　　建	2314	1685	72.8	1939435
江　　西	3013	2476	82.2	1952819
山　　东	10903	10568	96.9	5529416
河　　南	5399	4973	92.1	4930972
湖　　北	3424	3098	90.5	2872600
湖　　南	5009	3977	79.4	4742094
广　　东	4195	2600	62.0	2730945
广　　西	6638	6052	91.2	3656737
海　　南	994	747	75.2	1064366
重　　庆	1032	856	82.9	675938
四　　川	5771	4695	81.4	4237283
贵　　州	1739	1638	94.2	1346173
云　　南	5955	4775	80.2	4884672
西　　藏				
陕　　西	2564	2398	93.5	2600726
甘　　肃	1367	1288	94.2	769365
青　　海	624	598	95.8	480249
宁　　夏	538	538	100.0	366979
新　　疆	2817	2375	84.3	1876389

3-7　各地区农村农户住宅建筑面积和投资

地　区	住宅施工面　积(万平方米)	住宅竣工面　积(万平方米)	住宅建筑面积竣工率(%)	住宅竣工价　值(万　元)
全国总计	**76100**	**66870**	**87.9**	**58992632**
北　京	440	413	93.9	529816
天　津	69	61	88.4	67630
河　北	2413	2233	92.5	2648714
山　西	2727	2463	90.3	1793664
内蒙古	825	819	99.3	883601
辽　宁	899	856	95.2	979852
吉　林	413	398	96.4	408479
黑龙江	381	368	96.6	343055
上　海	39	33	84.6	40056
江　苏	1721	1645	95.6	1384490
浙　江	3793	3078	81.1	4507828
安　徽	4571	3714	81.3	2673392
福　建	2296	1674	72.9	1876218
江　西	2844	2344	82.4	1838239
山　东	8765	8883	101.3	4322507
河　南	4957	4631	93.4	4371881
湖　北	3017	3017	100.0	2727233
湖　南	4567	3744	82.0	4425324
广　东	4195	2307	55.0	2638655
广　西	6141	5839	95.1	3577378
海　南	949	747	78.7	914663
重　庆	898	791	88.1	640393
四　川	5074	4310	84.9	3997348
贵　州	1697	1599	94.2	1326215
云　南	5105	4225	82.8	4306049
西　藏				
陕　西	2498	2259	90.4	2553534
甘　肃	1239	1135	91.6	684044
青　海	590	570	96.6	454092
宁　夏	451	451	100.0	289942
新　疆	2526	2264	89.6	1788340